KB187776

당쟁으로 읽는
조선 역사

일러두기

- 이 책은 『당쟁으로 보는 조선 역사』(1997)의 개정판이다.
- 외국의 인명과 지명 등은 원칙적으로 외래어 표기법을 따랐으나, 중국의 경우 한자로 표기할 때 의미가 더 명확하게 통하는 경우가 많아 한자음 그대로 표기했다.
- 단행본, 정기간행물은 『 』, 논문 등은 「 」로 표기했다.

당쟁으로 읽는 조선 역사

당쟁은 조선 역사를 어떻게 바꾸었는가

이덕일 지음

인문서원

동방성현(東邦聖賢) '송시열'과 개 이름 '시열이'

이 책을 읽는 독자들 중에 공자(孔子)와 맹자(孟子)를 모르는 사람은 없을 것이다. 그러나 공구(孔丘)와 맹가(孟軻)를 아느냐고 물으면 고개를 갸우뚱할 사람이 상당수 있을 것이다.

공구는 공자의 본명이고, 맹가는 맹자의 본명이다. 공구를 공자로, 맹가를 맹자로 성 뒤에 '자(子)' 자를 붙이는 것은 그들의 높은 학문과 덕을 기리자는 뜻이다. 또한 주자학을 집대성한 남송(南宋)의 유학자 주희(朱熹)도 주자(朱子)라고 높여 부른다.

이처럼 성 뒤에 붙이는 '자(子)' 자는 성인(聖人)이거나 성인의 경지에 이르렀다고 평가되는 인물에게만 사용하는 극존칭이다. 중국 역사를 통틀어 성 뒤에 자를 붙여 존숭하는 인물은 앞서 말한 공자, 맹자, 주자 외에는 노자(老子), 장자(莊子), 순자(荀子), 묵자(墨子), 한비자(韓非子) 등 극소수이다. 그것도 대부분이 중국 고대 전국시대(戰國時代)의 인물들이다. 중국 역사에서는 남송 때 주희를 마지막으로 더 이상 성 뒤에 '자'를 붙여 존숭하는 인물이 나오시 않았다.

그럼 성 뒤에 '자'를 붙여 존숭하는 것은 중국에만 있었던 관습일까? 아니다. 우리나라 인물 중에도 성 뒤에 '자'를 붙여 존숭하는 인물이 있다. 여러 명은 아니고 딱 한 명 있다. 그가 누구일까?

　우리나라 사람들에게 알고 있는 유학자 이름을 한 사람만 들어보라고 하면 반수 이상이 퇴계(退溪) 이황(李滉)과 율곡(栗谷) 이이(李珥)의 이름을 댈 것이다. 이 두 선현(先賢)은 오늘날 우리가 사용하고 있는 천원권과 오천원권 지폐에까지 실릴 정도로 우리나라를 대표하는 인물들이다.

　그렇지만 퇴계 이황과 율곡 이이의 성 뒤에 '자'를 붙여 존숭하지는 않는다. 이황을 '이부자(李夫子)'라고 부른 중국의 사상가가 있기는 했다. 1926년 북경 상덕여자대학(尚德女子大學)의 증축 기금을 마련하기 위한 사업의 일환으로 이황의 「성학십도(聖學十圖)」를 목판으로 복각하여 병풍을 만들어 배포했는데, 이 자리에서 청나라 말기 변법자강운동을 주창한 개혁사상가 양계초(梁啓超)가 "아득하셔라 이부자시여!"라고 극찬했다. 즉 이황을 공자나 맹자 같은 성인의 반열에 올려놓은 것이다.

　그러나 이는 중국에서의 일이고, 우리나라에서는 이황이나 이이를 '이자(李子)'나 '이부자'라고 높여 부르지는 않는다. 기껏해야 이름 대신 퇴계나 율곡이라는 호를 부르는 것으로 높임을 대신할 뿐이다.

　이황과 이이를 제외하고 '자'를 붙일 만한 인물이 누구일까? 송도 기생 황진이와 나눈 연담(戀談)으로 더 이름난 화담(花潭) 서경덕(徐敬德)일까? 그도 아니면 조선 후기 실학을 집대성한 다산(茶山) 정약용(丁若鏞)일까? 그러나 서경덕도 정약용도 서자(徐子)나 정자(丁子)로 높여 부르는 인물은 아니다.

그럼 이들을 제외하고 '자'를 붙여 높여 부르는 우리나라 유학자는 누구일까? 바로 우암(尤庵) 송시열(宋時烈)이다. 오직 송시열만을 '송자(宋子)'라고 높여 부른다. 그의 글을 모은 문집을 『송자대전(宋子大全)』이라 일컫는 것은 이 때문이다.

그런데 문제는 바로 여기서 시작된다. 송시열을 송자라고 높여 부른다는 사실에 고개를 끄덕이며 수긍할 사람보다는 고개를 갸웃거리며 의아해할 사람이 더 많을 것이다. 이는 다시 말해 송시열에 대한 극존칭의 사용이 보편적인 공감대를 얻지 못하고 있음을 의미한다. 그것은 단지 그가 사망한 지 너무 오래되었기 때문만은 아니다. 그가 살았던 당대에도 송자라는 극존칭은 보편적인 공감대를 얻지 못했기 때문이다.

송시열은 『조선왕조실록』에 유일하게 그 이름이 3천 번 이상 등장하는 유학자이자 정치가였으나 만 82살의 나이에 사사(賜死), 곧 사약을 받고 죽음으로써 인생을 비참하게 마쳤다. 그야말로 조선시대를 통틀어 비견할 만한 상대를 찾기 어려운 풍운의 사나이가 바로 송시열인 것이다.

그런데도 송시열은 현대에 들어 이황이나 이이는 물론, 서경덕이나 정약용보다 인지도가 훨씬 낮다. 그 이유는 무엇일까? 혹시 우리가 위대한 조상에 대해 너무 모르고 있는 것은 아닐까? 효종과 북벌(北伐)을 추진했다는 이유로 청나라의 탄압을 받았던 것이 오늘날까지 우리의 사고에 영향을 미치고 있는 것은 아닐까?

그러나 그런 이유들 때문에 송시열에 대한 존경심이 낮은 것은 아니다. 송시열에 대한 존경심이 이황이나 이이보다 낮아진 이유는 그의 성향과 밀접한 관계가 있다. 그는 그가 살았던 당대에도 한 정당,

한 당파에서만 추앙받은 인물이었던 것이다.

조선시대에 송시열을 '송자'라고 높여 불렀던 것은 사실이다. 그러나 송자라고 그를 높였던 것은 집권층에 속하는 특정 정당뿐이었다. 일반 백성들은 그를 송자라고 부르지 않았다. 물론 그가 속한 정당 이외의 정파들도 그를 송자라고 부르지 않았다.

그를 송자라고 떠받든 것은 노론(老論)이라는 한 당파뿐이었다. 지역적으로는 노론의 본거지인 기호(畿湖) 지방에서만 그를 송자라고 떠받들었다.

그의 반대 당파인 남인(南人)들 사이에서 그는 송자는커녕 '개 이름'에 지나지 않았다. 과장이 아니라 실제로 얼마 전까지만 해도 남인들의 본거지였던 영남 지방에서는 자기 집에서 기르는 개의 이름을 '시열이'라고 불렀다. 지금 이 순간에도 영남 지방의 어느 마을, 어느 집에서는 그 이유도 모른 채 예전에 그랬던 것처럼 자기 집 개를 '시열이'라고 부르고 있을지도 모른다.

이는 우리나라의 유일한 성현인 송자가 적어도 영남 지방에서는 송자는커녕 사람 취급도 받지 못했음을 뜻한다.

'송자'와 '시열이'!

이 얼마나 전율할 만한 가치의 전도이자 인식의 괴리인가?

한 사람을 놓고 '송자'와 '시열이'라는 완전히 상반된 평가가 300여 년 전부터 이 땅에 엄연히 존재했던 것을 우리는 어떻게 이해해야 할 것인가?

같은 사람을 한 지방에서는 성현이라 떠받들어 성 뒤에 '자'를 붙이고 다른 지방에서는 그의 이름을 개에게 붙여 멸시한다면 이는 가공할 인식의 분열이라 할 수밖에 없다. 이 경우만을 떼어놓고 본다면

이는 같은 왕조 안에서 살았던 한 나라 사람들이라고 말할 수 없다. 원수라도 그런 원수는 없을 것이기 때문이다.

어떻게 이런 일이 발생할 수 있었을까? 이 글은 그 이유를 찾아봄으로써 오늘날의 우리 자신을 되돌아보고 반성해보기 위한 목적으로 쓰였다.

지금부터 그 원인을 찾아서 조선시대로 역사여행을 떠나보자.

차례

주요 등장인물
정치적 입장을 중심으로

• 퇴계(退溪) 이황(李滉) 1501~1570

영남 지역이 기반인 동인과 남인의 종통(宗統).

승문원정자로 관계에 발을 들여놓았으나 사화(士禍)와 훈구파 내부의 정쟁으로 혼란스러워지자 관직을 사퇴했다. 풍기군수 시절 최초로 임금(명종)의 친필 사액(賜額)을 받아 백운동서원을 소수서원으로 만듦으로써 사림파가 세력을 확장하는 결정적 계기를 마련했다. 선조가 즉위한 후 대제학 지경연이 되어 성리학을 그림과 함께 쉽게 서술한 「성학십도」를 지어 올려 성리학이 국가 이념임을 밝힌 조선 유학의 최고봉의 한 사람이다. 광해군 때 성균관 문묘에 종사되었으며, 경북 안동의 도산서원(陶山書院)을 비롯한 전국 40여 개 서원에서 제사하고 있다.

• 동고(東皐) 이준경(李浚慶) 1499~1572

중종 14년(1519) 기묘사화 때 사림파를 옹호하여 김안로에 의해 파직되었다가 김안로가 사사된 후 복직되었다. 대사헌으로 있던 명종 5년(1550)에는 대윤(大尹) 윤임 일파로 몰려 유배되었다. 영의정 시절 명종이 죽자 교지를 받들어 선조를 옹립하고 원상(院相)으로서 국사를 총괄했다. 신진사림(훗날의 동인)과 기성사림(훗날의 서인)의 분쟁을 조정하다가 신진사림의 정적(政敵)으로 지목되어 기대승(奇大升) 등의 공격을 받았다. 죽기 직전 붕당의 폐단이 나라의 혼란이 되리라는 유차를 올렸다가 율곡의 공격을 받았으나 당쟁 예언이 사실로 나타나자 율곡이 크게 부끄러워했다. 이때 류성룡이 이준경을 옹호했으므로 훗날 영남 유림들의 추앙을 받아 그 자손 이인좌가 영남을 기반으로 반란을 일으키기도 했다.

• 율곡(栗谷) 이이(李珥) 1536~1584

기호 지역이 기반인 서인의 종주(宗主).

모두 아홉 차례의 과거에 급제해 '구도장원공(九度壯元公)'이라고 불렸다. 16세 때 어머니가 죽자 3년간 여묘살이를 한 후 금강산에 들어가 불교를 공부했는데, 이것이 훗날 그가 죽은 후까지 '머리 깎고 중이 되려다 환속한 자'라고 동인과 남인이 공격하는 빌미가 되었다. 이준경이 붕당의 폐에 관한 유차를 올리자 "죽음에 이르러 말이 악하다"고 공격했으나 당쟁이 현실화하자 크게 뉘우치고 동·서인 사이의 당쟁 조정을 평생 정치 이념으로 삼았다. 공납(貢納) 폐단 시정책인 대공수미법(代貢收米法) 실시를 주장하고, 병조판서로서 여진족 이탕개의 침입을 물리친 후 10만 양병설을 주장해 임진왜란을 예언했다는 명성을 얻었다. 분당을 조정하지 못한 한을 남긴 채 죽었으며, 숙종 때 경신환국으로 서인들이 집권한 후 문묘에 종사되었고, 강원도 강릉의 송담서원(松潭書院) 등 전국 20여 개 서원에 제향되었다.

- 우계(牛溪) 성혼(成渾) 1535~1598
  서인 영수.
  진사시에 합격한 후 복시(覆試)를 포기하고 학문에 전념할 뜻을 세웠다. 선조 때 여러 관직에 제수되고도 나아가지 않았으나 이이의 거듭된 추천으로 출사했다. 이런 연유로 동인들로부터 서인으로 지목되어 공격을 받았다. 임진왜란 때 세자인 광해군을 돕고 평양에 가 선조를 만났으나, 왜란 초 선조가 피난할 때 호종하지 않았다 하여 죽은 후까지 동인들과 남인들의 공격을 받았다. 사후인 1602년 북인에 의해 삭탈관작되었다가 계해정변(인조반정)으로 서인이 집권한 1633년 복직되어 좌의정에 추증(追贈)되었다. 숙종 때 서인들이 집권한 경신환국 이후 이이와 함께 문묘에 배향되었다가 남인이 재집권한 기사환국 때 출향되었고, 서인이 재집권한 갑술환국 때 다시 문묘에 승무되었다. 경기도 파주의 파산서원(坡山書院), 여산의 죽림서원(竹林書院) 등에 제향되었다.

- 손암(巽菴) 심의겸(沈義謙) 1535~1587
  서인 영수.
  명종 비(妃) 인순왕후의 동생으로서 외숙 이양(李樑)이 사림을 제거하는 사화를 일으키려 하자 임금의 밀지(密旨)를 받아 그를 탄핵하여 사림을 보호하여 명성이 높았다. 김효원이 이조정랑에 천거되자 반대했으나 실패했다. 이듬해 아우 심충겸이 이조정랑에 천거되었을 때 김효원이 반대함으로써 사림이 심의겸을 지지하는 서인과 김효원을 옹호하는 동인으로 분당되었다. 1584년 이이가 죽은 후 서인이 실각하고 동인이 집권하자 파직당했다가 복관되었다. 전남 나주의 월정서원(月井書院)에 제향되었다.

- 성암(省庵) 김효원(金孝元) 1532~1590
  동인 영수.
  김종직의 학통으로서 심의겸의 반대를 무릅쓰고 이조정랑이 되었으나 다음 해 심충겸이 이조정랑에 천거되자 적극 반대하여 사림을 자신을 중심으로 한 동인과 심의겸을 중심으로 한 서인으로 갈라지게 했다. 노수신과 이이의 조정책으로 외직으로 전출된 후 10여 년간 한직(閑職)을 전전했다. 사후 이조판서에 추증되었고, 강원도 삼척의 경행서원(景行書院)에 제향되었다.

• 오음(梧陰) 윤두수(尹斗壽) 1533~1601

서인 중진 문신.

이조정랑으로 있던 명종 때 권신 이양이 아들을 천거하자 끝내 거절하여 무고로 파직
되었다가 이양이 실각한 후 복직되었다. 선조 때 동인들로부터 진도군수 이수의 뇌물
을 받았다는 혐의를받고 파직되었다가 다음 해 연안부사로 나가 선정을 베풀었다. 대
사헌 때 당쟁 과정에서 회령에 유배되었다가 임진왜란으로 복직되어 임금을 개성에
호종, 어영대장을 지낸 후 영의정까지 올랐다.

• 동암(東菴) 이발(李潑) 1544~1589

동인 강경파 영수.

선조 때 문과에 급제해 이조정랑에 오른 후 부제학, 대사간을 역임하며 동인 강경파
의 영수가 되어 자파 등용에 힘썼다. 정여립의 옥사에 관련되어 대사간을 사퇴, 대죄
하다가 국문을 받던 중 장살(杖殺)되었다. 이때 그의 노모와 어린 아들까지 장살되어
서인에 대한 동인의 감정이 악화되는 중요한 계기가 되었다.

• 아계(鵝溪) 이산해(李山海) 1538~1609

북인 대북(大北) 영수.

명종 때 문과에 급제해 이조정랑에 오른 후 부제학, 대사간, 이조판서를 거쳐 1588년
우의정이 되었다. 서인 영수 정철을 세자 건저 문제로 실각시킨 후 그의 처벌 문제로
동인의 의견이 갈릴 때 강경론을 주창해 북인(北人)의 영수가 되었다. 임진왜란을 초
래했다는 양사(兩司)의 탄핵을 받고 파면, 평해(平海)에 부처(付處)되었다가 1595년
풀려나와 영돈녕부사로서 대제학을 겸임했다. 북인이 갈릴 때 정인홍과 함께 대북(大
北)의 영수가 되고 영의정에 올랐다가 탄핵을 받고 사직했다. 선조 때의 문장 팔가(八
家) 중의 한 명으로, 시서화(詩書畵)에 모두 능했다.

• 죽도(竹島) 정여립(鄭汝立) 1546~1589

동인 문신, 반란 주동자.

원래 이이, 성혼의 문하에서 수학한 서인이었으나 이이가 죽은 후 서인을 탈당하고
동인에 입당했다. 스승 이이를 비판하다 선조의 미움을 받고 사직했다. 동인의 차세대
주자로 명망이 높아지자 각지의 인물들을 끌어들여 대동계(大同契)를 조직하여 무술
훈련을 시켰다. 선조 20년(1587)에 전주부윤 남언경(南彦經)의 요청으로 왜구를 물
리쳤다. 이후 대동계를 계속 확대하다가 반란을 일으키려 한다는 고변을 받고 관군이
출동하자 진안 죽도로 도망가 자살했다. 이 사건으로 동인에 대한 대대적인 국문이
벌어지고(기축옥사) 서인 위관 정철에 대한 원한이 쌓였다.

• 송강(松江) 정철(鄭澈) 1536~1593

서인 강경파 영수.

명종 때 문과에 장원급제해 사간(司諫), 직제학(直提學), 승지(承旨)에 올랐으나 진도군수 이수의 뇌물 사건 때 동인들의 공격을 받아 사직했다가 강원도 관찰사가 되어 가사(歌辭) 「관동별곡」을 썼다. 성혼과 함께 서인의 영수로 있던 우의정 시절 정여립 반란 사건의 위관(委官)이 되어 동인들을 엄하게 치죄함에 따라 동인들의 집중적인 표적이 되었다. 광해군을 세자로 책봉할 것을 주청하다가 신성군에게 뜻이 있던 선조의 노여움을 사서 진주로 유배되었다가 임진왜란 때 임금의 어가를 가로막은 백성들의 요구로 석방되어 선조를 의주까지 호종했다. 이후 체찰사를 지내며 전란을 지휘하고 원군을 보내준 명나라에 사은사(謝恩使)로 다녀왔으나 또다시 동인의 공격을 받아 사직한 후 강화도 송정촌(松亭村)으로 이주해 쓸쓸한 만년(晩年)을 보내다 죽었다. 「사미인곡」, 「속미인곡」 등을 저술한 조선조 가사 문학의 일인자로서 창평의 송강서원(松江書院)에 제향되었다.

• 서애(西厓) 류성룡(柳成龍) 1542~1607

남인 영수.

명종 때 관직에 진출해 선조 때 양관대제학(兩館大提學)이 되어 이산해, 이발과 함께 동인을 이끌었다. 광해군 건저 문제로 서인 영수 정철이 처벌받을 때 강경론을 주장하는 이산해에 반대하여 온건파인 남인의 영수가 되었다. 임진왜란 1년 전에 미관말직을 전전하던 이순신을 천거, 전라좌도수군절도사로 임명함으로써 제해권을 장악하는 데 결정적인 공헌을 했다. 임진왜란 때 4도 도체찰사(都體察使)가 되어 군사를 총지휘하여 국난 극복에 앞장섰다. 하지만 전란 중에 곽재우 등 다수의 의병장을 배출하여 그 세가 강화된 북인에 의해 1598년 '나라를 잘못 이끈 소인(誤國小人)'이라는 탄핵을 받고 삭탈관작되었다. 1600년 복관되었으나 출사하지 않았다. 남인의 시조로 영남 유생들의 추앙을 받았다. 안동의 병산서원(屛山書院), 호계서원(虎溪書院) 등에 제향되었다.

• 내암(萊菴) 정인홍(鄭仁弘) 1535~1623

대북 영수.

남명 조식(趙植)의 문인으로 선조 때 학행으로 천거되어 황간현감(黃澗縣監)에 발탁되어 선정을 베풀었다. 임진왜란이 일어나자 합천에서 의병을 모아 왜군을 물리쳐 영남의병장(嶺南義兵將)이 되었다. 일본에 대해 시종일관 강경주전론을 주장하여 온건파인 류성룡을 탄핵해서 실각하게 했다. 이산해와 함께 대북의 영수가 되어 선조 말년 영창대군을 옹립하려는 소북(小北) 유영경에 맞서 광해군을 지지해 즉위하게 했다. 소북을 정권에서 몰아낸 뒤 광해군과 함께 전후복구에 힘썼으나, 정권을 강화하기 위해 영창대군을 사사하고 인목대비를 폐위하는 등의 행위로 윤리 문제를 불러일으켰다. 서인들이 주도한 계해정변으로 참형(斬刑)에 처해지고 가산(家産)이 적몰(籍沒)되었다. 이후 대북은 서인 정권의 극심한 탄압을 받아 정계에서 사라졌다.

• 춘호(春湖) 유영경(柳永慶) 1550~1608
소북 영수.
선조 때 문과에 급제한 후 임진왜란 때는 사간으로 초유어사(招諭御史)가 되어 많은 병사를 모집했다. 1597년 정유재란 때는 가족을 먼저 피난시켜 처벌되었다가 다음 해 병조참판에 제수되어 북인에 가담했다. 이후 북인이 분열될 때 소북의 영수가 되었다가 같은 파의 남이공(南以恭)과 불화하여 탁소북(濁小北)을 이끌었다. 선조 말년 광해군을 지지하는 대북과 맞서 영창대군을 지지해 광해군에게 선위한다는 선조의 선위교서를 감추었다가 발각되었다. 광해군 즉위 후 경흥에 유배되었다가 사사되었다. 계해정변 후 복관되었다.

• 백사(白沙) 이항복(李恒福) 1556~1618
선조 때 문과에 급제한 후 이조정랑, 좌승지 등 여러 요직을 역임했다. 임진왜란 당시 병조판서로 직제학(直提學), 주사대장(舟師大將) 등을 겸직하는 등 임란 이래 다섯번이나 병조판서를 역임하고 도원수(都元帥)로 도체찰사를 겸직하는 등 병무에 밝았다. 영의정 때 오성부원군(鰲城府院君)에 봉해졌다. 그는 평생 당적이 없이 당쟁을 조정하기 위해 애썼으나 세자 건저 문제 때 서인 정철을 관대히 다루었다는 이유로 파직되고, 동인들의 공격을 받는 성혼을 구하려다 정철의 일당이라는 탄핵을 받고 사직되기도 했다. 광해군 때 인목대비 폐모에 관한 논의가 일자 이를 극력 반대하다 이듬해 북청(北靑)에 유배되어 죽었다. 죽은 해에 복관되고 청백리(淸白吏)에 뽑혔다. 포천의 화산서원(花山書院)과 북청의 노덕서원(老德書院)에 제향되었다.

• 묵재(默齋) 이귀(李貴) 1557~1633
서인, 반정공신.
이이, 성혼의 문하로 임진왜란 때 삼도소모관(三道召募官), 선유관(宣諭官)을 역임하여 군사와 군량을 모집했다. 선조 36년(1603)에 문과에 급제하여 형조좌랑 등을 역임하다 함흥판관 때 무고로 수감된 해주목사 최기(崔沂)를 만난 죄로 이천에 유배되었다. 김류 등과 함께 계해정변을 주도하여 정사공신(靖社功臣) 1등에 책록되었다. 이괄의 난 때 임진강에서 패하여 탄핵을 받고 사직했다가 정묘호란 때 임금을 모시고 강화도에 피난하여 최명길과 함께 화의론을 주장하다가 대간의 탄핵을 받았다. 병자호란이 일어나기 3년 전에 죽었다.

• 이괄(李适) 1587~1624
서인, 반란 주동자.
계해정변을 성공시키는 데 주도적 역할을 했으나 이등공신에 책록되어 불만을 가졌다. 한성부윤(漢城府尹)이 되었다가 평안병사 겸 부원수로 압록강변의 국경 수비를 위해 출진했다. 서인인 문회, 허통 등이 이괄이 반란을 꾸미고 있다고 무고하여 조정에서 그의 아들 전을 체포하려 하자 선조의 열째 아들 흥안군을 추대하여 반란을 일으켰다. 반란 초기 서울을 점령하는 등 기세를 올렸으나 관군에 밀리자 부하의 손에 살해당했다.

• 만전(晩全) 기자헌(奇自獻) 1562~1624
대북 온건파 문신.
선조 23년(1590) 문과에 급제해 벼슬이 우의정에 올랐다. 광해군 때 집권 대북에 속해 있었으나 인목대비의 폐위 논의 때 당론과 달리 적극 반대한 죄로 함북 길주로 유배되었다. 이 때문에 계해정변이 성공한 이후 대북이면서도 살아남았다. 하지만 인조가 구신(舊臣)을 부를 때 응하지 않은 혐의로 옥에 갇혀 있던 중 이괄의 반란이 일어나 서울이 점령될 위기에 처하자 집권 서인에 의해 다른 48명의 정치범과 함께 전격 처형되었다.

• 잠곡(潛谷) 김육(金堉) 1580~1658
서인, 한당 영수.
인조 때 문과에 급제한 후 충청관찰사, 부제학 등을 거쳐 도승지가 되었다. 소현세자가 심양에 볼모로 잡혀가자 보양관(輔養官)으로 수행하여 우부빈객(右副賓客)이 되었다. 귀국 후 관상감제조(觀象監提調), 대사헌이 된 후 영의정까지 올랐다. 민생 문제 해결에 역점을 둔 개혁 정치가로서 공납폐(貢納弊) 해소책인 대동법(大同法) 시행을 줄곧 주장하여 대동법을 반대하는 김집, 송시열 등의 산당(山黨)에 대항하여 한당(漢黨)을 만들기도 했다. 새 역법(曆法)인 시헌력(時憲曆)을 제작하고 관개(灌漑)에 수차를 사용하고 상평통보 주조를 건의해 유통시키는 등 뛰어난 경제적 식견을 가지고 있었다. 그의 이러한 경제 사상은 조선 후기 실학의 선구적 업적이 되었다. 가평의 잠곡서원(潛谷書院), 강동의 청계서원(淸溪書院) 등에 제향되었다.

• 우암(尤庵) 송시열(宋時烈) 1607-1689

서인, 노론 영수.

인조 11년(1633) 최명길의 천거로 경릉참봉(敬陵參奉)이 되었다가 곧 사직했으나,
높은 학식으로 봉림대군(鳳林大君: 뒷날의 효종)의 사부가 되었다가 1649년 효종이
즉위하자 장령(掌令)에 등용되었다. 그가 쓴 「장릉지문(長陵誌文)」에 청의 연호를 쓰
지 않았다고 친청파 김자점이 청에 밀고해 사직했다가 김자점이 거세된 이후 다시 이
조판서가 되어 효종과 함께 북벌을 적극 추진했다. 효종 사망으로 야기된 1차 예송 때
1년복을 주장하여 3년복을 주장하는 남인과 맞서 승리했다. 효종비의 사망이 계기가
된 2차 예송 때 1년복을 주장하는 남인에 맞서 9개월복을 주장했으나 패배하여 실각
했다. 그해 현종이 사망하자 송시열은 자의대비의 복제를 다시 9개월로 바꾸어야 한
다고 재론했다가 1년설을 지지하는 숙종에 의해 유배되었다. 숙종 6년 경신환국으로
서인이 정권을 잡자 척신 김석주와 김익훈 등이 남인을 무고해 살육한 사건이 발생했
을 때 신진사류들의 기대를 저버리고 김익훈을 옹호하여 서인이 노론과 소론으로 분
당되는 계기를 만들었다. 숙종 15년(1689) 장희빈 소생의 왕자를 원자로 책봉하자 이
에 반대하는 상소를 올렸다가 제주도에 위리안치된 후 남인들의 공세로 국문을 받기
위해 서울로 오던 도중 만 82세의 노구로 정읍에서 사사되었다. 숙종 20년(1694) 갑
술환국으로 서인들이 집권하자 신원되었으며, 이어 문묘에 종사되었다. 경기도 여주
의 대로사(大老祠), 충북의 화양서원(華陽書院) 등에 제향되었다.

• 문곡(文谷) 김수항(金壽恒) 1629~1689

서인, 노론 영수.

효종 때 문과 중시에 급제하여 여러 청요직(淸要職)을 거친 후 승지가 되었다. 제1차
예송논쟁 때 같은 당인 송시열을 지지하여 송시열을 비난하는 상소를 올린 남인 윤선
도(尹善道)를 유배시켰다. 2차 예송논쟁에서 서인들이 패배함에 따라 관직에서 물러
났다가 숙종의 부름을 받았으나 남인 윤휴의 공격으로 관직이 삭탈되었다. 경신환국
으로 서인이 집권한 후 영의정이 되어 정국을 이끌었으나 기사환국으로 남인들이 재
집권하자 진도에 유배되었다. 장희빈 소생의 아들을 원자로 정하는 데 반발한 송시열
의 상소로 정국이 혼란한 와중에 남인들의 공격 대상이 되어 사사되었다.

• 묵재(默齋) 허적(許積) 1610~1680

남인, 탁남 영수.

인조 때 문과에 급제하여 부수찬(副修撰)을 지내고 형조판서로 있을 때 제1차 예송논
쟁이 일어나자 남인 영수로서 3년설을 주장하며 서인들에 맞섰으나 패배했다. 현종 5
년(1664) 우의정을 거쳐 영의정에 올랐으나 송시열의 비판을 받아 영중추부사(領中

樞府事)에 전임되었다. 2차 예송논쟁때 서인의 9개월설에 맞서 1년설을 주장, 승리하여 영의정에 복직하면서 정권을 장악했다. 집권 후 송시열에 대한 처벌의 강도를 놓고 남인들의 의견이 갈릴 때 온건파인 탁남(濁南)을 이끌어 강경파인 청남(淸南)에 맞섰다. 그 후 청남을 몰아내고 정권을 장악했으나 연시연(延諡宴) 때 궁중의 기름천막을 유용한 사건으로 몰락했다. 이후 서자 허견의 옥사에 연루되어 사사되었다가 남인들이 재집권한 1689년의 기사환국으로 신원되었다.

- 백호(白湖) 윤휴(尹鑴) 1617~1680
  남인, 청남 영수.
  학행으로 천거되어 시강원진선(侍講院進善), 사헌부지평(司憲府持平) 등 여러 관직에 제수되었으나 나아가지 않았다. 「중용장구보록(中庸章句補錄)」, 「중용대학후설(中庸大學後說)」 등에서 주희와 다른 해석을 하여 송시열과 논쟁을 벌이는 등 학문이 뛰어났다. 남인의 중심인물이 되어 제1차 예송논쟁 때 서인들이 주장하는 1년복설에 반대하는 3년복설을 주장했으나 패배한 후 제2차 예송논쟁 때는 1년복을 주장하여 승리했다. 남인이 정권을 잡은 숙종 초 성균관사업(成均館司業)으로 관직에 나가 같은 해 대사헌이 되어 청나라를 정벌할 것과 송시열을 이배(移配)하고 서인 중진 민유중(閔維重)과 이단하(李端夏)를 삭탈관작할 것을 주장했다. 숙종 6년(1680)의 홍수의 변[紅袖之變] 때 숙종에게 "대비(大妃)를 조관(照管)하라"고 충고하여 임금의 미움을 샀다. 경신환국으로 서인이 집권하고 허견의 옥사가 발생하자 직접 관련이 없는데도 사사된 것은 숙종과 서인들의 미움 때문이었다. 기사환국으로 남인들이 재집권하자 신원되고 영의정에 추증되었다.

- 미수(眉叟) 허목(許穆) 1595~1682
  남인, 청남 영수.
  50여 세가 되도록 세상에 알려지지 않고 학문 연구에만 진력하다가 만 62세 때인 효종 8년(1657)에 사헌부지평에 초임되어 이듬해 장령이 되었다. 제1차 예송논쟁 때 서인들의 1년설에 맞서 3년설을 주장했으나 패배했다. 제2차 예송논쟁 때 승리하여 남인이 집권하자 대사헌에 특제되었다가 이조참판을 거쳐 우의정에 올랐다. 장기에 유배 중인 송시열에 대한 처벌 문제가 발생하자 온건파인 허적의 탁남에 맞서 강경파인 청남을 이끌었다. 숙종 5년(1679) 탁남의 영수인 영상 허적을 탄핵했다가 오히려 자신이 파직되자 고향에서 학문 연구와 후진 교육에 전력을 기울였다. 나주의 미산서원(眉山書院)에 제향되었다.

• 고산(孤山) 윤선도(尹善道) 1587~1671

남인 문신.

인조 때 문과에 급제한 후 왕자사부(王子師傅)가 되어 봉림대군을 보도(輔導)했다. 병자호란 때 임금을 호종하지 않은 죄로 영덕에 유배되었다가 풀려난 후 은거했다. 효종 때 왕명으로 사예(司藝)를 거쳐 예조참의가 되었으나 서인들의 공격으로 사직하고 다시 은거했다. 효종이 죽자 산릉간심관(山陵看審官)이 되어 장지(葬地)를 수원으로 정했으나 서인들의 반대로 묵살되었다. 1차 예송논쟁 때 송시열이 효종의 종통을 부인했다는 과격한 내용의 상소를 올려 오히려 자신이 삼수(三水)에 유배되었다. 숙종 때 남인이 집권하자 신원되고 이조판서에 추증되었다. 많은 세월을 유배지에서 보냈으며, 「어부사시사(漁父四時詞)」 등 많은 시가(詩歌)를 지었다. 정철이 가사문학의 대가이자 불운한 서인 정치가라면 그는 시가문학의 대가이자 불운한 남인 정치가였다 할 것이다.

• 명재(明齋) 윤증(尹拯) 1629~1714

서인, 소론 영수.

유계, 권시의 문인으로 후에 송시열에게도 사사했으나 부친 윤선거(尹宣擧)의 비문 문제와 정견의 차이로 절교했다. 황산서원(黃山書院)에서 주자서를 강학하는 등 벼슬보다는 학문에 뜻을 두었다. 현종 5년(1664) 내시교관(內侍教官)에 제수된 것을 시작으로 익찬(翊贊), 집의(執義) 등을 제수받았으나 모두 거절하고 출사하지 않았다. 경신환국 후 남인을 처벌하는 데 온건론을 주장하는 소론의 영수가 되어 강경 처벌을 주장하는 송시열의 노론과 싸웠다. 숙종 9년(1683) 임금의 부름으로 과천까지 왔으나 박세채에게 3대 명분론을 제시하고 귀향했다. 이후에도 대사헌 등에 제수되었지만 역시 나아가지 않았으나 대광보국숭록대부의정부우의정(大匡輔國崇祿大夫議政府右議政)에 제수되었다. 그의 사후 소론이 실각하면서 관작을 추탈당했으나 경종 즉위 후 소론이 집권하자 복관되었다. 홍주의 용계서원(龍溪書院), 노성의 노강서원(魯岡書院) 등에 제향되었다.

• 남계(南溪) 박세채(朴世采) 1631~1695

서인, 소론 영수.

효종 10년(1659) 학행으로 천거되어 익위사세마(翊衛司洗馬)로 있을 때 제1차 예송논쟁이 발생하자 「복제사의(服制私議)」를 지어 남인의 3년복설을 체계적으로 비판하고 1년복설을 제기하여 서인의 이론가로 떠올랐다. 또한 제2차 예송논쟁 때 서인들과 함께 9개월복을 주장하다 관직을 박탈당하고 양근으로 유배되었다. 경신환국으로 서인들이 집권하자 복직되어 대사헌, 이조판서 등을 역임했다. 남인들에 대한 치죄 문제로 서인이 분열될 때 분당을 막고 두 파를 화해시키기 위해 「황극탕평론(皇極蕩平論)」을 발표했으나 조정에 실패하자 소론 윤증을 지지하여 소론이 되었고, 대동법 시행을 적극 주장했다. 기사환국으로 관직에서 물러난 후 다시 학문에 정진해 많은 저술을 남겼다. 영조 40년(1764) 문묘에 종사되었으며, 황해도 장연의 봉양서원(鳳陽書院) 등에 제향되었다.

- 장희빈(張禧嬪) ?~1701

  남인계 역관 장형(張炯)의 서녀(庶女)로 태어났다. 나인(內人)으로 궁중에 들어와 숙종의 총애를 받아 후궁이 된 후 왕자 균(훗날의 경종)을 낳았다. 이로 인해 숙종 15년(1689) 서인인 인현왕후 민씨를 물리치고 왕비가 되었으나, 5년 후인 숙종 20년(1694) 남인이 몰락한 후 폐출되었다가 사사당했다.

- 장희재(張希載) 1651~1701

  장희빈의 오빠로서 동생이 숙종의 총애를 받은 후 금군별장(禁軍別將)이 되고 숙종 18년(1692)에는 총융사(摠戎使)가 되어 남인 정권에 일조하다가 장희빈이 쫓겨난 후 유배되었다. 부친 장형의 묘에 흉물을 묻은 사건을 일으켜 장희빈을 복위시키려 했으나 실패하고, 이후 인현왕후 민씨를 모해했다는 죄목으로 사형당했다.

- 몽와(夢窩) 김창집(金昌集) 1648~1722

  노론 4대신의 한 사람.

  숙종 10년(1684) 공조좌랑(工曹佐郎) 정시문과(庭試文科)에 급제하여 정언(正言), 병조참의 등을 역임했다. 서인 영수 김수항(金壽恒)의 아들로서 아버지가 유배지에서 사사되자 영평산에 들어갔다가 숙종 20년의 갑술환국으로 서인이 재집권하자 병조참의에 제수되었으나, 한 번 나와 사례한 후 부친의 묘소가 있는 양주로 돌아갔다. 이후 대사간 등에 제수되었으나 나아가지 않다가 출사해 호조·이조·형조판서를 지낸 후 영의정에 올랐다. 숙종이 사망한 후 원상(院相)으로 서정(庶政)을 담당했고, 노론 4대신의 한 명으로 연잉군(훗날의 영조)을 옹립하여 왕세제(王世弟)로 책봉한 후 대리청정을 주장했다가 경종을 지지하는 소론의 공격을 받아 사직했다. 경종 2년(1722) 목호룡의 고변에 의한 임인옥사 때 그의 손자 김성행이 관련되어 사사되었다가 영조 16년(1740)에 관작이 회복되었다. 조선 말 안동 김씨의 세도정치를 연 김조순(金祖淳)은 그의 4대손(孫)이다. 사사된 노론 4대신을 모신 과천의 사충서원(四忠書院)에 제향되었다.

- 소재(疏齋) 이이명(李頤命) 1658~1722

노론 4대신의 한 사람.

숙종 6년(1680) 별시(別試) 문과에 급제하여 집의(執義)가 되었다가 문과중시(文科重試)에 재차 급제하여 강원도관찰사가 되었다. 기사환국으로 남인이 집권하자 영해에 유배되었다. 갑술환국으로 서인이 집권하자 호조참의에 제수된 후 좌의정에 올랐다. 숙종이 임종하기 직전 독대(정유독대, 1717)했을 때 소론이 지지하는 세자(世子: 경종)에 불리한 말을 하고 노론이 지지하는 연잉군(훗날의 영조)을 지지했다 하여 소론의 불만을 샀다. 경종이 즉위한 후 노론 4대신의 한 명으로서 연잉군을 왕세제로 책봉할 것을 주청하여 성사시켰다. 숙종의 죽음을 고하기 위한 고부사(告訃使)로 청나라에 갔다가 서양 신부들을 사귀고 돌아올 때 천주교와 서양 서적을 들여오는 등 서양 문물에 대해 개방적인 태도를 취했다. 이후 세제 대리청정을 제기했다가 소론의 반발로 실패하여 파직당하고 남해로 유배 갔다. 그의 아들 이기지가 관련된 목호룡의 고변 때 임금으로 추대받았다는 혐의를 받고 서울로 압송되어 한강진에서 사사되었다가 영조가 즉위한 후 복관되었다. 과천의 사충서원에 제향되었다.

- 한포재(寒圃齋) 이건명(李健命) 1663~1722

노론 4대신의 한 사람.

숙종 12년(1686) 춘당대문과(春塘臺文科)에 급제하여 이조정랑, 사간 등을 역임했다. 서장관(書狀官)으로 청에 다녀온 후 대사간, 이조판서 등을 역임한 후 좌의정을 역임했다. 경종이 즉위한 후 노론 4대신의 한 명으로서 연잉군의 세제 책봉을 주청하여 성사된 후 영의정 김창집을 대신하여 책봉주청사(冊封奏請使)로 청나라에 갔을 때 청의 관료들이 경종의 병에 대해서 묻자 '발기불능'이라고 말했다. 귀국 후 이 발언이 문제가 되어 흥양의 나로도(羅老島)에 유배되었다가 경종 2년 8월 사사되었다. 그의 두 아들도 아버지 시신을 덕산에 묻고 자결했다. 영조 즉위년에 신원되었다. 과천의 사충서원, 홍덕의 동산서원(東山書院)에 제향되었다.

- 이우당(三憂堂) 조태채(趙泰采) 1660~1722

노론 4대신의 한 사람.

숙종 12년 별시 문과에 급제하여 관직에 진출하여 승문원(承文院)과 삼사(三司)의 관직을 두루 거쳤다. 이조정랑, 한성판윤 등을 역임한 후 숙종 29년(1703) 호조판서가 되었다. 공조·이조판서를 거쳐 숙종 43년(1717) 우의정이 되었다가 판중추부사(判中樞府事)로 전직되었다. 경종이 즉위한 후 노론 4대신의 한 명으로서 연잉군을 세제로 책봉하고 이어서 세제 대리청정을 주장해 관철시켰으나 소론의 반격을 받아 무산되자 사직했다. 이어 목호룡의 고변에 의한 임인옥사가 발생해 진도에 유배된 후 사사되었다. 과천의 사충서원에 제향되었다.

• 아계(丫溪) 김일경(金一鏡) 1662~1724
소론 강경파 영수.
숙종 28년(1702) 문과에 급제하여 관직에 진출한 후 승지 등을 역임하였다. 경종이
즉위한 후 노론이 연잉군을 밀어 왕세제로 책봉한 후 세제 대리청정을 관철시키자 자
신을 소두(疏頭)로 노론 4대신을 '사흉(四凶)'으로 규탄하는 연명상소를 올려 일약 이
조참판에 기용되었다. 그 후 목호룡을 배후에서 움직여 목호룡의 고변 사건(임인옥
사)을 일으켜 노론 4대신을 비롯한 노론 인사를 대거 살육해 영조와 노론의 원수가
되었다. 영조가 즉위한 후 국문 받을 때 "경종의 곁에 죽기를 원한다"며 끝내 정당함
을 주장하고 사형당했다.

• 목호룡(睦虎龍) 1684~1724
남인가의 천얼(賤孽)로 종친 청릉군의 가노(家奴)였으나 풍수를 익혀 사대부들과 교
류했다. 왕세제 연잉군 사친(私親)의 장지를 정해준 공으로 속신(贖身: 천민에서 풀려
남)되었다. 이후 왕실 소유의 토지를 관리하는 궁차사(宮差使)가 되어 축재했다. 소론
강경파 김일경의 사주를 받아 노론 명문가 자제들이 경종을 살해하려 했다는 3급수
살해 사건을 고변해 노론 4대신 등이 사사되는 임인옥사를 불러왔다. 이 고변의 공으
로 부사공신(扶社功臣) 3등으로 동성군(東城君)에 봉해지고 동지중추부사(同知中樞
府事)가 되었다. 영조가 즉위하자 국문을 받았으나 김일경과 함께 끝내 정당함을 주
장하다 사형당했다.

• 손와(損窩) 최석항(崔錫恒) 1654~1724
소론 4대신의 한 사람.
숙종 6년(1680) 별시 문과에 급제하여 정언이 된 후 경상도관찰사, 개성유수 등을 거
쳐 형조·이조·병조판서를 역임한 소론 4대신의 한 명이다. 경종 1년 노론이 세제의
대리청정을 주청하여 관철시키자 이광좌, 조태억 등과 함께 이를 강력히 반대하여 철
회시켰다. 소론 정권이 수립되자 우의정에 올랐고, 경종 4년(1724) 기로소(耆老所)에
들어가고 좌의정에 올랐다가 같은 해 사망했다. 영조 1년 관작이 추탈되었다.

• 이인좌(李麟佐) ?~1728
소론 강경파, 반란 주동자.
영조가 즉위한 후 노론이 집권하자 소론 강경파인 준소(峻少)와 남인들을 모아 반란
을 모의했다. 영조 3년(1727) 정미환국으로 소론이 집권한 후에도 반란을 꿈꾸다 봉

조하 최규서(崔奎瑞)가 반란을 고변하자 밀풍군(密風君) 탄(坦)을 추대하고 군사를 일으켜 청주성을 점령했다. 충청병사 이봉상을 죽이는 등 초기에는 기세를 올렸으나 진압되어 서울로 압송된 후 참형당했다. 이인좌는 영남 유림들이 존경하는 선조 때의 명신 이준경의 후손이었던 관계로 영남 유림들이 난에 가담했는데, 이 때문에 난이 진압된 후 대구부 남문 밖에 '영남반란평정기념비'를 세워 영남을 반역향으로 낙인 찍고 영남인들의 출사를 제한하기도 했다.

- 만암(晩庵) 유봉휘(柳鳳輝) 1659~1727
소론 4대신의 한 사람.
숙종 25년(1699) 41세의 늦은 나이로 문과에 급제하여 부제학, 동지의금부사(同知義禁府事) 등을 역임하며 소론의 영수가 되었다. 경종 1년 노론이 왕세제 책봉에 이어 세제 대리청정을 강행하여 성사시키자 이에 격렬히 반대하여 노론을 실각시켰다. 경종 3년(1723) 이조판서에 올랐고 영조가 즉위한 후 탕평책에 의해 노·소론 연립 정권이 수립될 때 우의정, 좌의정에 제수되는 등 소론 4대신의 한 명이었으나, 영조가 즉위한 후 노론을 공격한 주동자라는 이유로 면직되어 경흥에 위리안치되었다가 다음 해 유배지에서 사망했다. 사후 관작이 복구되었으나 영조 31년(1755) 나주 괘서 사건으로 다시 반역죄가 추가되었다.

- 소헌(素軒) 조태구(趙泰耉) 1660~1723
소론 4대신의 한 사람.
숙종 12년(1686) 문과에 급제한 후 승지를 거쳐 대사성과 호조판서를 역임했다. 숙종 46년 우의정에 올라 소론의 영수가 되었다. 경종 때 소론 4대신의 한 사람으로서 세제 대리청정 요구를 저지시킨 후 집권했다. 소론 강경파 김일경이 사주한 목호룡의 고변을 이용해 노론 4대신을 역률로 몰아 사사하고 영의정에 올랐다. 경종 3년에 64세의 나이로 죽었으나, 영조의 즉위로 노론 정권이 수립됨에 따라 관작을 추탈당했다가 영조 31년 나주 괘서 사건으로 반역죄가 추가되었다.

- 운곡(雲谷) 이광좌(李光佐) 1674~1740
소론 4대신의 한 사람.
숙종 20년(1694) 문과에 장원하여 부수찬과 이조참의를 지냈다. 숙종 42년 숙종이 노론의 편을 들어 윤선거의 문집을 훼손하자 이에 항의하여 파직되었다가 2년 후 예조참판에 등용되었다. 경종 즉위 후 소론 4대신의 한 명으로서 왕세제 대리청정 문제와 목호룡의 고변에 의한 신임옥사로 노론을 제거하고 정권을 장악했다. 경종 4년(1722) 영의정이 되었으나 이듬해 영조가 즉위한 후 노론에 의해 파직되었다가 영조

3년(1727) 정미환국으로 소론이 정권을 잡자 다시 영의정에 올랐다. 이후 노론 왕 영조 밑에서 노론과 공존을 도모하는 온건한 탕평책을 추진했으나 끝내 화해하지는 못했다. 영조 9년 봉조하가 되었고 12년에는 다시 영의정이 되었다가 영조 16년(1740) 박동준(朴東俊)의 모함을 받아 울분 끝에 사망했다. 영조 31년의 나주 괘서 사건으로 관작이 추탈되었다.

• 단암(丹巖) 민진원(閔鎭遠) 1664~1736
  노론 영수.
  문과중시(文科重試)에 급제해 관직에 오른 후 경종 때 세제 대리청정 문제로 소론에 의해 치죄되어 성주에 유배되었다. 영조 즉위년에 우의정으로 복귀한 후 소론을 공격하다가 정삼석(鄭三錫)의 탄핵을 받고 원주로 재차 귀양갔다가 이인좌의 난을 계기로 방면되었다. 노론의 영수로서 소론을 먼저 처벌한 후 소론계 일부 인물을 등용하자는 조건부 탕평을 주장했다.

• 나경언(羅景彦) ?~1762
  노론인 형조판서 윤급(尹汲)의 청지기로 있던 중 노론 벽파의 김한구, 홍계희, 김상로, 윤급 등의 사주를 받아 사도세자의 행적을 영조에게 과장하게 고변하여 뒤주 사건을 유발시킨 인물이다. 영조는 나경언을 먼저 사형시킨 후 사도세자를 죽였다.

• 익익재(翼翼齋) 홍봉한(洪鳳漢) 1713~1778
  노론 시파.
  사도세자의 장인이자 혜경궁 홍씨의 아버지. 영조 19년(1743) 딸이 세자빈으로 뽑힌 이듬해 문과에 급제하여 사관(史官)이 되었다. 영조 37년(1761) 세자의 평양 원유(遠遊) 사건으로 이천보, 민백상 등이 자살하자 우의정에 발탁되고 다시 좌의정을 거쳐 판돈녕부사(判敦寧府事)를 지낸 후 영의정이 되었다. 영조 38년(1762) 나경언의 고변에 의해 사도세자와 영조와의 사이가 악화되자 영조 편에 붙어 사도세자를 돕지 않았다. 영조가 뒤늦게 사도세자의 죽음을 후회하자 태도를 바꾸어 사도세자의 죽음에 대한 책임을 김귀주(金龜柱) 일당에게 돌려 실각시킨 후 정권을 장악했다. 그 후 영조의 탕평책에 부응하여 당쟁의 폐해, 인재의 발탁 등의 내용을 담은 시무 6조를 제시하는 등 국정 쇄신에 노력했으나, 정조가 즉위한 후 사도세자 사사의 연루자로 지목되어 부교리 이노술(李魯述)의 탄핵을 받고 사형당했다.

- 홍인한(洪麟漢) 1722~1776

노론 벽파 영수.

영조 29년(1753)에 문과에 급제하여 정언, 전라도관찰사, 대사헌 등을 지냈다. 혜경궁 홍씨의 숙부이면서도 사도세자를 죽이는 데 가담한 벽파의 영수가 되었다. 사도세자 사후 보복을 두려워하여 여러 차례 세손(훗날의 정조)을 제거하려 했으나 실패했다. 정조가 즉위하자 여산에 유배된 후 사사당했다.

- 혜경궁(惠慶宮) 홍씨(洪氏) 1735~1815

노론의 영수 홍봉한의 딸로 태어나 10세 때 사도세자와 국혼(國婚)을 맺었다. 그녀의 나이 28세 때 동갑인 사도세자가 뒤주 속에서 죽음을 당하는 임오화변(壬午禍變)을 목도했다. 그녀의 나이 42세 때 아들 정조가 즉위했으나 그녀의 친정이 사도세자의 죽음에 책임이 있는 것으로 지목되어 폐가(廢家)되었다. 정조는 그녀가 칠순이 되는 1804년(갑자년)에 홍씨 일문의 죄를 신원해줄 것이라고 약속했으나 1800년에 정조가 사망함으로써 무산되었다. 그녀는 집안을 신원시키기 위한 목적으로 61세부터 70세에 이르기까지 『한중록』을 서술했다. 『한중록』에서 그녀는 일관되게 친정을 옹호하고 사도세자가 정신병 때문에 죽었다고 기술하여 사도세자에게 책임을 돌렸다.

1장

사림의 집권과 동서 분당

"이이는 정말 군자다. 이이만 같다면 당이 있는 것이 걱정이 아니라
당이 없는 것이 걱정이겠다. 나도 주희의 말처럼 그대들의 당에 들고 싶다."
– 선조의 말

훈구파의 사림 탄압, 사화

조선시대 역사 드라마에서 가장 인기가 있고 가장 자주 다루어진 소재는 사화(士禍)다. 중종 때 사림 영수 조광조(趙光祖)가 그 대상이다. 훈구 세력은 사주를 받은 궁녀가 나뭇잎에 과일즙으로 "조씨가 왕이 된다[走肖爲王]"라고 써놓는다. 벌레들이 과일즙이 발라진 부분을 파먹자 훈구세력은 이를 중종에게 가져가서 울분에 찬 목소리로 고한다.

"조광조가 역심(逆心)을 품은 것을 하늘이 미리 알려준 것이옵니다."

결국 조광조는 훈구 세력과 결탁한 중종에 의해 사약을 마시고, 개혁정치의 이상은 역사의 뒤안길로 사라진다. 이것이 기묘사화(己卯士禍)로, 사약을 마실 때 대사헌 조광조의 나이는 불과 38살이었다. 여기에는 세간의 관심을 끌 만한 모든 요소가 등장한다. 폭군과 반정, 권력과 명예, 여자와 돈, 보수파와 진보파, 폐비 신씨를 둘러싼 논란 등등…….

연산군 때의 무오사화(戊午士禍)와 갑자사화(甲子士禍)는 더욱 흥미진진한 요소들로 가득 차 있다. 시(詩)와 술과 여자를 좋아하는 젊은 왕 연산(燕山)과 피를 토하고 죽은 불행한 그의 어머니 폐비 윤씨, 왕의 어머니가 사약을 마시고 죽은 사건을 이용해 권력을 장악하려는 벼슬아치들의 번뜩이는 두뇌싸움, 권력을 향해 불나비처럼 날아드는 사대부들…….

이런 과정만을 놓고 본다면 조선시대의 궁중 풍속도, 정치 풍속도는 오직 권력을 획득하기 위한 음모와 배신의 연속으로 보일 수밖에 없을 것이다. 사실 일제 강점기 일본인들은 그렇게 보았고, 조선총독부는 각급 학교에서 그렇게 가르쳤다.

그러나 그때나 지금이나 정치 세력 사이의 다툼에는 반드시 이유가 있다. 그리고 거기에는 그 사회의 가장 절실한 현안이 담겨 있을 가능성이 크다. '둘 다 나쁘다' 또는 '둘 다 똑같다'고 정쟁 자체를 공격하는 것은 기존 지배 권력을 유지하기 위한 목적일 경우가 많다. 대부분의 경우 양비론의 수혜자는 집권층일 수밖에 없다. 양비론은 누구의 주장이 옳고 그른가를 따지는 것이 아니라 싸움 자체를 비판하는 것이고, 이 경우 집권층이 이익을 보게 되어 있다.

특수한 경우를 제외하면 대부분의 정쟁은 이유가 있다. 정쟁이 없다면 다당제(多黨制)는 존재할 필요가 없다. 일당독재를 하면 정쟁이 없어진다. 다당제는 정쟁을 전제로 한 정치제도이며, 이는 인류가 오랜 역사적 경험 끝에 최선의 정치체제로 합의한 것이다. 다당제가 좋은 정치제도라고 말하면서 정쟁 자체를 나쁘게 보는 언론은 자기모순에 빠져 있거나 특정 집단을 옹호하고자 하는 의도가 숨어 있는 것이다. 1930년대 일본 제국주의의 군부, 즉 전쟁 기계들이 부르짖었던 쇼와(昭和)유신이라는 것이 있었다. 청년 장교들은 1931년 만주사변을 일으키고, 1936년의 2·26쿠데타를 비롯해서 여러 쿠데타를 일으켜 사회를 공포 분위기로 만들어놓고는 정쟁 자체를 나쁜 것으로 몰고 갔다. 의회를 무력화하고 언론을 무력화했다. 이들의 지배 아래

놓인 어용 언론이 주로 사용했던 논리가 '정쟁은 악(惡)'이라는 것이었다.

정쟁에는 분명히 시시비비가 필요하다. 물론 한 정당이 완전히 옳고 다른 정당이 완전히 그를 수는 없다. 파시스트 정당이 아닌 이상, 한 정당은 순도 100퍼센트의 선당(善黨)이고 다른 정당은 순도 100퍼센트의 악당(惡黨)일 수는 없다. 그 비율은 51 대 49이거나 60 대 40, 어떤 경우에는 70 대 30일 수도 있을 것이다.

예나 지금이나 정치는 상대적인 것이다. 상대성이 무시되고 절대성이 강요되는 정치체제는 극복의 대상에 불과하다. 정쟁이 정치 구조 자체, 사회 구조 자체의 발전을 가로막을 때, 그 정치 구조와 정치 세력들은 부정의 대상이며 교체의 대상이 될 것이다. 이런 경우가 아닐 때의 정쟁은 상대평가의 대상이다.

사화는 조정의 '훈구(勳舊)'와 재야의 '사림(士林)'이라는 서로 다른 이념과 성격을 지닌 두 정치 집단 사이에 전개된 정쟁이었다. '선비들이 화를 당했다'라는 뜻의 '사화'라는 말은 피해자였던 사림 쪽에서 사용한 정치용어이다.

훈구와 사림의 뿌리는 모두 고려 후기의 사대부들이다. 사대부는 유학적 소양을 가진 지식인이자 전주(田主: 지주)들을 뜻한다. 고려 말 친원(親元) 세력인 구가세족(舊家世族)들은 도당(都堂)을 통해 조정을 장악하고 '산과 하천을 경계로 삼을 정도의 거대한 농장'을 소유했다. 소수가 이런 막대한 농지를 소유한다는 것은 농업국가 고려의 붕괴를 뜻했다. 그래서 이들에 의해 노비로 전락하고 농토를 빼앗긴 백성들은 이들을 타도하고 새로운 질서를 창출할 정치 세력의 등장을 고대했다. 이때 유학적 소양을 갖춘 사대부들이 등장했다.

사대부들은 고려 왕조의 개혁 방안을 놓고 두 파로 갈린다. 고려 왕실 자체를 타도하고 새로운 왕조를 개창하자고 주장하는 '역성혁명파'와 고려 왕실은 존속시킨 채 개혁을 통해 위기를 극복하자고 주장하는 '온건개혁파'가 그것이다. '혁명 세력'과 '개량 세력'으로 갈라진 것이다.

역성혁명파의 대표적인 인물은 정도전(鄭道傳), 하륜(河崙), 조준(趙浚) 등이었고, 온건개혁파의 대표적인 인물은 이색(李穡), 정몽주, 길재(吉再) 등이었다. 역성혁명파의 정도전은 원나라에서 귀화한 신흥 무장 세력 이성계와 손을 잡고 고려 왕실을 무너뜨린 후 새 왕조인 '조선(朝鮮)'을 개국했다.

조선 건국 후 역성혁명파는 고위관직을 장악하고 공신전(功臣田) 등을 수여받아 새로운 지배층으로 떠올랐다. 이들은 정안대군(태종)이 주도한 1·2차 왕자의 난이나 수양대군(세조)이 주도한 계유정난(癸酉靖難), 그리고 중종반정 등을 거치며 공신 집단이라는 한 세력을 형성하는데, 이들이 '훈구파(勳舊派)'이다.

반면 새 왕조 개창에 반대했던 온건개혁파들은 자신들의 농토가 있는 고향에 돌아가 학문을 연마하며 향촌 사회를 장악하기 위해 애썼다. 이들을 '사림파(士林派)'라고 부른다. 훈구파가 새 왕조에 참여한 역성혁명파의 노선을 계승한 반면, 사림파는 새 왕조 개창에 반대한 온건개혁파의 노선을 계승했다.

훈구파도 처음에는 고려 말의 사회 모순을 개혁하면서 정권을 장악했지만 점차 성격이 바뀌었다. 특히 수양대군이 주도한 계유정난으로 형성된 거대한 공신 집단은 개국공신과 성격이 달랐다. 수양대군의 명분 없는 쿠데타에 가담한 공로로 거대한 정치적·경제적 특권을 누린 공신 집단은 고려 말 권문세족과 비슷한 행태를 보이게 되었다. 이들은 쿠데타에 참여한 대가로 받은 공신전뿐만 아니라 막강한 권력을 이용해서 백성들의 토지를 수탈했다. 그래서 이들이 가진 토지 역시 고려 말 권문세족들이 지녔던 광대한 농장과 비슷한 사전(私田)이 되어갔다.

사림파는 훈구파의 부패를 비판하면서 조정에 등장했다. 고려 말 구가세족을 비판하며 유학적 소양을 지닌 사대부들이 등장했던 것처럼, 조선 왕조 개창 100여 년 후 훈구파를 공격하며 사림파가 등장한 것이다.

성종 무렵부터 과거를 통해 조정에 등장한 사림 세력은 훈구파의 전횡을 공격했다. 사화는 사림파의 이런 공격에 대한 훈구파의 대응이었다. 사림들은 한 번 사화를 당할 때마다 극심한 타격을 입었으나 20~30년 후면 세력을 복구해 조정에 등장했다. 이들은 지방에 농토를 가진 전주들이었기 때문에 공부에만 전념할 수 있었고, 그래서 학통(學統)으로 연결될 수 있었다. 이들은 성리학이라는 정치이념과 향촌 사회에 갖고 있던 토지를 기반으로 한 경제력을 바탕으로 꾸준히 세력을 길렀다.

고려 말 정몽주, 길재 등의 학문을 계승한 이들 사림파는 조선 개국 이후 성종 대에 길재의 손제자(孫弟子)인 김종직(金宗直)이 출사한 것을 비롯해 김굉필(金宏弼), 정여창(鄭汝昌), 김일손(金馹孫) 등이 뒤를 이었다. 이들은 성리학이라는 정치이념과 학통에 의한 조직, 그리고 상당한 농토가 있었기에 100여 년에 걸친 지난한 싸움을 전개할 수 있었다. 그래서 명종 말~선조 무렵에는 드디어 정권을 장악할 수 있었던 것이다.

사림파는 훈구파와 싸울 때는 하나였다. 같은 이념과 학통을 공유하는 단일한 정파였다. 그러나 네 차례에 걸친 사화 끝에 정권을 장악하자 내부가 갈라지기 시작했다. 흔히 '사색당쟁(四色黨爭)'이라고 불리는 조선의 정쟁은 이렇게 시작되었다. 최초의 분열은 사림이 동인(東人)과 서인(西人)으로 나뉜 것이었다.

집권 사림, 동인과 서인으로 나뉘다

사림이 갈라진 계기는 이조정랑(吏曹正郎)이라는 관직을 누가 차지할 것인가 하는 문제에서 비롯되었다. 이조정랑은 5품의 중간 관리직이었다. 조선에서는 정3품 통정대부(通政大夫) 이상을 당상관이라 하여 고위관직의 기준으로 삼았는데, 이조정랑은 여기에도 끼지 못하는 당하(堂下) 참상관(參上官)에 지나지 않는 낮은 품계였다. 이 정도 자리를 놓고 집권 사림이 분당까지 되었던 것은 인사 문제를 운용하는 조선의 특이한 제도와 방식 때문이다.

조선은 관리 임용 권한이 영의정, 좌의정, 우의정 등 1품 삼정승이 포진해 있는 의정부에 있지 않았다. 문관의 인사권은 이조(吏曹)에, 무관의 인사권은 병조(兵曹)에 속해 있었다. 그래서 이조판서는 삼정승보다 큰 권력을 갖고 있었다. 합의체적인 정치 구조를 지향했던 조선은 이조판서의 전횡을 방지하는 장치를 마련했다. 삼사(三司: 사헌부, 사간원, 홍문관) 관리의 추천권은 이조판서가 아니라 낭관(郎官), 즉 이조정랑에게 준 것이었다. 삼사에 대한 추천권을 재상이나 판서가 아닌 전랑*에게 준 것은 삼사가 지닌 업무의 특성 때문이다. 삼사는 맑고 중요하다는 뜻에서 '청요직(淸要職)'이라고 불렀다.

삼사는 정사에 대한 언론권과 백관에 대한 탄핵권을 갖고 있었다. 오늘날로 치면 언론기관과 감사원, 그리고 검찰권까지 갖고 있던 막강한 부서였다. 삼사의 인사권이 재상이나 이조판서에게 있으면 자기 사람을 심어서 권력을 전횡할 수 있기 때문에 그 인사권은 이조정랑에게 준 것이었다. 삼사에 대한 인사권을 대신들의 손에서 독립시킴으로써 삼사 관리들이 대신들의 눈치를 보지 않고 비판하고 탄핵할 수 있게 한 것이다. 권력을 청정하게 유지하기 위한 조선의 독특한 인사 운용 방식이었다.

정5품에 지나지 않는 중간관료가 삼사 관리의 추천권을 소신껏 행사하기 위해서는 지위가 보장되어야 했다. 전랑직을 소신껏 수행했다는 이유로 인사상의 불이익을 받지 않아야 삼사 추천 기능을 이조정랑에게 준 본래의 취지를 살릴 수 있었다. 그러기 위해서는 삼사뿐만 아니라 이조정랑직에 대한 인사권도 대신으로부터 독립되어 있어야 했다. 그래서 조선은 이임하는 이조정랑이 후임을 추천하는 '전랑자천제'를 실시했다.

전랑이 되면 특별한 사정이 없는 한 판서나 재상까지 승진할 수 있었다. 명예와 이익이 함께 주어지는 자리였으므로 젊은 선비치고 탐내지 않는 사람이 없었다. 이조정랑이 되기 위해 치열한 경쟁을 벌였을 것임은 쉽게 상상할 수 있다.

이런 이조정랑 자리를 놓고 싸움이 발생한 것은 선조 때였다. 이

---

* 전랑은 조선시대 문무관의 인사 행정을 담당하던 이조와 병조의 정5품관 정랑과 정6품관 좌랑을 통틀어 일컫는 명칭이다.

조정랑 오건(吳健)이 다른 자리로 가면서 김효원(金孝元)을 후임 전랑으로 추천했다. 김효원은 퇴계 이황의 문인으로 명종 20년에 문과에 급제하여 벼슬에 오른 후 병조좌랑과 사헌부 지평(持平) 등을 역임한 젊은 관료였다. 김효원은 명망 있는 젊은 사대부였으므로 오건뿐만 아니라 많은 벼슬아치들이 당연하게 여겼다.

그러나 김효원의 이조정랑 취임에 반대하고 나선 인물이 있었다. 바로 심의겸(沈義謙)이었다.

"사람들이 김효원을 고결한 선비로 알지만 사실은 그렇지 않다. 그는 고결한 선비는커녕 척신 윤원형(尹元衡)의 식객(食客)으로 있던 지조 없는 인물에 지나지 않는다."

김효원은 명종 때 사림들을 주륙했던 외척 윤원형의 식객이었던 인물로서 이조정랑 자격이 없다는 것이었다. 윤원형은 명종의 어머니인 문정왕후 윤씨의 동생이었다. 명종이 열두 살의 어린 나이로 즉위하여 윤씨가 수렴청정을 하게 된 것을 계기로 국정을 장악했던 인물이었다.

당시 윤원형과 대립한 또 다른 외척이 있었는데, 그가 윤임(尹任)이다. 윤임은 중종의 첫째 계비(繼妃) 장경왕후(章敬王后) 윤씨의 오빠였다. 윤임이 중종의 첫째 계비의 오빠이고, 윤원형이 중종의 둘째 계비의 동생이므로 윤임을 대윤(大尹), 윤원형을 소윤(小尹)이라 불렀다.

그러나 중종이 왕위에 오르기 전의 부인은 장경왕후 윤씨도, 문정왕후 윤씨도 아니었다. 중종의 원래 부인은 중종반정 당시 반정 세력들에게 처형당한 신수근(愼守勤)의 딸인 단경왕후(端敬王后) 신(愼)씨였다. 반정공신들은 신씨가 왕후로 남아 있을 경우 처형당한 아버지의 복수를 할까 두려워 중종을 압박해서 신씨를 강제로 폐위시켰다. 신씨를 폐위시키는 일에 앞장섰던 인물은 중종반정의 주동자 박원종(朴元宗)이다. 이 때문에 현재까지도 신씨들 가운데 일부는 박씨와는 혼인을 하지 않는다.

신씨가 반정공신들에 의해 강제로 폐위된 후 왕후에 오른 인물이 당시 숙의로 있던 장경왕후 윤씨이다. 그러나 윤임의 여동생인 장경왕후 윤씨는 세자 인종을 낳은 후 산후병으로 엿새 만에 사망했다. 중종은 또다시 계비를 들였는데 그가 바로 윤원형의 누이인 문정왕후이다. 그런데 문정왕후 윤씨와 윤원형은 조선 왕조 전 기간에 걸쳐 사대부들의 증오의 대상이었다. 불교를 숭상하고 사림을 탄압했기 때문이다.

대윤과 소윤 중에서 먼저 정권을 장악한 인물은 대윤인 윤임이었다. 중종 사망 후 1544년에 12대 임금으로 인종이 즉위하자 외삼촌인 윤임이 정권을 장악한 것이었다. 윤임은 다른 척리(戚里)들처럼 권력을 이용해 재물을 모으고 사대부를 억압하는 인물은 아니었다. 그는 오히려 사대부를 많이 등용해 훈구파 중심의 정치 구조를 개혁하려는 진보적인 정치사상을 지니고 있었다. 윤임의 이런 정국 구상에는 인종도 동의하는 터여서, 중종 때의 기묘사화 이후 오랜만에 사림이 다시 정계에 등장하게 되었다.

인종이 즉위하자마자 조광조 등 기묘사화 때 화를 입은 사림들을 신원(伸寃: 억울한 죄를 푸는 것)하고 현량과(추천에 의한 관리 선발제도)를 복구시키는 한편 이언적(李彦迪), 유관(柳灌) 같은 사림들을 다시 기용한 것은 윤임과 함께 훈구파 중심의 정치 구조를 개혁하기 위한 것이었다. 사림은 이 조치에 환호했지만 인종은 재위 9개월 만에 사망하고 말았다. 인종의 갑작스러운 죽음은 많은 야사를 남겼다. 인종은 세자 때 처소 병풍 뒤에 이렇게 써놓았다고 한다.

영의정 피장(皮匠), 좌의정 서경덕, 우의정 정북창(鄭北窓)

인종이 영의정으로 삼으려 했다는 피장은 동소문 밖의 백정으로, 인종의 흠모를 받았던 정암(靜菴) 조광조가 인종에게 천거했다고 한다. 홍명희의 소설『임꺽정(林巨正)』첫머리에 나오는 홍문관 교리 출신 이장곤(李長坤)이 연산군의 학정을 피해 도망가다 백정의 딸을 재취(再娶)하는데, 이 이장곤의 처삼촌이 피장이었다. 서경덕은 황진이와의 일화로 잘 알려진 인품과 학식의 소유자였고, 정북창은 당대의 은자(隱者)로서 세상에 많은 일화를 남긴 인물이었다. 이런 이야기가 전해져 내려오는 것은 당시 백성들이 그에게 거는 기대가 매우 컸음을 방증하는 것이다.

인종이 그의 계모인 문정왕후에게 독살되었다는 일화가 많이 전해지는 것 또한 당시 백성들이 지녔던 인종에 대한 기대의 표현이자 인종 사후 국정을 농단한 문정왕후와 윤원형에 대한 저항의 다른 표현이었다. 평소 차갑게 대하던 문정왕후가 그날따라 인종에게 친근하게 굴며 떡을 먹으라고 권했는데, 떡을 먹은 날부터 앓기 시작하더니 얼마 지나지 않아 죽고 말았다는 것이 인종 독살설의 요체다.

인종이 죽고 1545년 명종이 즉위하자 문정왕후의 동생인 윤원형(소윤)이 권력을 장악했다. 윤원형은 정적인 윤임(대윤)을 제거하기 위해 음모를 꾸몄다. 윤임이 희빈 홍씨의 소생인 중종의 여덟째 아들 봉성군을 왕으로 삼으려 했다는 누명을 씌운 것이다. 이것이 을사사화(乙巳士禍)로, 윤임은 여기에 걸려들어 죽음을 당했다. 윤원형은 이 때 윤임 같은 외척 세력과 봉성군, 계림군 같은 종친 세력뿐만 아니라 별 연관이 없어 보이는 사람까지 탄압함으로써 사림의 원한을 샀다. 사림은 자신들과는 별다른 상관도 없었던 을사사화로 또 한 번 결정적인 타격을 입었다.

윤원형은 여기에 만족하지 않고 '양재역 벽서 사건'을 일으켜 미처 제거하지 못한 윤임의 잔존 세력과 나머지 사림 세력을 모두 조정에서 몰아냈다. 양재역 벽서 사건이란 경기도 과천의 양재역 벽면에 붙은 대자보 사건을 뜻한다.

위로는 여왕(문정왕후를 뜻함), 아래로는 간신이 날뛰니
나라가 곧 망할 것이다.

이런 벽서가 나붙자 윤원형은 윤임 잔당의 소행이라고 여겨서 조정에 남은 윤임의 잔존 세력을 모두 숙청했다. 여기에 사림을 포함함으로써 갓 조정에 진출했던 사림은 또다시 큰 타격을 입었다. 사림에게 윤원형은 부당한 척신정치와 공작정치의 대명사였다. 그러므로 김효원이 윤원형의 식객이었다는 것은 작은 흠결이 아니었다. 후배들로부터 존경받아오던 김효원은 큰 망신을 당했다.

심의겸의 말은 근거가 없지는 않았다. 김효원은 윤원형의 사위인 이조민(李肇敏)과 친한 사이였기 때문이다. 이조민은 윤원형의 집에서 처가살이했는데, 김효원은 이조민을 만나러 윤원형의 집을 자주 찾았다. 때로는 이불을 가지고 가서 잠을 잘 정도로 허물없이 드나들었다. 심의겸은 김효원이 윤원형의 집에 기거하는 것을 목도한 적이

있었다. 그래서 김효원이 이조정랑이 되는 것을 반대했던 것이다.

심의겸이 김효원의 이조정랑 취임을 반대하자 김계휘(金繼輝)는 손을 내저으며 말렸다.

"이보게 손암(巽庵: 심의겸의 호), 그런 말 하지 마시오. 그것은 김효원이 어렸을 때 일이 아니오."

이때는 심의겸에게 실권도 없을 때였다. 심의겸은 명종비인 인순왕후(仁順王后) 심씨의 동생이었는데, 선조 즉위 직후 수렴청정하던 인순왕후가 선조 1년(1568)에 선조에게 친정을 맡기고 물러난 뒤였다. 그래서 김효원은 심의겸의 반대를 견뎌내고 이조정랑이 되었다.

이조정랑 김효원은 직책을 이용해서 많은 명사들을 사귀어 하나의 세력을 형성했다. 그는 심의겸이 자신을 반대한 것을 가슴에 담아두고 되갚을 기회를 노리고 있었는데, 오래지 않아 기회가 왔다. 김효원의 뒤를 이어 심의겸의 아우 심충겸(沈忠謙)이 이조정랑 물망에 올랐기 때문이다. 김효원은 목소리를 높여 반대했다.

"이조의 벼슬이 어찌 외척집 물건이냐."

심충겸이 인순왕후의 동생으로서 외척임을 빗댄 반대였다. 김효원은 여기서 한 걸음 더 나아가 심의겸을 직접 공격하기도 했다.

"심의겸은 어리석어서 쓰일 곳이 없다."

항간에서는 "김효원이 옛일을 앙갚음했다"라고 말들이 많았다.

심의겸이 왕실의 외척이라는 이유로 이를 사림과 척신 사이의 싸움으로 보는 견해가 있으나 심의겸·충겸 형제를 척신이라는 틀로 묶는 것은 무리다. 척신은 국왕의 외척임을 이용해 권력을 잡는 경우가 문제지, 심씨 형제들처럼 과거에 급제해 등용된 경우에는 성격이 조금 달랐다. 더구나 인순왕후 심씨는 선조에게 친정을 맡긴 후 더 이상 정치에 관여하지 않았을 뿐만 아니라 동서 분당이 이루어지는 선조 8년(1575)에 사망한 터였다.

사림과 비사림을 가르는 기준은 출신보다는 학문과 행실에 따르는 것이 관례인데, 이 기준에 따르면 심의겸은 김효원보다도 사림에 가까웠다. 김효원은 경위야 어찌되었든 젊었을 때 척신 윤원형의 집에 기거하면서 권력의 응달에 기생했었지만, 심의겸은 외척이었음에도 오히려 사림을 보호한 공이 있기 때문이다.

심의겸이 사림은 보호한 것은 명종 때였다. 윤원형의 전횡으로 나라가 어지럽자 명종은 그를 견제하기 위해 처외삼촌인 이량(李樑)을 끌어들였다. 이량은 심의겸의 외삼촌이었다. 그러나 이량은 도리어 신사헌(愼思獻), 이감(李戡), 권신(權信) 등을 끌어들여 세력을 키우고 사림 영수 중의 한 명인 이준경(李浚慶)을 축출하려 했다. 이를 두고 사람들이 "늑대를 쫓으려다 호랑이를 불러들였다"고 말하기도 했다. 이량의 전횡에 불만을 품은 사림들이 이량을 탄핵하려 했는데, 이 정보를 입수한 이량은 거꾸로 사림들을 제거할 음모를 꾸몄다. 이를 막은 장본인이 심의겸이었다. 이량은 심의겸의 탄핵을 받아 삭탈관작과 함께 유배되었다. 명종 18년(1563)의 일이었다. 심의겸이 이량을 귀양 보내자 선후배 사림들이 그 기개를 높이 사서 이름을 나라 전역에 떨치게 되었다.

심의겸이 김효원의 이조정랑 취임을 반대하자 많은 사대부들이 그 옳고 그름을 놓고 논쟁했다. 대체로 젊은 사대부들은 김효원을 지지했고, 노장 사대부들은 심의겸을 지지했다. 젊은 사대부들이 김효원의 편을 많이 든 것은 윤원형이 세도를 부릴 때 자신들은 젊어서 직접적으로 피해를 입지 않았던 것도 한 원인이 되었을 것이다.

이 사건을 계기로 사림은 둘로 갈라지게 되었다. 하나이던 사림이 동인과 서인으로 분열한 것이다. 이때가 선조 8년(1575, 을해년)이어서 을해당론(乙亥黨論)이라고 불렀다. 을해년은 심의겸의 누이인 인순왕후가 44세의 나이로 사망한 때이기도 하다. 인순왕후의 죽음은 심의겸으로서는 조정 안의 지주가 무너진 격이었고, 김효원 일파로서는 심의겸을 공격하는 데 거리낄 것이 없어진 격이었다.

이런 와중에 김효원의 일파인 대간(大諫) 허엽(許曄)이 우의정 박순(朴淳)의 조사를 청하자 박순이 스스로 물러난 일이 있었다. 조선에서는 삼사의 탄핵을 받으면 내용이 사실이든 아니든 자진해서 물러나는 것이 관례였다. 그만큼 염치를 소중히 여겼다. 이를 두고 사대부들의 의견은 둘로 갈렸다. 김효원 등 소장 세력들은 허엽의 탄핵이 당연하다고 주장했고, 심의겸 등 노장 세력들은 허엽 등의 행위가 지나친 것이라는 불만을 품게 되었다.

이는 이조정랑 문제에 이어 사림을 더욱 분열시켰다. 사림 중에 김효원을 지지하던 김우옹(金宇顒), 류성룡(柳成龍), 허엽, 이산해(李山海), 정유길(鄭惟吉), 정지연(鄭芝衍), 우성전(禹性傳), 이발(李潑) 등을 동인이라고 불렀다. 김효원의 집이 서울 동쪽의 건천동에 있었기 때문이다.

또 심의겸을 지지하던 박순, 김계휘(金繼輝), 정철(鄭澈), 윤두수(尹斗壽), 구사맹(具思孟), 홍성민(洪聖民), 신응시(辛應時) 등을 서인이라고 불렀는데, 심의겸이 서울 서쪽의 정릉방(貞陵坊)에 살았기 때문이다.

동인은 젊었던 만큼 명분을 중요시하여 심의겸을 공격하는 데 거리낌이 없었고, 자신들만이 옳다고 생각해 심의겸을 지지하는 사람들은 모두 그르다고 논박했다. 명분을 중시하는 신진사림들이 너도 나도 동인에 가입하면서 동인은 거의 소장파들의 당처럼 되었다.

사림의 분당은 표면적으로는 사소한 일처럼 보였다. 김효원이 윤원형의 집에 기숙한 것은 잘못이지만 김계휘가 지적했듯이 어릴 때의 일이었다. 심의겸이 김효원의 이조정랑 취임을 반대한 것이나 김효원이 심충겸의 전랑 취임을 반대한 것 역시 관직 임명에서 통상 있을 수 있는 인사상의 잡음에 불과했다. 허엽의 공박을 받은 박순이 혐의가 밝혀지기도 전에 스스로 사임한 데서 알 수 있듯이 이때까지만 해도 체면이 가장 중요했다. 이렇게 시작된 분당이 300년 이상 지속되며 상대 당을 살육하는 지경까지 이르게 될 줄은 당사자인 김효원과 심의겸, 박순과 허엽을 비롯해 당시 당론에 참여했던 어느 누구도 예측하지 못했을 것이다.

그러나 위의 계기들은 표면적인 현상들일 뿐, 오랜 사화를 거쳐 집권한 사림의 분당 명분으로는 군색한 것이었다. 사림의 분당이 뜻하는 본질적 문제는 사대부 독점 정치체제의 한계 표출이었다. 동인이나 서인이나 국가가 나아갈 방향을 놓고 싸운 것이 아니었다. 훈구 세력을 타도하고 정권을 장악했지만 사림의 정치가 나아가야 할 방향은 제시하지 못하고 있었다. 이런 한계가 사소한 명분을 구실로 분당으로 나타난 것이었다.

이준경의 붕당 예언

사림이 분당되기 전에 이를 예언한 인물이 있었다. 동고(東皐) 이준경이었다. 동서 분당 4년 전인 선조 4년(1571) 영의정 이준경은 사

이이 표준 영정, 한국은행
조선 중기의 문신이자 학자로, 서경덕의 학설을 이어받아 주기론을 발전시켜 이황의 주리적 이기설과 대립했다. 동·서인 사이의 당쟁 조정을 평생의 정치 과제로 삼았으며, 우리나라의 18대 명현(名賢) 가운데 한 명으로 문묘에 배향되어 있다.

망하기 직전에 임금에게 유차(遺箚)를 올려 이를 예견했다.

"지금 벼슬아치들이 이런저런 명목으로 붕당을 만들고 있습니다. 이는 대단히 큰 문제로서 나중에 분명 되돌리기 어려운 환란을 가져올 것입니다."

이준경이 율곡 이이를 겨냥한 것인지는 알 수 없으나 당시 사대부들은 이이를 비판한 말로 받아들였고, 이이 또한 그렇게 생각했다. 이이는 사림의 영수일 뿐만 아니라 선조의 총애를 받는 조정의 중신이었다. 그래서 자연히 하나의 세력을 형성했다. 이준경은 이런 현상을 우려해 죽음에 앞서 유차를 올려 경계한 것이었다. 이이는 명종 3년(1548) 진사시에 장원으로 합격한 것을 비롯해서 아홉 차례의 과거에 모두 장원하여 '구도장원공(九度壯元公)'이라고 일컬어지던 인물이었다. 또한 선조 2년(1569)에 「동호문답(東湖問答)」을 지어 올려 임금이 나아가야 할 방향을 제시한 유신(儒臣: 유학에 밝은 신하)이었다.

이런 이이가 사후에 200~300년이라는 긴 세월 동안 동인들의 비판의 표적이 될 줄은 당시로서는 그 누구도 예상치 못했을 것이다. 동서 분당 전에는 전체 사림의 존경을 받는 인물이었기 때문이다. 이준경이 붕당 형성의 폐단을 우려하는 유차를 남기자 이이는 몸소 글을 올려 변명했다.

> 조정이 맑고 밝은데 어찌 붕당이 있겠습니까? 이는 임금과 신하를 갈라놓으려는 것이옵니다. 사람이 죽음에 임해서는 말이 착한 법인데, 이준경은 죽음에 이르러 그 말이 악하옵니다.

이준경은 붕당의 조짐을 우려해서 죽음에 이르러 경계한 것이었다. 죽음에 이르러 그 말이 악한 것이 아니라 죽음에 이르러서까지 나라의 장래를 걱정한 충정이었다.

이이가 자신을 변호하고 이준경을 비판하자 사림이 장악한 삼사가 가세했다. 삼사는 이준경의 벼슬을 추탈하고자 탄핵했다. 대신이 죽음에 임해 올린 유차 때문에 관작이 추탈될 지경이었다. 이때 반대하고 나선 인물이 류성룡이었다.

"대신이 죽음에 임해 올린 말에 옳지 못한 것이 있으면 그 말을 물리치면 되지, 죄까지 주는 것은 너무 심하지 않은가?"

류성룡이 나서자 좌의정 홍섬(洪暹) 등도 이준경을 변호했다.

"이준경이 살아생전에 공덕이 많았는데 죽음에 이르러 올린 유차를 빌미로 죽은 후 죄를 주는 것은 옳지 못하다."

그래서 이준경은 겨우 추탈의 위기에서 벗어났다.

논란이 되었던 이준경의 예언은 그가 사망한 뒤 불과 4년 만에 현실이 되었다. 선조 8년(1575)의 을해당론으로 사림이 동인과 서인으로 나뉜 것이었다. 그러자 이이는 대유(大儒)답게 자기반성에 나섰다. 4년 전 이준경의 예언이 현실이 된 것을 보고 자신의 부족함을 솔직히 자인했다. 그래서 이이는 동인과 서인의 갈등을 조정하는 것을 정치의 우선순위로 삼았는데, 이를 조제론(調劑論)이라고 한다. 이이가 동인과 서인 사이의 분쟁을 조정하는 데 전력을 기울인 것은 이러한 자기반성의 결과였다.

이준경은 죽음에 이르러 올린 유차 하나로 관직을 추탈당할 인생을 산 인물이 아니었다. 그 역시 조광조 등이 화를 입는 기묘사화 때 사림들의 무죄를 주장하다가 권신 김안로(金安老)의 미움을 사 파직된 인물이었다. 김안로가 사사(賜死)된 후 복직되었다가 윤원형 일파가 득세한 후 윤임 일파로 몰려 충북 보은에 유배되기도 했다.

명종 8년(1553) 함경도 지방에 여진족이 침입하자 함경도순변사(咸鏡道巡邊使)가 되어 여진족을 물리쳤고, 2년 후에 왜구가 침입하자 전라도 도순찰사가 되어 왜구를 격퇴하고 돌아와 우찬성 겸 병조판서가 되고 우의정, 좌의정을 거쳐 명종 20년(1565) 영의정에 올랐던 인물이었다. 명종이 후사 없이 죽자 인순왕후 심씨의 교지를 받들어 방계인 선조를 세움으로써 조정의 혼란을 극복했고, 원상(院相)으로서 신구 사림 사이의 알력을 조정하려 애썼다.

이준경은 또 임진왜란을 예언했다고 알려진 인물이다. 임란 발발 10여 년 전 영의정 이준경은 한 게으른 총각을 사위로 맞아들였다. 집안사람들은 불만이 많았고, 바깥사람들도 영의정 집에서 거지 사위를 맞아들였다고 수군댔다. 그러나 임진왜란이 일어나기 전 그가 산중에 미리 집을 구해놓아서 이준경의 가족들은 무사히 난리를 피할 수가 있었다는 것이다.

이준경의 예언대로 동서 분당이 현실화하자 이이는 중재에 나섰다. 이이가 볼 때 동인과 서인은 서로 갈라져서 싸워야 할 이유가 없었다. 수많은 희생 끝에 권력을 장악한 사림은 훈구와는 다른 새로운 정치를 추구해야 한다고 생각했다. 같은 사림끼리 동서로 나뉘어 싸울 때가 아니라고 생각했다. 이이는 두 당을 합당시킬 수 있는 묘안 짜내기에 골몰했다. 그 방안의 하나가 분당의 두 당사자인 김효원과 심의겸을 지방직인 외직(外職)으로 보내는 것이었다. 이이는 두 사람을 외직으로 보내 분쟁을 가라앉히는 방안을 내놓고 좌의정 노수신(盧守愼)과 상의했다. 노수신은 계보를 따지면 동인이었지만 사림의 분당을 옳지 않게 보고 있던 터였으므로 이이의 의견에 찬성했다. 두 사람은 임금 앞에 나아가 두 사람을 외직으로 돌리자고 주청했다.

"전하, 심의겸과 김효원이 서로 싸워서 사림이 편안하지 못하니 두 사람을 모두 외직으로 보내는 것이 좋겠사옵니다."

"두 사람이 무슨 일을 가지고 서로 싸우는가?"

노수신이 대답했다.

"서로 평생의 허물을 가지고 싸웁니다."

노수신의 이 말은 자칫 두 사람이 평생을 두고 허물로 삼을 만한 잘못이 있다는 식으로 해석될 수 있었다. 이는 이이의 생각과는 달랐으므로 이이가 두 사람을 변호했다.

"두 사람이 서로 혐오하고 원망이 있어서 그런 것이 아니옵고, 다만 세상인심이 부박(浮薄)하다 보니 친척이나 친구들이 항간에 떠도는 말을 서로 전해 이처럼 의견이 분분하게 되었습니다. 지금 대신(大臣) 노수신이 이를 진정시키려고 하는 것은 참으로 좋은 일이라고 생각합니다. 허락해주소서."

선조는 제안을 받아들였다. 선조 또한 둘이 외직으로 나가면 당쟁이 완화될 수 있다고 보았다. 선조는 김효원을 함경도 경흥부사(慶興府使)로, 심의겸을 개성유수(開城留守)로 보냈다.

그러자 동인들이 반발했다. 동인들은 이조판서 정대년(鄭大年)을 중심으로 상소를 올렸다.

"경흥은 오랑캐 땅과 가까워서 선비가 기거할 곳이 아닙니다."

선조가 부령(富寧)으로 옮겨주었으나 동인들은 부령 또한 오지라며 반발했다. 부령도 함경도였으므로 오지는 오지였다. 동인들이 계속해서 상소를 올려 항의하자 조정이 또다시 시끄러워졌다. 김효원의 유배지 문제가 또 다른 현안이 된 것이다.

파쟁을 없애려고 한 일이 도리어 새로운 파쟁의 원인을 제공한 꼴이 되자 이이는 다시 임금에게 주청해서 김효원을 내지(內地)로 옮기는 한편 동인인 이발(李潑)을 전랑으로 삼아 동인들의 반발을 무마하려 했다.

그러나 사대부들이 "경흥은 오랑캐 땅과 가까워서 선비가 기거할 곳이 아니다"라고 공개적으로 반발한 것은 사대부들이 집권층으로서 한계에 봉착한 것을 뜻하는 것이었다. 국경지대를 국방의 요지가 아니라 오랑캐들이 가까이 있어 선비들이 기거할 수 없는 더러운 땅으로 바라보는 데서 이미 임진왜란과 병자호란이라는 화란의 싹이 트기 시작했다고 할 것이다. 지배층들이 더욱 많은 의무와 책임을 지는 노블레스 오블리주는 이미 사라진 것이었다.

그러나 당쟁에 부정적 요소만 있는 것은 아니었다. 당쟁이 치열하다 보니 서로 흠을 잡히지 않기 위해 노력했다. 특히 부패 행위가 있을 경우 즉각 공격받았다. 동인인 김성일(金誠一)이 경연에서 선조에게 부패한 현상에 대해서 보고했다.

"요즈음의 벼슬아치들은 방자하게도 탐욕한 짓을 마음대로 자행합니다."

김성일은 관계에 만연해 있던 일반적인 부패 풍속을 말한 것이 아니라 구체적인 대상을 염두에 두고 한 말이었다. 김성일의 말을 받아 같은 동인인 허엽은 탐욕한 짓을 했다는 벼슬아치 이름을 댔다.

"윤두수가 진도군수 이수(李銖)에게 뇌물을 받아먹었습니다."

윤두수는 대사간과 대사헌을 지낸 서인의 유력 정객이었다. 이발은 여기서 한발 더 나아가 "윤두수의 동생 근수(根壽)와 그 조카 현(晛)은 간사한 자"라고 비판했다. 인품까지 비난하는 것은 지나친 공격으로 보이지만 당파의 존재가 서로의 부정과 부패를 막는 긍정적 기능을 하고 있음을 보여주는 것이었다.

그러나 윤두수 뇌물 사건은 심증은 있지만 물증이 없었다. 서인 김계휘가 선조에게 글을 올려 윤두수가 뇌물을 받은 적이 없다면서 윤두수를 공격한 이발과 허엽을 비난했다. 서인들이 반발하자 동인들은 증거를 잡기 위해 장세량(張世良)을 사헌부로 잡아왔다. 장세량은 윤두수가 진도군수에게서 받은 쌀을 감춰두었다고 소문이 난 시장 상인이었다. 오늘날로 말하면 정경유착 부패 사건에서 경제계의 피의자가 장세량이었던 것이다. 정경유착의 기업 측 대표인 셈이었다.

이발은 윤두수가 뇌물을 받았음을 밝히기 위해 장세량을 엄히 문초했다.

"네가 윤두수의 진도 쌀을 받아다가 감춰두었다지. 그 쌀이 어디 있느냐?"

장세량은 그런 사실이 없다고 부인했다. 이발은 그의 몸이 성한 곳이 없을 정도로 혹독하게 고문했으나 장세량은 끝내 자백하지 않았다. 장세량이 부인함에 따라 이발은 윤두수의 수뢰 사실을 입증하지 못했다.

선조는 이발이 아무런 증거를 찾아내지 못하자 동인 측의 모함이라고 생각하여 장세량을 방면한 다음 수사를 중지시켰다. 이 조치에 서인들은 환호했지만 동인들은 불만이었다. 동인 승지 송응개(宋應漑)는 임금의 지시가 옳지 않다며 수사를 계속해야 한다고 주청했다. 선조는 화가 나서 송응개를 파면했다.

사실 선조가 윤두수에 대한 혐의를 동인들의 무고라고 추정한 데는 이유가 있었다. 윤두수는 명종 때 이조정랑이 된 후 임금의 외척인 권신(權臣) 이량의 아들이 천거되자 끝내 거부했던 인물이었다. 이 때문에 파면된 윤두수는 이량이 실각한 후에야 수찬(修撰)으로 복직할 수 있었다. 연안부사로 있을 때도 선정을 펼친 것으로 이름이 나 있었으므로 선조는 이를 동인들의 무고로 생각했던 것이다.

윤두수가 무고였는지는 명확하지 않지만, 윤두수는 명분이 중시되는 조선 사회에서 커다란 정치적 상처를 입었다. 동인들은 비록 윤두수의 수뢰 사실을 입증하지는 못했지만 이로 인해 잃은 것은 송응개의 승지 벼슬 하나였다. 그때나 지금이나 권력형 부정축재는 혐의를 받았다는 것만으로도 사실로 인정되는 분위기였기 때문에 동인들은 부정부패를 척결하려 했다는 명분을 얻었다. 사실 여부를 떠나 많은 선비들은 윤두수가 뇌물을 받은 것이 사실이라는 심증을 갖고 있었다. 이 사건은 많은 선비들이 동인에 가입하게 하는 효과를 가져와 동인들은 한껏 기세를 높일 수 있었다.

이이의 합당 노력과 '양시론'

이이는 양 파를 화합시켜 당쟁을 완화하려는 노력을 계속했다. 이이는 양측 모두가 그르다는 양비론이 아니라 양측 모두가 옳다는 양시론(兩是論)을 폈다. 동인 강경파인 이발과 서인 강경파인 정철에게 여러 번 편지를 보내 "두 분이 마음을 합쳐 나랏일에 힘쓰는 것이 옳다고 생각하오"라고 권면했다. 그러나 동인들은 이이의 조제론 자체가 서인의 편을 드는 것이라고 생각했다. 동인들은 이이의 양시론을 비판했다.

"천하에 어찌 두 가지 모두 옳고, 두 가지 모두 그른 일이 있을 수 있습니까?"

이이의 조제론이 원칙 없는 단결론이라는 비난이었는데, 이이는 이런 예를 들어 설명했다.

"무왕(武王)과 백이숙제(伯夷叔齊)의 일은 둘 다 옳은 것이고, 춘추 시대의 전쟁은 둘 다 그른 것입니다."

주(周) 무왕은 은(殷)나라 주왕(紂王)의 신하였지만 주왕을 멸한 임금이었다. 신하가 임금을 멸했지만 은나라 주왕이 폭군이라는 논리로 역성혁명을 합리화하는 데 자주 이용되는 고사이다. 은나라의 백이와 숙제는 신하가 임금을 축출하는 것은 옳지 않다고 무왕을 말렸지만 무왕은 끝내 주왕을 축출했다. 백이와 숙제는 주나라에서 생산되는 곡식을 먹지 않겠다고 수양산(首陽山)에 들어가 고사리만 캐 먹다 굶어 죽었다. 그래서 무왕은 역성혁명의 표상으로, 백이숙제는 충절의 표상으로 받들어지는 인물들이었고, 이이는 둘 다 옳다고 말한 것이었다. 춘추시대의 전쟁은 제후들이 각기 패권을 추구했기 때문에 모두 그르다고 말한 것이었다. 동서 분당은 무왕과 백이숙제처럼 둘 다 옳은 것이니 분쟁을 그만두고 화합하라고 권고한 것이다.

그러나 동인들은 이이의 조제론을 거부했을 뿐만 아니라 이이 자체를 공격했다. 그래서 이이는 점차 서인이 되어갔다. 이이 자신도 동인들이 윤두수 사건 때 증거 없이 옥사(獄事)를 만드는 것을 보고 옳지 못하다고 여기게 되었다. 그러나 이때만 해도 서인이라기보다는 두 당을 융합시키는 중재자이고 싶었다.

이이는 지사(知事) 백인걸(白仁傑)이 동서 화합을 주장하는 상소문을 올리겠다고 하자 상소문의 초고를 잡아주었다. 그런데 백인걸이 이 사실을 누설했다. 정언(正言) 송응형(宋應泂)이 이를 빌미로 이이를 탄핵했다. 송응형은 윤두수 수사를 중지하라는 선조의 명이 옳지 않다고 주청했다가 파면당한 승지 송응개의 동생이었다.

"이이가 경연에 참예하는 신하로 있으면서 남의 상소문의 초를 잡아주는 것은 옳지 못합니다."

동인 김우옹이 반박했다.

"이이는 군자인데 군자를 탄핵하는 것은 옳지 못하다. 이이와 같은 대학자가 어찌 일개 송응형의 모함을 받아 소인이 되겠느냐?"

우성전이 문제가 되었을 때도 동인들은 이이를 의심했다. 우성전은 동인들이 "우성전이 대신이 된다면 만백성이 다 잘살 수 있을 것이다"라고 말했을 정도로 떠받들던 인물이었다. 그러나 우성전은 기생 한 명과 깊게 사귀었는데, 우성전의 부모상 때도 이 기생이 출입했을 정도였다. 상중(喪中)에 기생이 우성전의 집에 출입하는 것을 보고 해괴하게 여긴 인물은 동인 이발이었다. 이발은 장령(掌令) 정인홍(鄭仁弘)에게 우성전의 부모상에 기생이 출입하더라고 말했다. 훗날 대북(大北) 영수가 되는 정인홍은 불의를 보면 참지 못하는 인물이었다. 그래서 정인홍이 우성전을 비판했는데, 동인들은 이것 역시 이이가 뒤에서 조종한 것이라고 의심했다. 이처럼 동인들은 자신들에 대한 문제가 제기되면 이이를 의심했다.

이이는 정인홍이 우성전을 탄핵한 불똥이 자신에게 떨어졌으나 동서 융합을 위한 활동을 계속했다. 심의겸 탄핵에 이이가 가담한 까닭도 동서 두 당을 융합시키기 위한 것이었다. 대사헌 이이에게 심의겸 탄핵을 제안한 인물은 사헌부 장령 정인홍이었다. 당시 심의겸은 개성유수에서 돌아온 후 낙향했다가 선조 13년(1580) 예조판서에 제수되어 정계에 복귀했을 때였다. 그런데 정인홍이 심의겸을 탄핵하자는 근거가 불명확했다.

"내 듣기로 심의겸이 부모상을 당했을 때 벼슬에 복귀하려고 시도했다 합니다. 어찌 이런 사람과 같이 조정에 있을 수가 있겠습니까? 공이 심의겸을 탄핵해주기 바랍니다."

부모상을 당하면 3년간 부모 무덤 옆에 초막을 지어놓고 여묘(廬墓)살이를 하는 것이 관례인데, 복직을 시도했다면 흠이었다. 그러나 아무런 증거가 없었기 때문에 이이는 심의겸을 옹호했다.

"그 일은 오래전의 일이라 떠도는 말만 믿을 수는 없소. 또한 심의겸이 지금은 인순왕후도 돌아가셔서 어미 잃은 병아리 신세와 같지 않소. 내버려둡시다."

이이가 말렸으나 정인홍은 받아들이지 않고 항의의 뜻으로 사직하려 했다. 정인홍의 사직이 문제가 되자 동인 강경파 이발이 이이를 찾아와서 항의했다.

"지금 선비들이 대사헌을 원망하고 있음을 아십니까? 공은 심의겸만 아깝고 떠나가려는 정인홍은 애석하게 여기지 않는 듯합니다. 지금 공이 심의겸 한 사람과만 절교하면 동인과 서인이 공의 말을 듣고 서로 화합할 터인데, 대체 왜 그러시는지 모르겠습니다."

심의겸 한 사람만 버리면 동인과 서인이 화합할 수 있다는 말이 이이의 마음을 움직였다. 대를 위해 소를 희생하기로 한 것이다. 이이는 정인홍과 함께 연명으로 장계를 올려 심의겸을 탄핵하기로 하고 장계의 초를 잡았다.

청양군(靑陽君) 심의겸은 권력을 탐하고 세도를 즐겨서 선비들의 마음을 잃었으니 청컨대 파직하시기 바라옵니다.

장계를 초하고 나서 이이는 정인홍을 돌아보며 여기에 한 글자도 첨가해서는 안 된다고 못을 박았다. 정인홍도 알았다고 다짐했으나 다음 날 장계를 올리면서 말을 추가했다.

심의겸이 선비들을 끌어들여서 자기 세력을 만듭니다.

이이는 심의겸이 선비들의 마음을 잃었다는 다소 우아한 내용으로 탄핵하려 한 것인데, 정인홍이 붕당 혐의를 추가한 것이었다. 정인홍의 장계를 본 선조가 물었다.

"전에는 심의겸이 선비들의 마음을 잃었다는 것을 파직의 구실로 삼더니 지금에 와서는 선비들을 끌어들여 당을 만든다고 하는구나. 그에게 붙어 다니는 선비가 누구인가?"

정인홍은 서인들을 끌어들여 대답했다.

"윤두수, 윤근수(尹根壽), 정철이옵니다."

이이가 나중에 이 말을 듣고 정인홍을 찾아가 힐문(詰問)했다.

"정철은 깨끗한 선비로서 심의겸에게 붙을 사람이 아니오. 또 정철은 일찍이 내가 천거한 사람이오. 내가 지금 언관으로 있으면서 그대의 말을 들어 정철을 탄핵한다면 자기가 천거한 사람을 탄핵하는 줏대 없는 소인이 되는 것이 아니오?"

이이의 항의에 난처해진 정인홍이 다시 상소를 올렸다.

정철은 심의겸의 당이 아닌데 소신이 실상을 모르고 장계를 잘못 올렸사오니 청컨대 소신의 벼슬을 갈아치우소서.

이이도 다시 장계를 올려 거들었다.

정철과 심의겸은 서로 친하지만 그 뜻은 같지 않사옵니다.

그런데 '친하지만 뜻은 같지 않다'는 이이의 상소 구절이 또 문제가 되었다. 동인인 정언(正言) 윤승훈(尹承勳)이 이이를 찾아와서 따졌다.

"무릇 사람이란 뜻이 같은 연후에 친해지는 법인데, 친하다 해놓고 뜻은 같지 않다니 도대체 이게 무슨 뜻입니까?"

"당나라 한유(韓愈)와 유종원(柳宗元), 송나라의 사마광(司馬光)과 왕안석(王安石), 소식(蘇軾)과 장돈(章惇)은 모두 형제같이 친했지만 그 뜻은 춘추시대 연(燕)나라와 월(越)나라같이 멀었소."

이이의 이런 설명이 아니더라도 역사상에는 지향하는 바는 서로 달랐지만 평생을 친구로 지낸 사이가 그리 드물지 않았다. 윤승훈의 논박은 이이를 화나게 했다. 나이로 보나 관직 경험으로 보나 윤승훈 정도가 자신을 직접 비판할 수는 없다고 여긴 이이는 노골적으로 윤승훈을 비판했다.

"윤승훈은 무식해서 선비들에게 붙어 그들이 시키는 대로 말하는 것이다."

모욕을 당한 윤승훈이 가만히 있을 리 없었다. 윤승훈은 거듭해서 이이를 비판했다. 선조는 젊은 윤승훈이 큰 잘못도 없는 이이 같은 대학자를 공격하는 것이 괘씸하여 윤승훈을 외직으로 쫓아냈다. 그렇지 않아도 이이를 미워하는 동인들이 참고만 있을 리는 없었다. 대사헌 이기(李墍) 등이 다시 이이를 공박하는 상소를 올렸다.

> 이이가 윤승훈을 헐뜯고 대각(臺閣: 사헌부와 사간원)을 가볍게 여겨 모멸하는 것은 옳지 않으니 이이를 파직하소서.

'친하지만 뜻은 같지 않다'는 한마디가 던진 파문이 확산되어 사태가 엉뚱하게도 이이와 윤승훈의 맞싸움인 것처럼 전개되자 이이는 탄식했다.

"세상 사람들이 나를 승훈의 맞상대로 보는데, 내가 어찌 그렇게 될 수가 있겠는가?"

심의겸을 희생시켜 동서 두 당을 융합시키려던 이이의 행보가 오히려 동인들의 미움만 부추긴 셈이었다.

이 사건 얼마 후 종실인 경안군(慶安君) 이요(李瑤)가 선조와 정사를 논의한 적이 있었다. 이요는 세상이 이렇게 어지러운 것은 류성룡, 이발, 김효원, 김응남 등이 전랑 자리를 이용해 당을 만들고 권력을 차지하여 나라를 잘못 이끌기 때문이라고 말했다. 선조는 이요의 말이 옳다고 생각하고 전랑이 후임자를 추천하는 전랑자천제를 없애버렸다. 김효원이 이조정랑이 된 후로 전랑자천제는 대개 동인들이 후배들을 이끌어주는 역할을 했기 때문에 이의 폐지는 동인들에게 큰 타격이었다. 동인들은 선조의 마음이 자신들을 떠났다고 해석했다. 선조의 이 조치로 동인들의 기세는 크게 꺾였을 뿐만 아니라 류성룡 등은 마음이 불안해져서 스스로 자리를 내놓았다. 동인들은 이 역시 이이가 경안군을 시켜 임금에게 고한 것이라고 여기고 보복할 기회를 노리고 있었다.

이이를 탄핵하다 귀양 가는 동인들

동인들이 이이를 탄핵하는 계기가 된 것은 엉뚱하게도 이이의 현기증이었다. 선조 16년(1583) 여진족 이탕개(尼湯介)가 국경을 침략했을 때 병조판서는 이이였다. 선조는 이이에게 전권을 주어 이탕개를 물리치게 했다. 이탕개를 물리치기 위해 힘쓰던 이이는 임금의 부름을 받고 입궐했다가 갑자기 어지럼증을 느껴서 병조에 누워 쉬는 바람에 정청(政廳)에 나가지 못했다. 선조는 이이가 누웠다는 소식을 듣고 어의(御醫)를 보내 진료하게 해 이이에 대한 신임을 과시했다. 그러나 동인들은 이이가 방자해서 저지른 무례로 보고 탄핵하기로 했다. 동인들의 의견을 모아 이이를 탄핵하는 상소를 올린 인물은 허봉(許篈)이었다. 이이가 병조의 일을 마음대로 처리할 뿐만 아니라 임금이 부르는데도 병조에 누워 나가지 않은 것은 교만하고 방자하기 때문이라는 내용이었다.

탄핵을 받은 이이는 선조에게 죄를 벌해달라고 청했으나 선조는 도리어 이이를 위로하고 허봉을 귀양 보냈다. 이이는 허봉이 귀양 간 것에 부담을 느끼고 선조에게 상소를 올렸다.

> 상감께서 좌우의 신하들에게 자문하시어 신의 죄를 용서하시면 모르겠거니와 그렇지 않으면 신은 감히 정사를 볼 수가 없사오니 신을 귀양 보내든지 죽이든지 하옵소서.

자신은 이미 탄핵을 받았으니 주위 신하들이 무죄라고 해야 비로소 무죄라는 말이었다.

대사헌 송응개는 이이의 이런 처신을 또 비난했다. 이이가 아랫사람은 억누르고 윗사람에게는 그럴듯하게 말하는 방식으로 자신의 허물을 가린다는 비판이었다. 송응개가 다시 이이를 탄핵하자 임금은 송응개도 함북 회령(會寧)으로 귀양 보냈다.

동인들이 잇달아 이이를 배척하는 상소를 올리자 영의정 박순, 호군(護軍) 성혼(成渾) 등 서인들은 상소를 올려 이이를 옹호했다. 특히 재야에 있다가 이이의 천거로 벼슬길에 오른 성혼은 그런 말의 배후자가 누구인지 가려내자고 말하는 등 강경한 태도를 유지했다.

서인의 공세가 배후 색출에까지 이르자 동인 좌의정 김귀영(金貴榮)과 우의정 정지연이 나섰다. 그들은 이 일은 모두가 마음을 가라앉히고 처리해야 할 문제이며, 조정에서 이이를 아낀다면 그의 명예만 보존하게 하면 될 것이지 배후를 캐는 데까지 이른다면 훗날 권신이나 간신(奸臣)이 나와 전횡할 때 누가 제지하겠느냐고 변호했다.

이이의 현기증에서 비롯된 사소한 사건이 동인과 서인의 싸움으로 확대되었다. 선조도 동인이 문제라고 생각했다. 이이가 병조판서를 맡아 밤잠을 못 이루며 외적을 물리치느라 몸이 쇠약해져 현기증이 난 것을 문제 삼는 동인들이 지나치다고 생각한 것이었다.

선조는 동인 좌의정 김귀영과 우의정 정지연을 각각 파직하는 것으로 강경하게 대응했다. 그러나 동인들은 굴하지 않았다. 도승지 박근원(朴謹元)은 동인들을 거느리고 나와서 김귀영과 정지연을 복직시킬 것을 청하고, 나아가 이이와 성혼을 비난했다. 임금은 이를 주도한 박근원 역시 귀양 보냈다.

이처럼 허봉, 송응개, 박근원 등 동인들이 이이를 탄핵하다 잇달아 귀양 간 사건이 '계미삼찬[癸未三竄: 선조 16년(1583) 계미년에 세 신하를 귀양 보낸다는 뜻]'인데, 그 전말을 적은 책이 『계미진신풍우록(癸未搢紳風雨錄)』이다.

심의겸 탄핵에 동의했던 데서 알 수 있듯이, 이이는 확고한 서인이라기보다는 양당의 입장을 조절하려는 중재자에 가까웠다. 이이는 양당의 당론을 중재하는 것이 나라와 백성을 위하는 길이라고 생각했다. 이런 이이를 동인들이 자꾸 탄핵하고 공사석에서 계속 비난하자 이이는 자연스럽게 서인에 가까워졌다. 동인들은 심지어 이이의 지난 과거까지 샅샅이 캐내 그를 공격하는 소재로 삼았다. 죽은 지

200~300년 뒤에까지 문제가 된 이이의 입산 경력에 대한 시비는 이때 시작된 것이었다. 이를 공격했던 인물 역시 송응개였다. 송응개는 이이가 젊었을 때 입산했던 것을 두고 비난했다.

"서모(庶母)와 싸워 집을 버리고 머리 깎고 중이 되었다."

성리학이 지배 이념인 조선의 사대부로서 이이의 입산 경력은 큰 허물이었다. 성리학이 중국의 북송에서 성립될 때 수양론의 많은 부분을 불교에서 본뜬 것처럼 불교의 영향을 많이 받았지만 조선의 성리학자들은 불교를 크게 억압했다. 성리학만을 정학(正學)으로 규정하고 나머지를 모두 사학(邪學) 또는 이단(異端)으로 탄압한 것이었다.

이이는 벼슬에 오른 후 상소를 올려 스스로 승려 경력을 밝혔다. 그러나 동인들은 이이의 약점을 계속 물고 늘어졌다. 이이를 불효자이자 이단인 불교도로 몰아붙여 정치생명을 끝장내려 한 것이다.

이이가 입산했던 것은 사실이지만 서모와 싸우고 홧김에 집을 뛰쳐나갔던 것은 아니었다. 16살 때 어머니 사임당 신씨를 잃은 이이는 무덤 옆에 초막을 지어놓고 여묘살이를 했다. 이 과정에서 인간의 죽음에 대해 깊이 천착하게 되었고, 이 의문을 풀기 위해 19살 때 금강산으로 들어가 스님이 되었다. 공자가 "내가 사람의 일도 다 모르는데 어찌 귀신의 일을 알랴?"고 말했듯이 유학은 죽음의 의미를 캐는 종교는 아니었다. 이이의 이런 불교 경력은 한 인간의 사상의 발전이라는 측면에서 긍정적인 역할을 했지만, 동인들에게는 정치공세의 소재에 불과했다. 송응개는 심지어 이이를 '나라를 팔아먹는 간신'이라고까지 말했다.

"이이는 본래 장삼 입고 머리 깎은 중으로, 환속하여 권문에 들어

호강하며 산림에 드나들면서 자기 스스로 당대에 제일이라고 생각하여 세상 시비의 밖에 있는 초연한 인물로 자처하면서 때로는 심의겸의 단점도 말하고 때로는 김효원의 장점도 말하여 지극히 공평하다는 이름을 구한다. 아래로는 세상 사람들을 속이고 위로는 전하를 속여 처음에는 둘이 모두 그르다고 했다가 나중에는 그 의견이 세 번이나 변해서 속으로는 남을 음해하고 똑똑한 체하여 조정을 어지럽히니 이이야말로 나라를 팔아먹는 간신이 아니냐."

송응개의 공세에 서인계 유생들이 반발했다. 성균관의 태학생(太學生) 유홍진(柳洪辰) 등 407명과 전라도 유생 서태수(徐台壽), 황해도 유생 유대춘(柳帶春) 등 400여 명을 비롯해서 세자를 보도(輔導)하는 세자시강원의 왕자 사부(師傅) 하락(河洛) 등이 거듭 상소를 올려 이이와 성혼을 지지하고 송응개 등 동인들을 비판했다.

이들의 상소를 본 임금은 그 뜻을 칭찬하고 직접 붓을 들어 교문(敎文)을 지어 내려 보냈다.

> 변변치 못한 사람[憸人]이 보위에 있어 조정이 편안하지 않고 사구(司寇: 주나라 때 형벌을 맡은 벼슬)가 제구실을 못해 국시(國是)가 바로 정해지지 못했도다. 이는 마땅히 저잣거리에서 목을 벨 죄로되 가볍게 베풀어 죄를 덜어주는 은전을 내려 이들을 귀양 보내노라.

선조는 이이에 대한 지지를 아끼지 않았다. 신하라기보다는 정신적인 스승으로 대했다. 그러나 이는 이이가 살아 있을 때뿐이었다. 이이가 죽자 이이에 대한 선조의 생각도 변했고, 이것이 당쟁을 더욱 격화시켰다.

동인과 서인의 노선 차이

동인들이 이이를 비판한 것은 이이가 자신들의 입장에 동조하지 않았기 때문이지만, 그 배후에는 보다 복잡한 여러 가지 정치적·사상적 요인들이 존재한다. 동인들의 정신적 지주였던 퇴계 이황이 이기이원론(理氣二元論)을 주창한 반면 율곡 이이가 이기일원론(理氣一元論)을 주창한 것은 세상을 바라보는 서로의 정견 차이에서 나온 것이었다.

훈구파와 대립하던 시절의 사림파는 퇴계 이황 생존 시만 해도 열세였다. 이황이 성균관에 들어가 학문을 연마하던 무렵인 중종 22년(1527)을 전후한 시기는 조정에서 훈구파와 사림파, 훈신과 척신들의 대립이 치열하던 시기였다. 이황이 19살 때 조광조, 김정(金淨) 등의 사림파가 죽음을 당하는 기묘사화가 일어났고, 그 2년 뒤에는 기묘사화에서 살아남은 사람들이 다시 축출당하는 신사무옥(辛巳誣獄)이 일어났다. 신사무옥은 이이, 성혼과 친구로 지냈던 송익필(宋翼弼)의 아버지 송사련(宋祀連)이 고변자인데, 이것이 뒤집히면서 송익필은 훗날 노비가 되어 도망 다닌다. 기묘사화와 신사무옥으로 사림의 젊은 인재들은 또다시 죽어갔다.

이황이 24살 때인 1524년에 기묘사화를 주도한 권신 김안로가 파직됨으로써 세상이 새로워지는 듯했으나, 3년 뒤 김안로의 아들인 김희(金禧)가 '동궁(東宮) 작서(灼鼠)의 변(變)'*을 일으키면서 김안로

---

* 1527년 2월 26일 세자(훗날 인종)의 생일에 쥐를 잡아 사지와 꼬리를 자르고 눈과 귀, 입을 불로 지져서 동궁의 북정 은행나무에 걸어둔 세자 저주 사건.

이황 표준 영정, 한국은행
조선 중기 유학자로, 주희의 성리학 체계를
집대성해 이기이원론, 사단칠정론을 주장
했다. 동인들의 정신적 지주로 추앙받았으
며, 광해군 때 성균관 문묘에 종사되었다.

가 재기해 사림들의 기대는 또다시 무산되었다. 효혜공주의 남편인
김희는 부친의 정적인 심정(沈貞), 유자광(柳子光)을 제거하기 위해
동궁 작서의 변을 일으켜 죄 없는 경빈 박씨와 복성군을 죽이고 아
버지인 권신 김안로를 재집권하게 했다. 이때 중종의 외척인 윤원로
(尹元老)·원형 형제도 조정에 등장했다. 두 형제의 등장으로 조정은
훈구파와 사림파 사이의 대결장에서 훈신과 척신의 대결장으로 변
해갔다.

　이런 정치 현실은 이황에게 현실 정치를 부정적으로 인식하게 했
다. 잘못 발을 들였다가는 부패한 훈신, 척신들에 의해 언제 목숨이
달아날지 모르는 복마전이었다. 이황이 사직을 거듭하고 중종 말년
까지 고향에 머물며 학문에 전념했던 것은 과녁에서 벗어나고자 하
는 성격이 강했다. 훈구파가 장악한 조정에서 언제 화살이 날아올지
알 수 없었던 것이다.

사림을 지지했던 인종이 9개월 만에 죽고 명종의 외삼촌인 윤원형이 문정왕후의 위세를 업고 등장해 대윤인 윤임과 사림파를 제거하기 위해 을사사화를 일으켰다. 정치에서 물러나 사화에서 벗어났던 이황은 자신의 처신이 옳았음을 재차 확인하고 낙동강 상류인 토계(兔溪)에 양진암(養眞庵)을 지어놓고 학문에 전념했다. 이때 퇴계라 자호(自號)하는데, 한창 일할 나이인 46살 때였다. 자신의 호에 '물러날 퇴(退)' 자를 넣은 것도 정계를 멀리하려는 의지였다. 명종이 '현인은 불러도 오지를 않으니 이를 탄식하노라[招賢不至嘆]'라는 제목의 시를 지어 서운함을 표시할 정도로 여러 번 불렀으나 나가지 않은 것은 벼슬에 뜻이 없었다기보다는 사림들의 거듭된 피화를 몸소 목격한 이황의 처세술이었다고 할 것이다.

이황은 조광조를 부른 사람도 중종이고 죽인 사람도 중종이라는 사실을 간과하지 않았다. 임금이 예를 높여 부른다고 덥석 받을 일이 아니었다. 출사길이 저승길이 되는 일이 다반사였다. 어제까지만 해도 대접받던 '선비(士)'가 화를 입는다 해서 '사화(士禍)'였다. 선조도 즉위 후 이황에게 거듭 벼슬을 제수했지만 이황은 번번이 거절했다.

그가 십 대의 어린 임금 선조의 간곡한 청을 받아들여 대제학, 지경연에 오른 것은 인생의 황혼기인 68세 때였다. 그 이전에 명나라에서 새로 즉위한 융경제(隆慶帝) 목종(穆宗)의 사절이 왔을 때 잠시 나갔던 적은 있지만 사신 접대의 소임을 마친 후 곧 귀향했다.

지경연에 오른 이황은 선조에게 「무진육조소(戊辰六條疏)」와 「성학십도」를 올려 조선의 지배이념인 성리학을 쉽게 설명했다. 「성학십도」는 중국 성리학 대가들의 글과 자신의 의견을 적절히 섞어 성리학을 열 장의 그림과 함께 설명한 글이었다. 만년의 이황은 국왕에게 성리학을 가르치기도 했지만, 그는 살아생전 정계를 주도한 적이 없었다. 명종 때도 재야 사림의 영수였을 뿐이다. 이런 정치 현실에서 나온 것이 기(氣)보다 이(理)를 우선하는 이기이원론이었다. 이가 기를 지배해야 한다는 이상을 담은 주리론(主理論)은 이런 시대 상황 속에서 형성된 것이다. 이황이 보기에 훈신, 척신들이 지배하는 정치 상황은 열등하고 부도덕한 기(氣)가 우수하고 도덕적인 이(理)를 억압하는 잘못된 현실이었다. 이황에게 훈신과 척신은 열등하고 부패한 존재인 칠정(七情)이자 기(氣)였던 반면, 사림은 고귀한 존재인 사단(四端)이자 이(理)였다. 현실 세상은 기(氣)였고, 자신들이 꿈꾸는 이상은 이(理)였다.

그는 사단이 칠정을 지배해야 한다고 믿은 것처럼 사림이 훈신과 척신들을 몰아내고 조정을 지배해야 한다고 믿었다. 나아가 그는 이(理)인 사대부들이 기(氣)인 농민들을 지배해야 한다고 생각했다. 그 것이 사대부가 세상을 다스리는 성리학의 기본 이념에 충실한 것이라고 생각했다. 이황의 주리론은 이런 세계관, 이상론을 이론으로 체계화한 것이었다.

이황은 재야 사림의 처지에서 현실을 바라보았고 그렇게 해석했다. 그의 주리론은 이런 배경에서 나온 것이었다. 여진족이 세운 금나라의 신하가 되어 공물을 바쳐야 했던 남송의 비참한 정세 속에서 나온 사상이 한족(漢族)의 중세적 세계관인 성리학이었듯이, 부패한 훈구파에게 사림들이 억압받는 조선의 정치 상황 속에서 나온 것이 이황의 이기이원론이었다. 여진족의 억압과 훈구파의 억압이라는, 기(氣)가 이(理)를 억압하는, 본질에서 유사한 정치 상황이 시간과 공간을 뛰어넘어 남송의 주희와 조선의 이황을 같은 이기이원론으로 이끈 것이다. 이황은 주희의 성리학을 모두 이해한 조선의 성리학자로 꼽힌다. 주리(主理)의 입장에서 이와 기가 모두 운동을 한다는 이기호발설(理氣互發說)을 정립한 것이 주희의 성리학에 대한 깊은 이해에 도달했음을 보여주는 것이기 때문이다.

이이는 달랐다. 이이는 주리론적 이기이원론이 아니라 주기론적 이기일원론을 주창했다. 이황과 이이가 불과 한 세대 차이면서도 주리론과 주기론으로 갈라지는 것은 두 유학자가 처한 정치 현실의 변화에 기인하는 것이었다. 이이의 주기론적 이기일원론은 주희의 성리학을 조선의 현실에 맞게 변화시킨 것으로서, 이황의 사상을 한층 더 발전시킨 것이었다. 이는 성리학에 대한 조선 사림의 오랜 이해 과정이 완결되었음을 뜻하는 것이기도 했다.

이황과 이이가 각각 주리론과 주기론을 주장했기 때문에 근본적으로 다른 것으로 인식할 수 있지만, 양자는 모두 이(理)가 기(氣)를 지배해야 한다고 생각했다는 점에서는 차이가 없었다. 이이보다 35년 연상이었던 이황이 처한 정치 상황과 이이가 처한 정치 상황의 차이가 부분적 차이를 가져왔을 뿐이다.

이황이 사림이 탄압받는 시대의 정치가였다면 이이는 사림이 정국의 주도권을 장악한 시기의 정치가였다. 이황이 재야 사림의 자리에서 현실 정치를 바라보았다면, 이이는 집권 사림의 자리에서 현실 정치를 바라보았다. 이황의 주리론이 명분론을 앞세운 데 비해 이이의 주기론이 현실에 대한 구체적 개혁 방안을 중요시했던 이유가 여기에 있었다.

사림파가 집권한 상황에서 이이는 이상만이 아니라 현실도 함께 생각해야 했다. 이황의 주리론적 이기이원론은 과거에는 맞았지만 지금은 맞지 않는 사상이라고 보았다. 그래서 이이는 변화된 현실을 반영하는 주기론적 이기일원론을 정립한 것이었다. 사림이 하나로 화합해야 한다는 이이의 조제론은 이런 사상에서 나온 것이었다.

과거에는 훈구파에 저항하는 명분 하나만으로도 정치할 수 있었지만, 집권 후에는 책임이 뒤따를 수밖에 없었다. 훈구 세력에 대한 반대만으로 나라를 이끌고 나갈 수는 없었다. 개국 200여 년이 흐르면서 조선은 많은 문제점을 노출하고 있었다. 부익부 빈익빈이 심각해지는 토지 문제도 그중 하나였다.

조선 초기의 토지제도는 과전법(科田法)이었다. 과전법은 위화도 회군을 단행한 이성계와 역성혁명파 신흥사대부들이 고려 말 권문세족들의 농장을 몰수하고 공포한 토지제도였다. 과전법 아래에서 관료들이 지급받은 토지는 소유권이 아니라 세금을 거두어 가지는 수조권(收租權)만 가진 토지였다. 과전법은 현직자뿐만 아니라 전직관료 일부에게도 과전을 지급했다. 이러다 보니 지급해줄 토지가 부족해져 세조 12년(1466) 현직자에게만 과전을 지급하는 직전법(職田法)으로 바뀌었다. 직전법은 성종 때 국가에서 조세를 직접 거두어 관료들에게 지급하는 관수관급제(官收官給制)로 바뀌었다가 명종 때 관료들에게 직접 녹봉(祿俸)으로 주는 봉록제(俸祿制)로 바뀌었다.

과전법이 직전법, 관수관급제를 거쳐 다시 녹봉제로 바뀐 주요한 요인은 토지의 부족이었다. 양반 관료들이 토지 소유에 나서면서 토지가 부족해졌다. 특히 세조의 왕위 찬탈로 생겨난 수많은 공신들이 토지 집적에 나서면서 토지를 둘러싼 정쟁이 심해졌다.

사화의 본질은 사림과 훈구 사이의 정권을 둘러싼 싸움일 뿐만 아니라 토지를 둘러싼 싸움이기도 했다. 훈구 세력들이 사림들의 토지까지 손을 대면서 사림들도 격렬하게 저항할 수밖에 없었다. 훈구 세력의 토지 사유의 확대는 지방의 중소지주인 사림들의 이해와 직접적으로 맞부딪쳤다.

토지를 사유한 양반관료, 즉 훈구 세력은 자신들의 사유지를 노비들을 이용해 경작하거나 전호(佃戶: 소작인)에게 대여해 수확을 반으로 나누는 병작반수제(竝作半收制)로 경영했다. 조선시대에 양반이 지배층의 신분을 계속 유지할 수 있었던 이유는 단지 성리학이라는 학문을 지니고 있었기 때문만은 아니었다. 양반이 농민을 지배할 수 있었던 근본 원인은 막대한 토지를 소유하고 있었기 때문이었다. 양반 관료들의 사유지를 농장(農莊)이라고 불렀는데, 이는 조선 사대부들의 성격이 고려 말의 권문세족과 비슷한 형태로 변화했음을 뜻한다.

훈구파는 세조의 왕위 찬탈이나 중종반정 등의 정권 장악 과정에서 막대한 규모의 토지를 공신전이라는 명목으로 받음으로써 부를 축적하고 세습했다. 여러 형태의 농장이 늘어남으로써 전주제(田主制)가 확대되었는데, 이는 자영농민층의 몰락을 의미했다.

고려 말 구가세족의 대토지 소유를 해체시키고 건국한 조선이 거꾸로 고려 말과 비슷한 상황으로 변질된 것이었다. 사유농장의 확대가 자영농민층만 몰락시킨 것은 아니었다. 일부 양반 사대부들도 몰락하여 토지 지배자의 신분에서 탈락했다. 사유지를 갖지 못한 양반 사대부가 양반 신분을 계속 유지할 수 있는 유일한 방법은 관직을 획득하는 것뿐이었다.

사화와 당쟁은 이처럼 토지를 둘러싼 격렬한 투쟁이자 토지 지배에서 밀려나지 않으려는 지배층 내부의 격렬한 투쟁이었다. 양반들은 정치 이외의 생업에는 종사할 수 없다는 경직된 조선의 사회 구조 또한 사화와 당쟁을 격화시킨 원인이었다.

이런 와중에도 농민들은 농업 생산력을 꾸준히 증가시켰다. 농업 생산력의 발달은 농민들뿐만 아니라 이를 유통시키는 상인들의 지위도 향상시켰다. 농업 생산력을 바탕으로 성장한 일부 농민들과 상인들은 자신들의 이해가 정치에 반영되기를 바라고 있었다. 일부 농민들과 상인들도 정치에 참여하기를 바라고 있었던 것이다.

이이가 활동했던 선조 때는 조선이 이런 과제들에 직면한 시기로, 일대 혁신이 요구되는 시기였다. 이이는 바로 이러한 현실 인식을 가진 정치가였다. 이이는 한 나라를 창업기(創業期), 수성기(守成期), 경장기(更張期)로 나누어 보는 역사 인식을 갖고 있었다. 그는 당시를 대대적인 정치적·경제적·사회적 혁신이 필요한 경장기라고 보았다. 이런 혁신은 모두 양반 사대부들의 계급적 양보를 전제로 하는 것이었다. 양반 사대부들은 군역 의무가 면제된 현실을 개혁해야 했고, 막대한 농지에 걸맞은 세금을 납부해야 했다.

이이는 여진족 이탕개의 침략에 허우적거리는 조선 군사력의 허약한 현실을 체험했지만 양반들에게 군역의 의무를 지우지 않는 한 군사를 늘릴 수 없었다. 그래서 그는 양반가의 서자(庶子)나 천민들이 북방에서 3년간 자원 근무하면 서자에게는 과거 응시 자격을 주고 천민들은 자유민인 양인(良人)으로 신분을 상승시켜주는 방안을 제시했다. 그러나 신분적 특권의식에 젖은 양반 사대부들은 이를 거부했다. 이이는 또한 도탄에 빠진 농민 경제를 살리는 '경제사(經濟司)'를 설치해 국가 경제를 튼튼히 하고 농민 생활의 안정을 도모하자고 제안했다. 공납의 어려움에 허덕이는 농민들의 부담을 덜어주기 위해 공납을 쌀로 받는 것을 골자로 하는 대공수미법(代貢收米法)

을 주장한 것은 그가 현실을 직시한 정치가였음을 보여준다.

그는 상황에 따라 유연한 정책을 실시해야 한다고 생각하는 유연한 정객이었다. 그는 39살 때 우부승지로 임명된 후 재해를 당해 올린 「만언봉사(萬言封事)」에서 "시의(時宜)라는 것은 때에 따라 변통(便通)하여 법을 만듦으로써 백성을 구하는 것이옵니다"라고 진언하고, 이렇게 덧붙였다.

"정치는 시세를 아는 것이 중요하고 일은 실질적인 것이 중요한 것이니, 정치를 하면서 시의를 알지 못하고 일을 함에 있어서 실질적인 것에 힘쓰지 않는다면 비록 성현이 서로 만난다 할지라도 효과를 거둘 수 없을 것이옵니다."

살아생전에 선조가 이이를 존경한 것은 그의 학문이 뛰어났기 때문만이 아니라 그가 현실의 문제점을 정확히 파악하여 대처했기 때문이었다. 이이는 당시의 사회가 동인과 서인으로 갈라져 싸울 때가 아니라 조선에 일대 개혁을 단행해야 할 때라고 보았던 것이다. 이이는 정치가이자 선비의 자세에 대해 이렇게 말했다.

"이른바 진짜 선비[眞儒]는 조정에 나아가서는 일세의 도를 행하여 백성을 태평케 하고, 물러나서는 바른 가르침으로 후학들에게 큰 꿈을 깨치게 하는 것이다. 조정에 나아가 도를 행함이 없고 물러나 가르침이 없다면 비록 그가 선비라 자처해도 나는 그를 믿지 않는다."

이이에게 학문과 정치는 하나였다. 학문에 바탕을 둔 정치만이 이상과 현실을 조화시켜나갈 수 있는 것이었다.

시비를 위한 시비, 논박을 위한 논박을 일삼는 동인에 비해 이러한 현실 인식을 가지고 있는 이이를 임금이 아낀 것은 당연한 일이었다. 선조가 얼마나 이이를 존경했는지는 이이와 성혼에게 내린 전교를 보면 알 수 있다.

"이이는 정말 군자다. 이이만 같다면 당이 있는 것이 걱정이 아니라 당이 없는 것이 걱정이겠다. 나도 주희의 말처럼 그대들의 당에 들고 싶다."

동인 대사간 김우옹이 즉각 반박하고 나섰다.

"이이가 유학에 박식하고 밝은 때를 만나 전하께서 마음을 기울여 신임하고 그의 계교라면 무엇이나 실행하고 그의 말이라면 무엇이나 들으시지만, 애석하게도 그는 뜻은 크지만 재주가 부족하고 도량이 얕으며 마음이 편벽(偏僻)되어서 자기와 가까운 사람에게는 어둡고 소견이 막혀 나라의 공론을 합해서 천하의 임무를 이루지 못하고 자기 한 몸의 사욕에 따라 모든 세상 사람들의 뜻을 어깁니다."

이이는 공론이 아니라 사욕에 따라 움직이는 소인배라는 비난이었다. 이처럼 동인들은 이이의 일이라면 반대를 위한 반대를 일삼았다. 이이는 동인과 서인을 융합시키려 했으나 조정은커녕 동인들의 배척을 받게 되자 이 점을 항상 마음의 가시로 여겼다. 그래서 그는 여러 번 이렇게 탄식했다 한다.

"정말 공평한 눈을 가진 사람이 있어서 오랫동안 내가 하는 일을 지켜보면 내 마음을 알 수 있을 것이다."

이이는 자신 때문에 귀양 간 사람들의 존재가 동서 융합의 걸림돌이라고 생각하여 이조판서가 된 후 사직을 청하고 귀양 간 허봉과

동 · 서인의 학통

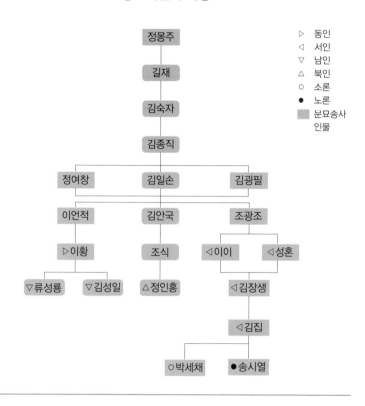

박근원을 사면해달라고 요청했지만 선조는 듣지 않았다.

그러나 그런 그도 송응개의 사면만은 청하지 않았다. 이이도 사람인지라 자신을 "나라를 팔아먹는 간신"이라고 극언한 송응개에 대해서는 감정을 가지고 있었던 것이다.

이이는 중요한 것은 나라를 바로잡는 것이라고 생각했다. 더 이상 동인들을 무마하려고 뛰어다니기에는 현실적인 문제가 산적해 있었다. 그가 서인인 백유함(白惟咸)을 전랑으로 삼아 서인들을 등용하기 시작한 것은 이런 인식의 소산이었다.

동인들이 자신을 배척하는 상황에서 이이는 현실적으로 서인의 영수가 되어갔다. 그러나 그가 가능한 한 양당을 융합시키려는 노력을 포기한 것은 아니었다.

그가 선조 17년(1584)에 49세의 젊은 나이로 사망한 것은 그 자신뿐만 아니라 조선 전체의 불행이었다. 동인과 서인을 조정하려고 노력했던 대학자, 대정치가가 사망함에 따라 날로 첨예해져가는 두 당의 대립을 막을 사람이 없어진 것이다.

2장

무너져가는 공존의 틀

인조에게 소현세자는 나라를 위해 이역만리 타국에서 고생하다 돌아온 아들이 아니라
이미 정적이었다. 부왕의 냉대에 상심한 세자는 귀국한 지 두 달 만에 병석에 누웠다가
창경궁에서 급서하고 말았다. 소현세자의 급서는 무수한 소문을 낳았다.

서인 실각과 정여립 사건

선조는 학문을 좋아하고 대신들의 의견을 존중하는 임금이었다. 하지만 평화 시에는 괜찮은 군주일 수 있었지만 난세를 헤쳐 나갈 군주는 아니었다. 선조는 또한 일관성이 없었다. 이이가 살아 있을 때는 후히 대접하다가 그가 사망한 후 동인들이 계속해서 헐뜯자 신뢰가 흔들리기 시작했다. 이이가 죽은 후 영의정 노수신이 이이와 다투다가 귀양 간 허봉, 박근원, 송응개의 사면을 요청하자 허락했다. 이이에 대한 믿음이 흔들리고 있다는 증거였다. 선조는 한발 더 나아가 노수신에게 물었다.

"그때 이이가 송응개는 간사한 인물이라고 했는데 과연 그 말이 맞는가?"

노수신은 선조의 마음이 이이를 떠난 것을 알았다.

"이이는 자기에게 아첨하는 것을 좋아하는 인물이었습니다."

이이 사후 선조는 동인들을 차차 등용하기 시작했다. 삼사에 포진한 동인들은 성혼, 박순, 정철, 신응시, 박응남(朴應男), 김계휘, 윤두수·윤근수 형제, 이해수(李海壽), 홍성민 등 서인들을 연일 탄핵했다. 삼사가 탄핵하면 죄가 있든 없든 물러나는 것이 하나의 관례였다. 선조의 방관 아래 삼사를 장악한 동인들은 계속 서인들을 탄핵했고, 조정에는 점점 동인이 늘어났다.

선조 때의 정치 구도와 주요 정치 일지

```
          사림
         /    \
      동인      서인
     /    \
   남인    북인
```

주요 일지

선조 7년(1574) 사림, 동·서인으로 분열.
　　17년(1584) 동·서인 융합 힘쓰던 이이 사망.
　　23년(1591) 광해군 세자 건저 문제로 서인 실각.
　　　　　　　　동인, 정철 치죄 문제로 남·북인으로 분열.
　　24년(1592) 임진왜란. 의병장 다수 배출한 북인 대거 진출.
　　　　　　　　광해군, 세자로 책봉.
　　41년(1608) 선조, 광해군에게 양위.
　　　　　　　　소북 유영경, 광해군 즉위 저지하다 실패.

이때 서인들을 변호하고 나선 인물이 당시 공주목(公州牧) 제독관 (提督官)이던 조헌(趙憲)과 생원 이귀(李貴)였다. 두 사람은 이이와 성혼의 제자였다. 훗날 700여 명의 의병을 이끌고 왜군과 싸우다 전사해 칠백의총에 모셔지는 조헌은 연일 상소를 올려 스승의 억울함을 호소하고 노수신, 정유길(鄭惟吉), 이산해, 송언신(宋言愼) 등 동인들을 비판했으나 선조로부터는 아무런 비답(批答: 상소에 대한 임금의 하답)이 없었다. 선조의 마음이 이미 서인들을 떠난 것이다.

선조는 비답은커녕 조헌이 상소 후 즉각 공주목으로 돌아가지 않고 고향으로 갔다는 이유로 파직했다. 고향 방문이 파직으로 이어지는 것은 드문 일이었다. 조헌은 성격이 직선적이어서 선조와 자주 충돌했다. 조헌이 교서관의 박사로 있을 때 선조가 절에 향(香)을 하사

이귀, 국립중앙박물관
조선 중기의 문신으로, 김류 등과 함께 계
해정변을 주도해 정사공신에 책봉되었으
나, 정묘호란 때 왕을 모시고 강화에 피란
중 화의를 주장하다가 탄핵을 받았다.

하면서 향전에 들어가라고 명하자 조헌은 일언지하에 거절했다.

"신은 성현의 글만을 읽었으므로 절에 봉물을 바치고 부처에게 공
양하는 일은 할 수 없습니다."

조헌은 파직되었지만 후회하지 않았다. 송응개가 이이의 입산 경
력을 들어 그를 비판한 데서도 알 수 있듯이, 유교국가에서 배불(排
佛)은 사대부로서 정당한 처신으로 인정받았다. 조헌은 이 사건으로
선조의 미움을 산 반면 선비들의 칭송을 샀다. 선조가 그를 외직에다
한직인 공주목 제독관으로 내친 것은 그에 대한 감정의 앙금이 사라
지지 않았음을 뜻하는 것이었다.

조헌은 스승인 이이와 성혼에 대한 믿음이 강했기 때문에 스승을
변호하고 동인들을 공격하는 데 앞장섰다. 그러나 이는 동인들의 표
적이 되기를 자청하는 것이었다. 종묘서령(宗廟署令)을 지내던 중 계
모를 봉양하기 위해 외직을 자청하여 보은현감으로 나가 그 치적이

충청좌도에서 으뜸이라는 평을 받았음에도 대간의 탄핵을 받아 파직된 것은 이런 이유 때문이었다. 치적 있는 목민관이 모함에 의해 파직된 이 사건은 당쟁이 나라 자체를 좀먹는, 다시 말해 파쟁이 조직 자체를 갉아먹는 부정적 상황으로 진행될 수 있음을 보여주는 실례이다.

이이가 죽은 후 수세에 몰리자 서인들 가운데는 동인으로 당적을 바꾸는 당인도 나타났다. 수찬(修撰) 정여립(鄭汝立)이 그런 인물이었다. 동인으로 돌아선 정여립은 서인 비난에 앞장서 서인들의 분노를 샀다. 조헌이 '만언소(萬言疏)'를 올려 정여립을 격렬히 비판하고 나섰다. 정여립과 조헌은 모두 이이의 문하였으니 조헌으로서는 스승을 욕하는 동문을 배격한 셈이었다. 조헌은 다섯 차례나 상소를 올려 정여립을 비판했으나 선조는 묵묵부답이었다. 그러자 조헌은 직접 동인의 영수 이산해를 논박하는 소를 올려 임금의 진노를 샀다. 이때도 선조는 화는 냈지만 조헌을 죄주지는 않았다.

조헌은 거듭된 상소가 무위로 끝나자 선조 22년(1589)에는 도끼를 들고 상경했다. 이를 지부상소(持斧上疏)라 하는데, 상소를 가납하지 않으려면 도끼로 자신을 죽여달라는 뜻이었다. 도끼까지 들고 와 동인들을 신랄하게 비판하자 선조는 그를 함북 길주로 유배 보냈다. 과거 이이를 비판하면 귀양 가던 세상에서 이제는 동인들을 비판하면 귀양 가는 세상으로 바뀌었다. 선조의 원칙 없는 처신이 당쟁을 더욱 격화시켰다.

정권을 잡은 동인들이 서인들에 대한 공세를 강화하던 중에 뜻하지 않은 사건이 발생했다. 선조 22년(1589, 기축년)의 정여립 사건이었다. '기축옥사'라고도 불리는 정여립 사건은 동인들을 궁지로 몰아

넣었다. 정여립 사건은 아직껏 진상이 명확히 밝혀지지 않은 사건이다. 정여립이 원래 서인이었던 점과 동인들의 집권기에 일어났다는 점, 게다가 정여립의 활동지는 전라도인데 정작 고변은 황해도에서 시작되었다는 점 등이 의혹을 더했다.

이이 사후 동인이 집권했지만 선조는 정여립만큼은 등용하지 않았다. 전주 출신 정여립은 선조 3년(1570) 문과에 급제하여 이이와 성혼의 문하에서 총애를 받았다. 그러나 이이 사후 동인에 가담하면서 스승을 배신한 배사(背師)라는 비판을 받았다. 백유양(白惟讓) 같은 중도파 인물이 동인에 가담하는 일은 있었으나, 서인이 동인으로 변신하거나 동인이 서인으로 변신하는 일은 흔치 않았다.

게다가 정여립은 이이와 성혼 등을 직접 비판함으로써 돌아올 수 없는 다리를 건넜다. 임금과 스승과 부친이 하나라는 '군사부(君師父) 일체'가 강조되는 유학 사회에서 '배사'는 비판받을 수밖에 없었다. 정여립이 경연에서 죽은 이이를 비난한 것이 선조의 마음을 그에게서 떠나가게 했다. 이이 사후 선조도 이이에 대한 생각이 달라졌지만, 제자가 죽은 스승을 비난하는 일은 용납할 수 없다고 생각한 것이었다.

선조는 정여립을 '형서(邢恕)' 같은 인물이라고 비판했다. 형서는 송나라 때 자신을 도와준 사마광과 장돈(章惇)을 배신한 인물로, 중국에서는 『삼국지』에 나오는 여포(呂布)와 함께 배은망덕한 인물의 표본으로 꼽히고 있었다. 동인이 집권한 조정에서 동인으로 전향한 정여립이 사직할 수밖에 없었던 것은 그에 대한 세간의 비난과 선조의 불쾌감이 겹쳐진 때문이었다. 그러나 집권 동인의 실세인 정여립의 위세는 당당했다. 그는 세간의 비난 따위는 신경 쓰지 않아서 그

『예기』「예운」편
공자는 2,500년 전 『예기』에서 동양 유학 사회에서 이상으로 꼽는 대동 사회에 관해 설명했다.

를 따르는 무리는 늘어만 갔다. 그는 낙향 후 전라도 진안 죽도에 서실을 지어놓고 대동계(大同禊)를 만들었다. '대동(大同)'이란 『예기(禮記)』「예운(禮運)」편에서 공자가 한 말로, "대도가 행해져서 천하가 공공의 것[大道之行也, 天下爲公]"인 사회를 뜻한다. 동양 유학 사회에서 이상으로 꼽는 사회가 대동 사회였다.

어질고 능력 있는 사람을 벼슬아치로 뽑아서 신뢰와 화목을 닦았으므로 사람들은 자신의 부모만 부모로 여기지 않고, 자신의 자식만 자식으로 여기지 않았다. 노인들은 죽을 때까지 사회에서 봉양했고, 장년들은 모두 할 일이 있었으며, 어린아이들은 잘 자라게 했다. (……) 재화를 땅에 버리는 것은 미워했지만 자기만을 위해서 쌓아두지는 않았다. 자신의 힘으로 일하지 않고 먹고사는 것을 미워했지만 자신만을 위해 일하지는 않았다. 그래서 간사한 꾀가 일어나 흥하지 못했고, 도적이나 난적들이 일어나지 못해서 바깥문을 닫지 않고 살았다. 이런 사회를 대동이라고 한다.(『예기』「예운」편)

정여립이 이런 대동 사회를 지향해서 대동계를 만들었다면 그의 행위는 단순한 배사를 뛰어넘어 조선을 새로운 이상 사회로 만들려는 큰 뜻이었다고 볼 수 있을 것이다. 그는 진안에서 매달 모임을 갖고, 모여서 활을 쏘는 향사례(鄕射禮)를 시행했다. 대동계는 비밀 조직도 아니었다. 선조 20년(1587) 왜구들이 전라도 손죽도를 침범하자 전주부윤 남언경(南彦經)은 정여립에게 대동계 동원을 요청했고, 그는 이에 응해 왜구를 물리쳤다. 정여립의 대동계는 공개된 조직이자 국가권력에 의해 승인된 상태였음을 보여준다.

정여립 사건은 선조 22년(1589) 10월 황해도 관찰사 한준(韓準)과 황해도 재령·안악·신천군수 등이 정여립의 모반을 고변함으로써 시작되었다. 정여립이 일찍이 임꺽정의 난이 있었던 것을 보고 황해도 사가 되기를 원했지만 이루지 못하자 황해도 안악의 변숭복, 해주의 지함두, 운봉의 승려 의연(義衍) 등과 결탁해서 난을 일으키려 했다는 것이다. 또한 승려 의연과 모의하고는 "이씨가 망하고 정씨가 개국한다"는 『정감록(鄭鑑錄)』의 비결을 옥판(玉板)에 새긴 다음 지리산 석굴 안에 간직했다는 것이었다.

정여립 사건을 뒤에서 조종한 인물은 노비 출신 서인 모사인 송익필이라는 설이 유력하다. 송익필이 천인이 된 사연에는 사화와 두 집안 사이의 복수극이 뒤엉켜 있다. 송익필의 할머니 안감정은 중종 때 우의정이었던 안당(安瑭)의 아버지 안돈후(安敦厚)와 비첩 사이에서 태어난 서녀(庶女)였으므로 안감정과 안당은 이복형제였다. 안감정이 백천(白川)의 갑사(甲士) 송린(宋璘)에게 출가하여 낳은 인물이 송익필의 아버지 송사련(宋祀連)이었으므로 양반가 서자였다.

신분 상승을 노리던 송사련은 외사촌인 안당의 아들 안처겸(安處謙)과 안처근(安處謹) 등이 훈구 세력의 중심인 남곤(南袞), 심정 등을 제거하려 한다고 고변했다. 남곤과 심정은 송사련의 고변을 이용해 안처겸, 안처근과 그의 아버지 안당을 비롯해서 많은 사람들을 처형했다. 이것이 중종 16년(1521) 발생한 신사무옥이다.

안당의 집안은 이로써 거의 멸문지화를 당했지만, 송사련은 이 공로로 서자임에도 불구하고 당상관인 첨지중추부사까지 올랐다. 송익필이 태어나기 13년 전의 일이었다. 송사련이 당상관이 됨으로써 송익필은 양반 자손으로 세상에 태어났다.

그러나 송익필이 32살 때인 명종 21년(1566)에 안당이 그 아들들의 사건과 무관하다는 이유로 신원된 데다 송익필이 52살 때인 선조 9년(1586)에는 신사무옥마저 송사련의 무고로 뒤집어졌다. 안당의 증손 안노(安璐)의 처 윤씨의 상소가 받아들여진 결과였다. 외사촌 송사련의 고변으로 쑥대밭이 된 안씨 집안은 죽은 송사련 대신 살아 있는 송익필에 주목했다. 송익필의 할머니 안감정이 원래 안씨 집안의 종이었으므로 무고로 양반이 된 송익필 역시 종이 되어야 했다. 이를 두려워한 송익필은 도망갔고, 이이, 정철 등의 서인들이 보호해주었다. 도망간 송익필이 황해도에 있는 동안 고변 사건이 발생했으므로 송익필 기획 고변설이 끊이지 않았던 것이다.

고변 당시 조정을 장악하고 있던 동인들은 고변을 묵살하려 했다. 정승 이산해와 정언신(鄭彦信)이 고변을 묵살하려 했지만 서인 대사헌 홍성민의 저지로 실패하면서 사건이 확대되었다. 동인들이 정여립과 짜고 사건을 무마하려 한다고 의심한 선조는 철저한 수사를 명했다. 의금부에서 정여립 체포를 위해 관원들을 급파하자 정여립은 아들과 함께 죽도로 도망쳤다. 정여립은 관군이 포위망을 좁혀오자 자살했다고 보고되었는데, 실제 자살한 것인가에 대해서도 의혹이 일었다. 일부러 죽이고 자살로 위장한 것 아니냐는 의혹이었다. 정여립의 죽음으로 동인들은 자신들이 무관함을 입증할 기회를 잃어버렸다. 『선조실록』은 "나라에 장차 임진왜변(壬辰倭變)이 있을 것을 알고 때를 타서 갑자기 일어나려 했다"고 말하고 있는데, 임란 발생 3년 전에 왜란이 발생할 것을 알았다고 쓰고 있다는 점에서도 조작일 가능성이 농후하다.

정언신은 위관(委官)으로 임명되어 죽도에서 체포된 아들 정옥남(鄭玉男)을 국문했다. 정언신은 동인이었으므로 국문이 상대적으로 약해서 한 달이 지나도 사건의 진상이 명확해지지 않았다. 그러자 서인들의 공세가 시작되었다. 서인 백유함은 "동인들이 정여립과 결탁했기 때문에 정여립의 죄상을 덮어주고 있습니다"라며 동인들이 정여립 사건과 관계가 있다고 논박했다. 그러자 동인 영의정 노수신이 나서서 "이번 일은 선비들 사이에서 일어났으므로 조용히 처리할 일이지 공연히 중간에서 생기는 거짓말에 끌려서는 안 됩니다"라고 변호했다.

중요한 것은 선조의 태도였다. 당사자는 전라도에 있는데 고변은 황해도에서 발생했다. 당사자는 경위가 불분명하게 죽었고, 그 아들은 역모 사실을 부인하고 있었다. 그러나 선조가 이 사건을 방계 승통이라는 자신의 콤플렉스를 씻는 데 이용함으로써 사건은 크게 확대되었다. 선조는 중종의 서자인 덕흥군의 셋째 아들로서 왕위에 올랐으므로 출신 콤플렉스가 있었다. 콤플렉스가 있는 사람이 최고 지도자가 된 후에도 이를 극복하지 못하면 사회에 많은 비극이 발생하는데, 선조가 그런 경우였다. 그는 진상이 모호한 정여립 사건을 명가 출신 대신들을 주륙(誅戮)하는 수단으로 삼아버렸다.

선조가 동인 노수신과 정언신을 파직하고 위관을 서인인 정철로 바꿔버린 것은 정치보복을 하라는 공식 허가서나 마찬가지였다. 선조는 또한 백유함을 헌납(獻納), 성혼을 이조참판에 임명하는 등 서인들을 중용하고 조헌을 귀양지에서 돌아오게 하고 동인 김우옹, 정인홍이 정여립과 친했다는 이유로 귀양 보낼 정도로 정여립에 대한 예단을 갖고 사건에 임했다.

위관을 맡은 정철은 정여립 사건을 혹독하게 다뤘다. 많은 동인들이 뚜렷한 물증도 없이 죽거나 귀양을 갔다. 정개청(鄭介淸)은 서인 박순의 천거로 벼슬길에 올랐으나 동인 이산해와 친하게 지내다가 정여립 사건에 연루되어 귀양길에 죽었다. 남명(南冥) 조식(曺植)의 제자인 최영경(崔永慶)도 마찬가지였다. 최영경은 벼슬길에 나서지는 않았지만 서인 성혼이 임금에게 천거해 유신(儒臣)으로 사헌부 지평을 제수했다. 서인 성혼의 천거로 벼슬길에 오른 최영경이 이산해, 정언신 등 동인들과 친하게 지내면서 성혼, 정철 등 서인들과는 틈이 생겼다. 서인들이 최영경을 죽이려 한다는 사실을 안 사람이 최영경을 '정여립의 종주(宗主)'라고 무고해서 국문을 받게 되었다.

그러자 당파 색채가 옅었던 이항복(李恒福)이 위관 정철을 찾아와 온건한 처리를 당부했다.

"옥사가 시작된 지 해를 넘겼어도 최영경의 이름을 말하는 자가 없었는데, 거리에서 들은 말을 가지고 처사를 모함하여 불행히 죽기라도 한다면 그 책임을 어떻게 면하겠소. 더구나 공이 최영경에게 원한이 있다는 말이 나돌고 있으니 이를 참작해서 처리하시오."

정철도 말의 의미를 깨닫고 사례했다. 성혼도 정철에게 편지를 보내 온건한 처리를 부탁했다. 이이 사후 성혼은 서인 영수 대접을 받았으므로 정철은 대소사를 성혼에게 물어 처리했다. 성혼 역시 최영경을 구해주라고 말하자 정철은 선조에게 "최영경은 절의가 있어 역모를 할 사람이 아닙니다"라고 변호해 석방시켰다. 최영경이 석방되자 성혼은 아들 문준(文濬)을 보내 그를 위로했다. 그러나 최영경은 성혼이 자신을 석방시키기 위해 노력한 줄은 모르고 "내가 네 아버지의 미움을 받아서 이 고초를 당했다"고 호통을 쳤다.

이때 대간으로 있던 구성(具宬), 조흡(趙潝) 등은 모두 성혼의 제자였는데, 이 말을 듣고 선조에게 최영경을 다시 국문하자 청하니 선조는 허락했다. 괘씸죄까지 곁들인 국문은 가혹해서 최영경은 옥중에서 죽어버렸다.

정여립 사건 초기에 위관이었던 정언신도 사건 전개 과정에서 정여립과 연루되었음이 드러났다. 정언신이 체포되자 그의 아들 율(慄)이 상소를 올려 "제 아비는 여러 해 동안 정여립과 왕래가 없었습니다"라고 무죄임을 주장하고, 성혼도 정철에게 편지를 보내 대신을 함부로 죽여서는 안 된다고 권고해서 죄를 감해주었다. 그러나 나중에 선조는 정여립의 문서를 검열하다가 정언신의 편지가 많은 것을 보고 속았다면서 곤장을 때리고 귀양 보냈다. 정언신은 곤장을 맞은데다 임금을 속였다는 조롱을 받는 것이 부끄러워 귀양 가는 도중에 죽었으며, 아들 율은 자살했다.

이처럼 정여립 사건과 관련되어 동인들은 막대한 피해를 입었다.

이 사건에 대한 선조의 분노가 어떠했는지는 동인의 영수인 이발이 뚜렷한 연루 혐의도 없이 조사를 받다가 죽은 데서도 알 수 있다. 뚜렷한 물증은 없었지만 사건은 날로 확대되었고, 억울한 희생자는 크게 늘어갔다.

이 사건은 정철과 이발, 그리고 류성룡 등이 모두 죽고 난 후에도 남인과 서인 사이의 끝없는 논쟁거리가 되었다. 이발이 죽을 당시 정철이 위관이었는가가 논쟁의 핵심이었다. 서인들이 당시 위관은 정철이 아니라 동인인 류성룡이었다고 주장했지만 남인 측은 정여립 반란 사건 내내 위관은 정철이었다고 주장했다.

정여립 사건 당시 위관은 누구였던가? 류성룡이 위관이었던 적이 있었을까? 류성룡이 위관이었다는 증거는 없다. 정여립 사건의 수사기록인 「기축옥안(己丑獄案)」이 임진왜란 때 불타버린 것을 이용해 서인들이 자신들이 한 일을 동인 류성룡에게 뒤집어씌운 정치보복이었다.

이 사건은 조선의 당쟁이 파행으로 가는 첫 관문이었다. 사건의 진상은 모호한 채 뚜렷한 물증도 없이 수많은 동인들이 죽어갔다.

정여립의 형과 사돈관계였던 백유양은 이 사건에 연루되어 세 아들과 함께 옥사했다. 그러나 서인인 그의 종제(從弟) 백유함은 종형을 구하기보다는 매일 사헌부에 들어가 동인들을 탄핵할 정도로 당파의 골은 깊어지고 있었다. 조사가 길어지자 사방에서 고변하는 자가 속출해 동인 연루자가 1,000명이 넘었고, 억울하게 죽는 이도 많이 나왔다.

정여립 사건은 동인 정권을 무너뜨리고 서인 정권을 수립시켰다. 그러나 정치공작에 당했다고 생각하는 동인들의 감정의 골은 깊을

대로 깊어졌다. 사건 당시 서인 성혼이 동인 최영경을 구하기 위해 정철에게 편지를 쓴 것은 양자의 공존을 도모하는 움직임이 있었음을 말해준다. 그러나 이런 움직임은 서로에 대한 증오에 묻혀버렸다.

　서인들은 정여립 사건을 이용해 정권을 장악했다. 이이가 사망한 후 오랜만에 잡아보는 정권이었다. 그러나 서인의 집권은 오래가지 못했다. 세자 건저(建儲: 왕의 자리를 계승할 왕세자를 정하는 일) 문제를 둘러싸고 역전극이 펼쳐졌기 때문이다.

세자 건저 문제와 서인의 실각

　성혼과 함께 서인을 이끈 정철은 특이한 경력과 성격의 소유자였다. 그의 아버지 정유침(鄭惟沈)은 돈령부 판관을 지냈고, 큰누이는 인종의 후궁인 귀인 정씨였으며, 작은누이는 성종의 셋째 아들 계성군(桂城君)의 양자였던 계림군(桂林君)의 부인이었다. 두 누이가 왕실에 시집간 외척이었던 특이한 신분이었다. 그래서 정철은 어린 시절 매일같이 궁궐에 가서 인종의 이복동생이자 훗날 명종이 되는 경원대군(문정왕후 윤씨의 아들)과 어울렸다.

　그러나 인종이 일찍 죽고 소꿉동무였던 명종이 왕위에 오르자마자 그의 인생에 파란이 일었다. 대윤과 소윤의 권력다툼에 말려든 것이었다. 명종의 외삼촌인 소윤 윤원형이 대윤 윤임을 공격하는 척신 간의 정쟁이 발생했을 때, 윤원형이 정철의 매제인 계림군을 연루시켰기 때문이다. 인종 사후 윤임이 왕위를 경원대군에게 넘기지 않고 정철의 매제인 계림군을 인종의 양자로 삼아 그에게 왕위를 넘기려

했다고 윤원형이 무고한 것이었다.

물론 증거는 없었으나 소식을 들은 계림군이 겁에 질려 도망감으로써 혐의가 기정사실이 되고 말았다. 안변(安邊) 황룡산 기슭 이웅(李雄)의 집에서 삭발하고 스님으로 변장해 숨어 있던 계림군은 한 달도 못 가 체포되어 능지처참을 당했고, 그를 추대하려 했다는 무고를 받은 윤임 일파가 대거 사형당했다.

계림군의 처가인 정철 집안도 무사할 수 없었다. 정철의 아버지는 이 사건에 연좌되어 함경도 정평(定平)으로 귀양 갔으며, 맏형도 심한 국문을 당한 후 전라도 광양으로 유배 가다가 사망했다. 정철의 나이 열 살 때였다. 정철만은 어리다는 이유로 직접적인 해를 입지 않았다.

어린 시절에 왕의 외척이 되어 권력의 단맛과 죽음의 문턱을 동시에 맛본 정철은 고향인 전라도 담양으로 내려가 성산(星山) 기슭 죽계천(竹溪川) 가에서 글공부를 했다. 그는 죽계천의 다른 이름인 송강(松江)을 자신의 호로 삼고, 기대승(奇大升)과 김인후(金麟厚) 등에게 학문을 배웠다. 26살 때인 명종 16년(1561) 진사시에 장원을 하고 이듬해 3월에는 문과 별시에 장원해 벼슬길에 올랐다.

이때 명종은 정철과 함께 놀던 어린 시절의 추억을 상기하면서 "내 친구 정철이 장원을 했구나!"라고 주연을 차려 축하해주고 따로 서문(西門)으로 나오도록 하여 다시 만났다. 임금이 죽마고우인 데다 자신은 장원을 했으니 그의 앞에는 장밋빛 주단이 깔린 탄탄대로가 열린 셈이었다.

그러나 직선적인 성격은 정철의 인생을 가시밭길로 인도했다. 그가 사헌부 지평이었을 때 발생한 한 사건의 처리 과정 때문에 그의

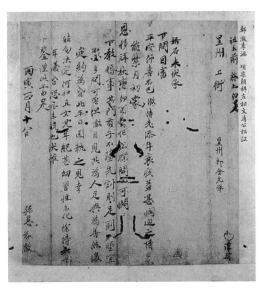

정철이 쓴 간찰(簡札), 경기도박물관
명종 21년(1566) 정철이 처외조부에게 보낸 편지이다.

인생은 내리막으로 치달았다. 명종의 사촌 형인 경양군(景陽君)이 처가의 재산을 약탈하려고 처조카를 살해한 사건이 발생했다. 당시 국법에 따르면 영락없는 사형감이었다. 그러나 임금의 사촌 형이 관련되었으므로 권부 깊숙한 곳에서 각종 압력이 들어왔다. 명종도 그중한 명이었다. 명종은 정철에게 경양군을 관대하게 처리해달라고 요청했으나 정철은 듣지 않고 부자를 사형시켜버렸다.

이 일은 정철에게서 명종의 마음이 떠나게 했다. 이후 그는 현감이나 도사 같은 외직을 떠돌았다. 외직을 떠돌던 그는 벼슬길에 오른지 5년 만에 드디어 홍문관 수찬으로서 독서당에 들어가기 위해 서울에 올라왔다. 독서당은 국가에서 녹봉은 그대로 주면서 학문에 전념하게 한 사가독서제(賜暇讀書制)였다. 독서당에 들어간 정철은 이

이를 만났다. 서인이 된 그는 조정에서 동인들과 여러 차례 충돌했다. 직선적인 성격의 정철은 서인의 선봉장이 되어 동인 공격에 앞장섰다. 선조 13년(1580) 강원도 관찰사를 제수받은 정철은 유명한 「관동별곡(關東別曲)」을 썼다.

강호에 병이 깊어 죽림에 누웠더니
관동 팔백 리의 방면을 맡기시니…….

이렇게 시작하는 「관동별곡」에서 그는 "상계(上界)의 진선(眞仙)"이 되고 싶다고 말했지만 진심은 아니었다.

조헌과 정철의 일화는 둘의 기질을 잘 보여준다. 조헌과 정철은 같은 서인이지만 사이가 좋지 않았다. 정철에 대한 좋지 않은 소문이 많았으므로 조헌이 일부러 멀리한 까닭이었다. 정철이 관찰사로 부임하자 전라도사로 있던 조헌이 즉각 사직하고 떠나려 할 정도였다. 정철이 조헌을 청하여 "그대가 나를 소인이라고 생각해서 떠나려 한다는데 그것이 사실이오?"라고 묻자 조헌은 서슴없이 "그렇소"라고 대답했다. 정철이 "같이 일을 해보고 나서 그래도 내가 소인이라고 느끼면 그때 떠나도 되지 않겠소?"라고 만류했으나 조헌은 일언지하에 거절하고 떠나버렸다.

조헌의 강직함을 높이 산 정철은 조헌의 스승인 이이와 성혼에게 "같이 일하고 싶으니 중재해달라"고 부탁했고, 스승의 권유를 거절하지 못해 같이 일하게 된 조헌은 정철이 점차 마음에 들자 사과했다.

"전에는 제가 어두워서 공을 잃을 뻔했습니다."

이처럼 조헌과 정철은 비슷한 점이 많았다. 조헌은 동인 집권기에 정여립을 비롯한 동인들을 자주 비난하다가 귀양을 갔으나, 정여립 사건 후 동인들이 실각하면서 유배가 풀려 돌아왔다. 그러나 선조는 여전히 조헌을 좋아하지 않았다. 조헌이 돌아온 후에도 거듭 일본통신사(日本通信使) 파견을 반대하는 상소를 올리자 선조는 이렇게 화를 냈다.

"조헌이 아직도 무서운 줄을 모르는 모양이구나. 다시 한번 마천령 고개를 넘어보고 싶은가?"

정철은 현실 정치의 최전선에서 동인 공격의 선봉장이었으면서도 시에서는 인생무상을 노래하는 이중적인 인물이었다. 그의 시 「장진주사(將進酒辭)」는 이런 성향을 잘 보여준다.

> 한 잔 먹세그려 또 한 잔 먹세그려.
> 꽃 꺾어 셈하고 무진무진 먹세그려.
> 이 몸 죽은 후면 지게 위에 거적 덮어 졸라매어 지고 가나
> 화려한 상여에 만인이 울어예나
> 억새 속새 떡갈나무 백양 속에 가기만 하면
> 누런 해 흰 달 가는 비 굵은 눈 쓸쓸한 바람 불 때 누가 한 잔 먹자 할꼬.
> 하물며 무덤 위에 잔나비 휘파람 불 때 뉘우친들 무엇하리.

훗날 성혼은 임금이 자신의 충정을 몰라주는 것을 괴롭게 여겨 자신의 장례를 조촐하게 치르라고 유언했으나, 정철은 "지게 위에 거적 덮어" 가든지 "화려한 상여에 만인이 울어예나" 상관하지 않았던 허무의 정치가였다. 또 정철은 술을 좋아해 많은 일화를 남겼다. 그

의 과음을 염려한 선조가 "앞으로는 하루에 이 잔으로 한 잔씩만 들라"면서 은잔(銀盞)을 하사하자 노비를 시켜 잔을 두들겨 펴서 크게 만들어 마셨다는 일화가 있을 정도였다.

선조 22년(1589)의 정여립 사건으로 장악한 서인들의 정권은 오래가지 못했다. 선조 24년(1591) 세자 건저 사건이 발생하기 때문이다.

선조의 정비인 의인왕후 박씨는 자식을 낳지 못했다. 그래서 후궁 소생 중에서 세자를 삼아야 한다는 의견이 일기 시작했다. 많은 신하들은 공빈 김씨의 둘째 아들인 광해군에게 뜻을 두고 있었다. 그러나 한창 인빈 김씨에게 빠져 있던 선조는 인빈의 둘째 아들인 신성군을 마음에 두고 있었다.

임란 1년 전인 선조 24년(1591) 세자 건저 문제가 현안이 되었을 때, 동인으로는 영의정 이산해, 우의정 류성룡이 있었고, 서인으로는 좌의정 정철, 대사헌 이해수, 부제학 이성중(李誠中) 등이 있었다. 이들은 당파를 떠나서 광해군이 세자가 되기를 원했다.

그러나 이산해는 겉으로는 광해군 건저에 찬성했지만 속으로는 달랐다. 이산해는 정여립 사건 때 정철이 위관으로 정국을 주도하는 것을 보고 그와 적이 되지 않기 위해 좌의정 정언신의 후임으로 그를 추천했던 인물이었다. 그는 심지어 정철에게 이렇게 말했다.

"내가 그대를 공박한 것은 모두 김응남과 류성룡의 말 때문이지 내 본심은 아니었소."

건저 문제가 나왔을 때 이산해는 선조의 뜻이 광해군이 아니라 신성군에게 있다는 사실을 알고 있었다. 그래서 건저 문제를 정철과 서인들을 쓰러뜨릴 수 있는 호재로 여겼다.

함께 건저를 주청하기로 약속한 날 이산해는 병을 핑계로 등청하지 않았다. 대신 전날에 인빈 김씨의 아우 김공량(金公諒)을 불러서 귀띔했다.

"지금 좌의정 정철이 광해군을 세자로 세운 후 신성군 모자와 당신을 죽이려 합니다."

김공량이 깜짝 놀라 인빈 김씨에게 달려가 고했다. 명종 즉위 과정에서 봉성군과 계림군이 죽은 데서 알 수 있듯이, 왕위를 둘러싼 싸움에서 패배는 곧 죽음을 의미했다. 정철이 자기 모자를 죽이려 한다는 정보를 들은 인빈 김씨는 곧 선조에게 달려가 울면서 이 소식을 전했다. 선조는 정철이 광해군을 세우고 인빈 모자를 죽이려 한다는 말을 믿지 않았다.

"뜬소문이지, 정철이 그럴 리가 있나?"

정철은 성격이 급했다. 이산해가 등청하지 않았지만 세자 건저 문제를 미룰 수 없다고 생각했다. 정철은 류성룡과 건저를 주청하기로 상의했다. 막상 선조를 만난 자리에서 류성룡은 말이 없었다. 정철이 먼저 세자 건저 문제를 제기했고, 선조는 "대신들의 생각은 어떠한가?"라고 물었다. 정철이 먼저 대답했다.

"광해군이 총명하시니 사직을 맡길 만하다고 생각하옵니다."

신성군의 이름이 나오기를 기대한 선조는 버럭 화를 냈다.

"내 나이 마흔도 안 되었는데 경은 무슨 말을 하는가?"

선조가 예상치 못한 반응을 하자 정철은 등골에 땀이 흘렀다. 광해군 건저에 동의했던 류성룡은 아무 말도 하지 않고 앉아 있었다. 서인 정권의 위기였다. 그러나 서인들은 이제 와서 광해군을 세운다는 당론을 바꿀 수 없었다. 선조가 노했다고 신성군으로 바꿀 수는 없는 문제였다. 서인인 이해수와 이성중이 광해군을 세우자는 정철의 주장에 가세한 것은 이런 이유 때문이었다. 선조는 이들을 외직으로 쫓아냈다. 동인들은 연일 정철을 공격했는데, 사간원에서는 정철이 '술과 여자를 좋아한다'는 인신공격성 상소까지 올렸다. 동인들은 서인 영수인 성혼까지 공격했다. 정여립 사건 때 이발, 최영경, 정개청 등을 죽인 장본인은 위관 정철이지만 배후에서 이를 조종한 인물은 성혼이라고 생각했기 때문이다. 정철은 경상도 진주로 유배되었다가 곧 강계에 위리안치(圍籬安置: 유배지에 가시울타리를 쳐서 가둠)되었다. 동인들은 여기에서 만족하지 않고 더 강력한 공세를 펼쳤다. 임진왜란 발발 한 해 전의 일이었다.

세자 건저 문제는 서인만의 문제가 아니었다. 왕조국가에서 세자를 국본(國本: 나라의 근본)이라고 하는 이유는 미래의 청사진이기 때문이었다. 세자 문제는 당익(黨益)의 관점에서 바라볼 문제가 아니라 원칙의 문제였다. 동인들은 이 문제를 정쟁에 이용해 권력을 잡았다. 이로써 세자 문제까지 정쟁의 대상으로 전락했다. 선조 또한 문제였다. 국가 미래의 문제를 사적인 호불호의 차원으로 전락시키고 정권 교체의 계기로까지 삼았다. 이런 상태에서 임란이 다가오고 있었다.

집권 동인의 분열과 다가오는 임진왜란

미천한 신분에서 출발한 도요토미 히데요시(豊臣秀吉)는 이이가 사망한 해인 1584년(선조 17) 도쿠가와 이에야스(德川家康)의 군대를 격파하고 도쿠가와를 형식상 자신의 부하로 삼음으로써 일본 열도 통일의 길에 성큼 다가섰다. 이어 시코쿠(四國)를 정벌하고 1587년에는 사쓰마(薩摩)를 굴복시켜 규슈(九州) 전체를 정복했다. 1590년에는 오다와라(小田原)를 정복했고, 아울러 오우(奧羽)의 다테 마사무네(伊達政宗)를 무릎 꿇림으로써 전국 통일을 완수했다.

도요토미는 귀순한 다이묘(大名: 큰 영주)들에게는 옛 영토를 그대로 주고 끝까지 저항한 다이묘들의 영토는 빼앗거나 삭감하는 방식으로 200만 석의 직할지와 주요 금은 광산을 독점했다. 천황이라 부르던 일왕의 존재를 인정하여 간바쿠(關白)와 다이조다이진(太政大臣) 자격으로 각지의 다이묘들을 다스리긴 했으나, 일왕은 명목뿐으로 제사나 모시는 제사장이나 다름없었고, 도요토미가 사실상 일본의 왕이었다. 그가 일왕에게 7천 석의 영토를 기증한 것은 사실상 영토를 하사한 것으로, 일왕과 간바쿠인 그 중에서 누가 위인가를 적나라하게 보여준 사례이다.

일본인들은 사방이 바다로 둘러싸인 섬나라의 특성상 일본 열도를 '천하'라고 부르는데, 도요토미 히데요시는 그들의 표현대로 천하를 통일하자 조선과 명(明), 나아가 인도까지 지배하는 대제국을 건설하려는 야망을 품었다. 전쟁 기간 중에 수가 늘어난 무사들에게 영토를 지급해야 했는데 더 이상의 영토가 없었으므로 해외에서 영토를 획득해 나누어 주려고 했다. 대외전쟁은 무사들의 불평불만을 밖으로 돌리는 동시에 자신의 친위군을 육성할 수 있는 이점이 있었다. 다이묘 출신이 아니라 천민으로 태어난 도요토미는 대대로 내려오는 자신의 친위군이 없었다. 그는 내부적으로는 무사들의 불만을 무마하고 외부적으로는 세계 제패라는 야망을 실현하기 위해 일본을 통일하자마자 조선 정벌을 준비했다.

이는 동아시아의 변방 국가였던 일본이 섬이라는 지역적 한계를 뛰어넘어 동북아 대륙에 직접 영향을 끼치기로 결정한 사건으로서 동북아 사태의 큰 변화였다. 일본이 통일된 군사력으로 조선과 중국을 침략하려고 하는 것은 성패 여부를 떠나 동아시아 정세에 근본적인 변화를 가할 변수였다. 존재하지 않던 국가 하나가 갑자기 동아시아 정세의 한복판에 뛰어든 셈이었다.

이때는 중원에도 변화의 조짐이 일고 있었다. 만주족(여진족) 누르하치는 1588년(선조 21) 여진족 부락을 통일했다. 북방 기마민족의 통일은 중원과 조선에도 영향을 미치기 마련이었다. 동아시아 전체에 격변이 일 조짐이었다.

일본은 어느 날 갑자기 조선을 침략한 것이 아니었다. 조선 침략을 위한 전선총사령부를 구성했고, 조선에 사신을 보내 명나라를 칠 테니 길을 빌려달라는 정명가도(征明假道)를 요구했다. 선조 23년(1590) 3월 조정에서 황윤길(黃允吉)과 김성일(金誠一)을 일본통신사로 보낸 것도 일본의 침략 공언이 사실인지 알아보기 위한 것이었다. 귀국한 서인 황윤길은 어전회의에서 이렇게 말했다.

"앞으로 반드시 병화(兵禍)가 있을 것입니다."

동인인 김성일은 상반되게 보고했다.

"그러한 조짐이 없었습니다."

도요토미 히데요시의 인상을 묻는 선조의 질문에도 황윤길은 "눈에 광채가 있고 담략(膽略)이 남달라 보였습니다"라고 발언했지만, 김성일은 "눈이 쥐와 같고 생김새는 원숭이와 같으니 두려울 것이 못 됩니다"라고 달리 말했다. 일본통신사 일행이 도요토미 히데요시가 있는 오사카(大阪)성에서 도요토미를 접견했을 때 도요토미는 두 살 난 아들 쓰루마쓰(鶴松)를 안고 나왔다. 아이가 도요토미의 옷에 오줌을 쌌으나 도요토미는 웃어넘겼다. 통신사쯤은 안중에도 없다는 태도였다.

통신사로 활동하는 동안 김성일은 성리학자답게 무력을 우습게 보는 처신으로 일본인들을 곤혹스럽게 했다. 반면 황윤길은 일본인 들의 무력에 위축된 탓에 보고도 상반된 내용으로 했던 것이다.

일본은 이듬해인 선조 24년(1591) 조선에서 일본통신사를 보낸 데 대한 답례로 겐소(玄蘇) 등을 답례사로 보냈다. 조정에서는 오억령 (吳億齡)을 선위사로 보내 맞게 했다. 겐소는 내년에 다시 쳐들어오겠 다고 공언했고, 오억령이 이를 그대로 보고하자 조정은 오억령을 해 고했다. 조헌은 도끼를 들고 옥천에서 상경하여 대궐문 밖에 사흘 동 안 꿇어앉아 일본 사신을 참수하고 전쟁에 대비하여 국방력을 강화 할 것을 요청했다. 그러나 오억령을 해임한 조정에서 조헌의 상소를 받아들일 리 없었다.

전쟁 위기가 코앞에 닥쳤지만 동인들은 다시 분당될 위기에 처해 있었다. 세자 건저 문제로 정철이 실각하자 동인들은 그 처벌 수위를 두고 갈라지기 시작했다. 강경파인 이산해는 사간원과 사헌부의 동 인들에게 양사(兩司)가 합계(合啓)해 정철을 탄핵하라고 지시했다. 김 수(金睟)가 우성전에게 의논하자 우성전은 사건이 확대되는 것을 막 기 위해서 합계하지 말라고 권고했고, 그 결과 동인 내부가 갈라졌 다. 우성전과 김수가 서인 처벌에 온건한 반응을 보이자 대사헌 홍여 순(洪汝諄)이 오히려 이들을 탄핵하여 파직시켰다. 서인들에 대한 엄 중한 처벌을 주장하는 동인들이 북인으로, 관대한 처벌을 주장하는 동인들이 남인으로 갈렸다. 강경파의 영수 이산해의 집이 서울 북쪽 이었기 때문에 북인이라고 불렸고, 온건파의 영수 류성룡이 영남 출신인 데다 우성전이 남산 밑에 살았기 때문에 남인이라고 불렀다. 이처럼 동인들은 정치적 입장이나 정세관이 달랐다기보다는 상대 당파에 대한 대응의 강온 차이에서 분기되었다.

온건파인 남인들은 대개 퇴계 이황의 문인들로서 류성룡과 우성전을 필두로 이원익(李元翼), 이덕형(李德馨), 이수광(李睟光), 윤승훈(尹承勳), 이광정(李光庭), 한준겸(韓浚謙) 등이 포진해 있었고, 강경파인 북인들은 대개 남명 조식의 문인들로서 이산해를 필두로 유영경(柳永慶), 기자헌(奇自獻), 박승종(朴承宗), 유몽인(柳夢寅), 박홍구(朴弘耈), 홍여순, 임국로(任國老), 이이첨(李爾瞻), 정인홍 등이었다.

북인들의 정신적 지주인 남명 조식은 이황, 이이와 같은 시대에 이미 사단칠정(四端七情) 논의를 공리공담(空理空談)으로 치부하고 실천궁행(實踐躬行)에 힘썼던 학자였다. 조식의 이러한 실천적인 자세는 한 사회의 지도자이자 정치가로서는 긍정적인 요소였지만 학파가 곧 당파를 이루는 조선 정치 구조에서는 세력 확장에 취약성을 갖고 있었다. 당초 동인들은 서인들이 광해군의 건저를 주장했다가 선조의 미움을 산 덕분에 정권을 잡았다. 그러나 동인들이 북인과 남인으로 갈라진 후 북인들은 세자 광해군을 지지했고, 광해군은 북인에서 갈라진 대북 덕분에 정권을 잡았다. 당초 광해군을 지지하다 정권까지 빼앗겼던 서인들이 광해군을 내쫓기 위해 계해정변(인조반정)이라는 쿠데타를 일으키는 것 역시 돌고 도는 정치의 세계를 말해주는 것이었다.

조선군은 왜 속수무책으로 당했나?

선조 25년(1592) 4월 13일, 왜군은 한 해 전에 오억령에게 공언한 대로 조선으로 쳐들어왔다. 부산첨사 정발(鄭撥)과 동래부사 송상현(宋象賢)이 부산과 동래에서 왜군의 상륙을 저지하려다가 실패하자 왜군은 글자 그대로 파죽지세로 밀고 올라왔다. 조선의 전 군사력을 동원하다시피 한 도순변사(都巡邊使) 신립(申砬)이 충주 탄금대에서 배수진을 치고 저항했으나 패함으로써 왜군의 북상(北上) 저지에 실패했다.

임진왜란은 사대부들이 더 이상 조선을 지배할 자격이 없음을 보여준 것이었다. 조선은 임진왜란 때문만이 아니라 이미 그 전에 내부에서 무너져내린 사회였다. 조선 사회의 가장 큰 문제는 의무는 없고 특권만 누리는 사대부들의 존재 자체였다. 일반 농민들은 전세(田稅)와 공납(貢納)과 신역(身役: 병역)의 의무가 있었는데, 사대부는 신역의 의무에서 면제되는 특권을 누렸다. 군역(軍役)과 부역(賦役)을 포함하는 신역은 농민들에게 큰 부담이었다. 일반 양민들은 16살부터 60살까지 정병(正兵)과 봉족(奉足)으로 구성되는 병역의 의무를 져야 했지만, 양반 사대부들은 면제되었다.

의무는 없고 특권만 있는 지배층이 다스리는 사회가 허약할 것은 당연한 일이었다. 중국에서는 농민의 입장을 보다 고려하는 양명학(陽明學)이 등장했지만 조선의 사대부들은 이를 즉각 이단으로 몰았다. 양반 사대부의 신분적 특권을 계속 유지하기 위해서였다.

정도전은 조선을 개국할 때 모든 양인이 병역의 의무를 지는 양인개병(良人皆兵)과 생업과 병역을 일치시키는 병농일치(兵農一致)를 군사제도의 근간으로 삼았다. 중앙의 의흥삼군부(義興三軍府)가 군무를 총괄하는 제도였다. 세조는 삼군부를 오위도총부(五衛都摠府)로 바꾸어 중앙군을 지휘하게 하고 지방군은 진관(鎭管)이 방어하는 진관체제로 개편했다. 진관체제는 한 지역을 주진(主鎭), 거진(巨鎭), 제진(諸鎭)으로 나누었는데, 주진은 감사와 병사(兵使)가 주관하고, 거진은 첨절제사(僉節制使)가 주관하며, 제진은 고을 수령이 주관했다. 경상도의 경우 김해, 대구, 상주, 경주, 안동, 진주의 6진이 있었다. 각 진관이 자기 고장을 스스로 지키는 자전자수(自戰自守) 사상에 기반한 제도였다.

조선은 명종 10년(1555) 을묘왜변을 계기로 진관체제를 제승방략(制勝方略)체제로 전환했는데, 제승방략체제는 김종서(金宗瑞)가 처음 고안한 것으로, 적이 침입하면 각 지역의 군사를 전략 요충지에 집결시킨 다음 중앙에서 파견한 장수의 지휘 아래 적을 섬멸하는 제도였다. 제승방략체제는 전력을 집중해서 적을 단번에 섬멸한다는 장점은 있지만 한번 패하면 대안을 마련하기 어렵다는 단점이 있었다.

문제는 어떤 제도이든 군사가 존재한다는 사실을 전제조건으로 삼는데, 조선은 이미 양인개병제가 무너진 사회였다는 것이었다. 개국 이후 큰 전쟁이 없다 보니 실제 군역의 의무를 수행하는 대신 다른 사람에게 포(布: 무명이나 베)를 주고 대신 군역을 지게 하는 대역(代役)이 성행했다. 군역을 면제받는 대신 지불한 값을 대립가(代立價)라고 했다. 이 대립가는 대역자 혼자 갖는 것이 아니라 관아와 나누었다. 포를 받는 대신 군역을 면제해주는 것을 방군수포제(放軍收布制)라 하는데, 불법이었지만 관아의 묵인 아래 공공연하게 행해졌다. 그래서 중종 36년(1541) 합법적으로 군포를 받고 군역에서 면제해주는 군적수포제(軍籍收布制)를 시행했는데, 양반 사대부들은 군포 징수 대상에서 면제되었다. 중인들과 노비들은 따로 신역이 있었으므로 결국 조선의 방위를 책임진 것은 일반 농민들이었다. 농민들은 16살부터 60살까지 군역의 의무를 지고 허덕인 반면, 사대부들은 면제의 특혜를 누렸다.

군적수포제는 지방 수령이 지역에서 군역 의무가 있는 양인에게 포를 징수하여 중앙에 올리면 병조에서 이를 지방에 다시 보내서 군사를 고용하게 하는 제도로서 실질적인 용병제였다. 지방 관청에서 포를 징수하여 중앙에 올려 보내고 중앙에서 내려 보낸 포로 군사를 모집하는 과정에서 부정이 개입될 소지가 농후했다. 포를 징수하는 과정, 중앙에 올려 보내는 과정, 분배된 포로 군사를 모집하는 과정 하나하나가 부정의 온상이었다. 장부상으로는 군사가 있지만 실제로는 없는 경우가 허다했다. 더구나 양반 사대부들은 군포 납부 대상에서 제외되었다.

왜군의 말발굽 아래 조선이 삽시간에 무너졌던 이유가 여기에 있었다. 양반 사대부들에게 병역 의무가 없는 나라를 지키겠다고 일반 농민들이 나설 까닭이 없었다. 제승방략체제에 따라 일본군을 막기 위해 내려간 신립이 패하자 조선은 더 이상 방법이 없었다. 신립의 패전 소식을 들은 선조가 서울을 버리고 부랴부랴 도망친 것은 더 이상 왜군에 맞서 싸울 군사력이 없기 때문이기도 했다. 임금의 뒤에 도승지 이항복과 몇몇 신하들만이 따를 뿐, 시위금군조차 다 달아난 뒤여서 쓸쓸하기 그지없는 도주 행렬이었다. 평소에는 그토록 양인들을 닦달하던 양반들은 이미 도주한 뒤였다. 임금이 도주하자 분노한 민중들이 난입해 형조와 장예원(노비 담당 부서)을 불태웠다. 신분제에 분노한 노비들이 자신들의 담당 관청을 불사른 것이었다. 그 의미는 작지 않았다. 노비들이 공사노비의 문적을 불사른 것은 신분에 대한 자신들의 한을 태워버린 것이었다. 형조를 불사른 것도 마찬가지였다. 농민들과 노비들은 조선의 신분제를 전면에서 부정하고 나선 것이었다. 토지개혁을 앞세워 개국한 지 200년 만에 조선은 농민과 노비들에 의해 부정되고 있었다. 전혀 새로운 사태였다.

정철 석방과 북인 집권

계해정변 이후 서인들이 편찬한 『선조수정실록』은 선조의 어가(御駕)가 개성 남문루에 이르렀을 때 부로(父老)들이 앞으로 나와 정철의 석방을 요구했다고 전한다. 그래서 선조는 정철을 자신이 있는 행재소(行在所)로 불렀다. 비록 서인 쪽의 실록에 나오는 것이기는 하지만 백성들이 정철의 석방을 요구한 사건 자체는 사실일 것이다. 이 사건은 일제 강점기 때 국학자 안확(安廓)이 『조선문명사』에서 서인을 '노장가, 관료파, 외척파'로 구분하고 동인을 '청년가, 국민당, 의사파(義士派)'로 규정지음으로써 양당이 지닌 복합적 성격을 단순화한 것의 한계를 보여준다.

서인들의 영수였던 이이는 「만언봉사」에서 "때에 따라 변통하여 법을 만듦으로써 백성을 구하는 것이 시의(時宜)"라고 말했다. 이후 서인들은 이이의 이런 개혁 노선과 반대되는 길을 걷지만, 서인들이 처음부터 현실 개혁을 무조건 거부하던 정당은 아니었다.

유배에서 풀려난 정철은 평양으로 임금을 찾아와 의주까지 호종

(扈從: 임금의 수레를 모시어 좇음)했다. 선조는 서인 윤두수를 좌상으로 삼고 북인 이산해를 파직하고 귀양 보냈다. 전란 중에 집권당이 바뀐 것이었다. 그러나 임금이 피난하는 와중에도 당론은 그칠 줄 몰랐다. 성혼에 대한 동인 이홍로(李弘老)의 무고가 하나의 예였다.

선조가 의주로 파천하다 파주를 지나게 되었을 때 "성혼의 집이 이 근처일 텐데 어디쯤일꼬"라고 묻자 이홍로가 한 집을 가리켰다.

"저기 보이는 저 집이옵니다."

"그러면 어째서 나오지 않는가?"

"이 판국에 자기가 어떻게 나오겠습니까?"

조선 후기 이건창(李建昌)이 쓴 『당의통략(黨議通略)』은 이때 이홍로가 거짓으로 성혼의 집을 가리켰다고 전하고 있다. 선조는 성혼을 아주 괘씸하게 여겼다.

성혼은 어가가 지나간 뒤에야 파천한다는 말을 듣고 급히 나왔으나 왜군이 길을 막아 호종하지 못하고 산으로 숨었다가 때마침 이천에 와 있던 광해군을 따라갔다가 다시 영변으로 임금을 찾아갔다. 이에 이홍로가 또 참소했다.

"성혼이 온 것은 광해군에게 전위(傳位)할 것을 꾀하기 위해서이옵니다."

선조는 노했으나 전란 중이라 내색을 않다가 서울로 돌아온 후 해주에서 온 성혼이 복명(復命)하자 꾸짖으며 물었다.

"내가 전에 그대 사는 곳을 지날 때 나와 보지 않았는데, 내게 죄지은 것이 있었던 것이 아닌가?"

성혼은 자신의 마음이 임금에게 왜곡되게 전달된 것이 한스러워 죽을 때 자손에게 자신의 장례를 검소하게 치러달라고 유언할 정도였다. 임금이 파천할 때 성혼이 호종하지 못했던 이 일은 그가 죽고 100년이 지난 후에도 동인들이 그를 공격하는 호재로 거듭 사용했다. 조선의 당쟁은 시간이 갈수록 서로의 모든 것을 배척하는 극단적인 방향으로 전개되었던 것이다.

임금을 호종하던 정철이 선조 26년(1593) 58살의 나이로 사은사(謝恩使)가 되어 명나라에 갔다가 귀국했을 때도 동인들은 "정철이 중국에 가서 왜군은 이미 물러갔다고 진언했다고 하더라"라는 소문을 퍼뜨렸다.

정철은 더 이상 싸울 기력을 잃고 강화로 이주해 곤궁한 생활을 이어갔다. 심지어 끼니를 이을 식량이 없어 이희참(李希參)에게 끼니거리를 부탁하는 편지를 쓰기도 했다.

정철이 선조 26년(1593) 12월 가난과 실의 속에서 강화 외딴곳에서 쓸쓸히 사망했는데도 동인들은 그에 대한 공격을 그치지 않았다. 그가 죽은 다음 해에는 동인 김우옹, 권유(權愉) 등이 탄핵해 정철은 관직을 추탈당했으며, 다시 2년 후에는 정인홍 등의 참소로 부관참시를 당할 뻔했으나 겨우 면할 수 있었다. 정여립 사건 때의 구원(舊怨)이 되돌아온 것이었다.

임란 초기 백성들의 지지로 서인들이 정권을 잡았으나 이는 잠시였다. 서인들은 곧 실각하고 동인에서 갈라진 남인과 북인들이 정권을 잡게 되었다. 그중에서도 세를 탄 것은 북인들이었다. 북인 출신들이 대거 의병장으로 나섰기 때문이었다.

서인들 중에서도 조헌과 고경명(高敬命) 같은 의병장이 나오기는 했으나, 김덕령(金德齡), 곽재우(郭再祐), 정인홍 등의 유명한 의병장이 나온 북인이 더 높은 절개를 지닌 것으로 간주되었다. 더욱이 북인은 임진왜란 내내 타협 없는 주전론으로 일관해 선조와 세자 광해군의 총애를 받게 되었다.

그러나 북인은 일본에 대한 강경론에 못지않게 조정의 다른 당에 대해서도 타협 없는 강경론을 주장했다. 북인들은 원래 반대 당이었던 서인을 논박한 것은 물론이고, 남인인 류성룡이 일본과 강화를 주장했다는 이유로 나라를 그르친 죄인이라고 공박했다. 그러나 류성룡은 임진왜란 동안 도체찰사(都體察使)로서 전쟁을 무리 없이 수행했을 뿐만 아니라 일찍이 이순신(李舜臣), 권율(權慄) 등 장수들을 중용하여 일본을 물리치는 데 결정적인 공헌을 하기도 했다.

임진왜란에 대해서는 모든 당파의 공과가 병존했다. 서인은 정사 황윤길의 침략 예언 보고라는 공이 있었다. 동인은 김성일의 보고 문제가 있기는 했지만 김성일 자신이 의병을 일으켜 싸우다 사망했다. 또한 류성룡은 영의정 겸 도체찰사로서 노비 출신들도 전공을 세우면 신분 상승을 시켜주는 면천법(免賤法: 천인이 군공을 세우면 양인이나 양반으로 신분 상승시키는 법)과 농지가 많은 사대부들에게 더 많은 세금을 걷는 작미법(作米法) 등 개혁입법을 실시한 공이 있었다. 사실 류성룡의 개혁입법 덕분에 조선이 다시 살아났다고 해도 과언이 아니었다. 북인들은 수많은 의병장을 배출한 공이 있었다. 어느 한 정당만이 공로를 주장할 수 있는 형편은 아니었다. 임란은 국망(國亡)의 목전까지 갔던 개국 이래 최대의 위기였다.

의주까지 도주했던 선조는 압록강을 바라보며 시를 지어 당쟁을 개탄했다.

관산에 뜬 달 바라보니 통곡이요[痛哭關山月]

압록강 찬바람을 맞으니 마음 쓰리도다[傷心鴨水風].

조정의 신하들은 금일 이후에도[朝臣今日後]

서인이요, 동인이요 나뉘어 싸울 것인가?[寧復各西東]

그러나 정여립 사건을 확대해 수많은 사대부를 죽임으로써 당쟁의 골이 깊어지게 만든 장본인은 바로 선조 자신이었다.

압록강에 도착하기 전 임진강을 건너려 할 때 비는 내리고 날은 어두워 건널 수가 없었다. 마침 도승지 이항복이 강가의 정자에 불을 질러 그 불빛을 이용해 강을 건널 수 있었다. 야사에는 그 정자를 지은 사람이 이이인데, 앞으로 있을 전란을 예상하고 나무마다 들기름을 많이 먹여 빗속에서도 잘 탔다고 전한다. 다른 야사에 의하면 선조는 왜적의 침략을 예견하는 꿈을 꾸기도 했다. 전쟁이 일어나기 한 해 전인 선조 24년(1591) 가을 밤, 한 여자가 머리에 벼 한 단을 이고 남쪽으로부터 서울에 들이닥쳐 대궐에 불을 지르니 삽시간에 대궐과 온 도성이 불바다로 변하는 꿈이었다. 선조가 놀라 술사를 불러 해몽하게 했고, 술사는 파자점(破字占: 한자를 풀어 치는 점)으로 한 괘를 얻었다.

"'계집사람[女人]'이 '볏단[禾]'을 이면 이는 '왜(倭)' 자가 분명하오니 필시 왜적이 쳐들어올 조짐입니다."

사실이라면 영험한 꿈이자 영험한 술사라 할 것이다.

왜군이 20일도 안 되어 서울을 점령할 때는 임금을 따르는 신하도 적었고, 심지어 백성들은 근왕병(勤王兵)을 모집할 때 응모자가 없다시피 할 정도로 조정을 불신했다. 그래서 선조는 압록강을 건너서 요동으로 도주하려 했다. 선조가 나라를 버리고 요동으로 도주하려 했던 것을 '요동내부책(遼東內附策)'이라고 하는데, 이를 저지한 인물이 류성룡이었다. 류성룡은 "대가(大駕)가 우리 국토 밖으로 한 걸음만 떠나면 조선은 우리 땅이 되지 않습니다"라고 선조의 도주를 막았다. 임란 극복의 가장 큰 장애 요소가 바로 선조 자신이었다.

류성룡 등이 압록강을 건너 도주하려는 선조를 묶어두는 사이 해전에서 전라좌수사 이순신이 이끄는 수군이 일본 수군을 수장시키고 전라도 곡창지대를 보존함으로써 왜군의 식량 보급에 결정적 타격을 가했다. 류성룡이 전시에 통과시킨 면천법 덕분에 신분 상승을 노린 노비들이 조선군이나 의병에 가담하면서 전세가 바뀌기 시작했다. 자신이 살던 곳에서 양인이 되고 양반 벼슬도 할 수 있다는 생각에 노비들이 의병에 대거 가담했다. 재야 유림이 기의(起義)하면 지역 농민들과 천민들이 가담하는 형태로 의병이 확대되면서 왜군에게 심대한 타격을 주었다.

명나라 장수 이여송(李如松)이 이끄는 5만의 명나라 군사가 전쟁에 가세한 것도 일본에는 큰 타격이었다. 명군(明軍)은 초전에 평양성을 탈환하여 기세를 올렸다. 이후 명군은 벽제관에서 왜군에 패퇴하자 평양으로 돌아가 움직이지 않았다. 명군의 평양 웅거는 명군과 연합하여 서울을 탈환하려던 권율이 이끄는 조선군을 행주산성에 고립시켰다. 고립 상태의 조선군은 군민이 합심하여 불굴의 투지로 싸움으로써 행주대첩을 승리로 이끌었다. 이때부터 명나라와 일본 사이에 화의가 진행되어 왜군은 영남 일대로 물러나게 되었고, 전국(戰局)은 소강 상태에 접어들었다.

국망(國亡)의 위기에서 한숨을 돌리자 임금과 신료들은 나라가 약해진 이유를 찾아 해결책을 찾으려 하기보다는 상대 당에게 책임을

평양성 탈환도, 국립중앙박물관
선조 26년(1593) 1월 6일부터 벌어진 전투를 묘사하고 있으며, 18세기 말에 제작된 것으로 추정된다.

돌리는 파쟁에 돌입했다. 왜란 당시의 당쟁은 크게 두 가지 방향에서 진행되었다. 하나는 서인과 동인의 파쟁이었고, 다른 하나는 동인 내부의 파쟁이었다.

서인은 전란 때 잠시 정권을 잡았다가 다시 몰락했다. 서인인 체찰사 이귀가 정인홍이 지방에서 불법한 일을 했다고 고하자 정인홍은 오히려 서인 영수 성혼을 공격했다. 이에 대사헌 황신(黃愼)이 성혼을 옹호하자, 선조는 황신을 파직하고 조정의 서인들을 내쫓았을 뿐만 아니라 "간혼(奸渾: 간신 성혼), 독철(毒澈: 악독한 정철)"이라고까지 성혼과 정철을 비난했다.

전란 와중인 선조 27년(1594) 발생한 이경전(李慶全)의 이조정랑 추천 문제는 남인과 북인 사이를 크게 벌려놓았다. 이경전은 북인의 영수 이산해의 아들이었는데, 당시 이조정랑으로 있던 남인 정경세(鄭經世)가 후임으로 불가하다고 고집하여 남인과 북인 사이에 파쟁이 불거진 것이었다.

정경세는 류성룡의 문인이었으므로 이산해는 류성룡이 사주한 것으로 보고 보복의 기회만 노렸다. 이 사건으로 동인의 분당은 더욱 심화되었다. 류성룡을 지지하는 이원익, 이덕형, 이수광, 윤승훈, 이광정, 한준겸 등은 남인이 되고, 이산해를 지지하는 유영경, 기자헌, 박승종, 유몽인, 박홍구, 홍여순, 임국로, 이이첨 등은 북인이 되었다.

　　동인이 남북으로 분당된 후 세를 장악했던 정당은 북인이었다. 전란 중에는 강경파가 득세하기 마련이었다. 더구나 선조는 전란 중에 도주했던 자신의 전과를 희석시키기 위해서 주전론을 주창하는 북인을 중용했다. 그러자 북인들은 남인 영수 류성룡을 공격했다. 북인 남이공(南以恭)은 상소를 올려 류성룡이 화친을 주장하여 '나라를 잘못 이끈 소인[誤國小人]'이라고 탄핵했다. 그런데 그 상소에 류성룡이 "서자와 노비 같은 천한 신분을 발탁하고, 작미법을 만들었다"는 내용이 있었다. 전란이 끝날 때가 되니 사대부들은 류성룡이 전시에 실시했던 개혁입법들을 폐기시키려 한 것이었다. 그리고 이것이 류성룡을 공격하는 본래 이유였다. 전란 때는 할 수 없이 면천법 등을 만들어 백성들을 이용했지만 전란이 끝나가자 다시 특권만 있고 의무는 없는 '사대부 천국, 백성 지옥'으로 되돌아가려 한 것이었다. 그래서 류성룡은 선조 31년(1598) 11월 파직당했고, 그가 천거했던 이순신 역시 노량해전에서 같은 날 전사했다. 임진왜란 당시 영의정이자 도체찰사로서 행정과 군무를 총괄했던 류성룡은 『징비록(懲毖錄)』을 저술하기도 했던 명신이었는데, 전시에 신분제의 틀을 흔드는 개혁입법을 주도했다가 전란이 끝남과 거의 동시에 '소인배'로 몰리며 내쫓겼던 것이다. 류성룡마저 쫓겨나자 조정은 더욱 북인이 우세하게 되었다.

어렵게 왕위에 오른 광해군

광해군은 임진왜란이 아니었으면 왕위에 오르지 못했을 인물이었다. 선조는 정비인 의인왕후 박씨에게서 적자(嫡子)가 태어나기를 바랐다. 자신이 방계 혈통이었던 심적 부담을 덜어내려 한 것이었다. 훗날 영조가 어머니의 신분을 괴로워했듯이, 선조 역시 명종의 적자가 아닌 방계 승통에 줄곧 신경을 썼다.

선조는 중종의 일곱째 아들이자 서자인 덕흥군의 셋째 아들이었다. 덕흥군 이초(李岹)는 중종의 여섯 후궁 중 한 명인 창빈 안씨와의 사이에서 태어났으니 선조는 중종의 손자였지만 방계에서도 한참 방계였다. 선조의 초명은 균(鈞)이었으나 연(昖)으로 개명했는데, 후사 없는 명종과 왕비 인순왕후의 총애를 받은 덕분에 명종 사후 16살의 나이로 즉위했다. 선조는 방계 승통의 약점을 서자가 아닌 적자를 후사로 세움으로써 상쇄하고 싶었다.

그러나 의인왕후 박씨는 적자는커녕 아예 자식을 낳지 못했다. 선조가 40살 때인 재위 24년(1591) 정철이 건저 문제를 제기했다가 실각한 후로 이 문제는 거론할 수 없는 금기사항이 되었다.

그러나 임진왜란이 발생해서 나라가 망할 위기에 처하자 만일을 위해 후사를 결정해야만 했다. 국가 비상사태 때는 조정을 둘로 나누어 대처하는데, 이를 분조(分朝)라고 한다. 선조는 평양성에 머물 때 대신들의 주청을 받아들여 광해군을 세자로 책봉하고 분조를 맡겼다. 선조의 맏아들은 임해군(臨海君)이었으나 권력을 남용하여 민간에 자주 피해를 입혔기 때문에 대신들의 마음으로부터 떠나 있었다. 그러나 임해군의 존재는 훗날 광해군이 명나라의 책봉을 받는 데 장애 요소로 작용했다.

광해군은 전란 기간에 분조를 맡아 군사를 모집하고 왜적을 물리치는 데 큰 공을 세워서 능력을 인정받았다. 선조는 세자에게 강원도 일대의 민심을 수습하게 했는데, 광해군은 적진을 교묘하게 돌파하며 분조를 이끌었다. 광해군이 평안도 영변, 정주, 황해도를 거쳐 경기도 이천에 머물러 있을 때 그를 찾아온 성혼을 만나기도 했다. 또한 내전, 비빈과 신위를 모시고 황해도, 평안도 등을 전전하면서 여러 번 어려운 고비를 넘기기도 했다.

선조는 광해군뿐만 아니라 그의 친형인 임해군과 이복동생인 순화군(順和君)도 함경·강원 양 도에 파견하여 근왕병을 모집하게 했다. 그러나 임해군과 순화군은 되레 조선 백성들에게 체포되어 가토 기요마사(加藤淸正) 진영에 넘겨지는 수모를 겪었다. 이것도 조선 백성들의 마음이 왕조에서 떠났다는 한 증거였다. 선조도 한때는 국토가 왜적에 유린된 데 책임을 느끼고 광해군에게 마음을 두었다.

"종묘사직에 죄를 얻어 나라가 이 지경에 이르렀으니 심신이 고달파 몸 둘 곳을 모르겠다. 불쌍하고 가여운 일이다. 나 같은 죄인은 버려두고 속히 물러가 세자를 보필하라."

선조는 또한 광해군에게 이런 편지도 보냈다고 한다.

나는 살아서 망국의 임금이니 죽어서 이역의 귀신이 되려 한다. 부자 (父子)가 서로 떨어져 만날 기약조차 없구나.

광해군은 이 글을 보고 말문이 막혀 밤새 통곡했다 한다.

그러나 전쟁이 끝나고 5년 후 선조가 김제남(金悌男)의 딸을 새로운 왕비(인목왕후)로 삼으면서 광해군의 지위는 흔들리기 시작했다. 자녀가 없었던 의인왕후가 1600년 사망하자 그 2년 후 인목왕후를 계비로 삼았던 것인데, 국혼(國婚) 4년 후인 1606년에 영창대군을 낳았다. 고대하던 적자가 태어난 것이었다. 선조의 나이 54살 때였다.

영창대군이 태어나자 선조의 마음은 급속히 영창대군에게 기울었다. 선조의 마음이 영창대군에 있는 것을 본 북인 중 일부도 영창대군에게 눈길을 주었다. 이 문제를 두고 북인들은 다시 둘로 갈라졌다. 정인홍을 중심으로 한 대북은 광해군을 지지했고, 유영경을 중심으로 한 소북은 영창대군을 지지했다.

선조가 몇 년만 더 살았더라면 광해군은 왕위에 오르지 못했을지도 모른다. 광해군에게는 서자라는 사실 말고도 또 하나의 약점이 있었다. 명나라가 세자 책봉을 거부하는 것이었다. 개국 이래 조선의 왕위 계승권은 조선 왕실 내부에 있었다. 명나라의 책봉은 요식 행위에 지나지 않았다. 심지어 중종이 연산군이 병 때문에 스스로 자신에게 왕위를 넘겨주었다고 허위 보고를 했는데도 명나라는 중종의 즉위를 인정했었다.

그러던 명나라가 유독 광해군의 세자 책봉은 거부하고 있었다. 명목은 형인 임해군이 있다는 것이었지만, 사실은 임란 때 구원군을 보내준 대가로 조선 내정에 간섭하고 싶어 했던 것이다. 광해군의 즉위를 반대하는 세력들이 명나라를 부추긴 것도 한몫을 했다.

전쟁이라는 비상사태 때문에 광해군을 세자로 삼기는 했지만, 선조 또한 광해군을 탐탁지 않게 여겼다. 1600년 의인왕후가 세상을 떠났을 때 예관(禮官)이 다시 명나라에 사신을 보내어 미루고 있는 세자 책봉을 허락해주도록 한 번 더 주청하자 선조는 이렇게 꾸짖었다.

"왕비 책봉은 청하지 않고 세자 책봉만 청하는 것은 무슨 까닭이냐?"

세자인 광해군에게 두려운 말이 아닐 수 없었다.

인목왕후가 계비가 되고 영창대군을 낳자 영의정으로 있던 소북의 유영경은 세종 때 소헌왕후 심씨가 세종의 넷째 아들인 임영대군과 다섯째 아들인 광평대군을 낳았을 때 백관들이 하례한 예를 들어가며 백관들을 거느리고 진하(陳賀)하려고 했다.

이에 좌의정 허욱(許頊)과 우의정 한응인(韓應寅)이 반대했다.

"대군 한 명 낳았다고 백관이 진하할 것까지야 있겠습니까?"

그래서 중지되었지만 조정의 이런 움직임은 광해군에게 커다란 정치적 타격이었다. 이때 백관의 진하를 막은 허욱과 한응인은 훗날 광해군 즉위 후 화를 입었다. 당시에는 중도파로 처신했지만 나중에는 유영경을 좇아 영창대군을 지지했기 때문이다.

유영경이 백관을 거느리고 진하하려고 한 것은 영창대군을 세우려는 선조의 뜻을 알고 영창대군의 지위를 튼튼히 하기 위한 준비 작업이었다. 영창대군의 탄생은 광해군을 지지하는 정인홍의 대북과 영창대군을 지지하는 유영경의 소북을 갈라놓는 계기가 되었다.

광해군과 영창대군을 둘러싼 이러한 파쟁의 가장 큰 책임자는 물론 선조였다. 성인인 광해군이 세자로 있는 현실을 무시하고 강보에 싸인 갓난아기에게 마음을 둠으로써 조정에 평지풍파를 일으켰던 것이다.

왕조국가에서 왕위 계승 문제를 놓고 신하들의 입장이 갈린다는 것은 국가 자체가 흔들린다는 방증이었다. 왕위 계승 문제가 정쟁의 대상이 되는 것은 왕조국가 말기에 나타나는 전형적인 현상이었다.

선조는 영창대군이 태어난 후 광해군이 문안할 때마다 꾸짖었다.

"명나라의 책봉도 받지 못했는데 어찌 세자 행세를 하는가? 다음부터는 문안하지 말라."

광해군은 이 말을 듣고 땅에 엎드려 피를 토했다고 전한다. 광해군에게 왕위 계승 문제는 피를 토할 수밖에 없는 일이었다. 자신이 폐위되고 영창이 왕이 된다면 죽음 외엔 길이 없었다. 명나라는 책봉을 거부하고 선조는 자신을 배척하는 데다 영의정 유영경을 중심으로 한 소북은 영창대군을 옹립하려 하고 있었다. 그야말로 피를 토하지 않을 수 없었다.

당시 조선은 이미 결정된 세자를 가지고 왈가왈부할 상황이 아니라 전란 피해 복구에 모든 국력을 모아야 했다. 백성들이 난입해 관청에 불을 지르고 근왕병 모집에 응하기는커녕 도리어 왕자를 체포해서 일본군에게 넘기는 민심의 이반을 겪었던 왕조가 전란이 끝난 후 한가하게 왕위 계승 문제로 싸우고 있을 때가 아니었다. 이 문제 역시 근원은 선조의 태도였다. 분조를 이끌면서 큰 공을 세운 광해군을 폐하고 강보에 싸인 갓난아이를 옹립하려는 시도 자체가 무리였다.

왕위 계승 문제가 아니라 임금을 비롯한 모든 지배층이 국가가 처한 현실에 대해 뼈아픈 반성을 해야 할 때였다. 성리학이라는 이념과 사대부 정치체제 자체에 대해 심각하게 고민할 때였다.

광해군의 폐위 문제로 긴박한 상황에서 선조가 사망했기 때문에 일각에서는 선조 독살설이 나왔다. 선조 독살설은 계해정변 후 인목대비와 반정 세력들이 퍼트린 것이다. 선조는 어느 날 갑자기 죽은 것이 아니라 시름시름 앓다가 죽은 것이기 때문에 독살설은 근거가 없었다. 선조가 일곱 대신을 불러다가 광해군을 후사로 인정하고 대신 영창대군의 미래를 부탁한다는 유명(遺命)을 남긴 것도 이를 뒷받침해준다.

선조가 병에 걸렸을 때 영창대군은 두 살짜리 아기였다. 두 살짜리 아기를 왕으로 세우고 인목대비가 18년 동안 수렴청정할 수는 없는 노릇이었다. 선조는 현실적으로 광해군에게 왕위를 넘겨줄 수밖에 없음을 깨닫고 시원임(時原任)대신*들을 불렀던 것이다. 광해군에게 왕위를 넘겨주는 대신 영창대군의 안전을 보장받기 위해서였다. 사태가 이 지경에 이르기 전에 광해군이 후사임을 조정 내외에 확고히 못 박고 어린 동생 영창대군을 사랑하라고 일렀으면 광해군은 영창대군을 죽이지 않았을 것이다. 적자에 대한 과도한 집착이 오히려 적자를 죽음에 이르게 했던 것이다.

선조의 유명을 받들기 위해 시원임대신들이 모였다. 조선에서는 정3품 당상관 이상 원임대신 중 일부는 봉조하(奉朝賀)라 하여 죽을 때까지 녹봉을 줄 정도로 우대했기 때문에 원임대신들도 부른 것이다. 원로들의 국정 운영 경험을 존중하자는 취지에서였다.

그러나 광해군의 즉위를 반대했던 소북 영의정 유영경은 포기하지 않았다.

"지금 임금께서 부르신 것은 시임 정승만을 부르신 것이니 다른 상신(相臣)들은 모두 물러가시오."

---

* 현직 관료를 시임대신, 전직 관료를 원임대신이라 한다. 이 둘을 합쳐 시원임대신이라 한다.

유영경은 혼자서 선조의 유명을 들었다. 선조의 유명은 세자 광해에게 왕위를 물려준다는 것이었다. 그러나 유영경은 반대했다.

"세자에게 전위한다는 전교는 여러 사람의 뜻밖에 나온 것으로 신은 감히 받들지 못하겠사오니 거두어주옵소서."

유영경은 전교 받기를 거부하고 전위교서를 자신의 집에 감추어 두었다. 뿐만 아니라 같은 소북인 병조판서 박승종과 공모해서 군사를 동원하여 대궐을 에워쌌다. 선조의 죽음을 앞두고 조정에는 일촉 즉발의 위기가 감돌고 있었다. 영창대군을 지지하는 소북과 광해군을 지지하는 대북이 왕위 계승 문제를 두고 첨예하게 대립한 것이다.

왕위 계승 문제로 싸움이 벌어질 경우 패하는 쪽은 죽기 마련이었다. 유영경이 선조의 전교 받기를 거부하고 군사를 동원한 것은 이런 싸움의 성격을 명확히 하는 것이었다. 사경을 헤매는 임금의 전교를 대신이 거부하고 군사가 대궐을 둘러싼 움직임에 민심은 흉흉해질 수밖에 없었다. 흔히 중국 왕조는 왕의 권한이 크고 신하의 권한은 작다 하여 '군강신약(君强臣弱)'이라 하고, 조선 왕조는 왕의 권한이 작고 신하의 권한이 크다 하여 '군약신강(君弱臣强)'이라고 하는데, 이는 이러한 상황의 적나라한 실례였다.

이 긴박한 상황에서 소북의 유영경에 맞서서 광해군을 적극 지지한 인물들은 대북의 이이첨, 정인홍 등이었다. 유영경의 광해군 배척은 상식을 벗어난 것이어서 심지어 소북에서도 반대파가 속출하여 또다시 분당되기도 했다. 즉 허욱, 송응순(宋應洵), 이효원(李效元), 이유홍(李惟弘), 김개국(金蓋國), 김대래(金大來) 등 유영경을 지지하는 유당(柳黨)과 남이공, 김기국, 박이서(朴彛敍) 등 유영경을 반대하는 남당(南黨)으로 갈렸던 것이다.

유영경이 전위교서를 자기 집에 감추어둔 사건은 대북의 정인홍, 이이첨 등에게 발각되었는데, 이들이 선조에게 유영경을 처벌할 것을 주청했으나 선조는 유영경의 처벌 여부를 결정하지 못한 채 죽고 말았다. 선조가 죽자 유영경은 인목대비를 찾아가 영창대군을 즉위시키고 수렴청정할 것을 종용했다. 그러나 이미 16년 동안이나 세자 자리에 있었던 33살의 광해군 대신에 강보에 싸인 두 살배기 아기를 왕으로 삼는 것이 현실성이 없다고 판단한 인목대비는 광해군을 즉위시킨다는 한글 교지를 내렸다.

이는 지극히 현실적인 처사였다. 유영경 등 소북은 개인적 이득과 당파적 입장에 따라 왕위 계승 논쟁에 뛰어들어 전란 극복에 힘써야 할 국가를 혼란케 한 것에 불과했다.

광해군시대, 준비된 왕의 준비된 혁신

광해군은 즉위 후 자신을 지지한 대북을 중용하고 혁신정치를 펼쳤다. 그만큼 준비가 되어 있었다. 광해군은 임진왜란이 발발한 선조 25년(1592)에 만 열일곱의 나이로 세자가 되었다가 선조가 재위 41년 만에 세상을 떠나면서 만 서른셋에 즉위했다. 무려 16년간이나 세자 자리에 있었다. 즉위 원년에 경기도에 대동법을 실시한 것은 광해군이 농민 경제를 안정시키는 데 관심이 많았던 임금임을 잘 말해준다.

대동법은 류성룡이 임란 때 실시했던 작미법의 다른 이름으로, 수백 종에 이르는 공납을 쌀로 통일해서 내게 하자는 것이었다. 작미법과 대동법은 농지 소유 면적을 과세 단위로 삼았으므로 농지가 많은 양반 사대부들은 실시를 반대한 반면, 가난한 농민들은 쌍수를 들어 환영했다. 광해군은 남인 재상 이원익의 건의로 대동법을 실시하면서 양반 사대부들의 반발을 감안해서 경기도에 한해 시범 실시했다.

또한 전란 때 소실된 서적 간행에도 힘을 기울여 『신증동국여지승람(新增東國輿地勝覽)』, 『국조보감(國朝寶鑑)』 등을 다시 편찬했으며, 춘추관·충주·청주 사고(史庫)에 보관했던 역대 왕의 실록들이 불타자 적상산(赤裳山)에 사고를 설치하여 중요한 전적(典籍)들을 보관했다. 또한 허준에게 『동의보감(東醫寶鑑)』을 편찬케 해 민족의학을 집대성하는 등 문화사업에도 관심이 많았던 임금이었다.

광해군 3년(1611)에는 양전사업을 실시하여 전란으로 황폐해진 농지를 다시 측량하여 경작지를 확대하고 국가 재원을 확보했다. 그러나 전란 때 소실된 창덕궁, 경희궁, 인경궁을 증축 또는 개축하는 과정에서 백성들로부터 원성을 사기도 했다.

광해군은 현실적인 군주였다. 광해군의 현실에 입각한 정책 수행 능력은 외교 분야에서 더욱 두드러진다. 임진왜란에서 한·중·일 세 나라가 부딪친 것은 당시 급변하던 동북아 정세를 잘 보여주는 것이었다. 누르하치는 만주 일대에 흩어져 있던 여진족을 통일하고 후금을 건국했다. 약 500년 전에 송나라로부터 신사봉공(臣事奉貢)을 받았던 선조들의 나라 금(金, 1115~1234)의 영광을 재현하려는 뜻에서 후금이라 칭한 것이었다. 여진족의 통일은 다시 한번 중원에 대란이 있을 것을 예고하는 것이었다.

광해군은 동북아시아의 이런 정세를 감안해서 평양감사에 박엽(朴燁)을 임명하여 대포를 주조하는 등 전쟁에 대비했다. 군사적으로 후금에 열세에 놓인 명나라는 조선에 원병을 요청했다. 광해군은 후금과 명나라의 전쟁에 개입하고 싶지 않았다. 중원의 패권을 장악하는 쪽과 국교를 유지하면 된다고 생각했다. 자신의 즉위를 반대했던 명나라에 대한 반감도 작용했을 것이다. 그러나 명나라의 파병 요청에 서인들은 물론 북인들까지 이구동성으로 응해야 한다고 주장하는 바람에 이를 외면할 수 없었다. 그래서 광해군은 재위 11년(1619) 강홍립(姜弘立)을 도원수, 김경서(金景瑞)를 부원수로 삼아 1만여 명의 군사를 압록강 건너 파견했다.

전선에 나가본 강홍립은 이미 명이 후금의 상대가 아님을 알 수 있었다. 그는 후금과 싸우다가 불리해지자 항복해서 병사들을 보호했다. 이 과정에서 김경서 휘하의 좌영장 김응하(金應河)는 숫자가 훨씬 많은 후금군과 끝까지 싸우다가 전사하기도 했다. 강홍립은 조선군의 참전이 광해군의 자의가 아님을 누르하치에게 설명했다. 누르하치는 청과 후금 사이에 끼인 조선의 사정을 이해하고 동정을 표시했다. 강홍립이 투항하자 평양감사 박엽은 강홍립의 가족들을 대신하옥했으며, 조정 대신들은 그의 가족들을 주살해야 한다고 주장했다. 그러나 광해군은 그의 가족들을 서울로 데려와 편안히 지낼 수 있도록 조처했다. 후금군에 억류된 강홍립은 광해군에게 계속해서 밀서를 보냈고, 이 밀서 덕분에 조선은 후금의 동정을 샅샅이 알 수 있었다.

또한 국교 회복을 원하는 일본과도 과거의 은원을 묻어둔 채 수교에 응했다. 도요토미 히데요시 사후 일본 열도의 정권을 장악한 것은 동부 쪽의 도쿠가와 이에야쓰였다. 도쿠가와는 임란에 군사를 파견하지 않았다면서 수교를 요청했고, 광해군은 이를 수락했다. 조선은 수교 조건으로 임진왜란 때 성종과 계비 정현왕후의 무덤인 선릉(宣

陵)과 중종의 무덤인 정릉(靖陵)을 훼손한 범인을 인도해줄 것을 요청했는데, 일본이 대마도에 수감되어 있던 죄인 두 명을 인도하자 이들을 효수하고 수교했다. 광해군은 물론 이 두 죄인이 도굴범이 아니라는 사실을 알고 있었으나 더 이상 문제 삼지 않고 수교를 단행한 것이다. 광해군은 이처럼 명과 후금, 그리고 일본 사이에서 전쟁을 예방하기 위한 실리외교를 전개했다.

그는 또한 이반된 민심을 수습하기 위해 서울을 경기도 파주로 옮기려고 했다. 당시 조선의 멸망을 예견하는 참설(讖說)들이 광범위하게 유포되고 있었다.

"조선의 국운이 다했다."

"이씨 왕조가 망하고 정씨 왕조가 들어선다."

광해군은 이런 소문들을 일축하고 전란의 상처를 딛고 재도약하기 위해 천도를 계획한 것이었다. 또한 이성계가 개경 귀족들의 세력 기반인 개경을 떠나 한양으로 천도함으로써 새 왕조의 입지를 튼튼히 했듯이 파주로 천도함으로써 강력해진 신권(臣權)도 약화시킬 수 있다고 보았다. 그러나 천도는 원군 파견 문제 등 산적한 현안에 밀려 성사되지 못하고 부역에 동원된 백성들의 원성만 산 채 미완으로 남았다.

잇따르는 왕실 사건들

광해군은 즉위 과정에서 소북을 중심으로 조직적 반대를 받았다. 왕조국가에서 신하들이 왕위 계승 문제에 개입하는 것 자체가 말기적 증상이었다. 태종은 손에 피를 묻혀가며 왕권에 도전적인 신하들을 제거함으로써 왕권을 공고히 하고 세종의 치적을 가능하게 했다. 그러나 광해군시대는 태종 때와 달랐고, 세조 때와도 달랐다. 이때는 4대 사화를 겪고도 살아남은 사림들이 당파를 이루고 있었다. 그의 즉위를 도운 대북들은 광해군에게 끊임없이 반대파 숙청을 요구했다.

광해군의 반대파가 존재할 수 있는 핵은 영창대군이었다. 명분을 중시하는 성리학 사회에서 영창대군의 존재는 위협적이었다. 더구나 광해군보다 9살이나 연하였지만 인목대비는 엄연한 그의 계모였다. 영창대군이 성장하면서 반대파들은 인목대비 곁으로 다가갈 것이었다.

명나라는 광해군의 세자 책봉을 거부했을 뿐만 아니라 그가 왕위에 오른 후에도 왕위 계승에 대한 진상조사단을 파견하여 끝까지 그를 괴롭혔다. 요동도사(遼東都司) 엄일괴(嚴一魁)를 대표자로 하는 진상조사단은 이미 즉위한 광해군의 권위를 크게 떨어뜨렸다. 광해군은 교동의 유배지에 있는 임해군을 대면시켜 위기를 넘겼으나, 명나라의 이런 과잉 행위는 반대파들에게 광해군을 왕으로 인정하지 않게 하는 명분을 제공했다.

서자 출신의 둘째 아들이라는 약점이 그로 하여금 반대파에 대한 포용을 거부하게 했는지도 몰랐다. 임해군이 조금만 현명했더라면 동생 광해군의 즉위를 비난하지는 않았을 것이다. 광해군 반대파들의 의사는 영창대군에게 있었지, 임해군에게 있지는 않았기 때문이다. 임해군은 월산대군이 성종에게 몸을 낮췄던 것처럼 같은 부모에게서 태어난 동생 광해를 위해 자신을 낮추어야 했다. 그러나 임해군은 그렇지 못했고, 광해군은 끝내 형의 피를 묻혀야 했다.

불리한 정치 지형에 놓인 광해군은 각 당파를 통합하는 방향으

광해군 때의 정치 구도와 주요 정치 일지

주요 일지

광해군 즉위년(1608) 소북 영수 유영경 사사.
　　　5년(1613) 인목대비 아버지 김제남, 영창대군 추대 혐의로 사사.
　　　6년(1614) 영창대군 교살.
　　　10년(1618) 인목대비 유폐.
　　　11년(1619) 광해군 밀지 받은 강홍립, 금나라 군사에 투항.
　　　14년(1622) 계해정변. 광해군 폐출.

로 나가는 것으로 각 당파 위에 선 조정자의 위치를 차지해야 했지만 그렇게 하지 못했다. 광해군은 대북 일당에 의존하면서 때로는 대북에 대한 공격까지도 자신에 대한 공격과 동일시했다. 조선은 명분이 중시되는 사회였는데, 그 정점에 문묘종사(文廟從祀) 문제가 있었다. 문묘종사란 공자를 모시는 성균관 문묘에 함께 제사 지내는 것을 의미하는데, 조선 사대부들에게 문묘에 종사된다는 것은 그들의 학문과 사상이 국가가 나아갈 방향으로 인정받는다는 것을 의미했다. 광해군 3년(1611) 문묘종사 문제가 불거진 것은 이언적과 이황만 종사 대상에 올랐기 때문이었다. 집권 대북의 정신적 지주인 조식은 배제되었다. 그래서 대북 영수 정인홍은 이언적과 이황의 문묘종사를 반대했다. 그러자 성균관 태학생들이 유생들의 이름이 올려져 있는 『청금록(靑衿錄)』에서 정인홍의 이름을 삭제하는 유벌(儒罰)을 단행했다. 이에 광해군은 태학생들을 모두 성균관에서 축출했다.

의병장 출신이자 조식의 수제자였던 정인홍은 스승 조식이 종사 대상에서 제외된 것에 대한 반발로 이언적과 이황의 문묘종사를 반대하는 상소를 올렸다. 이 상소를 반대파에서는 '퇴계와 회재(晦齋)를 무고한 상소'라는 뜻의 '무훼회퇴소(誣毁晦退疏)'라고 부른다. 이때 정인홍의 상소에 가장 강력하게 반발한 세력은 이황을 종주로 삼는 영남 유림들로서, 남인 계열이었다. 문묘종사 문제는 대북 정권과 남인들을 척지게 만들었다.

광해군과 대북 정권은 다음 해인 광해군 4년(1612)에 일어난 '김직재(金直哉)의 옥사'를 이용해 소북파를 비롯한 반대파 100여 명을 숙청했다. '김직재의 옥사'란 김경립이라는 인물이 군역을 회피하기 위해 어보(御寶)와 관인(官印)을 위조한 사건인데, 문초 과정에서 사건이 확대되어 실제와는 다르게 역모 사건으로 변질된 것이었다. 즉 집권 대북파에서 반대파를 제거하기 위해 사건을 의도적으로 확대시킨 혐의가 있었다.

광해군 5년(1613)에 일어난 '칠서(七庶)의 옥(獄)'에서 영창대군은 드디어 정쟁의 과녁이 되었다. 조령(鳥嶺) 고개에서 살인강도 사건이 일어났는데 범인을 잡고 보니 당시 명망 있는 대갓집의 서자 일곱 명이었다 해서 붙여진 이름이 '칠서의 옥'이었다. 이들은 소양강변에 집을 짓고 동거하면서 일을 꾸몄다. 그중 박상순(朴想純)의 서자인 박응서(朴應犀)는 국문 때 위관 이이첨에게 이렇게 말했다.

"우리는 보통 절도가 아니라 장차 대사를 이루고자 병기를 마련하고 국구(國舅: 임금의 장인, 즉 인목대비의 아버지) 김제남과 짜고 영창대군을 추대하려고 했다."

그러나 이는 집권 대북이 영창대군을 제거하기 위해 고문과 회유를 반복해서 사건을 영창대군의 외조부인 김제남 쪽으로 유도한 혐의가 짙다. 광해군은 인목대비를 의식해 김제남을 죽이지 않고 감일등(減一等)하여 절도로 귀양 보내려 했으나 대북파에서 처형을 주장해 결국 사약을 내려 죽이고 말았다. 또한 자신의 의사와는 무관하게 사건에 연루된 영창대군은 서인(庶人)으로 강등되었다가 광해군 6년(1614) 강화부사 정항(鄭沆)의 손에 살해되고 말았다.

칠서의 옥이 영창대군과 관련되었다는 자백은 위관의 의도에 따른 것이었다. 의도한 대답이 나올 때까지 고문이 계속되었던 것이다. 그러나 이런 강압적인 상태에서 한 자백도 곧장 증거로 인정되었다. 반대파에게 이용당하지 않기 위해서는 곤장을 견디다가 숨지는 수밖에 없었다.

선조는 죽기 전에 대신들에게 영창대군을 보살필 것을 특별히 부탁했으며, 광해군에게도 유교(遺敎)를 남겼다.

> "네 동기인 영창대군을 내가 살아 있을 때와 같이 사랑하라. 남이 헐뜯는 말을 듣고 소홀히 하지 말 것이며, 특히 너에게 부탁하는 내 뜻을 알아주기 바란다."

그러나 영창대군을 정쟁의 한복판으로 끌어들인 건 강보에 싸인 갓난아기에게 눈길을 준 선조 자신이었다. 영창대군의 생모 인목대비의 운명도 순탄할 수 없었다. 아버지 김제남이 사약을 받고 아들 영창대군이 교살되는 것을 지켜봐야만 했던 비운의 여인이 된 것이다.

인목대비의 거취를 둘러싼 조신들의 의견은 당파와 개인에 따라 명확히 갈라졌다. 어머니를 폐서인하는 것은 단순한 불효 차원을 넘어 강상(綱常)의 문제였다. 유교국가 조선에서 삼강오륜은 왕을 포함해서 누구도 위배할 수 없는 국시였다.

광해군 10년(1618) 인목대비 폐모론(廢母論)을 주장한 인물은 대북의 정인홍, 이이첨, 허균(許筠), 백대연, 정호(鄭澔), 한계남(韓繼男), 채겸길(蔡謙吉) 등이었고, 남이공 등 소북 세력은 반대했다. 대북 중에서는 기자헌만이 폐모론에 반대했고, 이원익, 이덕형, 정술(鄭述) 등 남인들은 모두 폐모론에 반대했다. 정홍익(鄭弘翼), 김덕성(金德誠), 오윤겸(吳允謙) 등 서인들도 모두 폐모에 반대했다. 이항복은 당파는 뚜렷하지 않았으나 북인들의 공박을 받아 서인으로 분류되는데, 그 또한 인목대비를 폐서인하는 데는 앞장서 반대했다.

정온(鄭蘊)은 정인홍의 제자였으나 정인홍이 폐모론을 주창하자 사제관계를 끊어버리고 정인홍을 비난하는 상소를 올렸는데, 상소에 찬성하는 정창연(鄭昌衍), 이명(李溟), 유몽인 등은 중북(中北)으로 갈라졌다. 정온은 이 상소 때문에 제주도에 위리안치되지만, 계해정변 후 남인에 합류하여 남인의 중심인물이 된다.

광해군은 즉위 초 남인 이원익을 영의정에 임명한 것처럼 각 당파 통합에 의한 왕권의 안정을 꾀했으나, 점차 대북 일당에 의존하는 노선을 택하면서 스스로 왕권을 약화시켰다. 게다가 '영창대군 사사'니 '폐모'니 하는 비생산적인 이념 문제들이 정국의 전면에 부상하면서 정국 장악력도 약화되었다. 기자헌과 함께 인목대비의 폐서인을 반대하다 귀양 가던 이항복은 이런 시를 남겼다.

철령 높은 봉에 쉬어 넘는 저 구름아

고신원루(孤臣寃淚)를 비 삼아 띄워다가

님 계신 구중심처에 뿌려준들 어떠리

유교국가 조선에서 폐모 문제는 정략을 뛰어넘어 이념 문제로 전환되기 마련이었고, 수많은 벼슬아치들이 이를 반대하다가 타격을 입었다. 이미 즉위한 이상 인목대비는 힘없는 계모일 뿐이었다. 때때로 인사드리고 잔치를 베풀어 위로하면 될 문제였다. 그러나 모후를 폐위한 것은 광해군과 대북을 고립시켰다. 형제를 죽이고 계모를 폐서인하는 광해군과 대북의 과잉 처사는 명분을 우선시하는 조선의 사대부들에게 상당한 충격을 주었다. 과잉 행위가 그 이상의 반동을 낳는 것은 하나의 정치 원칙이다. 이는 서인들에게 반정의 명분을 제공했다.

잇따르는 쿠데타: 계해정변과 이괄의 난

광해군과 대북 정권이 폐모에 반대하던 모든 정파를 배제한 것은 반대 정파에게 쿠데타를 결심하게 했다. 조정에 남아 있던 서인과 남인들 대부분이 폐모에 반대하다 정계에서 축출되었다. 계해정변은 서인이 주도하고 남인이 동조하는 형식으로 전개되었는데, 이 과정에서 역모를 도모한 대표적인 인물들은 이귀, 김자점(金自點), 김류(金瑬), 최명길(崔鳴吉), 이괄(李适) 등으로, 모두 이이와 성혼의 문하였다.

반정 세력들은 선조의 서손(庶孫)인 능양군을 왕으로 추대하며 군사를 일으켰다. 능양군은 선조가 인빈 김씨에게서 낳은 셋째 아들 정원군의 아들이었고, 선조가 총애했던 정원군의 형 신성군의 양자이기도 했으므로 반정의 명분이 있었다. 또한 광해군과 대북 정권이 능양군의 동생인 능창군을 '신경희(申景禧)의 옥사'에 연루시켜 처형했기 때문에 광해군과 대북 정권에 원한이 있었던 능양군은 반란 세력들에 쉽게 동조될 수 있었다.

하지만 우리는 계해정변이 일어났을 때 광해군의 학정에 시달리던 백성들이 쌍수를 들고 환영했다고 착각해서는 안 된다. 서궁에 유폐된 인목대비에게는 계해정변이 복수의 칼날을 휘두를 수 있는 희소식이었겠지만, 대다수 백성들에게 계해정변은 국가 재건에 힘쓸 시기에 벌어진 불필요한 정치적 소요에 불과했다. 반정 일등공신의 한 사람인 이서(李曙)는 반정 직후의 상황을 이렇게 회고했다.

"갑자기 광해군을 폐출하고 새 임금을 세웠다는 소식을 들은 나라 사람들은 새 임금이 성덕이 있는 줄 알지 못했으므로 상하가 놀라 어쩔 줄을 몰랐다. 성패가 확실히 정해지지 않은 터에 위세로써 진압할 수도 없어서 말하기 지극히 어려운 사정이 있었다. 오리(梧里) 이원익이 전 왕조 때의 원로로서 영상(領相)에 제수되어 여주로부터 입조(入朝)하자 백성들의 마음이 비로소 안정되었다."

반정이 일어났을 때 백성들은 이를 환영한 것이 아니라 불안해하고 심지어는 조직적으로 반발하려는 움직임까지 있었고, 실제로 반발했다. 『어우야담(於于野譚)』의 저자 유몽인이 광해군의 복위를 꾀하다가 아들 유약(柳瀹)과 함께 사형당한 것이 이를 말해준다.

그래서 쿠데타 주역들은 영의정으로 서인이 아닌 남인 이원익을 영입할 수밖에 없었다. 서인들이 주도했지만 남인을 영상으로 추대

이원익, 충현박물관
계해정변으로 권력을 잡은 서인들이 민심
안정을 위해 영의정으로 추대한 남인 이원
익. 당시만 해도 서인과 남인의 연합 정권
이 가능했던 것은 아직은 당파 간에 공존
의 틀이 유지되고 있었기 때문이다.

할 수밖에 없었을 정도로 반정 정권은 명분이나 실력 모두 허약했다.

당시 이원익은 77살의 노구로 폐모론을 반대하다 홍천에서 5년
동안 유배 생활을 한 후 여주에 머물고 있었다. 자신들만으로는 정국
을 안정시킬 수 없었던 서인들은 이원익에 대한 백성들의 인망을 이
용하기 위해 영입했던 것이다. 이렇게 반정 정권은 서인과 남인의 연
합 정권이 되었다. 이때만 해도 서인과 남인 사이에는 공존의 틀이
유지되고 있었다. 따지고 보면 이이와 이황의 학통을 이은, 같은 성
리학자라는 생각을 지니고 있었던 것이다.

대북은 계해정변 때 철저한 탄압을 받아 정파로서의 기능을 완전
히 상실했고, 이후 조선 후기의 당쟁은 두 흐름으로 전개된다. 하나
는 여당인 서인이 주도하는 정국에 남인이 도전하는 형태로 전개되
는 것이고, 다른 하나는 서인이 노론(老論)과 소론(少論)으로 갈라진
후 여당인 노론에 야당인 소론이 도전하는 형태로 전개되는 것이다.

계해정변은 특정 당파가 왕위 계승자를 지지하는 선을 넘어서 임금 자체를 갈아치울 수 있는 상태까지 전개되었음을 뜻하는 것이었다. 이른바 신하들이 임금을 선택하는 '택군(擇君)'의 시기로 접어든 것이다. 계해정변은 연산군을 축출한 중종반정과는 성격이 다른 쿠데타였다. 연산군은 사대부 지배체제 자체를 부인했고, 그래서 모든 정치 세력이 연산군 제거에 가담하거나 동조했다. 그러나 계해정변은 한 당이 자신들의 마음에 들지 않는 왕을 갈아치우고 마음에 드는 왕을 옹립할 수도 있음을 의미하는 것이었다. 왕조국가에서 이는 사실상 왕조의 종말을 뜻하는 것이었다.

쿠데타를 성공시킨 서인들은 광해군의 죄목 36조를 열거하면서 반정의 정당성을 확보하려 했지만 민심을 안정시킬 수는 없었다. 이원익 외에도 이수광, 정경세, 이성구(李聖求), 김세렴, 김식(金鉽) 등 남인들을 등용한 것은 반정 정권이 지닌 취약성 때문이었다. 그러나 이때 등용된 남인들은 모두 모양새를 갖추기 위한 명목에 불과했다. 영의정 자리를 남인에게 내어준 것도 모양새를 갖추기 위한 것이었고, 병조판서 김류, 이조참판 이귀, 호조판서 이서 등 주요 요직은 모두 서인들이 장악하고 있었다.

서인들은 이처럼 상황에 밀려 남인과 소북 일부를 등용했지만, 정국은 자신들이 주도하겠다는 의지를 뚜렷이 했다. 반정 주도자 김류가 했다는 말이 이를 말해준다.

"이조참판 이하는 쓸 수 있지만 이조판서 이상 및 의정부에는 남인을 못 쓴다."

정권을 장악한 서인들이 정권 유지책으로 세운 또 하나의 원칙은 '국혼을 잃지 말자'는 뜻의 '국혼물실(國婚勿失)'이었다. 국혼이란 왕이나 세자의 결혼을 뜻하는 것으로, 왕비나 세자빈은 서인 집안에서만 내겠다는 뜻이다. 인조 즉위 초 소현세자의 배필로 윤의립(尹毅立)의 딸이 간택될 뻔했다가 책봉 직전에 강제로 파혼된 이유도 윤의립이 남인이었기 때문이다. 파혼을 주도한 인물은 서인 심명세(沈命世)였는데, 그는 동서 분당의 장본인인 심의겸의 손자였다.

계해정변 이후부터 서인의 당초 성격이 많이 바뀌었다. 선조 때 이이가 대공수미법을 주장한 데서 알 수 있듯이, 선조 때만 해도 서인은 개혁 성향이 강한 정당이었다. 율곡이 당시를 경장기로 구분한 데서 알 수 있듯이, 역사관도 뚜렷한 당이었다. 즉 당파적 이익을 국가이익에 복종시킬 줄 아는 당파였던 것이다.

그러나 계해정변은 서인들이 국가 이익을 당파 이익에 종속시킨 것이었다. 망해가는 명나라에 대한 충성을 명분으로 삼다 보니 현실보다 명분을 중시하는 당파로 변모했다. 또한 반대파들에 대한 무자비한 살육도 자행했다.

반정 정권은 잇단 내부 분열에 시달렸다. 반정 다음 해인 인조 2년(1624) 발생한 '이괄의 난'이 대표적인 예이다. 서인 내부의 주도권다툼에서 밀려 정사(靖社)공신 2등에 책봉된 데다 평안도 병마절도사 겸 부원수로 쫓겨난 이괄은 중앙의 서인들이 자신을 역모로 몰아가려 하자 인조 즉위 10개월 만에 군사를 일으켜 서울로 진군했다.

사실 계해정변은 이괄의 과단성이 없었으면 성공하지 못했을 쿠데타였다. 반정군의 대장을 맡기로 한 김류는 정보가 누설되었다는 소식을 듣자 거사 장소에 나타나지 않고 자신의 무관함을 보이기 위해 집에서 근신하고 있었다. 이괄이 대신 대장을 맡아 군사를 움직이자 김류는 뒤늦게 현장에 나타나 반정에 합류했다. 그럼에도 이괄은 논공행상에서 이등공신으로 밀린 후 외직으로 축출되었다. 게다가 문회(文晦), 이우(李佑) 등이 이괄의 아들 등과 짜고 반란을 일으키려 한다며 인조에게 고변해서 그의 아들을 잡아가려 하자 이에 반발하여 반란을 일으킨 것이었다.

정충신(鄭忠信)과 이중로(李重老)가 이끄는 관군을 거듭 격파한 이괄의 군사는 임진강 나루터에서 관군을 다시 격파하고 서울 진입을 눈앞에 두게 되었다. 서울 함락이 눈앞에 닥치자 인조와 서인 정권은 공주로 피난하기로 결정했다. 임진왜란 때 서울을 버리고 도망한 지 불과 30여 년 만의 일이었다. 반정 세력끼리 내분이 일어나 나라를 또 한 번 혼란의 도가니로 몰아넣은 것이었다.

이들은 서울을 버리고 도망가기 직전 감옥에 갇혀 있던 반대파들을 처리하려 했다. 당시 감옥에는 전 영의정 기자헌 등 49명의 정치범이 갇혀 있었다. 김류는 이들이 이괄과 내통할 '우려'가 있다고 인조에게 주살할 것을 청했다. 이들을 일률적으로 주살하자는 주청은 반정공신 사이에서도 논란을 불러일으켰다.

이때 같은 반정공신이자 서인인 이귀는 이렇게 반대했다.

"수감된 사람 가운데는 높은 재신(宰臣)이 많은데 이들이 꼭 이괄과 같이 반란할 이유는 없을 것이오. (……) 한 사람이라도 죄 없이 죽이는 것은 왕도정치에서 삼가는 것인데, 이제 신문하지도 않고 죽인다면 뒷날 후회가 될까 합니다. 게다가 기자헌은 폐모론이 일어났을 때 절의를 세우다가 귀양 갔던 사람인데, 어찌 사리를 분별하여 밝히지 않고 하나같이 모두 죽이겠습니까?"

그러나 이귀의 반대는 묵살되었고, 49명의 반대당 인사들은 밤사이 모두 사형당했다. 이튿날 아침 이 소식을 들은 남인 영의정 이원익이 "밤사이에 이렇게 많은 사람들이 처형당했는데도 내가 영의정이면서 참여해 듣지 못했으니……"라고 한탄했을 정도로 인조 정권은 이괄의 봉기 앞에 당황하고 있었다.

이괄은 군사를 일으킨 지 19일 만에 서울을 점령하고 선조의 아들 흥안군(興安君)을 왕으로 옹립하면서 새 정권을 수립했다. 계해정변 1년도 채 지나지 않아 새로운 쿠데타 정권이 들어선 것이었다.

그러나 패주했던 관군이 서서히 전열을 정비하고 공격해 들어오자 이괄군은 나아가 싸우다가 대패하고 이천으로 도망갔다. 이괄은 대세가 기울었음을 알아차린 부하들에 의해 목이 베였고, 반란은 평정되었다.

숭명사대주의가 자초한 병자호란

중종이 반정공신 박원종에 의해 죄 없는 부인 신씨를 폐위할 수밖에 없었던 데서 알 수 있듯이, 반정 직후에는 반정공신들의 권력이 왕권보다 강하기 마련이었다. 반정이 성공한 후 서인들은 인조를 자신들이 세워준 왕으로 인식했다. 사실 꼭 인조여야 할 필요는 없었다. 역성혁명이 아닌 이상 종친 중에서 적당한 인물을 아무나 왕으로 추대하면 되는 것이었다. 이런 이유 때문에 반정 초기의 인조는 사실상 명목상의 왕에 지나지 않았다.

반정공신 이귀가 스스로 이조판서가 되겠다고 자천했다가 지평의 탄핵을 받고 물러나기를 청하면서, "신의 공을 잊지 않으셨다면 여생을 즐겁게 보내도록 가동(歌童)과 미녀를 내려보내주시옵소서"라고 주청한 것은 국왕 인조의 위상을 단적으로 보여준다. 신하가 왕에게 미녀를 보내달라고 공공연히 말할 수 있는 나라가 정상적인 왕조 국가일 수는 없었다.

정권에서 소외된 데 불만을 품고 쿠데타를 일으켰던 서인들은 집권 후 광해군과 대북 정권의 모든 것을 부정하는 것을 정책의 대강으로 삼았다. 이들은 공상적 명분과 당파적 입장에서 국정을 이끌어 나갔다.

광해군을 폐하고 능양군을 왕으로 세운다는 내용의 인목대비의 언문 교서는 반정 정권의 성격을 잘 말해주고 있다. 인목대비는 첫째 광해군이 선왕을 독살했으며 형과 아우를 죽이고 어머니를 유폐했다는 것, 둘째 과도한 토목공사를 벌여 민생을 도탄에 빠지게 했다는 것, 셋째 두 마음을 품어 오랑캐에게 투항했다는 것 등을 이유로 광해군을 폐위한다는 선위교서를 발표했다.

첫 번째는 윤리 차원의 문제였다. 두 번째는 서인 정권이 광해군 치세의 결점으로 들 수 있는 것이 겨우 토목공사에 불과했다는 것으로, 이는 역설적으로 광해군이 쫓겨날 만한 일을 하지 않았음을 말해준다. 두 마음을 품어 오랑캐에게 투항했다는 세 번째는 서인들이 얼마나 시대착오적인 친명사대주의자들인지를 스스로 고백한 것이었다. 명과 청의 싸움 속에서 현실적인 외교 노선으로 국가를 안전하게 보존했던 광해군의 외교정책을 쿠데타 정권은 상국(上國) 명에 대한 반역으로 보았다. 국익을 우선해야 할 외교정책을 쿠데타의 빌미로 삼았으므로 인조 정권에서 외교정책은 이념으로 변질되어 숭명반청(崇明反淸)정책으로 급격히 전환했다.

인조가 집권했을 당시 중국 대륙은 만주에서 흥기한 만주족의 후금(청나라)과 명나라가 일촉즉발의 상황에서 대치하고 있었다. 광해군은 후금에 쫓겨 조선으로 들어온 명나라 장수 모문룡(毛文龍)을 가도에 들어가게 하는 것으로 후금을 자극하지 않았지만, 인조는 즉위 직후 모문룡을 만나 격려했다. 여기에 반정 정권의 친명사대정책이 더해지면서 청의 의구심을 증폭시켰다.

여러 가지 면에서 정묘호란은 반정 서인 정권이 자초한 전란이었다. 서울을 점령했다가 진압된 이괄군의 잔당이 후금으로 도망가 인조 즉위의 부당성을 호소하자 이를 구실로 후금이 침략해 온 것이 정묘호란이었다. 게다가 이괄의 난 이후 국경 지역의 방어가 허술해진 틈을 후금이 노렸으므로 이래저래 정묘호란은 반정 정권이 자초한 전란이었다.

『금사(金史)』에 금나라 시조 함보(函普)는 고려에서 왔다고 기록하고 있듯이 만주(여진)족은 고려를 부모의 나라로 섬겼다. 조선시대에도 만주족은 정월 조회에 신하로 참가하는 등 조선의 속국을 자처했지만, 1616년 누르하치가 후금을 건국한 후 1636년 황태극(皇太極)이 국호를 대청(大淸)으로 바꾸면서 명과 일전을 준비하고 있었다. 드디어 인조 5년(1627) 아만이 이끄는 후금군 3만 명은 압록강을 건넜다. 이들은 삽시간에 의주를 점령하고 용천, 선천을 거쳐 남하했고, 일부 병력은 명나라 모문룡 부대가 주둔하고 있던 가도를 공략했다.

인조는 이괄의 난으로 서울을 버리고 공주로 피난한 지 3년 만에 다시 강화도로 피난할 수밖에 없었다. 그러나 정묘호란 때만 해도 후금군은 조선군과 전력을 다해 싸울 형편이 못 되었다. 조선 내륙 깊숙이 들어가 싸우는 동안 명군이 공격해 오면 두 개의 전선에서 싸워야 했기 때문이다. 후금군이 평산에 머무르며 조선에 화의를 제의

한 것은 이 때문이었다. 조선 또한 언제까지 자국의 강토에서 싸움을 계속할 수 없었기에 화의를 받아들여 정묘조약을 맺고 싸움을 끝내게 되었다.

정묘조약은 양국이 형제국을 맺는 것과 조선이 후금에 세폐(歲幣)를 바치는 것을 골자로 하고 있었다. 명분을 중시하는 서인 정권이 오랑캐와 형제관계를 맺고 종실인 원창군(原昌君)을 인질로 보내야 했다. 이로써 급한 불은 껐지만, 정묘조약은 한시적인 조약일 수밖에 없었다. 정묘조약은 후금과 명나라 사이의 대륙의 운명을 건 대회전 결과에 따라 개정되거나 폐기될 조약이었던 것이다. 문제의 본질은 후금과 조선 사이가 아니라 후금과 명 사이였다. 정묘조약이 갖는 의미는 그만큼 시간을 벌었다는 데 있었다. 서인 정권이 명분을 찾기 위해 후금과 싸우고자 했다면 조약이 이행되는 기간을 이용하여 군사력을 길러야만 했다.

대륙의 정세는 후금군에 유리하게 전개되었다. 명이 지는 해였다면 후금은 뜨는 해였던 것이다. 대륙의 정세가 유리하게 돌아가자 후금은 조선을 보다 강하게 압박했다. 후금 입장에서는 대륙을 정복하기 전에 조선 문제를 확실히 정리할 필요가 있었다. 조선을 외교적으로 자신의 편으로 만들든지 군사적으로 정복하든지 둘 중 하나를 선택해야 했다.

후금은 인조 10년(1632) 정묘조약에서 정한 형제관계를 군신관계로 바꾸자고 요청하고, 아울러 황금과 백금 1만 냥, 군마 3,000필 등 종전보다 더욱 무거운 세폐를 요구하고 병사도 3만을 지원해달라고 요청했다. 국호를 '청'으로 바꾼 후금은 나아가 조선의 왕자들과 주전론을 주장하는 대신들을 볼모로 보내라고 요구했다. 조선이 이를

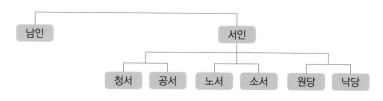

인조 때의 정치 구도와 주요 정치 일지

남인　　　　서인

청서　공서　　노서　소서　　원당　낙당

주요 일지

인조 즉위년(1623)　계해정변. 서·남인 연합 정권 출범.
　　　　　　　　　서인들, 이이와 성혼 문묘종사 주장.
　　2년(1624)　이괄의 난. 서울 함락.
　　5년(1627)　정묘호란.
　14년(1636)　인조, 전국에 선전 교서 반포. 병자호란.
　15년(1637)　인조, 청 태종에 항복.
　　　　　　　소현세자와 봉림대군, 볼모로 잡혀감.
　23년(1645)　소현세자, 귀국 2달 만에 독살.
　　　　　　　봉림대군 세자 책봉.
　24년(1646)　소현세자의 부인 강빈(姜嬪), 인조에 의해 사사.
　25년(1647)　소현세자의 세 아들, 제주도에 유배.
　27년(1649)　인조 사망.

묵살하자 양국 간에 전운이 감돌았다.

후금의 이러한 요구를 두고 조선 조정은 주전론과 주화론으로 갈라졌다. 명분을 앞세운 성리학을 국가이념으로 삼은 조선에서 주전론이 우세했을 것임은 쉽게 짐작할 수 있다. 조선의 성리학자들에게 전쟁을 치를 능력이 있는지 없는지는 그다음 문제였다. 일단은 광해군의 실리 외교정책을 부인하기 위해서라도 명분에 치우친 친명사대 외교정책을 주장할 수밖에 없었다.

인조는 재위 14년(1636) 3월에 8도에 교서를 내려 향명대의(向明大義)를 위해 후금과의 화(和)를 끊는다는 선전(宣戰)의 교서를 내렸다.

1636년 12월 청 태종은 청군(여진족) 7만, 몽골군 3만, 한군(漢軍) 2만 등 도합 12만의 군사를 이끌고 압록강을 건넜다. 청군은 일부러 조선의 맹장 임경업(林慶業) 장군이 지키고 있는 의주의 백마산성을 피해 거침없이 남하했다. 청군이 서울을 유린하고 있는 동안 임경업은 인조에게 역으로 청의 수도 심양을 점령하겠다는 탁월한 전략을 제시하지만 이 또한 무위로 끝나고 말았다.

청군은 파죽지세로 밀고 내려왔고, 보름이 채 안 돼 개성을 점령했다. 이에 인조는 윤방(尹昉)과 김상용(金尙容)에게 종묘사직의 신주를 받들게 하고 세자빈 강씨와 원손(元孫), 둘째 봉림대군, 셋째 인평대군을 강화도로 피난하게 하는 동시에 판윤 김경징(金慶徵)을 검찰사로, 부제학 이민구(李敏求)를 부사로 명하고, 강화유수 장신(張紳)에게 주사대장을 겸직시켜 강화도를 수비할 것을 명령했다.

인조 자신도 강화도에 피신해 장기전을 펼치려고 했으나 청군은 이미 강화로 가는 길을 끊어놓은 상태였다. 인조는 백관과 함께 남한산성에 들어가 농성하게 되었다. 전쟁 준비가 되어 있지 않았던 남한산성은 장기간 농성할 곳이 못 되었다. 인조는 15일 새벽 산성을 떠나 강화도로 들어가려 했으나 이 역시 길이 얼어 실패했다. 병력 1만 3,000여 명과 양곡 1만 4,000여 석이 있었으나 1년 중 가장 추운 12월 말에서 1월 사이의 혹한에 난방 준비는 미흡했다. 임금인 인조마저도 침구 없이 지낼 정도였으니 다른 사람들이야 말할 것도 없었다. 청군은 조선군보다 추위에 강했을뿐더러 물자 보급이 원활했으므로 남한산성을 포위한 채 성안의 물자가 떨어지기만을 기다리고 있었다.

농성하고 있는 인조에게는 명의 원군이 오는 것과 조선군과 의병

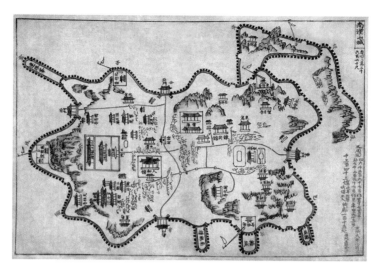

남한산성, 영남대 박물관
17세기 후반에 제작된 지도이다.

이 구원하러 오는 것이 유일한 희망이었다. 그러나 명은 원군을 보낼 형편이 못 되었고, 조선군은 청과의 싸움에서 속속 패주해 고립무원의 처지에 놓여 있었다.

농성이 시작된 지 40여 일이 경과하자 성안의 양식이 떨어져갔으며, 군사들의 사기도 땅에 떨어졌다. 조정은 다시 주전파와 주화파로 갈라졌다. 주전파는 끝까지 싸울 것을 주장했지만, 얼어 죽는 병사들이 속출하고 나가서 싸울 수도 없는 상황에서 헛된 구호에 지나지 않았다. 전쟁이 일어나니 주화파의 주장이 현실적임이 입증되었고, 조정은 청에 강화를 요청하게 되었다.

주화파 최명길은 청 태종에게 다음과 같은 국서를 작성했다.

조선 국왕은 삼가 대청국 관온인성(寬溫仁聖) 황제께 말씀을 올리나이다. 소방(小邦)이 대국을 거역하여 스스로 병화를 재촉했고, 고성(孤城)에 몸을 두게 되어 위난은 조석에 닥쳤습니다. (……) 소방은 이미 죄를 알고 있사오니 이 생령을 구휼하시어 소방으로 하여금 다시 스스로 새로움을 도모하게 하시면 오늘부터 마음을 깨끗이 하여 좇아 섬기겠나이다.

"소방이 대국을 거역하여 스스로 병화를 재촉"했다는 내용의 항복 문서였다. 최명길이 쓴 국서를 본 주전파 김상헌(金尙憲)은 국서를 찢으면서 최명길에게 "대감은 어찌 항복하는 글을 쓰오. 대감의 선대부는 명성이 있던 분이었소. 창피하지도 않단 말이오"라고 통곡하며 꾸짖었다. 최명길의 선대부는 광해군 때 삭직당한 최기남(崔起南)을 말하는 것이었다. 그러나 최명길은 김상헌에게 "찢는 사람도 없어서는 안 되고, 붙이는 사람도 없어서는 안 되오. 대감의 절개로서는 마땅히 찢을 만하오. 대감은 과연 의사(義士)요. 그러나 종사를 보존하기 위해서 나는 다시 붙여야겠소"라면서 국서를 다시 붙였다.

최명길의 눈에서도 눈물이 흘렀다. 옆에서 이 광경을 보고 있던 이성구는 김상헌에게 화를 내며 "대감은 예부터 척화신(斥和臣: 청나라와 화친하는 것을 배척하는 신하)이었소. 대감 같은 사람들 때문에 나라가 이 지경이 되었소. 아마 대감의 명성은 훗날까지 빛나겠지만 종사는 결딴나는 것이오. 왜 직접 나가서 싸우지는 못하면서 성안에서만 척화하자 떠드오"라고 명분뿐인 척화파를 꾸짖었다. 이에 김상헌이 "나를 묶어 적진으로 보내주오"라고 통곡했다. 옆에서 이를 지켜보던 주전파 신익성(申翊聖)이 칼을 뽑아 들고 "이 칼로 주화파를 목 베리라!"라고 외쳤다. 주화파나 척화파나 모두 나라를 위하는 마음이었겠지만 척화파의 칼은 청과 싸우라고 있는 것이지 주화파의 목을 베라고 있는 것은 아니었다.

최명길이 이런 굴욕적인 국서를 보냈음에도 청 태종은 선뜻 받아들이지 않고 "인조가 친히 성을 나와 군문(君門)에 항복하고 척화의 주모자를 결박하여 보내라"고 요청했다. 굴욕적인 국서를 보냈는데도 왕보고 나와서 항복하라는 것은 지나치다 하여 조선은 머뭇거리고 있었다. 그때 비보가 날아들었다. 강화도가 함락되어 세자와 빈궁 이하 200여 명이 청군에게 잡혀 청 태종의 군문으로 호송되었다는 소식이었다.

강화도 함락 소식은 남한산성에서 농성하던 조정 대신들의 마지막 전의를 빼앗아버렸다. 조선군은 더 이상 농성할 기력을 잃어버렸다. 최명길, 홍서봉(洪瑞鳳) 등 주화파는 항복 조건을 교섭했다. 청나라는 청을 임금의 나라로 섬길 것과 명과 단교할 것, 그리고 왕자와 대신들을 인질로 보내고 매년 세폐를 보낼 것 등을 조건으로 내걸었고, 조선은 수락할 수밖에 없었다. 그나마 인조를 볼모로 잡아가겠다고 하지 않는 것이 다행인 상황이었다.

인조 15년(1637) 정월 30일 인조는 소현세자와 함께 청의 요구대로 남융복(藍戎服: 쪽빛 군복. 신하임을 나타내는 것)을 입고 산성 가득한 군신들의 호곡(號哭)을 뒤로하고 한강 동쪽 삼전도에서 세 번 무릎을 꿇고 아홉 번 머리를 조아리는 삼궤구복(三跪九伏)의 황제 알현(謁見)의 예를 행하며 성하지맹(城下之盟)을 맺었다.

청 태종은 인조로부터 군신의 예를 받은 후 소현세자와 봉림대군 등의 왕자들과 척화론의 주모자 오달제(吳達濟), 윤집(尹集) 등을 볼모로 데리고 심양으로 돌아갔다. 조선 왕조로서는 만고에 씻을 수 없는 치욕을 당한 것이었고, 백성들로서는 쿠데타 정권의 이념화된 외교정책 때문에 임란으로 황폐해진 농토를 채 복구하기도 전에 또다시 외적의 말발굽 아래 참혹한 고통을 겪은 것이었다.

그러나 모든 역사는 밝음과 어두움이 함께하는 법이다. 위기는 잘만 이용하면 호기가 될 수 있는 것이었다. 소현세자가 비록 치욕 속에 심양에 잡혀갔지만 이는 역으로 세계정세를 읽을 수 있는 좋은 기회가 되었으며, 급변하는 세계정세에 능동적으로 대처할 수 있는 호기가 될 수도 있었다. 조선의 집권층에게 위기를 기회로 만들고 기회를 현실로 전화시킬 수 있는 비전이 있었다면 말이다.

비운의 선각자, 소현세자

만약 인질로 잡혀갔던 소현세자가 귀국 후 순조롭게 왕위에 올라 조선을 이끌었다면, 정묘호란, 병자호란의 치욕이 오히려 역사 발전의 순기능으로 반전되었을지도 모른다. 광해군 4년(1612) 능양군(인조)의 장남으로 태어난 세자 이왕(李𣳦)은 1623년 계해정변 후 세자로 책봉되었다. 개방적인 사고의 소유자였던 소현세자는 병자호란이 일어나기 전인 인조 9년(1631)에 견명사(遣明使) 정두원(鄭斗源)이 가져온 서양의 화포와 천리경(千里鏡: 망원경), 자명종(自鳴鐘: 시계) 등을 처음 보고 깊은 인상을 받았다.

병자호란 때 청은 화의 조건의 하나로 세자를 볼모로 보낼 것을 요구했다. 조선의 척화파들은 모두 전사하는 일이 있더라도 들어줄 수 없다고 주장했다. 이에 소현세자가 스스로 자신의 문제를 해결했다.

"나랏일이 이 지경에 이르렀는데 내가 비록 적의 손에 죽는다 해도 가릴 일이 있겠는가."

인조가 삼전도에서 항복하고 소현세자는 2월 8일 회군하는 청군을 따라 북행길에 올랐다. 인조는 소현세자를 서울 교외까지 나와서 전송하면서 청국에 끌려가더라도 소무(蘇武)와 같이 행동하라고 당부했다. 소무는 중국 한(漢) 무제(武帝) 때 흉노에 잡혀간 후 19년 동안 흉노의 온갖 회유에도 굴하지 않은 인물이었다. 인조는 만주족을 흉노에 비유하여 문화민족으로서의 절개를 지키라고 당부한 것이었다. 숭명사대주의를 명분으로 쿠데타를 일으킨 인조와 서인들에게 만주족은 같은 동이족이라는 생각 자체가 없었다.

청나라도 일국의 세자를 단지 억류하기 위해서만 데려간 것은 아니었다. 청은 조선의 세자가 가지고 있는 정치적 가치와 의의를 충분히 알고 있었다. 청나라도 소현세자를 이용해 조선의 지배층이 가진 단견적(短見的)인 외교정책을 수정하려고 했던 것이다.

또한 소현세자는 혼자가 아니라 판서 남이웅(南以雄)을 비롯하여 세자시강원의 여러 신하들과 함께였다. 동궁(東宮)이 심양으로 이주한 셈이었다. 세자와 봉림대군의 수행원은 300명이 넘었다. 이들은 새로운 숙소를 신축하여 이곳에 거주했는데, 이를 심양관(瀋陽館)이라고 불렀다. 청나라는 심양관의 소현세자를 통해 조선에 대한 대부분의 사항을 처리하려 했다. 인조 또한 청과 직접 접촉을 꺼려 걸끄러운 문제는 모두 소현세자에게 미루었다. 소현세자는 청과 조선의 충돌을 방지하는 역할을 해야 했다. 말하자면 심양관은 중국 주재 조선대사관이었으며, 소현세자는 조선대사인 셈이었다.

소현세자의 역할 중에서 가장 어려웠던 일은 청의 파병 요구에 응해야 하는 것이었다. 청은 명나라를 정벌한다면서 조선군을 조정군(助征軍)으로 파견할 것을 요구했다. 삼전도조약에 따른 것이었지만, 친명사대주의가 쿠데타 명분이었던 서인 정권으로서는 크게 곤혹스러운 일이었다.

인조는 청의 요구에 쫓겨 재위 18년(1640) 4월에 임경업이 이끄는 수군 6,000명을 파병할 수밖에 없었다. 임경업은 병자호란 때 역으로 청의 수도 심양을 점령하겠다고 제안할 정도의 반청 인사였으므로 그가 이끄는 조선군이 제대로 싸울 리가 없었다. 그가 이끄는 조선군은 명군을 향해 발포하지도 않고 일부 군사는 일부러 투항하게 하는 등 조정군의 역할을 전혀 하지 못했다. 이에 대해 청나라는 크게 분노했다. 청나라는 이를 조선의 배신 행위로 규정하고 청나라 장수 용골대(龍骨大) 등을 의주로 보내 영의정과 이조판서, 도승지 등을 힐책하고 척화론자이자 반청론자인 김상헌 등을 불러 심문하는 심옥(瀋獄)을 벌였다. 심옥이 벌어졌을 때 소현세자는 조선인들의 화를 막기 위해 부단히 애를 썼다.

그러나 소현세자의 중재적 처신은 인조를 포함한 조선 내 반청 세력의 불만을 샀다. 반청 세력들은 겉으로는 청나라에 굴복하는 척하면서도 내부적으로는 명나라에 은밀히 밀사를 보내 청나라의 압박을 받는 조선의 상황을 설명하여 이해를 구하는 등 이중적인 태도를 견지하고 있었다. 이들은 청과 조선 사이를 중재하는 소현세자를 삼전도의 치욕을 잊고 친청적인 인물로 변한 것으로 보았다. 소현세자는 볼모생활 중에 대세가 이미 청으로 기울었음을 알 수 있었다. 비단 청나라가 아니더라도 명나라는 내부 문제로 붕괴 위기에 처해 있었다. 명나라의 마지막 황제인 의종(毅宗, 1611~1644) 즉위 후 가뭄과 홍년이 계속되자 굶주림을 견디지 못한 농민들이 각지에서 봉기했다.

명나라는 청나라에 망한 것이 아니라 농민기의군(農民起義軍)에게 멸망했다. 그중 가장 세력이 컸던 것은 역졸(驛卒) 출신인 이자성(李自成)이 이끄는 농민군이었다. 이자성이 1644년 3월 북경을 점령함으로써 명나라는 멸망하고 말았던 것이다. 스스로를 대순황제(大順皇帝)라 칭한 이자성이 북경에 입성하자 황제의 외척, 왕후, 귀족이나 재상들은 땅바닥에 꿇어앉아 목숨을 구걸했다. 평소 천대하던 농민군의 흙발에 차이면서도 이자성을 성천자(聖天子)로 받들고 자결한 의종 숭정제를 저주하는 것으로 목숨을 빌었다. 조선의 사대주의자들이 받들어 모시는 명나라는 이미 명나라 왕손들도 버린 나라였다.

이때 명나라의 마지막 정예군을 거느리고 있던 인물은 오삼계(吳三桂)였다. 그는 만리장성의 동쪽 끝인 산해관(山海關)에서 청나라의 남하를 저지하던 중 북경이 이자성에게 함락되었다는 소식을 들었다. 이 소식을 들은 그는 청나라 진영에 편지를 보냈다.

우리의 황제는 유적 이자성에 의해 돌아가셨다. 지금부터 나는 황제의 원수를 갚기 위해 급히 북경으로 향하는 바, 차제에 귀국의 병력을 빌렸으면 좋겠다.

사실상 항복 선언이었다. 오삼계가 항복하게 된 것은 대세가 이미 기울었다고 생각했기 때문이기도 하지만, 이자성의 참모가 오삼계의 첩인 진원원(陳圓圓)을 가로챈 것도 한 요인이었다. 청나라의 사실상 섭정왕이던 구왕(九王) 다이곤(多爾袞)은 곧 산해관으로 가서 오삼계를 만났다.

"인의(仁義)의 군대를 동원하여 유적 이자성을 멸하고, 중국 백성을 구원하겠소."

청나라 군대가 인의의 군대로 변신해 오삼계의 군대와 합류했다. 명목상은 연합군이었으나 청군이 명군을 흡수한 것이었다. 1644년 4월의 일이었다. 이때 구왕 다이곤은 청나라의 여러 왕과 장수 외에 소현세자도 동행시켜 산해관으로 진출했다.

소현세자는 명나라의 마지막 정예군인 오삼계 군단이 청나라에 항복하는 장면을 똑똑히 목격했다. 청의 다이곤도 이 장면을 보여주려고 소현세자를 산해관에 데리고 갔던 것이다. 소현세자는 이미 대세가 청으로 기울었다고 생각하고 있었다. 그가 청나라의 황족, 고관들과 친교를 맺어온 이유도 청이 승리하리라 예상했기 때문이었다. 명나라의 마지막 정예군을 이끈 오삼계가 싸우지도 않고 항복하는 것을 보고 소현세자는 친청정책이 조선이 살길이라는 확신을 갖게 되었다.

그러나 소현세자의 이러한 현실론에 대해 인조를 비롯한 서인 정권은 색안경을 끼고 바라보았다. 청에 대한 소현세자의 인식이 변한 것을 감지한 인조와 서인 정권은 그를 위험한 인물로 바라보았다. 인조 22년(1644) 정월 소현세자가 강빈을 거느리고 두 번째로 귀국했을 때 인조가 그들 부부를 냉대한 것은 이런 의심의 결과였다. 소현세자는 그 전해 6월에 세자빈인 강빈의 아버지 우의정 강석기(姜碩期)의 부음을 듣고 강빈과 함께 귀국했다. 그러나 인조는 강빈이 친정아버지 무덤에 가는 일조차 허락하지 않았다. 인조는 소현세자의 청에 대한 인식이 변한 이유 중 하나가 강빈에게 있다고 보았다. 강빈은 심양에서 포로로 잡혀간 조선인 농민들을 사들여서 쌀농사를 지어 청나라 귀족들에게 팔아 재정을 확보했는데, 이런 모든 행위를 인조와 서인 정권은 백안시했다.

소현세자가 심양관을 통해 양국의 입장을 조정하는 정치력을 발휘하기 위해서는 막대한 자금이 필요했다. 심양관은 정치적 역할 외에 조선과 청을 연결하는 무역기관 역할도 했다. 소현세자는 청과 조선 사이에 분쟁이 있을 때마다 조선을 보호하기 위해 청나라 실력자들에게 비용을 건네야 했다. 심양관에서는 이 비용을 충당하기 위해 조선의 인삼, 약재 등을 파는 사무역(私貿易)도 했는데, 이를 관문여시(館門如市)라고 불렀을 정도로 활발했다. 이 또한 세자빈 강빈이 주도했는데, 강빈 또한 소현세자 못지않은 현실론자였다.

세자 부부를 의심한 인조는 이들을 감시하기 위해 수시로 심양관에 내관을 보내 탐지하고 그 결과를 비밀리에 보고하게 했다. 혹시 이들이 몽골 치하의 고려 왕세자들이 그랬던 것처럼, 청나라의 힘으로 자신을 폐하고 즉위하지 않을까 의심했다. 이런 의심 때문에 강빈이 친정아버지 무덤에 가는 일조차 막았던 것이다.

소현세자는 청군이 파죽지세로 중국을 점령하는 것을 목격했다. 4월에 남진을 시작한 청군이 북경에 입성한 것은 5월 2일이었다. 그야말로 질풍처럼 남진해 북경을 점령했다. 명나라를 멸망시킨 것은 농민기의군 이자성이지만 정작 새 왕조를 건립한 것은 청나라였다. 이 때문에 당시 북경에서는 이런 노래가 유행했다.

주씨(朱氏)네 떡가루로 이씨가 쪄낸 빵을 이웃 조(趙)서방에게 고스란히 바쳤다.

주씨의 명 왕조를 이자성이 멸망시켰으나 조씨를 국성(國姓)으로 쓰는 여진족의 청나라에게 고스란히 바친 것을 풍자한 것이었다. 일부 한족들은 청 왕실의 성인 애신각라(愛新覺羅)의 '각라'를 '조송(趙宋)'의 후예로 보아 조(趙)씨라고 잘못 인식하고 있었다. 이자성이 청군이 입성하기 전에 북경을 버리고 남쪽으로 도망감으로써 청군은 북경에 무혈입성했다.

다이곤과 함께 북경에 입성했던 소현세자는 식량난 때문에 20여 일 만에 심양으로 되돌아왔다가 그해 9월 청나라 황제를 따라 다시 북경에 들어가 약 70일 동안 머물렀다. 이때 소현세자는 북경에서 아주 중요한 인물을 만나 서양 문물을 접하게 된다. 예수회 선교사 아담 샬(Adam Schall)이다.

아담 샬은 1628년 중국에 서른두 번째로 파견된 예수회 신부로, 해박한 과학 지식을 바탕으로 명나라 신종(神宗)의 신임을 받았다. 그는 북경 동안문(東安門) 내에 거주하면서 역서(曆書)와 대포를 제작하는 일을 맡았다. 청의 세조도 북경을 점령한 후 그의 과학 지식을 우대해 지금의 천문대장 격인 흠천감정(欽天監正)을 삼고 대청시헌력(大淸時憲曆)을 짓게 했다. 아담 샬은 북경 남문인 선무문(宣武門) 내에 선교사 마테오 리치(Matteo Ricci)가 세운 남천주당(南天主堂)에 자주 머물렀다. 소현세자의 숙소는 동화문(東華門) 안의 문연각(文淵閣)으로 아담 샬의 숙소와 가까웠고, 그래서 아담 샬의 거주처와 남천주당을 자주 찾아 많은 이야기를 나누었다. 두 사람의 친교를 당시 남천주당의 신부였던 황비묵(黃斐黙)은 『정교봉포(正敎奉褒)』에서 이렇게 기술했다.

순치(順治) 원년(청 세조의 연호. 1644)에 조선 국왕 인조의 세자는 북경에 볼모로 와서 아담 샬 신부의 명성을 듣고, 때때로 남천주당을 찾아와 천문학 등에 대해서 살펴 물었다. 샬 신부도 자주 세자 관사를 찾아가 오래 이야기를 나누고 서로 깊이 사귀었다. 샬 신부는 거듭 천주교가 정도(正道)임을 말하고, 세자도 자못 듣기를 좋아하여 자세히 물었다. 세자가 귀국하자 샬 신부는 선물로 그가 지은 천문, 산학(算學), 성교정도(聖敎正道) 관련 서적 여러 권과 여지구(지구의)와 천주상을 보냈다.

서양 문물을 선물로 받은 소현세자는 곧 아담 샬에게 편지를 보내이를 감사했다.

귀하가 주신 여지구와 과학에 관한 서적은 정말 반갑고 고마웠습니다. 그중 몇 권의 책을 보았는데, 그 속에서 덕행을 실천하는 데 적합한 최상의 교리를 발견했습니다. 천문학에 관한 책은 귀국하면 곧 간행하여 널리 읽히고자 합니다. 이것들은 조선인이 서구 과학을 습득하는 데 큰 도움이 될 것입니다. 서로 멀리 떨어진 나라에서 태어난 우리가 이국땅에서 상봉하여 형제와 같이 서로 사랑해왔으니 하늘이 우리를 이끌어준 것 같습니다.

이들이 교류한 때가 1644년이었다. 소현세자가 천주교 서적에서 "덕행을 실천하는 데 적합한 최상의 교리를 발견"했다고 말한 것은 100여 년 후 정권에서 소외된 남인들이 천주교를 받아들이는 근거가 된다. 중국을 세계의 전부로 알던 성리학자들의 세계관을 바꿀 절호의 기회였다.

아담 샬이 조선에 천주교가 전파되기를 희망한다고 말하자 소현세자는 신부를 대동하고 귀국하겠다고 말해 아담 샬을 놀라게 했을 정도였다. 그러나 당시 중국도 신부가 부족한 형편이었기 때문에 소현세자는 신부 대신에 천주교 신자인 중국인 환관과 궁녀들을 동반하고 귀국했다. 이방송(李邦訟), 장삼외(張三畏), 유중림(劉中林), 곡풍등(谷豊登) 등 중국인 환관들과 궁녀들이 소현세자와 함께 귀국한 것은 이런 이유 때문이었다.

소현세자는 북경에서 약 두 달을 더 머무른 후 1644년 11월 26일 볼모에서 풀려나 북경을 떠나 이듬해 2월 18일 서울에 도착했다. 9년 동안을 외국에서 보냈지만 한창 연부역강(年富力强)한 34살이었다. 인생의 중요한 20대 후반부터 30대 초반까지를 볼모로 보내고 귀국하는 길이었다.

같이 잡혀갔던 동생 봉림대군이 이 기간을 청나라에 대한 분노와 증오로 보냈다면, 소현세자는 이 기간을 서구 문물과 세계정세를 호흡하여 체화하는 기간으로 전환시켰다. 그는 조선이 우물 안 개구리였음을 깨달았고, 성리학이 유일한 진리 체계가 아니라 이 세상의 수많은 사상 중 하나에 지나지 않으며, 이미 낡은 사상이라는 사실도 깨달았다. 중국은 이미 명나라 때 양명학이 성리학을 대체한 지 오래였다. 그는 볼모 기간 중에 습득한 서구 문물과 개방적 사고로 조선의 운명을 뒤바꾸겠다고 맹세했다. 그러나 그와 그의 가족들을 기다리고 있는 운명은 가혹한 것이었다.

인조는 소현세자를 자기 대신에 이역만리 타국에서 고생하다 돌아온 아들이 아니라 정적으로 보았다. 서인 정권도 소현세자를 쿠데타 이념을 부정하는 위험인물로 보았다. 인조와 서인 정권은 소현세자가 명나라를 버리고 청나라에 붙었기 때문에 볼모에서 풀려날 수 있었다고 의심했다. 그러나 청나라는 명나라가 이미 멸망했기 때문에 더 이상 소현세자를 잡아둘 필요가 없었다. 명이 망한 마당에 조선은 더 이상 청나라에 위협적인 존재가 아니었다.

소현세자가 가지고 온 많은 물품도 인조와 서인 정권에게는 의혹의 대상이었다. 심지어 인조는 환국한 세자에 대한 신하들의 진하(進賀)조차도 막았다. 부왕의 이러한 냉대에 소현세자는 상심했다. 그러나 상심하고 있을 여유도 없이 귀국한 지 두 달 만에 병석에 누웠고, 오한과 발열로 고통스러워하다 발병 사흘 만에 창경궁에서 급서하고 말았다.

소현세자의 급서는 무수한 소문을 낳았다. 야사는 소현세자가 인조가 던진 벼루에 맞아 죽었다고 전한다. 귀국 후 소현세자와 봉림대군은 인조에게 볼모살이의 감회를 말했다. 봉림대군은 청 세조를 욕하며 볼모로 잡혀간 백성들을 풀어달라고 요청해 데리고 왔는데 소현세자는 청 세조의 도량 넓음을 말하고 그가 아끼던 벼루를 선물로 달라고 해서 가져왔다고 바치자 벼루로 소현세자의 얼굴을 때려 그 자리에서 급서했다는 것이다. 물론 벼루에 맞아 죽었다는 경위는 사실과 다르지만 그가 인조에 의해 죽은 것은 사실이었다.

소현세자의 죽음을 두고 떠돌았던 소문 중에 가장 신빙성 있는 것으로 인조의 후궁인 조소용(趙昭容) 관련설이 있다. 소현세자가 급서하자 치료를 맡았던 의관(醫官) 이형익(李馨益)에게 비난의 화살이 쏟아졌다. 그가 증세를 가리지 않고 아무 곳이나 침을 놓고 약을 잘못 썼기 때문에 급서했다는 이유였다. 이형익은 불과 석 달 전에 특채된

『인조실록』, 국사편찬위원회
인조 23년(1645) 6월 27일자에 소현세자의 독살
의혹이 기록되어 있다.

의관인데, 원래는 조소용의 사갓집을 출입하던 의원이었다. 조소용
과 세자빈인 강빈의 관계가 원만치 못했던 것이 의혹을 증폭시켰다.

소현세자가 독살되었다는 것은 『인조실록』의 다음 기록을 통해서
도 알 수 있다.

> 세자의 시신은 진흑(盡黑)으로 변해 있었으며, 일곱 혈(穴)에서 출혈
> 이 있어 마치 독약에 중독된 사람 같았다. 검은 천으로 세자의 얼굴
> 반을 덮어서 옆에서 모시던 사람도 알아보지 못했다. 낯빛은 중독된
> 사람과 같았는데, 외부에서는 아무도 아는 이가 없었다.

인조가 입관 시의 관례를 어긴 것도 시신의 이런 상태 때문이었다.
시신이 까맣게 변하거나 출혈이 발생하는 것은 독살당한 사람들에
게서 흔히 나타나는 현상이다.

원래 왕이나 세자가 죽으면 시의(侍醫)들은 일단 처벌당하는 것이 관례인데도 인조는 시종일관 의관 이형익을 비호했다. 또한 사흘 만에 입관을 단행했고, 대소렴(大小殮) 때 빈궁과 당상관 등이 입회해야 함에도 불구하고 이를 불허하고 족친(族親) 네댓 명에게만 소렴(小殮)을 맡겼다. "마치 독약에 중독된 사람 같았다"는 위의 말은 소렴에 참여했던 소현세자의 외숙(外叔)뻘인 진원군(珍原君) 이세완(李世完)의 아내에게서 나온 말이다. 진원군의 아내는 소현세자의 어머니인 인열왕후 한씨의 서제였다.

소현세자를 죽인 것이 인조라는 보다 확실한 증거는 소현세자의 뒤를 이어 세자를 책봉하는 과정에서 분명히 드러난다. 조선은 형이 죽으면 그 적통(嫡統)을 아들이 잇는 것이 관례였다. 따라서 세자 사후 세손인 석철이 적통을 이어야 했다. 그러나 소현세자의 후사 문제로 중신회의가 열렸을 때, 인조는 관례를 무시하고 봉림대군을 세자로 책봉할 것을 주장했다. 많은 대신들이 소현세자의 맏아들 석철을 세손으로 삼을 것을 주장했으나 인조는 우격다짐으로 봉림대군을 세자로 책봉했다.

소현세자는 정비에게서 태어난 큰아들, 곧 적장자(嫡長子)이므로 종법(宗法)에 따라 삼년상을 치러야 했다. 홍문관에서도 당연히 삼년 상을 치러야 한다고 주장했다. 그러나 인조는 이를 무시하고 기년(朞年), 즉 1년 단상(短喪)으로 치렀다. 망자에 대한 마지막 예의마저 거부한 처사였다. 그런데도 인조의 분노는 풀리지 않았다. 소현세자가 죽자 인조의 저주는 세자빈인 강빈에게 돌아갔다. 인조는 강빈을 죽일 기회를 호시탐탐 노렸다.

그때 궁중에서 저주 사건이 발각되어 두 명의 궁녀가 하옥되었다.

그중 한 사람이 소현세자의 맏아들의 보모 최 상궁이었다. 인형과 조수(鳥獸) 따위를 마당이나 베갯속 등에 묻어두고 상대방에게 화가 내릴 것을 비는 저주 사건은 얼마든지 조작이 가능한 일이었다. 그러나 두 궁녀는 죽을 때까지 자백을 거부하면서 강빈을 보호했다. 얼마 후에 또다시 저주 사건이 일어났고, 강빈의 궁녀 두 명이 다시 조작된 자백을 거부하고 내옥(內獄)에서 죽어갔다.

인조 24년(1646) 정월에는 어선(御膳: 수랏상의 반찬)에 독을 넣은 일이 발각되자 강빈에게 혐의를 돌렸다. 강빈의 궁녀들이 다시 혹독한 고문을 당하고 강빈은 후원 별당에 감금당했다. 그러나 두 차례의 저주 사건으로 감시의 눈이 번뜩이는 가운데 강빈이 독을 넣을 수는 없는 노릇이었다. 이번에도 강빈의 궁녀들은 고문에 죽어가면서도 강빈을 끌어들이기를 거부했다. 연달아 사건을 일으키는 인조의 본심이 강빈을 죽이는 데 있음을 안 대신들은 대부분 그 불가함을 논박했다.

인조는 신하들이 강빈 사사를 반대하는 가장 큰 이유는 소현세자의 세 아들이 살아 있기 때문이라고 판단했다. 그래서 강빈은 물론 자신의 세 손자까지도 죽이려 했다.

소현세자를 죽인 다음 해 인조는 드디어 며느리 강빈을 사사했다. 장남을 죽인 데다 장부(長婦)까지 죽여버린 것이다. 여기에서 멈추지 않고 강빈의 형제들도 죄를 씌워 장살(杖殺: 곤장을 쳐서 죽임)했다.

강빈이 사사되었음에도 불구하고 그녀의 불행은 끝나지 않았다. 이번에는 인조의 손자들에게 화가 이어졌다. 강빈이 죽은 후 두 번에 걸친 저주 사건이 재심되었다. 강빈이 살아 있을 때는 죽음으로 그녀를 지켰던 궁녀들도 강빈이 죽고 나자 더 이상 버틸 희망을 잃고 고문에 굴복했다. 고문에 못 이긴 궁녀가 조작된 혐의를 시인하자 인조는 이를 빌미 삼아 강빈의 어머니를 처형하고, 강빈의 세 아들, 즉 소현세자의 아들이자 자신의 친손자들을 제주도에 유배시켰다. 그중 두 명은 의혹 속에 죽어갔다. 막내아들만 겨우 살아남아 제주도에서 불안한 목숨을 유지하고 있었다.

현종·숙종 때 벌어졌던 예송논쟁은 단순히 상복을 입는 기간의 문제만이 아니라 인조가 자행했던 봉림대군의 승통이 정당한 것이냐에 대한 논란도 배후에 담고 있었기에 그토록 치열했던 것이다. 효종(봉림대군)은 소현세자의 맏아들 석철의 자리를 가로챈 것이었다. 재변이 발생하자 효종이 내외에 널리 구언(求言: 임금이 널리 의견을 구함)했다. 황해감사 김홍욱(金弘郁)이 구언에 응해 강빈의 신원과 소현세자의 셋째 아들의 석방을 요구하는 상소를 올리자 효종은 김홍욱을 때려죽였다. 구언에 의한 상소는 어떤 내용이 적혀 있어도 처벌하지 않는 것이 확고한 관례였으나 효종은 이를 무시했다. 김홍욱의 상소대로 강빈 옥사가 조작임이 밝혀져 그녀가 신원된다면 효종은 재위의 명분을 잃게 되기 때문이었다. 살아남아 있는 소현세자의 셋째 아들에게 종통(宗統)의 소재가 있게 되는 것이다. 강빈은 억울하게 죽은 지 80여 년이 지난 숙종 44년(1718)에 이르러서야 신원될 수 있었다.

인조가 세상을 떠났을 때 당초 시호(諡號)는 열조(烈祖)였다. 그러나 효종이 이에 불만을 표시해 '어질 인(仁)' 자, 인조(仁祖)로 바뀌었다. 소현세자의 꿈과 좌절은 조선의 꿈과 좌절이기도 했다. 소현세자가 순조롭게 즉위하여 현실적인 세계관을 바탕으로 조선을 이끌었다면 계해정변이라는 쿠데타로 야기된 모든 국난이 긍정되고 오히려 출산을 위한 산고로 평가될 수 있었을 것이다. 그러나 인조와 반정 정권은 시대착오적인 숭명사대주의와 성리학 유일사상으로 일관했다.

3장

대동법과 군역 논쟁

"옛사람이 말하기를 '하늘의 변란이 오는 것은 백성들의 원망이 이를 부른 탓이다'라고
했습니다. 백성들이 부역에 시달려 일할 마음이 없으니 원망하는 기운이 쌓이고 맺혀
그 참상이 하늘에 보이는 것은 필연의 이치입니다."
― 조선 최대의 개혁정치가 김육의 상소문에서

조선의 세법과 공납

조선은 우리가 생각하는 것 이상으로 법치사회였다. 그래서 법 개정이나 제정을 둘러싸고 치열한 논쟁을 전개했다. 그런데 그 실시를 둘러싸고 100년 이상 논쟁한 법이 있다. 바로 대동법이다. 인조·효종 대는 대동법 논쟁의 시기라고 부를 수 있을 정도로 이 법의 실시를 둘러싸고 논란이 치열했다. 대동법이 치열한 논쟁의 대상이 되었던 이유는 그 실시에 따라 이불리(利不利)가 뚜렷이 갈라지기 때문이었다. 이 법을 실시하면 농지를 많이 소유한 양반 사대부들이 손해를 보는 반면, 농토가 없거나 적은 가난한 농민들은 이익을 봤다. 대동법은 재산과 소득이 많은 부자들이 그만큼 세금을 더 내야 한다고 규정한 법이기 때문이다.

이 법은 임진왜란 와중에 영의정 겸 도체찰사였던 개혁정치가 류성룡이 작미법이라는 이름으로 실시한 적이 있었다. 임란 후 류성룡이 실각한 것은 바로 이 법으로 양반 사대부들의 기득권에 손을 댔기 때문이었다. 작미법 폐지 후 백성들의 원성이 높아지자 광해군 즉위년(1608) 영의정 이원익의 건의로 경기도에 시범 실시한 후, 순차적으로 강원도(1623), 충청도(1651), 전라도(1658, 1662), 함경도(1666), 경상도(1677)로 확대 실시되다가 정확히 100년 후인 숙종 34년(1708)에 황해도까지 실시됨으로써 전국적으로 확대되었다.

대동법 논쟁을 살펴보면 조선의 당쟁이 농민들의 실생활과 괴리된 일부 양반들만의 권력쟁탈전이 아니라 서민들의 생활과 직결된, 민생을 두고 다툰 정책 대결이었음을 알 수 있다. 대동법은 세법을 둘러싼 논쟁이었다. 조선의 세법은 크게 세 가지였다. 토지세인 전세와 국가에 노동력을 제공하는 신역과 지방 특산물을 바치는 공납이 그것이다.

　전세는 토지 면적당 내는 세금이다. 조선의 토지 면적 기준은 결(結)인데, 절대면적이 아니라 곡식 소출량을 기준으로 삼아서 일정하지 않았다. 세종 때의 전분육등법(田分六等法)과 연분구등법(年分九等法)이 그것인데, 전분육등법은 토지의 비옥도를 6등급으로 나누어 세금을 부과하는 것이고, 연분구등법은 그해의 풍흉에 따라 9등급으로 나누어 세금을 부과하는 것이었다. 세종 때 가장 좋은 1등전 1결의 넓이는 9,859.7제곱미터로 3,000평쯤 되는 농지였다. 전세의 세율은 소출량의 10퍼센트 정도였는데, 임란·호란을 거치면서 1결당 최하 세율인 4두를 받는 것이 관례가 되었다. 효종이 1결당 4두를 걷는 영정법(永定法)을 제정한 것은 농민들의 처지를 고려한 것이라기보다는 관례적으로 시행되던 세율을 법제화한 것이었다. 1결당 4두는 농민들에게 그리 큰 부담은 아니었다.

　신역은 병역이나 성을 쌓거나 도로를 닦을 때 노동력을 제공하는 것을 뜻한다. 대동법은 공납과 관련된 법이었다. 공납은 각 지방의 특산물을 임금에게 바친다는 소박한 충성 개념을 조세로 표현한 것이었다. 그러나 부과 기준과 품목들이 현실과 어긋나면서 수많은 문제를 야기했다.

　먼저 부과 단위가 문제였다. 공납은 군현 단위, 마을 단위로 부과

되는데, 각 군현과 마을의 백성 수와 토지 면적이 다른데도 공납 부과대장인 '공안(貢案)'에 정해진 액수는 큰 차이가 없었다. 당연히 인구가 적은 군현과 마을이 손해를 보게 되어 있었다.

부과가 형평에도 맞지 않았다. 만 석을 소출하는 전주(田主)나 송곳 꽂을 땅 한 조각 없는 가난한 전호가 비슷한 액수의 공납을 부과받았다. 농지 면적이 아니라 가호를 기준으로 부과했기 때문이다. 땅이 없는 가난한 농민들에게 가혹한 세제일 수밖에 없었다. 그래서 조선 후기 실학자 유형원(柳馨遠)은 공납의 액수가 너무 과하다고 지적했다.

"(한 집안에) 부과되는 공물이 가벼운 것은 20여 두(斗)요, 무거운 것은 70 내지 80두에 이른다."

영정법의 전세 4두와 비교해보면 공납이 얼마나 큰 부담인지 알수 있을 것이다.

그 지역에서 생산되지 않는 물품을 부과하는 경우도 있었다. 이 경우, 그 물품을 생산하는 지역까지 가서 사다가 납품해야 했다. 세금자체도 무거운데 공납 물품을 사러 먼 지역까지 가야 했으니 농민들의 부담이 클 수밖에 없었다. 또한 수천 가지에 달하는 공물의 종류와 상공(常貢), 별공(別貢)으로 나누어 시도 때도 없이 부과되는 시기도 문제였다.

여기에 방납(防納)의 폐단까지 더해져 농민들을 괴롭혔다. '놓을 방(放)' 자가 아니라 '막을 방(防)' 자를 쓰는 것은 농민들이 내는 공납을 막기 때문이었다. 방납업자(防納業者)라는 상인들이 공물을 받아들이는 경아전의 관리들과 짜고 농민들의 직접 공납을 막았다. 농민들이 직접 마련한 공물은 퇴짜를 놓고 자신들이 파는 공물을 사서

유형원
조선 효종 때의 실학자로, 진사시에 합격했으나 벼슬에 뜻이 없어 학문 연구에만 전념했다. 중농사상을 기본으로 한 토지개혁론을 주장했다.

납부하게 했다. 방납업자들이 받는 수수료가 인정(人情)인데, 이 인정이 공물 자체보다 비쌌다. 병자호란이 일어나던 인조 14년(1636) 대사간 윤황(尹煌)은 "손에는 진상품을 들고 말에는 인정물(人情物)을 싣고 간다는 속담이 있습니다(『인조실록』 14년 2월 10일)"라고 말했다. 백성들이 병자호란 때 적극적으로 청나라에 저항하지 않은 데는 이런 악법도 한몫했다. 그러나 병자호란 이후에도 이런 문제는 개선되지 않았다. 그래서 현종 2년(1661) 영부사 정유성(鄭維城)이 말했다.

"인정으로 드는 비용이 원래의 공물 값보다 두 배나 드는 형편이라서 가산을 탕진하고 떠돌아다니는 자들이 매우 많습니다."

이 때문에 도망가는 농민들이 속출했다. 임란 9년 전인 선조 16년(1583) 황해도 순무어사(巡撫御使) 김성일은 이 문제의 심각성에 대해 이렇게 상소했다.

신(臣)이 황해도의 유망자(流亡者) 수를 알기 위해 각 읍에 영(令)을 내려 살핀즉, 큰 읍은 도망자가 수백 명에 이르고 작은 읍 또한 팔구십 명을 내려가지 않으니 도 전체를 합하면 유망자의 수가 얼마인지 알 수 없습니다. 한 읍에 팔구십 명이라는 숫자도 적은 것은 아니지만 각 사람마다 다 구족(九族: 친척)이 있으니 그 피해를 당하는 자는 몇 백 명인지 알 수 없습니다.

농민들의 집단 유망(流亡)은 국가의 존속 자체를 위협했다. 농업국가 조선에서 농민의 유망은 경제 주체의 증발이자 납세자의 증발이자 병역의 의무를 수행하는 군인의 증발이기 때문이다. 농민들의 유망은 국가 경제의 파탄이자 세정의 파탄이자 국방의 파탄이었다.

농민들의 유망에 대한 정부의 대책은 사태를 더욱 악화시켰다. 그 세금을 가족과 이웃에게 대신 씌우는 것이기 때문이다. 가장이 도망가면 남은 가족에게 부과했다. '친족에게 대신 징수한다'는 뜻의 족징(族徵)이 이것이다. 한 가족이 모두 도망가면 이웃에게 씌웠는데, '이웃에게 대신 징수한다'는 뜻의 인징(隣徵)이 이것이다. 옆집이 도망가면 그 세금이 자신에게 부과되므로 이웃까지 도망갈 수밖에 없었다. 그러면 그 세금은 마을 전체에 씌웠는데, 이것이 동징(洞徵)이었다. 김성일은 황해도 순무어사 상소에서 이런 상황을 잘 묘사했다.

한 사람이 도망하면 그 역이 구족에게 미치고, 구족이 내지 못하면 인보(隣保: 이웃)에게 미치며, 인보가 내지 못하면 마침내 일족은 죽고 마을은 빈터만 남는 지경에 이릅니다.

김성일은 "전지(田地)에는 풀과 쑥대만 자라는데도 그 부세(賦稅)는 그대로 남아 있고, 군적(軍籍: 군사들의 장부)은 빈 장부가 되어 있는데도 방수(防守)는 그대로 남아 있습니다"라고 해체된 농촌의 실태를 그대로 보고하면서 선조에게 대책을 요구했다. 임란 9년 전 올린 이 장계에 대한 선조의 대답은 김성일을 나주목사로 좌천시키는 것이었다. 임란 때 왜군과 맞서 싸울 군사가 없던 것은 우연이 아니었다.

중과세에 저항하는 농민들

무거운 세금을 견디지 못한 농민들은 대거 도망갔다. 일부 군현과 마을들은 행정단위로서 존속하기 어려운 지경에 이를 정도였다. 임란 35년 전인 명종 12년(1557)에 충청도 단양의 양민 호수가 40여 호에 불과했던 것은 이 때문이다. 명종 때 임꺽정 집단을 조정에서는 도적떼로 부르고 백성들은 의적으로 불렀던 것은 수탈에 견디다 못한 농민들이 산으로 들어가 무기를 들었기 때문이다. 임꺽정을 잡으려고 정부에서 군사를 동원하면 백성들이 임꺽정에게 정보를 제공하거나 숨겨주는 등 온갖 편의를 봐준 일이나, 정부에서 보낸 선전관이 오히려 백성들에게 맞아 죽은 사건 등은 백성들이 바라보는 정부란 억압자이자 수탈자에 지나지 않음을 말해준다.

임진왜란 때 선조가 서울을 버리고 도망하자 백성들이 노비 문제를 관할하는 형조와 장예원을 불태운 것이나, 왕자들이 근왕병을 모집하는데 한 명도 응하지 않았다는 사실은 백성들이 보기에 조선은 이미 정상적인 나라가 아니었음을 말해준다. 조선 중기 이후 유행한

"도망한 농민 중 강한 놈은 도적이 되고 약한 놈은 중이 된다"라는
말은 당시 농민들의 처지를 잘 대변해준다.

정부는 호패법과 오가작통법(五家作統法)을 강화해 도망한 농민들
을 색출했지만, 완력이 있고 용기 있는 농민들은 떼로 모여 무기를
들었다. 농민들은 기회만 닿으면 무장대에 합류했다. 전남 장성에 살
던 농민 이응백(李應白)은 속오군 입적자로서 군역세[正兵布]를 납부
하러 가다가 도적을 만나자 그들을 따라 변산으로 들어가 무장대에
합류했으며, 전주 사람 김을생(金乙生)은 흥덕으로 소금을 지고 가다
가 유명한 도적 장수 김총각(金總角)을 만나자 그를 따라 무기를 들
었다. 함평 사람 김순필(金旬必)은 관에 죄를 짓고 도망하던 중 김총
각과 서울 사람 백서방(白書房)을 만났는데, 이들이 "우리를 따라오
면 옷과 밥이 풍족하다"라고 회유하자 망설임 없이 따라가 무장대의
일원이 되었다.

이 세 사례는 농민들이 기회만 닿으면 왕조에 대해 무력으로 저항
할 수 있는 상황임을 말해준다. 이런 상황이다 보니 세력이 큰 무장
대는 관아가 있는 읍을 공격하기도 하고 관청도 직접 공격했다. 숙종
36년(1710) 전라도 노령 일대 10여 개 읍에 떼를 이룬 무장 유민단이
난입한 사건이 있었고, 영조 3년(1727) 변산반도와 월출산을 근거지
로 삼고 있는 무장 유민단이 공공연히 활동했으며, 영조 14년(1738)
에는 총으로 무장한 유민단이 평안도 삼등현 관청을 습격하여 관아
창고를 털어 간 사건까지 있었다. 이는 국가 기강의 해체와 농촌 사
회의 해체라는 이중적 현상을 잘 보여주는 예이다.

이런 조직과 무장력을 갖춘 도적떼들이 세력 확대를 꾀하는 것은
당연했다. 변산 지역을 무대로 활동했던 도적들에 대해 국정 전반을

논하던 비변사의 『비변사등록(備邊司謄錄)』은 이렇게 말하고 있다.

이들은 양민들을 모아 도당으로 충원하는데, 그 방식이 마치 각 읍에서 군사를 모집하는 규율과 같았다.

이들이 정규군 모집 방식을 채용한 데서 알 수 있듯이, 단순한 도적떼가 아니라 정권을 노리는 기의군과 다름없었음을 보여주는 것이다. 『숙종실록』 21년(1695)조는 이렇게 말하고 있다.

명화적(明火賊) 수십 명이 기(旗)를 세우고 포(砲)를 쏘며 철원읍의 인가에 돌입했으나, 부사(府使) 황진문(黃震文)이 겁을 내어 움츠리고 끝내 나가 체포하지 못했다.

대낮에 철원읍을 털 정도로 농민 유민단이 성장했음을 말해주는 것이다. 이들 중 일부는 중앙의 당파와도 연결되어 있었다. 남인들이 대거 사사되는 숙종 20년(1694)의 갑술환국(甲戌換局) 당시 국문을 받던 강만태(康晩泰)는 이미 사망한 민장도(閔章道)가 자신에게 이렇게 말했다고 자백했다.

"해도(海島) 가운데 진인(眞人)이 있는 것 같다. 갑을(甲乙) 양년(兩年)에 진인이 육지에 나올 것이니 그때에 대비해서 너도 꼭 거사 자금으로 은(銀)을 미리 준비해두어라."

민장도는 남인 우의정 민암(閔黯)의 아들이었다. '진인'이란 새 왕조를 개창할 인물을 뜻하는데, 이 사건에는 중인들도 대거 관련되었다. 이미 양반들의 정치 독점체제가 끝났다는 뜻이다. 민중은 양반 정치체제의 개혁을 요구하고 있었고, 이런 흐름이 당쟁에도 그대로 반영되었다. 대동법 논쟁은 더 이상 농민들의 이해를 외면하다가는 왕조 자체가 끝장날 수도 있다는 지배층의 위기감의 반영이기도 했다.

대동법의 경세가들

공납 때문에 백성들이 고향을 버리고 유랑할 정도로 폐단이 컸지만 해결책은 의외로 간단했다. 부과 단위를 가호(家戶)에서 농지 면적으로 바꾸고 쌀로 일괄적으로 받으면 되는 것이었다. 잡다한 공납을 쌀 하나로 통일했기에 대동(大同)이라는 표현을 써서 대동법이라고 부르는 것이다. 대동법을 실시하면 농지가 많은 부호들은 많이 내는 반면 땅이 없는 소작농들은 공납에서 면제될 수 있었다. '많이 버는 자가 많이 납부하는' 조세 정의에 가까운 대동법에 가난한 농민들은 찬성했지만, 땅이 많은 양반 전주들은 격렬하게 저항했다.

그러나 대동법 이외에 대안이 없었기에 농민들은 물론 당파를 초월한 모든 개혁정치가들이 이 방안을 지지했다. 사림파의 조광조나 서인 영수 율곡 이이가 제창한 대공수미법이 이를 말해준다. 대공수미법이란 공납의 부과 단위를 토지 면적으로 바꾸고 수많은 공물을 쌀로 통일하자는 것으로서 류성룡이 임란 때 실시한 작미법과 같은 뜻이었다. 남인 영수 류성룡이 임란 때 이 법을 강행했다가 종전 후 양반 사대부들의 집단 반발로 실각하고 난 다음에는 대동법이라는 이름으로 회자되었다.

작미법이 폐지되자 백성들의 반발이 거셌다. 그래서 효종 때 이 법에 대한 논의가 시작되었다. 대동법에 대해서는 각 당파 간 견해가 달랐다. 남인들은 류성룡, 이원익 등이 대동법 실시를 강력하게 주창한 데서 알 수 있듯이 당론으로 지지했으나, 서인들은 이 법을 둘러싸고 당이 갈라졌다.

광해군 때 남인 이원익의 건의로 경기도에 시범 실시한 이후 효종 즉위년에 우의정 김육(金堉)이 양호(兩湖: 전라, 충청) 지역에 확대 실시를 주장하자 산당 영수 이조판서 김집(金集)과 송시열, 송준길(宋浚吉) 등 양송(兩宋)이 일제히 반대했다. 효종은 대동법 논쟁에 대한 본질을 잘 알고 있었다. 그래서 즉위년에 이렇게 물었다.

"대동법을 시행하면 대호(大戶: 부자)가 원망하고 시행하지 않으면 소민(小民: 가난뱅이)이 원망한다는데 그 원망의 대소(大小)가 어떠한가?"

여러 신하들이 "소민의 원망이 더 큽니다"라고 대답하자 효종은 "그 대소를 참작해 시행하라"고 사실상 실시 명령을 내렸다. 그러나 양반 사대부들의 반발 때문에 효종 2년(1651)에야 겨우 충청도에만 확대 실시되었다. 이후에도 대동법 확대 실시를 둘러싸고 논쟁이 계속되었다. 효종 8년(1657) 병조판서인 남인 허적(許積)은 이렇게 말했다.

"대동법 시행은 백성들에게는 편리하지만 또한 어려움이 많습니다. 시임대신 대부분은 이를 반대하고 있습니다. 이 법을 반드시 시행하려고 하는 사람은 김육과 이시백(李時白) 형제 등 몇 명에 불과할 뿐입니다."

대동법의 경세가 김육은 대동법 반대론자들의 집중공격을 받았다. 김육 공격의 선두에 선 인물은 이조판서 김집이었다. 김집의 아버지 김장생이 율곡 이이의 학통을 이어받아 김집도 서인 적통으로 인

송시열, 국립중앙박물관
조선 숙종 때의 문신이자 학자로, 주희를
만세의 도통으로 삼아 주자학을 조선 후기
의 유일사상으로 만든 서인(노론) 영수다.
효종의 장례 때 대왕대비의 복상 문제로
남인과 대립하고, 후에는 노론의 영수로서
왕세자의 책봉에 반대하다가 사사되었다.
갑술환국으로 서인들이 집권하자 신원되
었으며, 이어 문묘에 종사되었다.

정받았는데, 이조판서가 되자 제자 송시열, 송준길 등을 출사시켰다.
대동법을 둘러싸고 논쟁이 벌어지자 송시열은 김육 공격의 선봉장
이 되었다.

"우의정 김육이 정국을 장악하고 있으면서 이조판서 김집의 시대
인 것처럼 말하는 까닭을 알지 못하겠습니다."

송시열, 김집, 김상헌, 송준길, 김경여(金慶餘) 등 대동법 반대파들
의 김육 공격에 대해 지평 김시진(金始進)은 이렇게 말했다.

"송준길, 송시열 등이 우의정 김육을 공격하는 것이 너무 과격합
니다. 우상(右相)도 또한 사대부인데 어쩌다 일이 이 지경까지 됐는
지 모르겠습니다."

대동법은 남인의 당론이었으므로 남인들 사이에서는 별 이견이
없었지만, 서인들은 이를 둘러싸고 분당까지 되었다. 대동법에 찬성
한 서인들은 김육 중심의 소수당인 한당(漢黨)이 되었고, 이를 반대

김육, 실학박물관
대동법의 경세가로 불리는 조선 최고의 개혁가. 그러나 대동법은 남인의 당론이었기에 서인은 대동법 실시에 찬성하는 김육 중심의 한당(소수당)과 반대하는 김집, 송시열 중심의 산당(다수당)으로 분당되었다.

하는 서인들은 김집, 송시열, 송준길 중심으로 다수당인 산당(山黨)으로 분당되었다.

대동법에 대한 반대 논리는 다양했다. 대동법이 처음 시행된 다음 해에 승지 유공량(柳公亮)은 이런 논리로 반대했다.

"벼를 찧어 쌀을 만드는 일[作米]에 어려움이 많으므로 대동법을 오래 시행할 수 없습니다."

대동미를 납부하기 위해 벼를 찧어 쌀을 만드는 것이 농민들에게 어렵기 때문이라고 말했지만, 그 속내는 양반 전주들과 방납업자들을 대변한 것이다. 농민들은 대동법 시행 전에도 방납업자들에게 벼를 찧어 만든 쌀이나 포를 대가로 주어왔기 때문이다. 인조 2년(1624) 특진관(特進官)이었던 최명길도 비슷한 말을 했다.

"요즈음 들으니 서울과 지방사람들[京外之人]이 대동법을 불편하게 여기고 있습니다. 이 법을 시행하려면 반드시 변통(變通)이 필요할 것입니다."

이때 지사(知事) 서성(徐渻)은 "대동미를 올려 보내다 바람과 파도에 배가 뒤집힐 염려가 있다고 합니다"라며 배가 뒤집힌다는 논리까지 동원했다. 그러나 김육은 이런 논리에 반박했다.

"서울과 지방 사람들 중에 대동법을 불편하게 여기는 자는 다만 방납모리배뿐입니다."

대동법 시행을 반대하는 자들이 대부분 양반 전주들이었기 때문에 그 확대는 더디고 더뎠다. 인조 1년(1623) 강원도에 확대 실시된 후 충청도로 확대 실시되기까지 무려 28년이라는 세월이 필요했던 것도 그 때문이다. 하삼도(충청, 경상, 전라)는 평야가 많은 지역이라 양반 전주들의 세력이 컸고 그만큼 반발도 심했기 때문이다.

그래서 김육 같은 소수 개혁관료들이 분당까지 불사하면서 확대를 주장하지 않았다면 대동법은 그대로 사라졌을 것이다. 김육이 주도하는 한당은 비록 소수였지만 백성을 위한다는 명분이 있었다. 효종이 재위 9년(1658) 조정에 들어온 충청도 회덕(懷德: 현재의 대전시 대덕구) 출신의 송시열에게 "호서(湖西: 충청도)의 대동법에 대해서 백성들의 생각이 어떠하던가?"라고 묻자 송시열도 "편하게 여기는 자가 많으니 좋은 법입니다"라고 대답할 수밖에 없었다. 송시열이 대동법을 좋은 법이라고 시인한 이유는 서인 중진이었던 이시방(李時昉) 때문이었다. 이시방은 계해정변 일등공신 이귀의 아들이자 영의정 이시백의 아우이기도 한데, 자주 송시열을 찾아가 대동법이 좋은 법이라고 역설하자 송시열도 "임금에게 진달(進達)하겠다"고 동의했다는 것이다.

그러나 대동법의 확대 실시에는 걸림돌이 너무 많았다. 김육은 효종 9년(1658) 9월 임종 직전 마지막 상소를 올려 대동법을 호남에 확대 실시해야 한다고 진언했다.

"신이 만약 갑자기 죽게 되면 하루아침에 돕는 자가 없어져 일(대동법)이 중도에 폐지될 것이 두렵습니다."

김육은 서필원(徐必遠)을 전라감사로 삼아서 호남에 대동법을 실시해야 한다고 진언했다. 김육이 죽은 후에는 서인 이시방이 대동법에 정치인생을 걸었으나 그 역시 현종 1년(1660) 1월 사망했다. 이시방도 의식을 잃은 상태에서 김육처럼 "내가 죽은 후에 누가 다시 대동법을 주장할 것인가?"라고 탄식했다는 일화가 있다.

현종은 대동법 확대 실시가 선왕 효종의 결정사항이라는 사실을 알고는 호남 산군(山郡)으로 확대 실시할 것을 결심했다. 그래서 재위 1년(1660) 6월 영의정 정태화(鄭太和)가 전라감사와 다시 의논하자고 건의하자 "호남 산군에 대동법을 시행하는 것은 이미 완전히 결정 난 것이니 거행하기만 하면 된다"고 못 박았다. 드디어 현종은 그해 7월 호남 산군의 대동법 시행을 결정하고 그 시행 절목은 연해(沿海) 각 읍에 준하도록 명했다.

그러나 추수기가 다가오자 반대론이 다시 들끓었다. 가장 큰 명분은 흉년이 들었다는 것이었다. 현종 1년(1660) 9월 이조판서 홍명하(洪命夏)가 반대론을 비판했다.

"금년 호남의 농사는 연해 지역은 흉년이지만 산군에서는 약간 결실을 맺었습니다. 그런데도 대부분 대동법을 시행하는 것이 불가하다고 말하니 신은 의혹이 생길 수밖에 없습니다."

흉년이기 때문에 더욱 대동법을 시행해야 했지만 양반 전주들의 목소리에 묻혀버렸다. 비변사에서는 "백성들이 원하지 않는 것을 흉년에 강행하는 것은 불가합니다"라며 '백성'이 반대한다고 거꾸로 주장했다.

현종은 대동법을 1년 연기했으나 현종 2년(1661)이 되자 다시 반대론이 터져 나왔다. 김육의 아들 공조참판 김좌명(金佐明)은 사직 상소를 내면서까지 부친의 유업을 이으려고 결심했다.

"호남에 안찰사로 나가 대동법을 시행할 수 있게 해주소서."

중앙관이 지방관을 제수받으면 좌천으로 생각하는 분위기에서 김좌명처럼 지방관을 자청하는 것은 극히 드문 경우였다. 그러나 비변사는 김좌명이 호남 안찰사로 나가는 것도 반대했다.

"대동법 시행 절목도 여기에서 결정할 수 있으니 그가 꼭 그 지역에 가 있은 후에야 가능한 것은 아닙니다."

그래서 1년이 더 연기되었다. 현종 3년(1662) 7월 김좌명은 다시 호남에 대동법을 실시해야 한다고 주장했다.

"호남 산군에 올가을부터 대동법을 실시할 예정인데, 영상(영의정)이 장차 사신으로 나가게 되었으니 마땅히 속히 의논해서 결정해야 합니다."

영상이 없다는 핑계로 대동법 시행을 다시 연기할 것을 우려해 꼭 실시해야 한다고 주장한 것이다. 김육과 이시방, 김좌명 등의 끈질긴 노력 끝에 현종 4년(1663) 3월 12일 호남 산군에 대동법을 실시하게 되었다. 1결당 가을에 쌀 7말, 봄에 6말을 내는 것으로 결정했다. 그러나 막상 쌀을 납부해야 할 10월이 되자 전라도 유생 배기(裵紀) 등이 상소해 대동법 혁파를 주장했다.

대호는 대호대로 귀한 쌀을 탕진하고 소호(小戶: 가난한 집)는 소호대로 연역(煙役: 잡역)에 시달립니다. (……) 옛법을 따르고 가혹한 정사를 제거하면 되는데 어찌 새로운 법과 특별한 정치를 별도로 만들 것이 있겠습니까?

양반 사대부들 중심으로 반대의 목소리가 높아지자 정태화, 홍명하, 허적 등 삼정승은 물론 송시열도 반대로 돌아섰다. 그래서 현종 6년(1665) 12월 27일 호남 산군의 대동법은 '백성들이 불편하게 여긴다'는 명분으로 다시 혁파되고 말았다. 이 날짜 『현종실록』은 이렇게 말하고 있다.

호남 산군의 대동법을 파기하라고 명했다. 이에 앞서 호남에 대동법을 시행한 후 소민들은 모두 편하게 여겼으나 부가(富家: 부자)·대호들만 한꺼번에 쌀을 내는 것이 어렵다면서 모두 불편하게 여겼다. 조정의 의논도 그 말을 믿고 모두 파기해야 한다고 말했다.

조정의 벼슬아치들은 대부분 양반 전주들의 편이었다. 그래서 현종은 재위 7년(1666) 8월 말 각 도에 어사를 파견했는데, 전라도 어사 신명규(申命圭)는 각지를 다니며 대동법에 대한 민심을 수집한 후 이렇게 보고했다.

"호우(豪右: 부유하고 세력 있는 집)는 대동법 혁파가 편리하다고 말하고, 잔호(殘戶: 가난한 집)는 다시 실시되기를 원하고 있습니다."

보고를 들은 현종은 "어사의 옥계(玉啓)를 보니 (대신들의 말과는 달리) 백성들이 대개 대동법이 다시 실시되기를 바라고 있다고 한다"면서 "어느 것이 진실이냐?"고 추궁했다. 그러자 김좌명을 비롯해서 대동법 실시를 주장했던 대신들이 재실시를 주장했고, 호남 산간의 대동법은 현종 7년 말에 다시 실시되었다.

대동법이 아니었다면 경신대기근을 어찌 이겼으랴

이런 상황에서 현종 11년(1670, 경술년)에서 12년(신해년)에 걸친 대기근이 발생했다. 이를 경신대기근이라고 하는데, 한해(旱害: 가뭄), 수해(水害: 홍수), 냉해(冷害), 풍해(風害: 태풍), 충해(蟲害), 혹한(酷寒)에 인간 전염병과 가축 전염병이 더해져 팔재(八災)가 덮쳤다. 현종 12년의 상황에 대해 전라감사는 이렇게 보고했다.

"굶주림과 추위가 절박해 서로 모여 도둑질을 하는데, 집에 조금이라도 양식이 있는 자는 곧 겁탈의 우환을 당하고, 몸에 베옷 한 벌이라도 걸친 자 또한 강도의 화를 당합니다. 심지어 무덤을 파내 관을 쪼개 시신의 염의(斂衣)를 훔치기도 합니다."

경상감사의 보고도 다를 바가 없었다.

"선산부(善山府)의 한 여인은 10여 세의 어린 아들이 이웃집을 도둑질했다고 물에 빠뜨려 죽였고, 또 한 여인은 서너 살짜리 아이를 안고 가다가 갑자기 버리고 돌아보지 않고 갔으며, 금산군(金山郡)의 굶주린 한 백성은 죽소(粥所: 죽을 제공하는 곳)에서 갑자기 죽었는데, 그 아내는 곁에서 죽을 다 먹고 난 다음에야 곡했습니다."

헐벗고 굶주린 백성들은 심지어 무덤을 파헤쳐 시신의 옷을 벗겨 갔으며 관아 창고에도 손을 댔다. 현종 12년(1671) 11월 함경도 길주의 허홍(許泓) 등 150여 명은 관청 창고를 지키는 감관(監官)이 진휼곡 대출을 미루자 창고에 난입해 곡식 35석을 3두씩 나누어 가진 후 각자 이름을 써 후에 환납(還納)하자고 약속했다. 함경감사가 주동자 5인의 목을 베려 하자 남인 정승 허적과 서인 정승 이단하(李端夏) 등이 감관의 잘못도 있다고 옹호하여 가볍게 처벌했다. 병사자와 아사자가 잇따랐는데, 『현종실록』 12년 조는 이렇게 말하고 있다.

> 이달에 서울에서 굶거나 병을 앓아 죽은 자가 1,460여 명이었고, 각 도에서 죽은 수가 1만 7,490여 명이었다. (……) 도적이 살해하고 약탈하지 않는 곳이 없었는데, 호남과 영남이 가장 심했고, 두 도에서 돌림병으로 죽은 소와 가축도 다 헤아릴 수 없었다.

굶어 죽는 백성들이 속출하자 조정 대신들도 당파를 떠나서 구황 정책에 초점을 맞췄다. 서인 영의정 정태화는 이렇게 말했다.

"관고의 곡식도 이미 바닥났습니다. (……) 오늘의 계책은 온갖 벌인 일들을 정지시키고 번잡한 비용을 줄여 오직 구황정책에 전념하는 것과 같은 것이 없습니다."

그러면서 진휼청(賑恤廳)을 상시 가동하고 인상했던 관료들의 녹봉도 내려야 한다고 건의했다. 병조판서 김좌명은 어영청의 곡식까지 일단 진휼에 사용하되 나중에 이자를 더해서 갚아야 한다고 말했다. 전시에 사용할 비축미까지 일단은 굶주린 백성을 구하는 데 사용해야 한다는 말이었다. 현종도 음식 가짓수를 줄이고 금주했으며, 백관은 봉급을 줄여 만든 비용으로 백성 살리기에 나섰다. 서울에서는 선혜청, 한성부, 훈련원 세 곳에 진휼소를 설치해 하루에 1만 명 이상에게 죽을 제공했다. 삼강(三江: 한강, 용산강, 서강) 등에 거주하는 백성

충청 수영성의 진휼청.

들은 조석으로 진휼소까지 오기 어려운 사정을 감안해 남쪽 용산과 북쪽 홍제원에도 진휼소를 설치했고, 지방 각 관아도 진휼소를 운영했다. 또 동소문 밖 연희방의 동활인서(東活人署), 남대문 밖 용산강의 서활인서(西活人署)에서는 병자들을 치료했다.

임금부터 대부분의 벼슬아치들이 대기근 극복에 전력을 다하는 와중에 대기근을 정략에 이용하는 당인(黨人)도 있었다. 현종 12년(1671) 12월 서인이었던 헌납 윤경교(尹敬敎)는 "기근과 전염병으로 죽은 토착 농민의 수를 온 나라를 합해 계산하면 거의 100만 명에 이릅니다"라고 주장했다. 그러나 윤경교의 상소는 남인 영의정 허적을 비판하기 위한 것이었다. 현종은 영의정 정태화가 재위 12년 칠순이 되었다는 이유로 거듭 사직을 청하자 허락하고, 남인 허적을 영의정으로, 서인 정치화(鄭致和)를 좌의정으로, 서인 송시열을 우의정으로 삼았다. 윤경교는 남인이 영의정으로 있는 것을 묵과할 수 없다는 뜻에서 허적을 비판하고 심지어 현종까지 비판했다.

"전하께서는 백성을 괴롭히는 시상(時相: 허적)의 말은 모두 굽혀서 따르시면서 백성을 편안케 하려는 유현(儒賢: 송시열)의 아룀에 대해서는 어찌 한결같이 머뭇거리고 어렵게 여기십니까?"

남인 허적의 말은 모두 들으면서 왜 서인 송시열의 말은 듣지 않느냐는 비판이었다. 현종은 크게 분개해 꾸짖으면서 윤경교의 벼슬을 갈아치웠다.

"윤경교는 간관(諫官)으로 오래 있으면서 나라를 근심하는 말이 일언반구도 없었다. (……) 당을 끌어들이고 남의 뜻에 부합했다."

대기근 앞에서도 당리당략을 앞세운 일부 벼슬아치들이 있었지만 전체적으로는 대기근 극복에 전력을 기울였다. 이 때문에 하늘이 왕조를 버린 듯한 천재(天災)가 왕조 타도 투쟁으로 전환되지 않았던 것이다. 여기에는 다른 무엇보다도 대동법이 큰 역할을 했다. 경신대기근을 극복한 현종 14년(1673) 11월 전 사간(司諫) 이무(李堥)가 현종에게 이렇게 보고했다.

"대소 사민(士民)이 서로 '우리가 비록 신해년(현종 12)의 변을 겪었지만 지금까지 보존할 수 있었던 것은 대동법의 은혜입니다. 대동법 이전에는 농지 1결에 쌀을 60두씩 바쳐도 부족했지만 대동법 이후에는 1결에 10두씩만 내도 남습니다. 만약 대동법을 혁파한다면 백성이 굶주리고 흩어져도 구할 방도가 없을 것입니다'라고 말합니다."

대동법이 없었다면 경신대기근은 대대적인 왕조 타도 운동으로 번질 수 있었다는 뜻이다. 그래서 대동법은 양반 전주들의 격렬한 반대에도 불구하고 100년에 걸쳐 전국적으로 실시될 수 있었던 것이다.

그런데 대동법은 단순히 조세정의 실현에 머문 것이 아니었다. 대동법이 가져온 변화는 그 이상이었다. 대동법은 하나의 세법에 불과했으나 그 영향은 세금 분야에 그치지 않았다. 대동법은 세정 분야뿐만 아니라 조선의 경제 전반과 신분제에도 영향을 미쳤다. 조선 역사상 하나의 법이 이처럼 큰 영향을 미친 것은 이성계 일파가 위화도 회군 후 실시한 과전법을 제외하면 유일하다 할 것이다. 대동법이 가장 큰 영향을 미친 분야는 경제 분야였다. 공납제가 폐지됨으로써 정부는 이전에 공납으로 충당하던 물품을 조달하기 위한 새로운 체제를 수립해야 했다. 그래서 공인(貢人)이라는 새 직업이 생겨났다. 정부 물자 납품업자들이다. 이 공인들은 조선 후기 사회경제 발전에 주도적인 역할을 했다.

공인으로 지정된 사람들은 공물주인(貢物主人), 시전상인(市廛商人), 기인(其人), 경주인(京主人) 등 이전에 공납과 직간접적으로 관계가 있던 사람들이 주축이었다. 이 외에 각 관사에 소속되어 있는 원역(員役), 차인(差人), 감고(監考)도 공인으로 지정되었으며, 심지어 각 관사의 하인인 전례(典隷)도 공인이 되었다. 공인으로 지정된다는 것은 큰 특혜였다. 경우에 따라서는 납품할 물건 값을 선불로 받기도 했기 때문이다. 이런 특혜를 누린 공인들이 자본을 축적할 수 있었던 것은 당연한 일이었다. 자본을 축적한 일부 공인들은 선대제(先貸制)로 수공업자를 지배하기도 했다. 선대제란 상인들이 수공업자들에게 원료, 도구, 임금 등을 지불해서 필요한 물품을 생산시키는 체제를 말한다. 상인들이 자본으로 수공업자들을 지배했음을 의미하는데, 자본주의 발달사에서 나타나는 상인자본가의 원초적 형태와 같은 성격이었다. 조선 사회 내부에서 자체적으로 근대화를 지향하는 기운이 있었음을 보여주는 증거이다.

군역 문제를 어떻게 해결할까?

조선의 3대 세법 중 공납뿐 아니라 신역도 농민 생활을 파탄에 빠뜨린 주역 중 하나였다. 신역에는 농한기에 국가에 노동력을 제공하는 것과 군역이 있었는데, 군역이 큰 부담이었다. 군역 또한 형평성이 맞지 않는 것이 큰 문제였다. 조선 개국 초에는 양반 사대부를 포함한 모든 백성들에게 병역 의무가 있었다. 그러나 수양대군이 계유정난이라는 쿠데타를 일으킨 이후 사대부들의 지지를 받기 위해서 점차 양반층은 군역에서 면제되었다. 여기에 큰 전쟁이 없는 평화 시기가 계속되면서 관청에서는 군사를 직접 운용하기보다는 돈이나 포를 받고 병역을 면제시켜주었다. 이것이 방군수포제였다. 방군수포제는 관아의 경제 사정에 도움을 주었고, 이를 관리하는 관료들과 아전들에게도 도움을 주었다. 방군수포제가 불법이었음에도 근절되지 않고 전국적으로 확대된 데는 이런 사정이 있었다.

방군수포제는 중종 36년(1541) 군적수포제로 합법화되었다. 지방 수령이 관할 지역의 군정(軍丁: 병역 의무자)에게 1년에 군포 두 필을 징수하는 것으로 병역 의무를 대신하는 제도였다. 지방관이 이 군포를 중앙에 올리면 병조는 군사력이 필요한 각 지방에 군포를 보내서 군사를 고용하게 하는 제도였다. 문제는 양반 사대부들은 군포 징수 대상에서 면제되었다는 점이다. 상대적으로 재산이 많은 양반 사대부들은 병역 의무에서 면제되고 가난한 농민들만 병역 의무를 수행해야 했던 것이다.

여기에 양반 숫자가 급격하게 늘어나면서 병역 의무에서 면제되는 사람들이 늘어났다. 병역 수요는 그대로인데 면제자 숫자만 늘어

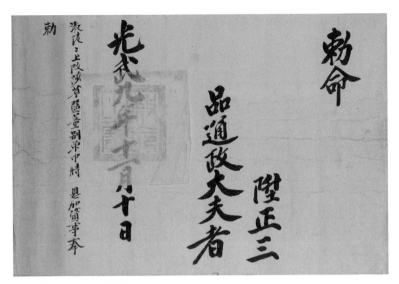

공명첩(칙령), 국립중앙박물관

났으니 농민들의 부담이 가중될 수밖에 없었다. 양반 숫자가 늘어난 것은 임진왜란·병자호란 때 정부에서 납속책(納粟策)과 공명첩(空名帖)을 남발했기 때문이다. 납속책은 국가에 쌀이나 포를 헌납하면 그 액수에 상응하는 반대급부를 주는 제도였다. 임란 이듬해인 선조 26년(1593) 군사비가 부족해지자 호조의 건의로 실시한 제도인데, 예를 들어 중인인 향리(鄕吏)가 쌀 3석을 납속하면 3년간 역을 면해주었고, 쌀 30섬을 납속하면 참하영직(參下影職)을, 80섬을 납속하면 동반실직(東班實職)을 주었다. 쌀 30섬이 있으면 참하영직을 얻어 군역이 면제되었고, 쌀 80섬만 있으면 실제로 관직에 나갈 수도 있었다. 돈만 있으면 양반 신분을 살 수 있게 된 것이다.

공명첩은 글자 그대로 이름이 쓰이지 않은[空名] 관직 임명장[帖]이었다. 조정에서 공명첩을 발행해서 돈이나 포를 내는 자가 있으면

빈칸에 이름을 써서 관직을 수여하는 것인데, 『선조실록』은 이렇게 말하고 있다.

적의 목을 벤 자, 납속을 한 자, 작은 공이 있는 자에게는 모두 관직 임명장이나 면천(免賤)·면역(免役)의 첩을 주었다. 병사를 모집하고 납속을 모집하는 관리가 이 첩을 가지고 지방에 내려갈 때 이름 쓰는 데를 비워두었다가 응모자가 있으면 그때마다 이름을 써서 주었다.

흉년이 들었을 때도 공명첩을 발행해 기근을 구제하고자 했는데, 『숙종실록』 16년(1690) 11월에는 "흉년이 들었으므로 진휼을 위해 가선, 통정, 동지, 첨지, (……) 첨사, 만호 등 공명첩 2만 장을 팔도에 나누어 팔게 했다"라는 기록이 있다. 한 번에 2만 장의 공명첩이 발행된 것이다. 공명첩은 당초 60살 이상에게만 판매하도록 되어 있었지만, 재정이 부족해지자 50살 이상으로 내려가는 등 수령자의 나이도 점차 내려가고 있었다.

납속책과 공명첩의 남발은 어느 정도 재력이 있는 양인들은 대부분 양반이 될 수 있었음을 의미한다. 이 외에도 재력 있는 농민들은 박지원(朴趾源)이 「양반전(兩班傳)」에서 풍자했듯이 가난한 양반으로부터 족보를 살 수도 있었다.

이런 경로를 거쳐 양반 수는 급증했다. 대구 지역의 경우, 숙종 때인 1690년만 해도 양반 비율은 9.2퍼센트였고 양민 53.7퍼센트, 노비 37.1퍼센트였는데, 약 100년 뒤인 1783년(정조 7)에 이르면 양반은 37.5퍼센트로 급격히 늘어난 반면 양민은 57.5퍼센트로 약간 늘었고, 노비는 5.0퍼센트로 급감했다. 이는 노비들이 양인으로 상승하고 양인

들이 양반으로 신분 상승한 결과이다. 약 70년 뒤인 1858년(철종 9)에
는 양반 비율은 70.3퍼센트로 수직 상승한 반면 양민은 28.2퍼센트
로 줄어들고 노비는 1.5퍼센트로 거의 무시해도 좋은 비율로 줄어들
었다.

　즉 양반은 급증한 반면 양민과 노비는 급감한 것이다. 양반의 증가
는 국민 다수의 신분 향상을 가져온다는 점에서 나쁠 것이야 없겠지
만, 문제는 이들에게 군역 면제라는 특권이 뒤따른다는 점이었다. 납
속책이나 공명첩으로 양반 벼슬을 사도 원래 양반들은 이들을 양반
으로 대접하지 않았고, 양인들도 이런 사실을 알고 있었다. 양인들은
군역 면제의 특권 때문에 기를 쓰고 양반이 되려고 하는 것이었다.
그래서 군역 면제자 수가 급격히 증가했다.

　이 문제를 악화시킨 것은 양란 이후 군인 수요가 크게 늘어났다는
점이다. 임진왜란 때 조정은 훈련도감을 설치했는데, 포수, 살수, 사
수의 삼수병으로 구성된 훈련도감은 급료를 받고 복무하는 직업군
인들이었다. 계해정변 직후 이괄의 난이 발생하자 어영청을 설치했
고, 경기 일대의 방위를 위해 총융청을 설치했으며, 정묘호란 뒤에는
남한산성에 수어청을 설치했고, 17세기 말에는 수도 방위를 위해 금
위영을 설치함으로써 군영이 다섯 개나 되었다. 군사 수는 늘어나는
데 군역을 담당해야 할 양인의 수는 줄어드는 모순이 발생했다. 이는
필연적으로 여러 가지 사회문제를 야기할 수밖에 없었다. 이 문제에
대한 여러 해결책이 제시된 것은 이 때문이었다.

　군역의 폐단 개선책은 소변통(小變通)과 대변통(大變通)으로 나눌
수 있다. 소변통은 부분적인 개혁안으로, 군제변통론(軍制變通論)이
라고도 한다. 대변통은 근본적인 개혁안으로, 양역개혁론(良役改革

論)이라고도 한다. 군제변통론은 양반 사대부에게 군역 의무는 부과하지 않고 군문(軍門)이나 군사 수를 줄이자는 것이고, 양역개혁론은 양반에게도 군역 의무를 부과해서 양역폐(良役弊)의 근본 원인을 해결해야 한다는 주장이었다.

이 문제가 발생한 근본 원인은 불평등한 군역 부과에 있었다. 영조 28년(1752) 1월 병조판서 홍계희(洪啓禧)가 대리청정하던 사도세자에게 군역 실태를 보고한 책자를 올렸는데, 이를 보면 조선의 군역 상태를 잘 알 수 있다. 홍계희는 "국초에는 신역법(身役法)이 매우 엄하여 위로 공경(公卿)의 아들에서부터 아래로 편맹(編氓: 호적에 편입된 모든 백성)에 이르기까지 각각 소속되어 있지 않은 이가 없었습니다"라고 말했다. 국초에는 모든 백성에게 병역 의무가 있었다는 뜻이다. 그러나 이런 원칙이 무너지면서 많은 문제가 발생했다는 것이다. 홍계희는 이렇게 보고했다.

"사대부의 자제들은 물론 지방의 한미한 집안까지 양반이라 칭하여 신역에서 면제되기를 꾀하니 군역은 모두 가난하고 세력 없는 빈궁민들에게 부과되기에 이르렀습니다. 양역자의 수는 삼남·강원·황해 6도의 민호 수가 대개 134만인데 잔호(殘戶)와 독호(獨戶) 72만을 제외하면 실호(實戶)는 62만입니다. 그러나 이 가운데 사부(士夫), 향품(鄕品), 부사(府史) 등 양역을 부과할 수 없는 자가 또한 5분의 4나 되니, 실제로 양역에 응하는 호는 단지 10만여 호뿐입니다. 더구나 이들은 물려받은 재산도 땅도 없어 모두 남의 땅을 병작(竝作)하는 처지여서 1년의 수입이 많아야 10석(石)에 불과한 데다, 그것마저 반은 전주에게 바쳐야 하니 그 나머지가 얼마나 되어서 20냥이나 되는 군역 비용을 마련하겠습니까? 비록 날마다 매로 닦달해도 그것을 마련할 길이 없어 마침내 죽지 않으면 도망을 가게 되고 도망간 자나 죽은 자의 몫은 또한 대신 충당할 길이 없으니 이에 백골징포(白骨徵布: 죽은 자에게도 군포를 받는 것)와 황구첨정(黃口簽丁: 어린아이에게도 군포를 받는 것)의 폐단이 생겨 친척이나 이웃에게 부담을 전가시켜 징수하게 하니 죄수가 옥에 가득하고 시끄럽게 호소함이 민화(民和)를 상하게 합니다."

홍계희의 말처럼 부유한 양반 사대부는 모두 병역에서 면제되고 가난하고 힘없는 백성들만 병역의 의무를 지면서 많은 문제가 발생했다. 죽은 사람이나 갓난아이에게도 군역을 부과하니 과중한 부담을 견디지 못한 농민들이 도망갈 수밖에 없었다.

이 문제를 해결하려면 대동법처럼 근본적인 발상의 전환이 필요했다. 공납폐를 해결하는 방법이 간단했던 것처럼 군역폐를 해소하는 방법도 사실 간단했다. 양반들도 군역 의무를 수행하면 되는 것이었다. 홍계희의 지적처럼 가장 가난한 10만여 호가 부유층이 포함된 134만 호의 군역을 지게 되니 이들의 고통도 고통이지만 국방이 제대로 될 리 없었다.

그러나 양반 사대부는 병역 의무 부과에 격렬하게 저항했다. 임진왜란, 병자호란을 겪고도 자신들의 계급적 이익만 추구했다. 이 문제의 근본적 해결책은 사회 저변에서부터 붕괴되어가는 신분제를 해체하는 것이었다. 이 시기 농민들의 의식은 크게 성장했고, 중인층은 시회(詩會)를 결성해 한시(漢詩)를 지을 정도로 양반 사대부들의 학문 독점은 이미 붕괴된 상황이었다. 군역폐 해결도 사회 저변의 이런 흐름에 맞춰 신분제를 해체하는 방향으로 나아가야 했다. 그러나 양반 사대부들은 자신들의 계급적 이익을 포기하거나 양보할 생각이 전혀 없었다.

국왕들은 대동법 실시에 동의했던 것처럼 양역폐를 개선하여 농민 생활을 안정시켜야 한다는 데 동의했다. 즉 양반 사대부들도 군역 의무를 져야 한다는 데 동의했지만, 양반 사대부들의 반발 때문에 쉽지 않았다. 그래서 나온 방안이 군문 축소로, 군사 수를 줄임으로써 양민들의 군역 부담을 조금이라도 가볍게 하자는 군제변통론이었다.

조정은 숙종 28년(1702) 양역이정청(良役釐正廳)을 설치하고 이를 주관하는 구관당상(句管堂上)을 임명했다. 양역이정청은 군역폐를 바로잡는 관청이라는 뜻이었다. 이유(李濡), 이인엽(李寅燁), 민진후(閔鎭厚) 등 구관당상들은 6개월의 연구 끝에 양역변통에 대해 임금에게 상언(上言)했다.

이들은 양역폐의 근본 원인이 군문이 지나치게 많다는 데 있다는 것에 동의했다. 그래서 5군영 중 하나를 철폐하거나 각 군문의 군사 수를 축소해야 한다고 주장했다. 이를 군사제도를 변화시킨다는 뜻에서 군제변통론이라고 한다. 다섯 개 군문 중 하나를 혁파하자는 이 주장은 문제제기 초만 해도 상당히 설득력이 있었다. 국왕 숙종도 이에 동조했다.

"작은 나라에 군문이 다섯이나 되니 어찌 폐단이 없겠는가. 다만 사안에 따라 의논하여 언제든지 군문을 축소하되 금위영을 먼저 혁파하도록 하라."

그러나 변덕이 심한 숙종은 당초 입장을 바꾸어서 국왕의 경호가 약화된다는 이유로 반대로 돌아섰다. 숙종이 태도를 바꾸어 군제변통에 반대하자 구관당상 이인엽은 금위영은 유지시켜 5군영 체제를 유지하되 각 군문별로 군사를 조금씩 줄이자고 제안했다. 이에 따라

5군영의 불요불급한 군사 3만 7,000여 명을 감축함으로써 백골징포, 황구첨정, 인징, 족징 등의 폐단을 부분적으로 해소할 수 있었다. 그러나 군제변통은 미봉책일 수밖에 없었고, 양반 사대부들도 군역의 의무를 지는 근본적인 해결책은 아니었다.

그래서 이 문제에 대한 논의가 계속되었는데, 핵심은 양반들에게도 과세할 것인가 아닌가의 문제였다. 이 문제도 대동법처럼 남인들은 대체로 양반 과세, 즉 양반들에게 병역 의무를 부과하는 것에 찬성했던 반면, 서인들은 개인의 소신에 따라 견해가 달라졌다.

양역폐 해소에 적극적이었던 임금은 영조였다. 그래서 영조 때 이 문제에 대한 논의가 가장 활발했다. 영조는 문제 해결을 위한 준비 작업으로 재위 10년(1734) 정월 각 도의 양역(良役) 실태를 조사하게 했다. 재위 18년(1742)에는 폐지되었던 양역사정청(良役査正廳)을 다시 설치하고 삼정승에게 관장하게 했다. 재위 21년(1745) 정월에는 팔도에 심리어사(審理御使)를 파견해 양역변통에 대한 백성들의 의견을 취합해 보고하도록 했다.

양역변통에 대한 논의는 대체로 네 가지 방향에서 이루어졌다. 유포론(遊布論), 호포론(戶布論), 구전론(口錢論), 결포론(結布論)이 그것이다.

유포론은 군역 기피자를 색출해서 군역의 의무를 지우자는 것이었다. 현종 15년(1647) 7월 남인 영수 허적이 이렇게 말했다.

"지난번에 이유태(李惟泰)가 '양반, 상민 따지지 말고 각각 베 한 필씩 받아들이자'고 말했는데, 그 의견이 좋을 것 같습니다."

이유태는 송시열, 송준길 등과 가까웠던 서인이었지만 군역은 양반들도 져야 한다고 생각했다. 이에 대해 반대한 것도 서인인 대사헌

강백년(姜栢年)이었다.

"국조(國朝)에서 300년 동안 사대부를 아주 후하게 대우해왔습니다. 그 사이에 더러 (사대부라는) 이름을 빙자하여 역(役)을 면한 자가 없지는 않았으나 구별하기가 어려워서 일체 선비로 대우해주었습니다. 그런데 만일 싸잡아 군포를 징수하면 군역을 정한 것과 무엇이 다르겠습니까?"

사대부들에게 군포를 받는 것은 사대부에 대한 대접이 아니라는 이유였다. 강백년은 청백리였지만 군역 문제는 다르다고 생각했다. 이른바 숭유양사론(崇儒養士論: 유학을 높이고 사대부를 기름)으로, 특권 의식의 발로였다. 숙종 때도 남인 윤휴(尹鑴)가 유포론을 다시 제기했으나 숭유양사론에 의해 또다시 좌절되었다. 유포론은 놀고 있는 양반들에게도 군역을 부담시키자는 다소 타협적인 안이었는데도 반대가 극심했다.

호포론과 구전론은 유포론보다 근본적인 군역 폐단 해결책이었다. 호포론은 양반, 상민 따질 것 없이 모든 가호에게 군포를 받자는 안이었다. 어차피 상민들은 그동안 군포를 내왔으니 결국 양반에게도 군포를 받자는 안이었는데, 효종 10년(1659), 현종 15년(1674)에 서인 정태화 등 일부 관료들이 제기했으나 문제제기 수준이었다. 호포론은 숙종 8년(1682)에 활발하게 논의되었는데, 이를 강하게 제기한 인물이 병조참판 이사명(李師命)이었다. 그 역시 서인이었지만 군역폐해소에는 앞장섰다. 그는 군포 징수의 면제가 양반 신분의 한 증표이기 때문에 양반들이 군포 내는 것을 꺼리므로 이를 개인 단위가 아니라 가호 단위로 부과하면 전세와 마찬가지로 신분 질서에 저촉되지 않는다고 주장했다. 개인이 아니라 가호 단위로 부과하면 반발이 약할 것이라는 논리였다. 그러나 그의 주장도 기득권을 지키려는 사대부들에 의해 여지없이 묵살되고 말았다. 호포론에 대해 숙종 7년 (1681) 4월 서인 대사헌 이단하가 반대한 논리는 특권의식의 극치였다. 그는 모든 집이 군포를 내자는 호포론이 말은 그럴듯하다고 하면서도 격렬하게 반대했다.

"성왕(聖王)이 천하 국가를 다스리실 때 그 사정이 다르기 때문에 귀한 자는 귀하게, 천한 자는 천하게, 두터운 것은 두텁게, 엷은 것은 엷게 하셨는데, 대소와 경중(輕重)도 이렇지 않은 것이 없으므로 각자가 모두 그 쓰일 바를 얻어 감히 그 분수를 넘지 못하게 했습니다. 그런데 지금 귀천을 막론하고 모두 호포를 내게 하자 하니 조신 (朝紳: 조정의 벼슬아치)들이야 국가의 위망한 형세를 구하기 위해 낸다 하더라도 꺼릴 것이 없지만 사대부로 말한다면 평생을 고생하면서 부지런히 독서한 선비가 일자무식한 상놈들과 같이 포를 내게 되면 어찌 원망이 없겠습니까?"

양반 사대부가 상놈처럼 어찌 군포를 내겠느냐는 것이었다. 이는 위진남북조시대 송나라의 왕구(王球, 393~441)가 말한 "사대부와 서민의 구별은 국가의 헌법이다[士庶之別 國之章也]"라는 사대부 특권사상을 그대로 답습한 것이었다. 그러나 명나라는 조세에서 특권사상이 모두 사라졌는데 조선의 사대부들만 특권을 주장하는 것이었다.

호포론이 양반 개인이 아닌 가호를 단위로 포를 내자고 주장했음에도 사대부들의 거센 반발을 받았음을 생각해보면 계구수포(計口收布), 즉 양반 개인을 단위로 돈을 받자는 구전론이 더 큰 반발을 받았을 것임은 쉽게 추측할 수 있다. 그러나 당시 지배층이라고 해서 모두 양반 계급의 이익만을 옹호했던 것은 아니다. 지배층 내에도 호포론은 물론 구전론까지 주장한 관료들도 있었다. 서인이었던 이이명(李頤命)도 그런 관료 중 한 명이었다. 이이명은 숙종 37년(1711) 이렇게 주장했다.

"양반들과 한유(閑遊)하던 무리들에게 이전에는 내지 않던 군역을 지우면 반드시 원망할 것입니다. 앞서 제기되었던 호포제가 좌절된 것도 모두 이 무리들이 과격하고 헛된 말로 선동했기 때문입니다. 그 중에 얼마나마 사리를 아는 자는 모두가 왕의 신민으로서 어찌 나만 홀로 빠질 수 있겠는가 하는 생각에 원망하지 않을 것입니다. 일찍이 군역 지는 것을 두려워하던 자도 비록 약간의 비용이 들지만 영원히 후환이 없어지므로 이를 원망하지 않을 것입니다. 오직 강포한 무뢰배들만이 원망할 터인데, 이는 오히려 백골징포나 황구첨정에 따르는 일반 백성들의 원망보다는 덜할 것입니다."

이이명은 사대부도 모두 군역 대신 돈을 내는 구전론 실시를 주장했다. 그러나 양반 사대부들 중에서 이는 소수의 목소리에 불과했다. 대다수 양반들은 사대부들이 군포나 군전(軍錢)을 내야 한다는 주장에 격렬하게 반대했다. 심지어 숙종 때의 우의정 조상우(趙相愚), 영조 때의 지돈녕(知敦寧) 이종성(李宗城) 등은 사대부들에게 군포나 군전을 징수하면 사대부들이 반란을 선동할 수 있다고까지 반대했다.

물론 이들의 견해가 무조건 그른 것은 아니었다. 사대부 중에도 극도로 가난한 사대부가 많았다. 이종성은 서울에서 팔도까지 눈바람 치는 혹한에도 연화(煙火: 밥 짓는 연기)가 끊긴 집은 가난한 사대부이고, 나이 많아도 시집 못 가는 자는 가난한 양반집 딸들이라면서 상민들은 일이라도 할 수 있지만 사대부는 그렇지 못하다고 반대했다. 이종성은 영조 26년(1750) "신풍부원군[新豊府院君: 효종의 비 인선

이이명, 국립중앙박물관
당대의 석학으로 성리학에 정통했다. 경종
이 즉위한 후 노론 4대신의 한 명으로서
연잉군을 왕세제로 책봉할 것을 주청하여
성사시켰다. 아들 이기지가 관련된 목호룡
의 고변 때 임금으로 추대받았다는 혐의를
받고 서울로 압송되어 사사되었다가 영조
가 즉위한 후 복관되었다.

왕후의 아버지 장유(張維)]이 '나라에서 차라리 소민의 마음은 잃을지
언정 사대부의 마음을 잃을 수는 없다'고 말했다"면서 양반들에게는
군포나 군전을 받을 수 없다고 주장했다. 양반들의 마음을 잃으면 이
들이 반란을 선동할 수 있다는 것이다. 실제 계해정변을 겪었던 임금
의 입장에서 사대부들이 돌아서는 것은 무척 두려운 일이었다. 그래
서 호포론과 구전론은 양반들의 격렬한 반대로 실현될 수 없었다.

그래서 대두된 것이 결포론이었다. 결포론이란 수포(收布) 대상을
사람 단위에서 토지 면적 단위로 전환하자는 것이었다. 즉 대동법처
럼 토지 단위로 군포를 받자는 것이었다. 결포론은 양역변통론 논의
초기에는 고려 대상이 되지 못하다가 호포론과 구전론이 양반들의
반대로 실행이 어려워짐에 따라 대두되었다. 결포론은 경종 때 1년
에 1인당 두 필씩 내는 군포를 한 필로 반감하자는 감포론(減布論)과
더불어 유력하게 대두했다. 결포론은 신분제를 유지하는 방안 중에

서는 가장 실현성이 높은 방안이었다. 군포에서 면제되는 것이 양반의 신분적 상징으로 되어 있는 상황에서 토지를 단위로 군포를 부과하면 신분제의 금기를 건드리지 않고도 군포를 거둘 수 있기 때문이었다. 그래서 이는 영조 26년(1750) 균역법 중에서 전주들에게 농지 1결당 2두씩 추가로 군포를 지우는 결미(結米)로 절충되었다.

숙종 때부터 본격적으로 논의되기 시작한 양역변통론은 영조 26년(1750) 균역법으로 낙착되었다. 균역법은 양반 사대부들의 군역 부과 문제는 해결하지 못한 채 양인들이 1년에 두 필씩 내던 군포를 한 필로 감해주는 것으로 결론 낸 것이었다. 두 필에서 한 필로 감해짐에 따라 발생하는 부족분은 결미와 선무군관세(양역을 회피한 부유한 양인들에게 군관의 이름을 주고 한 필씩 징수하는 것), 어염세, 선세 등으로 보충하게 했다.

균역법은 군역을 담당한 양인들의 부담을 일부 감해주었지만, 양반 과세라는 근본적인 해결책과는 거리가 먼 부분적인 개혁안이었다. 또한 신분제 해체라는 당시 사회의 거센 요구에도 부응하지 못한 미봉책이었다.

개혁은 가진 자의 양보를 요구하기에 이들의 반발이 따르는 것이 역사의 상례이지만, 그 반발에 밀린 미봉책은 그 이상의 대가를 지불한다는 것 또한 역사의 교훈이다. 대동법이 공납폐의 근본적인 문제 해결에 접근해 조선 후기 사회의 경제 발전을 선도했다면, 균역법은 양반에게도 군역을 부과해야 한다는 근본 문제 해결을 방기한 시늉뿐인 개혁에 지나지 않았다. 신분제 해체라는 사회 흐름에 역행한 것이었다. 조선 후기 숫자가 대폭 늘어난 양반들은 여전히 군역에서 제외되고 빈궁민들만 군역의 부담을 짐으로써 조선의 국방은 약화될 수밖에 없었다. 조선의 국방이 크게 약화된 것이 바로 이 군역의 폐단에 있었음에도 양반 사대부들의 계급적 반발에 밀려 문제의 근본적 해소에 실패함으로써 조선은 내내 국방이 약한 나라가 될 수밖에 없었다. 고종 8년(1871) 대원군이 모든 가호에 호포를 거두는 호포법(戶布法)을 실시해 양반들에게도 호포를 거두었지만 이미 때는 늦었다. 게다가 이때도 양반들의 위신을 고려해서 노비의 이름으로 대신 납부하게 했으니 신분제 해체라는 시대의 요구와는 여전히 거리가 있었다.

4장

공존에서 배척으로

"몸을 닦고 글을 읽는 것이 너희의 일이다. 잘 모르는 일을 억지로 논하다가
남들의 비웃음과 모욕을 사지 말라."
– 서인의 상소를 받은 인조의 비답에서

문묘종사운동, 공자를 등에 업고

조선시대 성균관과 각 향교에는 공자를 받드는 묘우(廟宇)인 문묘(文廟)가 있었다. 문묘는 중앙에 공자를 정위(正位)로 하고, 그의 학통을 이은 사성(四聖)*을 배향(配享)하는 공문십철(孔門十哲)**과 송나라 때 유학자들인 송조 육현(六賢)***을 종사(從祀)했다. 조선에서는 특히 송조 육현이 중요했다. 송조 육현은 성리학자들이었는데, 조선의 국시가 성리학이었기 때문이다. 여기에 우여곡절 끝에 우리나라 유학자 18명이 모셔져서 제사를 받게 되는데, 이를 둘러싼 논쟁을 문묘종사(文廟從祀)논쟁이라고 한다. 유학의 나라이자 성리학의 나라인 조선에서 공자, 맹자, 정자, 주자와 함께 종사된다는 것은 곧 그의 학문과 사상이 조선의 국시가 되었다는 의미였다. 그래서 각 당파에서는 자신들이 학문적 지주로 삼는 유학자들을 문묘에 종사하려고 경쟁적으로 노력했다.

중국에서 문묘를 처음 세운 나라는 유학을 국교로 삼은 한(漢)나

---

* 안자(顔子), 증자(曾子), 자사(子思), 맹자(孟子).

** 안연(顔淵), 민자건(閔子騫), 염백우(冉伯牛), 중궁(仲弓), 재아(宰我), 자공(子貢), 염우(冉有), 계로(季路), 자유(子游), 자하(子夏) 등 공자의 제자 열 명을 일컫는다.

*** 주희(朱熹: 주자), 정호(程顥), 정이(程頤) 형제(정자), 주돈이(周敦頤), 소옹(邵雍), 장재(張載).

문묘종사운동 주요 일지

고려

현종　11년(1020)　최치원 문묘종사.
현종　13년(1022)　설총 문묘종사.
충숙왕　6년(1319)　안향 문묘종사.

조선

중종　12년(1517)　사림파, 정몽주·김굉필을 문묘에 종사하자고 주장. 정몽주만 성공.
선조　3년(1570)　사림파, 4현(김굉필, 정여창, 이언적, 조광조) 문묘종사 주장. 실패.
선조　37년(1604)　4현에 이황 포함한 5현 문묘종사 주장. 실패.
광해군　3년(1611)　대북 정인홍, 이언적·이황의 문묘종사 반대. 『청금록』에서 제명 됨. 같은 해, 5현 문묘종사.
인조　즉위년(1622)　집권 서인, 이이·성혼의 문묘종사 주장. 남인 반대.
숙종　7년(1681)　경신환국으로 집권한 서인, 이이·성혼 문묘종사 관철.
숙종　15년(1689)　기사환국으로 집권한 남인, 이이·성혼 문묘에서 출향.
숙종　20년(1694)　갑술환국으로 재집권한 서인, 이이·성혼 문묘에 다시 종사.

라였다. 그 후 많은 왕조가 바뀌었지만 중국의 역대 왕조는 대부분 문묘를 세워 제사를 지냈다. 우리나라에서는 신라 성덕왕 13년(714)에 김수충(金守忠)이 당나라에서 공자와 공문십철, 그리고 72제자의 화상(畫像)을 가지고 와서 왕명에 의해 국학에 두면서부터 문묘가 시작되었다. 이후 고려 현종 11년(1020)에 신라 말기의 유학자 최치원을 문묘에 종사한 것이 우리나라의 첫 문묘종사였다.

　그러나 신라나 고려는 불교의 나라였지 유교의 나라가 아니었다. 고려 중기 이후 유학자들이 조정에 점점 많이 진출하게 되면서 유교가 득세하게 되었는데, 고려 후기 안향(安珦, 1243~1306)의 역할이 컸다. 안향은 충렬왕 15년(1289) 왕비 제국대장공주를 모시고 원나라에 갔는데, 문묘에 참배하자 원의 학관(學官)이 "고려에도 성묘(聖廟: 문

문묘 대성전(성균관), 대한제국 당시 석전대제.

묘)가 있습니까?"라고 물었다. 안향이 "고려에도 중국과 똑같은 성묘
가 있습니다"라고 답하자 중국의 학관들이 그를 '동방의 주자'라고
칭송했다고 한다. 안향은 충렬왕 29년(1303)에 국학학정(國學學正)인
김문정(金文鼎)을 중국 강남에 보내 공자 및 제자들의 화상과 문묘
에서 사용할 제기와 육경(六經), 주자서(朱子書) 등을 구해 오게 했고,
유학자들을 기르기 위해 장학재단인 양현고(養賢庫)도 설립했다. 그
래서 그는 사망한 이듬해인 충렬왕 32년(1307)에 최치원에 이어 두
번째로 문묘에 종사되었다.

조선에 문묘종사를 처음 주창한 것은 사림 세력이었다. 훈구 세력
에 맞서 정치적·학문적·이념적 우위를 차지할 수 있는 수단의 하나
로 문묘종사운동에 착안한 것이다. 사림 계열의 학통은 고려 말 정몽
주에서 시작하여 길재에게 전해졌고, 길재의 제자인 김숙자(金叔滋)
와 그의 아들 김종직을 거쳐 김굉필, 정여창 등으로 이어졌다고 해석

되고 있다. 사림파는 자신들의 스승을 문묘에 종사함으로써 정치적·학문적 정통성의 근거로 삼으려고 했던 것이다.

사림파가 문묘종사운동을 조직적으로 전개한 것은 16세기 중종 때였다. 이때 조광조 중심의 사림파는 도학정치(道學政治)와 지치주의(至治主義)를 표방하면서 문묘종사운동을 전개했다. 도학정치란 성리학의 이상을 실현하는 정치이고, 지치주의 역시 성리학의 이상을 현실에 구현하는 정치를 뜻한다. 이때 사림파가 문묘에 종사하자고 주장한 인물은 정몽주와 김굉필이었다. 정몽주는 유학을 크게 일으켜 후학에게 전해준 공로가 있다는 이유로, 김굉필은 정몽주의 학통을 이어 경학(經學)을 존중하고 이단을 배척해서 풍속을 개선하고 사습(士習)을 개신한 공로가 있다는 이유로 문묘에 종사해 그 뜻을 계승해야 한다고 역설했다.

훈구파는 이것이 정치공세에 불과하다고 비판했다. 훈구파는 정몽주와 김굉필을 분리하는 방식으로 대응했다. 훈구파는 이렇게 주장했다.

"정몽주와 김굉필을 문묘에 종사하자는 본뜻은 김굉필을 종사하게 하고 그것을 빙자하여 당을 세우자는 데 있었는데, 김굉필만을 종사하자고 하면 사람들이 믿고 좇지 않을 것이므로 부득이 정몽주를 아울러 들춘 것이요, 처음부터 정몽주를 위해 계획을 세운 것은 아니다."

이런 인식에서 훈구파는 정몽주의 문묘종사는 찬성하되 김굉필은 반대했다. 훈구파는 표면적으로는 김굉필이 학문적 업적도 없고 저술도 없다는 이유로 반대했다. 무오사화 때 평안도 희천에 유배되었을 때 조광조를 가르친 것 외에 무슨 학문적 업적이 있느냐는 것이었다. 김굉필은 김종직의 문하로서 김종직의 「조의제문(弔義帝文)」에서 발단된 무오사화 때 유배되었다가 갑자사화 때 사약을 받은 유학자였으므로 훈구파로서는 받아들이기 힘든 인물이기도 했다. 훈구파의 전략이 성공을 거두어 이때의 문묘종사운동은 정몽주만 종사하는 것으로 일단락되고 김굉필의 문묘종사 시도는 무위로 끝나고 말았다. 게다가 이를 주도한 조광조가 사사되면서 사림파는 한동안 이 문제를 꺼내지 못했다.

그 후 명종 대를 거쳐 선조 대에 이르러 세력이 커진 사림파는 다시 문묘종사운동을 전개했다. 김굉필, 정여창, 이언적, 조광조 등 네 명의 유학자를 '사현(四賢)'이라 칭하면서 '사현 문묘종사운동'을 전개했다. 사림파는 이에 대한 반대가 심하자 '사현'이 이미 문묘에 종사된 유학자들보다 공이 크다는 명분을 내세웠다.

"문묘에 종사된 최치원, 설총, 안향 같은 이들을 볼 것 같으면, 최치원은 문장으로서 한때를 노래하고, 설총은 방언으로서 구경(九經)을 해석하고, 안향은 학교에 공이 있었을 따름인데도 문묘에 배향되는 영광을 누렸는데, 우리 사현은 도를 지키어 후학을 연 공이 있음에도 종사의 대열에 끼지 못하고 있으니 어찌 성대(聖代)의 결전(缺典)이라고 하지 않을 수 있겠습니까?"

그러나 이들의 문묘종사가 이루어지지 않은 채 대상 인물만 자꾸 늘어났다. 사현 외에 서경덕과 이황도 종사해야 한다고 그 문도들이 주장하고 나선 것이다. 그러나 뚜렷한 학파를 형성하지 못했던 서경덕은 중도에 탈락하고 이황만 추가되어 '오현(五賢)종사운동'으로 정리되었다. 오현종사운동은 정인홍 등 북인들이 스승 조식이 빠졌다는 이유로 반대하는 등 숱한 논란을 겪다가 광해군 2년(1610) 9월 드디어 문묘에 종사하기로 결정되었다.

서인들은 계해정변을 성공시킨 이후에 율곡 이이와 우계 성혼을 종사 대상에 추가하려고 했지만 남인들이 격렬하게 반대했다. 남인들의 세력 기반인 영남 유림들은 연일 상소를 올려 이이, 성혼의 문묘종사를 반대했다. 명목상 서·남인 연합 정권인 인조 정권 아래에서 이이, 성혼의 문묘종사에 대한 남인들의 반대는 서인들의 감정을 악화시켰다. 또한 국왕들은 대부분 조선 유학자들의 문묘종사를 탐탁지 않게 생각했다. 이들 유학자들이 왕실 위에 있는 것처럼 여겨지기 때문이었다.

율우(栗牛: 율곡 이이와 우계 성혼)의 문묘종사는 서인과 남인을 첨예하게 대립시켰다. 남인 중에서 율우의 문묘종사를 반대한 인물들은 허목(許穆), 윤선도(尹善道), 윤휴 등이었다. 허목이 이이의 문묘종사를 반대한 것은 그가 한때 불교에 귀의했었다는 이유 때문이었다. 허목은 이이의 학문을 이렇게 비판했다.

"율곡은 '먼저 중요한 길을 찾아 문정(門庭)을 훤히 연 뒤에라야 정해진 방향 없이 널리 배울 수 있다'라고 했다. 이는 도(道)를 보는 것을 먼저 하고 학문을 뒤로 돌린 것으로 학문 방법을 거꾸로 한 것이다. 이는 불교의 돈오법(頓惡法)이지 공자의 가르침은 아니다."

율곡의 학문은 연역에서 귀납으로 향하는 것인데, 이는 불교의 수행법이지 유학의 논리가 아니라는 비판이었다. 허목의 비판은 율곡이 한때 불교에 귀의했던 것에 대한 비판이었다. 이이는 유학자가 아니라 검은 장삼을 입은 승려에 불과하다는 비판이었다.

남인들은 성혼의 문묘종사도 반대했다.

"임진왜란 때 임금이 서쪽으로 몽진(蒙塵)했는데, 성혼은 파주에 살면서 임금의 수레가 지나가는데도 나와 보지도 않으면서 '국도를 떠난 뒤에는 임금을 호종할 의무가 없다'고 말했습니다."

성혼은 임진왜란 당시 선조가 북쪽으로 도망갈 때 호종하지 않은 죄인이라는 주장이었다. 그러나 이는 이홍로의 참소에 불과했고, 성혼은 자신의 마을을 지나간다는 사실도 몰랐다. 윤휴도 허목과 같은 견지에서 이이를 비판했다.

"율곡이 『성학집요(聖學輯要)』 서문에서 말하기를 '먼저 중요한 길을 찾아 문정을 훤히 연 뒤에라야 정해진 방향 없이 널리 배울 수 있다'고 했는데, 이 말은 크게 잘못되었다. (……) 율곡의 말처럼 한다면 근본을 세움이 확실하지 못하고 방향이 정해지기도 전에 요로와 문정을 얻게 되는 것이니 무슨 말인가? (……) 이는 불가(佛家)의 거꾸로 배우는 방법이지 공자의 가르침이 아니다."

이이의 문묘종사를 비판하는 핵심은 이이의 학문 순서와 출가 경력이었다. 그러나 나중에 윤휴가 『중용(中庸)』을 주희와 달리 해석했다가 송시열로부터 사문난적(斯門亂賊)이라는 비판을 받고 "천하의 많은 이치를 어찌 주자만 알고 나는 모르겠는가?"라고 항변한 것처럼 학문 방법이나 천하의 이치에 도달하는 방법은 정해져 있는 것이 아니었다.

문묘종사운동은 서인과 남인 사이를 크게 벌려놓았다. 이때 남인들이 율우의 문묘종사를 반대만 할 것이 아니라 임란 극복에 큰 공을 세운 류성룡 등을 함께 종사하는 방향으로 진행시켰으면 상황이 달라질 수 있었다. 그러나 두 당파는 서로의 공감대를 확대하기보다는 서로의 이질감을 확대하는 방법으로 이 문제를 대했고, 두 당파의 사이는 크게 멀어졌다.

'인심도심 논쟁', 사대부의 정치이론

사림파가 주장했던 도학정치와 지치주의는 이들이 성리학적 이론을 현실 정치에 접목시키려 했음을 말해준다. 이것이 조선 정당정치의 주요 특징이다. 이 이론 논쟁은 때로 같은 당파 사이에서도 치열하게 전개되었다. 이이와 성혼 사이에 벌어진 '율우논변(栗牛論辨)'이 이를 말해준다. 다른 말로 '인심도심(人心道心)논쟁'이라고도 한다.

성혼은 당초 이황과 기대승의 사단칠정론에 대해 기대승의 이론을 타당하다고 여겼으나, 주희의 글에 이황의 주장과 같은 구절이 있음을 발견한 후 종래의 입장을 버리고 이황의 견해를 지지하려는 생각을 갖게 되었다. 성혼이 자신의 견해에 대한 이이의 생각을 묻는 편지를 보내면서 논쟁이 시작되었다.

주희의 사단칠정론은 여진족(만주족)이 세운 금나라에 신사봉공(臣事奉貢)해야 했던 남송의 정치 상황에서 나온 것으로, 현실이 이상과 배치되는 상황에서 나온 것이다. 한족인 주희의 사상으로는 한족이 천하를 지배하는 것이 이상인 사단이지만, 현실은 한족이 여진족의 지배를 받는 칠정이었다. 주희의 이상은 이(理)이자 도심(道心)인 한족이 기(氣)이자 인심(人心)인 여진족을 지배해야 했지만 현실은 반대였다. 그래서 주희는 이상과 현실을 분리시키는 이기이원론과 인심도심론(人心道心論)을 주장한 것이었다. 이처럼 주희에게는 이와 기, 사단과 칠정, 도심과 인심은 분리되어야 할 별개의 개념이었다.

이황 역시 훈구파가 지배하는 상황에서 살았던 정치가이자 학자였으므로 이상과 현실의 분리를 주장하는 주희의 사단칠정론과 인심도심론을 받아들여 이기이원론을 주창한 것이었다. 한족이 여진족의 지배를 받는 남송의 현실과 사림파가 훈구파의 지배를 받는 조선의 현실이 비슷했으므로 이황은 사단과 칠정, 인심과 도심이 분리되어 있다는 이기이원론을 쉽게 이해할 수 있었다.

그러나 기대승은 사단과 칠정, 이와 기는 현상세계에서 나눌 수 없다고 주장했다. 일종의 이기일원론인 것이다.

인심·도심은 사단·칠정과 비슷한 개념이라 할 수 있다. 주희는 도심과 인심을 구분하여 우리의 마음에서 순수하게 도덕적인 것이 도심이고, 인심은 그 자체가 부도덕한 것은 아니지만 인간의 신체적 기운과 욕구에서 생기므로 부도덕하게 될 위험이 있는 하위개념으로 보았다. 따라서 도심은 선하지만 인심은 선한 경우와 악한 경우가 함께 있으므로 도심이 인심을 이끌어야 한다고 주장했던 것이다.

쉽게 말하면 인심은 선할 수도 악할 수도 있지만 도심은 항상 선하므로 도심으로 중심을 잡고 성실히 실천하는 것이 바른 자세라는 것이다. 약간 어려운 개념이므로 우리의 실생활로 예를 들어보자. 예전에 착하던 어떤 사람이 높은 지위에 오른 후 나쁘게 변했다 치자. 이런 경우에 "저 사람은 그럴 사람이 아닌데……"라며 고개를 갸우뚱한다. 이것이 인심이다. 선할 수도 악할 수도 있는 것이 인심인 까닭이다. 그러나 도심은 언제나 선한 것이다.

논쟁의 핵심은 도심과 인심이 별개의 존재인가, 아니면 한곳에서 나와 갈라지는 존재인가 하는 점이다. 주희와 이황은 도심과 인심이 별개의 것이라고 주장했다. 이기이원론과 같은 맥락이다. 이에 반해 기대승과 이이는 현상에서 이와 기를 분리할 수 없다는 이기일원론을 주장했다.

중국에서 주희의 인심도심설을 비판한 인물은 명나라의 나흠순(羅

欽順)이었다. 그는 주희의 이기이원론을 비판하고 이와 기를 혼연일체로 보는 북송 정호의 이기일체설을 받아들였다. 더 나아가 그는 이란 실체가 아니고 기의 법칙에 불과하다는 기일원론(氣一元論)을 주장했다. 우리나라에서 나흠순의 이기일체설과 인심도심의 일원론적 관계, 즉 인심도심이 나뉘어 있지 않다는 이론을 받아들인 사람은 노수신이었다. 이황은 인심도심이 나뉘어 있다고 믿는 철학자였으므로 노수신의 이론을 비판했고, 둘 사이에는 논쟁이 벌어졌다.

이황의 인심도심설은 주희의 주장을 반복한 것이었다. 다만 이황은 인심도심설의 정교한 이론 체계보다는 도덕적인 실천을 강조한 점이 조금 달랐다. 다시 말해서 이황은 인심과 도심, 사단과 칠정, 이와 기를 구별하면서 도심·사단·이를 인심·칠정·기보다 우위에 놓았을 뿐만 아니라 양자를 구별해놓았다. 나아가 이황은 도심을 존천리(存天理: 천리를 보존하는 것), 알인욕(遏人慾: 인간의 욕망을 막는 것)의 경지까지 높여 절대화하려고 했다.

노수신은 조선 성리학의 정통적 계보인 김굉필과 조광조의 학통을 이어받은 이연경(李延慶)의 제자이자 사위였다. 그는 사림파가 수난을 겪는 명종 때 을사·정미사화에 연루되어 전라도 진도에서 장장 19년의 귀양살이를 한 인물이었다. 그가 나흠순의 『곤지기(困知記)』를 인용해 인심도심이 하나에서 나온다는 논의를 펴자 이황과 이항(李恒), 김인후 등은 계속해서 비판을 가했다. 이것이 이황과 노수신의 인심도심논쟁이다.

이황은 이렇게 비판했다.

"노수신의 주장은 선학(禪學)적 폐단이 있으니 제거하기 바란다."

자칫 잘못하면 불교로 갈 수 있다는 것이었다.

김인후도 마찬가지였다.

"선학에 떨어질까 염려한다."

이는 주희가 인심도심을 논한 「중용장구서(中庸章句序)」에서 이단의 학설을 우려하면서 노자와 불교가 진리를 크게 어지럽혔다고 비판한 것과 같은 견지의 비판이다. 그러나 성리학의 수행 방법을 불교에서 가져왔으면 불교의 장점을 흡수하고 단점을 버리면 될 문제이지 무조건 선학의 요소가 있다고 비판할 것은 아니었다.

이황과 노수신의 인심도심논쟁은 이이와 성혼에게로 이어졌다. 성혼이 이이에게 이기론에 대한 문제제기를 하는 데서 출발하여 인심도심논쟁으로 발전해나갔다. 38살의 성혼은 한 살 아래인 이이와 선조 5년(1572)에 아홉 차례의 서신을 왕래하면서 논쟁을 이어갔는데, 성혼은 이렇게 말했다.

"인심과 도심이 구분되어 있지만 예로부터 성현이 모두 이기의 발동을 근본으로 삼았으니 인심과 도심이 구분되어 있다는 이황의 논의도 잘못된 것이 아니라고 생각합니다."

이에 대해서 이이는 이렇게 반박했다.

"마음[心]은 하나지만 도심이다 인심이다 일컫는 것은 성명(性命)과 형기(形器)가 구별되기 때문입니다. 정(情)도 하나지만 사단이다 칠정이다 하는 것은 이(理)를 말할 때와 기(氣)를 같이 말할 때가 같지 않기 때문입니다. 따라서 인심과 도심은 능히 서로 겸할 수는 없어도 서로 시작과 끝이 될 수는 있으며, 사단은 칠정을 겸할 수 없으나 칠정은 사단을 겸할 수 있다고 생각합니다."

나아가 이이는 성혼이 주희의 말을 빌려 인심도심설을 주장하자 "성현의 말씀도 혹 횡설수설하는 때가 있고 그 본뜻을 잃어버리기도 합니다"라고 답해서 중요한 것은 주희의 주장이 아니라 진리 자체라고 말했다. 이런 이이의 학통을 이었다는 송시열 등이 나중에 주희와 조금만 다르면 사문난적으로 배척해서 학자를 매장시켰던 것은 역사의 아이러니가 아닐 수 없다.

이이는 주희와 이황, 성혼이 인심과 도심을 절대적인 개념으로 파악하는 것에 반대하여 인심과 도심을 상대적으로 파악하여 처음에 인심이었던 것이 도심으로 변할 수도 있고 도심으로 시작된 것이 인심으로 끝날 수도 있다고 주장한 것이었다. 즉 도심과 인심은 서로 분리된 존재가 아니라고 본 것이었다. 이이는 이렇게 주장했다.

"사람의 마음이 성명에서 나왔다고 하더라도 그것을 능히 따르고 완수하지 못한다면, 이는 처음은 도심이다가 끝에 가서는 인심이 되는 것입니다. 사람의 마음이 형기에서 나왔더라도 바른 이치를 거스르지 않는다면 도심에 어긋나지 않는 것입니다. 혹 바른 이치를 거스른다 해도 그 잘못을 알아서 억제하고 눌러서 욕심을 좇지 아니하면 이것은 처음에 인심이다가 끝에 가서는 도심이 되는 것입니다."

인심이 변하여 도심이 될 수도 있고 도심이 변하여 인심이 될 수도 있다는 상대론적이고 순환론적인 견해였다. 즉 군자도 타락하면 소인이 될 수 있고 소인도 수련을 쌓으면 군자가 될 수 있다는 이치였다. 이이는 이런 견지에서 노비나 서자가 사군육진에 자원입대해서 일정한 기간을 마치면 노비는 양인으로 신분을 상승시켜주고 서자들에게는 과거 응시 자격을 주자는 정책을 제안했다. 신분제의 틀을 완화하는 방안을 제시한 데는 이런 학문적 배경이 있었던 것이다. 인심과 도심이 서로 시작과 끝이 될 수 있다는 이이의 상대론적인 견해가 바로 이황 및 성혼의 이론 체계와 달라지는 곳이다.

이기론에 대한 기대승과 이황의 논쟁이 서로 보완하는 모습을 보이며 전개되다가 어느 정도 합일된 방향으로 나아간 것과 달리, 이이와 성혼의 논쟁은 끝내 합의에 이르지 못했다. 이이는 끝까지 인심과 도심은 서로 겸할 수 없어도 서로 시작과 끝이 될 수는 있고, 사단은 칠정을 겸할 수 없으나 칠정은 사단을 겸할 수 있다고 주장했던 것이다.

이이와 성혼은 같은 서인이었지만 근본적인 학문 문제에서 생각이 달랐다. 특히 이이가 제시했던 상대론적 세계관이 나중에 남인들에게 계승되는 반면 이이의 후계를 자처했던 서인과 노론은 주자학 절대주의를 주창한 것 또한 역사의 아이러니다. 도심보다 인심, 즉 사대부의 계급적 이익을 앞세운 결과였다.

기나긴 문묘종사의 길

서인들은 계해정변으로 정권을 잡자마자 인조 원년(1623) 3월 이이에게 영의정을 추증하고 4월에는 성혼을 신원했다. 같은 시기에 특진관 유순익(柳舜翼)은 경연에서 이이를 문묘에 종사해야 한다고 주장했고 인조는 반대했다.

"문묘종사 문제는 큰 문제이기 때문에 쉽게 생각할 수 없다."

인조는 이이를 문묘종사하면 서인들의 정치이념이 왕실보다 우위에 있게 될 것을 우려해 반대한 것이었다. 이로써 다시 문묘종사논쟁이 시작되었다.

유순익이 이이만 문묘종사 대상으로 적시하자 서인 사대부와 유생들 사이에서 반론이 일었다.

"성혼 선생 또한 율곡과 도가 같고 덕도 같은데 누가 감히 우열을 가린단 말인가?"

이들은 산림(山林) 영수인 김집의 재가를 받아 두 사람의 문묘종사를 함께 요청했다.

서인들은 집요하게 두 사람의 문묘종사를 요청했지만, 인조는 신중히 처리할 문제라는 명분으로 거듭 거부했다. 인조의 의중을 읽은 남인들과 영남 출신 유생들은 점차 목소리를 높여 문묘종사를 반대했다.

인조 즉위 직후부터 시작된 율우의 문묘종사운동이 남인들의 반대에 부딪히자 반정공신인 좌찬성 이귀는 인조 6년(1628) 이이와 성혼이 이황의 학통을 계승했다고 주장하기도 했다. 남인의 반대를 무마하기 위한 것이었다.

"기묘사화로 유도(儒道)가 베이고 녹아 없어진 나머지 이황은 학문이 끊어진 뒤에 스스로 분발하여 나와서 변하게 되었습니다. 그러나 그것을 깊이 알고 독실하게 좋아한 사람은 오직 이이와 성혼일 따름입니다. 이황이 죽고 난 뒤로부터 두 사람의 도덕은 더욱 높아져 백세의 유종(儒宗)이 되었습니다. (……) 불행하게도 두 사람은 시론(時論)에 거슬러 근거 없는 말을 덮어쓰게 되었습니다. 동서 분당 이후 시론에 붙은 무리들이 처음에는 헐뜯더니 얼마 있지 않아서는 공격을 했습니다."

이이와 성혼이 이황의 학통을 계승했다는 주장으로, 서인과 남인 사이의 오랜 갈등을 희석시킬 수 있는 방안이었다. 그러나 이 또한 남인들에 의해 거부되었다. 인조 즉위 직후 시작된 율우 문묘종사운동은 10년의 세월을 훨씬 넘기고도 매듭을 짓지 못한 채 계속되고 있었다. 청 태종이 침입하기 7개월 전인 인조 13년(1635) 5월 성균관의 서인계 유생 송시형(宋時瑩: 송시열의 종형) 등 270여 명은 율우의 문묘종사를 청원하는 연명상소를 올렸다.

> 계미년(선조 16, 1583)에 이이가 뭇 소인들에게 모함을 당했는데, 그때 성혼은 서울에 있었기에 소(疏)를 올려 변호했으므로 한쪽 편 사람들에게 원수처럼 미움을 받게 되었습니다. 처음에는 이홍로의 교묘한 참소를 받았고, 마침내는 정인홍에게 헐뜯음을 당하여 (……) 지하에서도 원통함을 끌어안고 있은 지가 거의 수십 년이나 되었습니다. 우리 거룩하고 현명하신 임금(인조)께서 즉위하시고서야 비로소 신원이 되었습니다. (……) 두 사람의 유학에 대한 공과 덕이 이러한데도 높여 보답하는 전례(典禮)가 지금까지도 아무 소식이 없으니 이는 정말 신 등의 죄이고, 아울러 태평성대의 흠입니다.

다시 율우의 문묘종사를 주청한 것이다. 송시형을 비롯한 성균관 유생들은 이이와 성혼을 탄핵한 주요 세력이 동인이라고 직접 지칭하지는 않은 채 "뭇 소인", "한쪽 편 사람들"이라고 수식하다가 정인홍이라는 구체적인 이름을 댔다. 율우를 헐뜯은 대표적 인물로 남인이 아닌 대북 정인홍을 지목함으로써 남인과 북인들을 분리시키고자 한 것이었다. 율우의 문묘종사를 반대하는 것은 광해군 때의 대북 정권처럼 부도한 세력이라는 암시이기도 했다. 율우와 대북 정인홍을 대비시킴으로써 율우의 문묘종사를 막는 인조의 처사가 반정이념에도 어긋난다는 의미까지 담고 있었다. 표면적으로는 성균관 유생들의 집단 상소였지만, 그 배후는 김장생의 아들이자 산림의 영수인 김집이었다. 이에 대한 인조의 비답은 마찬가지였다.

"문묘종사 문제는 더없이 중요하므로 가볍게 의논할 수 없다."

인조는 비록 서인들의 쿠데타로 왕위에 올랐지만 서인들을 견제하려 했고, 이 때문에 이이와 성혼에 대한 비판론을 지지했다. 영남의 유생들도 상소를 올려 반대했다.

> 이이는 산에 들어가 머리를 깎고 중이 되었으니 명교(名敎)에 흠이
> 있고, 성혼은 임진왜란 때 임금을 버리고 나라를 저버렸으며 사대부
> 를 음해해서 죽였으니 문묘에 종사할 수 없습니다.

사대부를 음해해서 죽였다는 말은 정여립 반란 사건 때 최영경을 구해주지 않았다는 비판이었지만 이는 오해에서 비롯된 것이었다. 이 상소에 대해 서인 오윤겸, 조익(趙翼) 등이 상소를 올려 영남 유생들이 이이, 성혼을 무고하고 있다고 비판하자 인조는 이렇게 말했다.

"이이와 성혼의 흠이야 세상 사람들이 이미 다 아는 것 아닌가. (……) 두 사람은 도덕이 높지 않고 흠이 있어 비방이 따르는 것이다."

서인계 유생 270여 명의 집단 상소는 관학(館學)인 성균관을 둘로 갈라놓았다. 심지어 이를 둘러싸고 성균관 내에서 폭행 사건이 벌어지기도 했다. 당시 성균관 유생들은 집권 세력을 반영하듯 서인계가 더 많았는데, 송시형 등이 논의를 모으는 과정에서 반대 의견을 내는 남인계 유생들을 핍박하여 내쫓고 사사롭게 유벌(儒罰)을 가한 것이다.

서인계 유생들의 핍박을 받은 채진후(蔡振後) 등 남인계 유생들은

상사 때 입는 건복(巾服) 차림으로 대궐을 지나 동학(東學)으로 가서 집단 상소를 올렸다.

> 이이는 불교를 좋아해서 절로 달려 들어가 불교에 종사했으니 그 흉부를 다 빼내버려도 그 더러움을 다 씻을 수가 없었습니다. (……) 성혼은 임진왜란 때 왜적이 서울에 들이닥쳤을 때 신하로 하룻길밖에 안 되는 경기도에 있으면서도 달려오지 않았을 뿐만 아니라 대가(大駕: 임금이 탄 수레)가 그가 사는 곳을 지나가는 날에도 나와 보지 않았습니다.

인조는 이 문제에서는 남인 유생들의 편을 드는 비답을 내렸다.

> "이이 등을 문묘에 종사하자는 건의는 매우 참람하니 나도 그것이 불가함을 안다."

인조의 비답에 '흠이 있어 비방이 따른다', '매우 참람하다' 등의 글귀까지 있자 서인계 중신들이 나섰다. 인조가 비답을 내린 이튿날 영의정 윤방, 우의정 김상용이 차자(箚子: 약식 상소문)를 올려 서인계 유생들을 지지하고 인조를 공박했다.

> 성균관 유생들이 이이와 성혼을 문묘에 종사하자고 요청한 상소는 선비들의 논의가 일제히 나온 것으로서 선현을 받들어 유학의 기풍을 진작시킬 바탕으로 삼고자 한 것이니 가상히 여길 만한 일입니다. 그러나 엎드려 생각해보건대, 전하의 비답에 '흠이 있어 비방이 따

른다', '매우 참람하다' 등의 말씀은 여러 신하들이 바라던 바가 전혀 아닙니다.

윤방 등은 인조를 직접 공박하고 남인계 유생들을 비판했다.

따로 무리를 지어 소를 올려 선현을 못 할 말이 없을 때까지 헐뜯었으니 이 어찌 선비의 아름다운 기풍이겠습니까? 두 어진 신하가 설령 문묘에 종사하기에 합당하지 않더라도 또한 덕이 높은 선배요, 선생(先生)이고 장자(長者)인 것은 틀림없는데, 선비라고 이름하면서 어찌 가벼이 멋대로 거리낌 없이 욕하는 것이 이 지경에 이를 수 있겠습니까? 이런 습속이 자라나면 선비들이 어찌 통합될 수 있겠으며, 공의(公議)가 높아지고 밝아질 수 있겠습니까? 인심과 세상의 도리가 날로 어찌할 수 없는 데로 치달을까 두렵습니다.

문제는 이때가 청나라의 침략을 눈앞에 둔 일촉즉발의 위기 상황이라는 데 있었다. 국가적 위기 상황에서 유생들뿐만 아니라 조정 중신들과 임금까지 문묘종사 문제에 매달렸다.

문묘종사 문제는 성리학 사회에서 일종의 국시가 되는 문제이므로 각 당파가 사활을 걸 만한 문제였다. 그러나 청나라와의 긴장이 극에 달한 상황에서 낮밤을 지새울 문제는 아니었다. 더구나 반대론의 핵심인 이이의 불교 경력과 성혼의 호종 시비는 지엽적인 문제였다. 학문적으로 따져도 이황이 주희의 성리학을 완전히 이해한 유학자라면, 이이는 이를 한 차원 끌어올려 조선화한 유학자로서 문묘에 종사되기에 부족함이 없었다.

계해정변의 목전에서

영의정 윤방, 우의정 김상용의 비판에 당황한 인조는 태도를 바꾸어 남인계 유생들을 비판했다.

"유생 채진후 등이 국가의 조치도 기다리지 않은 채 곧바로 상소를 올린 것은 매우 경망스럽다."

이후 인조는 비답에서 '참람하다', '흠이 있다' 등의 표현은 일절 쓰지 않고 다만 '중대한 일이기 때문에 신중해야 한다'는 표현으로 문묘종사를 반대했다. 반박 상소를 올린 채진후 등 여섯 명의 유생이 과거 응시가 금지되는 정거(停擧)를 받자 남인계 유생 50여 명은 출석표인 원점(圓點)을 거부하고 과거 응시도 거부했다. 나아가 남인계 유생 권적(權躓) 등 20여 명은 채진후 등과 함께 처벌을 받겠다고 나섰다.

성균관에서는 남인계 유생들의 시위에 당황해 그들을 성균관에서 축출한 서인계 유생 세 명에게 정거의 벌을 내렸다. 그러자 서인계 유생들도 성균관에서 일제히 퇴거해 한 달 앞으로 다가온 대과(大科)를 시행할 수 없는 지경에 이르렀다. 양쪽 다 동맹휴학과 시험 거부를 결의한 셈이었다.

지성균관사(知成均館事) 겸 대제학 최명길이 수습책을 제시했다. 양측 유생 모두를 타이르는 방안이었다. 문제가 된 것이 동맹휴학 20여 일이 지난 남인계 유생들이 과거 응시에 필요한 출석일수가 부족하다는 점이었다. 원점 300점이 넘어야 대과에 응시할 자격이 있었다. 최명길은 원점을 하향 조정하자는 방안을 제시했다. 그러나 최명길의 현실적인 수습책도 이행되지 못했다. 최명길의 글 중에 남인계 유생들의 상소를 꾸짖는 내용이 들어 있는 것을 빌미로 남인계 유생 권적이 다시 상소를 올려 이이와 성혼을 장황하게 비판했던 것이다.

최명길은 주동자 처벌을 요구하면서 자신도 파직시켜줄 것을 요구하는 것으로 태도를 바꾸었다. 최명길이 체직(遞職)되자 이이, 성혼의 문묘종사 문제는 유림 전체로 확산되었다. 최명길이 체직된 지 열흘 뒤에 황해도 유생 윤홍민(尹弘敏) 등 48명, 파주 유생 유응태(兪應台) 등 36명, 경기도 유생 신희도(辛喜道) 등 33명, 평안도 유생 홍선(洪僎) 등 33명이 각각 상소하여 율우의 문묘종사를 요청했다. 인조는 또 거부했다.

"몸을 닦고 글을 읽는 것이 너희의 일이다. 잘 모르는 일을 억지로 논하다가 남들의 비웃음과 모욕을 사지 말라."

인조의 비답은 타오르는 불길에 기름을 부은 격이었다. 사학(四學)의 유생 중 무려 1,400여 명이 남인계 유생을 비난하는 상소를 올렸고, 개성부 유생 50명, 풍덕 유생 15명, 전라도 유생 195명, 충청도 유생 50여 명이 율우의 문묘종사를 요청했으나 인조는 윤허하지 않았다.

청 태종이 침입하기 두 달 전인 인조 14년(1636) 10월, 진사 윤성(尹城) 등 수백 명이 율우의 문묘종사를 요청하는 상소를 세 번이나 올렸으나 인조는 역시 윤허하지 않았다. 그야말로 전란이 코앞에 닥쳤는데 지배층들은 문묘종사 문제로 시종여일하는 형국이었다. 이 문제로 국론이 양분되어 있는 상황에서 인조는 선전의 교서를 내리고 곧이어 청의 침략을 받았으니 삼전도의 치욕은 예고된 것이나 마찬가지였다. 임진왜란이 끝난 지 40년, 정묘호란을 당한 지 10년이 지났을 뿐이지만 조선의 유학자들은 국방이 아니라 문묘종사 문제로 밤을 지새웠다. 이는 조선 사대부들의 자기분열이자 자기붕괴에 다름 아니었다. 율우의 문묘종사 문제는 결국 병자호란으로 종결지어졌다. 나라가 말발굽에 짓밟힌 후에야 문묘종사 논쟁이 도끼자루 썩는지 모르는 신선놀음이었다는 사실이 객관적으로 입증된 셈이다. 이후 인조 재위 시에 더 이상 문묘종사 문제로 서인과 남인 사이에 대립이 없었던 것은 이 때문이었다.

그렇다고 이들이 국난을 코앞에 두고 문묘종사라는 관념의 유희를 벌였던 과오를 반성한 것은 아니었다. 효종이 즉위하자마자 이 문제를 다시 제기한 것이 이를 잘 말해준다. 그것도 시대착오적인 숭명사대주의 정책으로 국난을 초래한 집권 서인들이 먼저 제기했다. 효종 즉위년(1649) 12월 서인계 성균관 유생 홍위(洪葳) 등 수백 명이 율우의 문묘종사를 요청하는 연명상소를 올림으로써 지루한 논쟁이 다시 시작되었다. 효종의 입장에서는 부왕이 거듭 거부한 문묘종사를 즉위하자마자 허락할 수는 없었다.

"문묘종사 문제는 지극히 중요한 전례(典禮)이기 때문에 가볍게 논의하기 어렵다."

인조와 같은 논지였다.

서인들이 쿠데타를 일으켜 광해군의 중립외교를 숭명사대주의로 변경하면서 병자호란이 발생했고, 인조는 남융복을 입고 삼전도에 나가 삼궤구복하는 치욕을 겪었다. 집권 서인은 온 당력을 집중해 피폐해진 국토를 재건하고 민생의 안정을 꾀해야 했지만 다시 문묘종사 문제를 꺼내 들었다. 이 소식을 들은 영남 유생들도 안동 유림들을 중심으로 900여 명이 반대 상소를 올렸다. 반대 논리 역시 이이와 성혼의 과거 문제였다. 남인들도 병자호란에 책임이 없지는 않았다.

그들도 비록 야당이지만 반정 정권에 참여한 당파였기 때문이다.

그런데 영남 유생들의 반대 상소 후 의외의 일이 벌어졌다. 경상도 상주의 진사 신석정(申碩亭) 등 40여 명이 남인 유생들의 상소를 반박하고 이이와 성혼의 문묘종사를 요청한 것이었다. 지금까지 대체로 영남을 제외한 기호 유림은 율우의 문묘종사를 요청하고 영남 유림은 반대해왔다. 그러나 숫자가 많지 않았을 뿐 기호에도 남인들을 지지하는 사대부가 있었고, 영남에도 서인들을 지지하는 사대부가 있었다. 효종은 문묘종사 논쟁 자체를 소모적인 정쟁으로 여겼다. 효종은 영남 유생들의 상소에 이렇게 비답했다.

> "상소를 보고 그 내용을 다 알았다. 너희가 서로 어지럽게 배척하여 그치지 않는데, 내가 보건대 까마귀 암수 구분하는 것과 다를 바가 없도다."

효종은 소현세자의 장남인 석철에게 돌아가야 할 왕위가 자신에게 돌아온 데 대한 부담이 있었다. 이런 부담을 북벌로 씻으려고 했다. 그러나 사대부 사회는 유생들이고 조정의 벼슬아치고 간에 오로지 이이와 성혼의 문묘종사 문제로 시끄러웠다. 효종은 국왕의 자리에서는 율우의 문묘종사가 아니라 북벌을 단행해 국치를 설욕하는 것이 중요하다고 생각했다.

남인들은 영남 유생들이 이이와 성혼의 문묘종사를 주장하는 상소를 올린 것에 경악했다. 영남 유생들은 상주 신석정의 집으로 몰려가 그의 집을 헐어버렸다. 여기서 그치지 않고 신석정을 도(道)에서 쫓아내는 사형(私刑)을 가했다. 당심(黨心)이 흉부 깊은 곳까지 가득

찬 행위였다.

농업 사회이자 향촌 사회인 조선에서 출향(出鄕)은 사형(死刑)과 마찬가지였다. 문묘종사는 선현을 문묘에 종사함으로써 그들의 학문적 업적을 기리고 만인의 귀감으로 삼고자 하는 뜻인데, 목적과는 정반대 현상이 벌어진 것이었다.

남인들만 제재를 가한 것은 아니었다. 성균관의 서인계 유생들은 율우의 문묘종사를 반대한 영남 유림의 소두(疏頭: 연명상소에서 맨 먼저 이름을 적은 주동자) 유직(柳稷)에 대해서 삭적(削籍), 부황(付黃)의 유벌(儒罰)을 내렸다. 삭적은 유생 명부에서 이름을 지우는 것이고, 부황은 노란 종이에 죄상을 써서 북에 붙이고 거리를 행진하며 죄상을 알리는 처벌이었다. 남인계 유생들은 1차로 30여 명이 퇴거하는 것으로 이에 항의했고, 뒤이어 100여 명이 퇴거해버렸다.

효종 재위 10년 동안 임금은 북벌 준비에 모든 정력을 쏟았지만, 집권 서인들은 율우의 문묘종사 문제에 신경을 쏟고 남인들은 이를 반대하는 데만 온 정신을 쏟았다. 이는 조선의 지배층이 이미 집권 세력으로서의 자격을 상실했음을 의미하는 것이었다. 다만 다른 대안 세력이 없었을 뿐이었다.

이들은 효종 사후 현종 재위 15년 동안에도 같은 논지로 싸웠으나 문묘종사는 이루어지지 못했다. 현종 또한 인조나 효종처럼 집권 서인들을 견제하기 위한 목적에서 문묘종사를 거부했기 때문이다. 이이, 성혼이 문묘에 종사된 것은 숙종 6년(1680) 서인이 남인을 축출하고 정권을 장악한 경신환국(庚申換局) 이듬해였다. 계해정변으로 집권한 서인이 율우의 문묘종사를 요구한 지 장장 4대 58년 만의 일이었다. 그러나 8년 후인 숙종 15년(1689)의 기사환국(己巳換局)으로 남인이 재집권하자 두 사람은 문묘에서 쫓겨났다. 그러나 이것이 끝이 아니었다. 숙종 20년(1694)의 갑술환국으로 서인들이 재집권하자 두 사람은 다시 문묘에 승무(陞廡)되었다.

이처럼 특정 당파의 집권에 따라 배향과 출향이 거듭되는 상황은 문묘종사가 특정 정파의 이익 실현 도구로 전락해버렸음을 말해준다. 그렇게 조선의 유교 정치는 극도의 관념주의로 흐르면서 스스로를 부정했다. 그러나 그런 관념의 유희 속에서 나라가 나아갈 방향을 고민하는 임금이 있었다. 바로 효종이었다.

효종시대, 북벌을 둘러싼 동상이몽

봉림대군이 소현세자와 함께 심양으로 볼모로 잡혀갔을 때 소현세자는 만 25살, 봉림대군은 만 18살이었다. 효종은 훗날 아들(현종)에게 "내가 형님과 심양에 인질로 잡혀 있을 때 신민(臣民)들이 내게 어진 덕이 있다고 오인하여 마음으로 따랐다"고 말했을 정도로 군주의 자질이 있었다. 그러나 이때만 해도 봉림대군은 자신이 왕이 될 것이라는 생각은 하지 못했다. 인조의 후사는 소현세자였고, 소현세자가 잘못되더라도 그 후사는 세자의 장남 석철이었지 자신은 아니었기 때문이다. 봉림대군은 인질 시절 소현세자를 깍듯하게 모셨다. 그러나 소현세자가 인조에 의해 죽고 뜻밖에 세자가 되었고, 인조가 재위 27년(1649) 5월 사망하자 31살의 나이로 제17대 조선 임금으로 즉위했다.

효종은 자신의 즉위를 둘러싼 시선을 잘 알고 있었다. 조카인 석철

효종 때의 정치 구도와 주요 정치 일지

남인		서인	
		산당	한당

주요 일지

효종　2년(1651)　김자점, 송시열이 저술한「장릉지문」에 청나라 연호 쓰지 않았다고
　　　　　　　　　청에 밀고.
　　　　　　　　　충청도에 대동법 시행.
　　　5년(1654)　청의 요청에 의해 러시아 정벌.
　　　9년(1658)　전라도에 대동법 시행.
　　10년(1659)　효종 사망.

의 자리를 차지했다는 의구심이 있다는 사실을 알고 있었다. 소현세
자 급서 후 아버지 인조의 뜻이 석철이 아니라 자신에게 있음을 알
았을 때 그는 몇 번 사양했지만 결국은 못 이기는 척 세자 자리에 올
랐다.

　그러나 효종은 자신이 어떻게 임금이 되었으며 왜 임금이 되었는
지, 그리고 나라가, 시대가 요구하는 자신의 임무가 무엇인지 잘 알
았던 임금이었다. 그것은 북벌이었다. 그는 8년의 볼모 생활을 겪으
면서 청나라의 허실을 잘 알았다. 조선의 허실도 잘 알았다. 그는 서
인들이 요구하는 이이, 성혼의 문묘종사는 거부한 반면 양반 전주들
의 반대를 무릅쓰고 충청도와 전라도에 대동법을 확대 실시했다. 북
벌을 위해서는 조선의 경제가 안정되어야 하기 때문이었다.

　효종은 왕위에 오르자마자 청나라에 유화적인 정치 세력을 몰아
내고 반청적인 인사들을 중용했다. 이때 축출된 대표적인 친청파가

김자점이었다. 김자점은 계해정변 당시 김류, 이귀 등과 함께 일등공신에 봉해졌던 정사공신이었다. 병자호란 후 다른 벼슬아치들이 청나라 사신으로 가는 것을 꺼렸지만 스스로 사은사를 자처할 정도로 현실적인 인물이기도 했다. 나아가 그는 인조의 후궁 귀인 조씨와 결탁해 소현세자와 인조 사이를 이간하기도 하고, 조씨 소생의 효명옹주와 자신의 손자 세룡을 혼인시켜 왕실과 사돈관계를 맺기도 했다.

인조는 측근 중 친청파가 하나쯤 있는 것이 나쁘지 않다는 계산에서 김자점을 곁에 두었으나 효종이 즉위하자 사정이 달라졌다. 효종이 즉위 후 산림 영수 김집을 이조판서에 임명하자 김집은 제자인 송시열, 송준길을 등용해 김자점을 탄핵하게 했다. 김자점은 김집, 송시열, 송준길은 물론 권시(權諰), 이유태, 김상헌 등 강경 반청 인사들에게 쫓겨 실각한 후 유배되었다. 그러자 김자점은 청나라를 끌어들였다. 역관 이형장(李馨長)을 시켜 효종이 청나라를 치려 한다고 청에 고변했던 것이다. 김자점이 청나라에 제출한 증거물이 송시열이 쓴 「장릉지문(長陵誌文)」이었다. 장릉은 인조와 왕비 인열 한씨의 능이었는데, 송시열이 비문을 쓰면서 청나라의 연호를 쓰지 않았다. 김자점은 이것이 청을 인정하지 않을 뿐만 아니라 청을 치려는 계획적인 의도라고 고변한 것이다.

청나라는 이 사건을 중시하여 압록강 근처에 군대를 증강 배치해서 무력시위를 벌이는 한편 진상조사단을 파견했다. 영의정 이경석(李景奭)과 예조판서 조경(趙絅)이 청나라 사문사신(査問使臣) 파흘내(巴訖乃) 등의 질책을 받고 의주 백마산성에 유폐되었으나, 사건이 무마되면서 김자점도 다시 광양으로 유배되었다.

이런 상황에서 효종 2년(1651) 숭선군(崇善君) 추대 사건이 발생했

인조와 왕비 인열왕후의 능인 장릉, 문화재청

다. 숭선군은 인조의 다섯째 아들로서 어머니는 귀인 조씨였으므로
김자점 집안과는 사돈 사이였다. 김자점의 아들 김식이 숭선군을 추
대하기로 했다고도 하고, 김식이 직접 왕이 되려고 했다고도 하는 사
건이었다. 김자점은 효종 2년(1651) 12월 이 사건으로 아들과 함께
사형당했다. 김자점과 사돈이던 인조의 후궁 귀인 조씨 역시 사약을
받았다.

친청 세력인 김자점을 제거한 효종은 본격적인 북벌에 착수했다.
그러나 효종은 곧 김자점보다 더 근본적인 문제에 부딪히게 되었다.
계해정변의 주역 서인들의 겉 다르고 속 다른 이중 행태였다. 이들은
겉으로는 모두 '삼전도의 치욕'을 입에 달고 북벌을 주창했다. 그러
나 그 속내는 전혀 달랐다.

병조판서 박서(朴遾), 원두표(元斗杓), 훈련대장 이완(李浣) 등 아주
소수의 벼슬아치만이 실제 북벌을 주창했다. 대부분의 서인들은 입

으로는 북벌을 주창하지만 실제로는 북벌이 불가능하다고 반대했다.

효종은 재위 2년(1651) 8월 박서를 병조판서로 임명해 본격적인 북벌 준비에 나섰다. 그는 효종의 군비 확장 계획에 대다수 문신이 반대할 때 홀로 '수륙군환정사목(水陸軍換定事目)'이라는 군정 개혁 5개 조를 내놓고 찬성했던 인물이었다. 그러나 박서는 효종 4년(1653) 6월 급서하고 말았다.

실망한 효종은 박서의 뒤를 원두표에게 맡겼다. 원두표 역시 군비 증강을 지지하는 소수 문신 중 한 명이었다. 효종은 또 이완을 어영대장에 임명해 문무를 조화시켰다. 문신 원두표에게는 북벌 기획을, 무신 이완에게는 실행을 맡겼다. 그러나 효종이 실제 북벌을 준비하자 대부분의 문신들이 반대했다. 문신들은 근본적으로 '문을 높이고 무를 낮춰 보는' 숭문천무(崇文賤武) 사상을 갖고 있었다. 청나라의 무력 앞에 그렇게 속수무책으로 당하고도 전혀 바뀌지 않았다. 그래서 효종은 이렇게 비판했다.

"문관이 무변(武弁: 무장)처럼 생기면 경시당하지만 무관이 서생(書生)처럼 생기면 용납된다. (……) 지금 세상에 서생 같은 무관이 어떻게 전진(戰陣) 사이에서 힘을 쓸 수 있겠는가?"

효종은 "전시에 일개 서생들이 군사를 지휘하는 것이 우리나라의 큰 폐단"이라면서 무신을 문신인 도체찰사가 지휘하는 군사체제를 비판했다.

효종은 무장을 양성하기 위해 재위 4년(1653) 9월 특별 무과시험인 관무재(觀武才)를 실시하고, 성적 우수자에게 지방 수령을 제수해 사기를 높이려 했다. 이에 대해 영의정 정태화는 "수령은 상으로 줄 수 있는 벼슬이 아니니 다른 상을 주소서"라고 반대했다. 그래서 효종은 첨사(僉使: 병마절제사)를 제수했다. 효종은 무장을 양성하기 위해서 영장(營將)제도를 활성화하려 했다. 임란 때 류성룡이 만든 속오군을 통합 지휘하는 직책이 영장이었다. 처음에는 무장이 임명되었다가 임란이 끝난 후 지방 수령이 겸직했는데, 정묘호란 때 문신 수령들이 지휘법을 몰라 기껏 기른 군사들이 무용지물이 된 제도였다. 효종은 영장제도를 활성화하기 위해 의정부에 논의를 맡겼는데, 논의만 분분할 뿐 병조판서 박서가 죽을 때까지 결론을 내리지 못했다.

효종 5년(1654) 2월 새 병조판서 원두표의 건의를 받아 영장을 차출해 삼남에 보내 군무를 전담하게 했는데, 이번에도 문신들의 반대가 들끓었지만 강행했다. 그리고 같은 해 12월 무신 유혁연(柳赫然)을 승지로 임명했는데, 이번에도 문신들은 무신을 승지로 임명한 것은 전례가 없다면서 반대했지만 강행했다.

이처럼 갖은 방법으로 무장을 양성하고 군비를 증강한 결과, 재위 6년(1655) 무렵에는 상당한 병력을 갖게 되었다. 효종은 그해 9월 김포의 장릉 참배를 마치고 돌아오면서 노량진에서 군사들의 훈련을 직접 참관했다. 이때 동원된 군사가 모두 1만 3,000여 명인데, "서울의 사대부가 여자들까지 와서 구경하는 일이 매우 많았다"고 전할 정도로 장관이었다.

그러나 효종의 이런 군비 증강과 북벌 계획에 송시열을 비롯한 문신들이 조직적으로 반발하면서 효종은 많은 암초를 만나야 했다. 이들은 말로는 '치욕을 북벌로 갚자'는 북벌설치(北伐雪恥)를 주장했지만, 막상 군비를 증강하려고 하면 백성의 생활이 피폐해진다며 반대했다. 군사를 기르는 양병(養兵)보다 백성 생활을 안정시키는 양민(養民)과 안민(安民)이 더 중요하다는 논리였는데, 말 자체야 틀리지 않지만 그러려면 북벌설치 따위의 말은 하지 말아야 했다. 그러나 숭명 (崇明) 의리를 당론으로 내세운 산림, 즉 산당은 효종의 군비 증강 계획에 안민을 내세워 반대하는 이중 행보를 보였다.

효종이 만난(萬難)을 무릅쓰고 북벌 준비에 박차를 가하자 재위 8년(1657) 무렵부터는 송시열이 당수인 산당을 중심으로 사대부의 집단 저항이 노골화되었다. 효종 8년에 전 헌납 윤겸은 "영장을 설치하는 것은 그 폐단이 만 가지나 된다"면서 반대하고, 같은 해 사간 이정기는 "여러 신하가 전하께서 무예를 좋아하신다고 의심하고 있다"면서 효종을 비판했다. 급기야 같은 해 송시열은 이른바 「정유봉사(丁酉封事)」라는 밀봉 상소를 올려 효종을 격렬하게 비판했다.

전하께서 재위해 계신 8년 동안 세월만 지나갔을 뿐 한 자 한 치의 실효도 없었습니다. 위로는 명나라 황제에게 보답하고 아래로는 여러 신하와 백성의 바람에 답하지 못함이 어찌 오늘에 이를 수 있습니까? 백성이 원망하고 하늘이 노해 안에서 떠들고 밖에서 공갈하여 망할 위기가 조석(朝夕)에 다다랐습니다.

「정유봉사」는 효종의 통치 행위에 대한 전면적인 부정이었다. 송시열은 19개 조에 달하는 「정유봉사」의 핵심은 양병을 포기하고 양민에 힘쓰라는 것과 사대부를 우대하는 왕도(王道)를 기르라는 것이라면서 이렇게 말했다.

주자가 처음에는 남송의 효종에게 금나라를 쳐 북벌하는 의리에 대해 극진히 말했으나 20년 뒤에는 다시 북벌에 관해 말하지 않았습니다.

주희가 북벌에 반대한 것처럼 자신도 북벌에 반대한다는 것이었다. 송시열이 북벌 대신 효종에게 수신(修身)만 강조하자 효종은 "씻기 어려운 치욕을 당했는데 (……) 이런 치욕을 씻지 않고 수신만 하면 무슨 이익이 있겠는가?"라고 반박했지만 송시열의 산당은 북벌에 전혀 뜻이 없었다.

산당의 협조 없이 북벌 추진이 불가능하다는 현실을 인정한 효종은 재위 9년(1658) 9월 송시열을 이조판서, 송준길을 대사헌으로 삼아 정권을 담당하게 했다. 반면 원두표, 이완 등 북벌 인사들은 정권에서 소외시켰다.

효종이 산당을 중용한 것은 산당이 책임지고 북벌을 추진하라는 것이었다. 그러나 송시열은 북벌 추진에 적극적이지 않았고, 효종은 재위 10년(1659) 3월 11일 송시열과 담판을 지었다. 이른바 기해독대(己亥獨對)였다. 이 독대는 승지와 사관(史官)도 입시하지 않아서 기록이 남지 않았는데, 송시열이 「악대설화(幄對說話)」를 남김으로써 내용이 전해지고 있다. 효종은 이때 북벌에 대한 강한 의지를 피력했다.

"오랑캐의 일은 내가 잘 알고 있다. 정예화된 포병(砲兵: 소총수) 10만을 길러 자식처럼 사랑하고 위무하여 모두 결사적으로 싸우는 용감한 병사로 만든 다음 기회를 봐서 오랑캐들이 예기치 못했을 때 곧장 관(關: 산해관)으로 쳐들어갈 계획이다. 그러면 중원의 의사(義士)와 호걸 중에 어찌 호응하는 자가 없겠는가."

효종은 "대사를 위해 내전(內殿: 왕비의 침실)에도 잘 들어가지 않는다"면서 "주색을 끊은 결과 정신과 몸이 좋아져 앞으로 10년은 보장할 수 있을 것"이라고도 말했다. 그러나 송시열은 효종에게 호응하지 않고 효종을 비판했다.

"자고로 제왕은 반드시 먼저 자신의 몸을 닦고 집안을 다스린 뒤에야 법도와 기강을 세웠습니다. 여러 신하가 제 집안 살찌우는 데만 힘쓰는 것도 전하를 보고 배운 것이 아니라고 어찌 말할 수 있겠습니까?"

효종의 북벌 주장에 대한 송시열의 대안은 '임금 자신의 몸을 닦고 집안을 다스린다'는 '수기형가(修己形家)'였다. 그러나 효종은 송시열을 꾸짖지 않고 "조만간 경에게 큰 임무를 맡기고 양전(兩銓: 이조판서와 병조판서)을 겸직하게 하려 한다"고 말했다. 송시열에게 '더 큰 권력을 줄 테니 적극적으로 북벌을 추진하라'는 타협안을 제시한 것이다.

송시열이 진퇴양난에 빠져 있을 때 급변이 발생했다. 독대 두 달이 못 된 재위 10년(1659) 5월, 효종이 급서한 것이다. 귀밑에 난 종기에 어의 신가귀(申可貴)가 침을 놓다가 혈락(血絡: 혈관)을 잘못 건드려 피가 쏟아지면서 급서한 것이다. 효종의 급서에 민심이 흉흉해졌고, 신가귀는 수전증까지 있었던 것으로 드러나 사형을 당했다.

송시열을 비롯한 산당과 서인들은 말로만 북벌을 주장하려 했는데 효종이 실제 북벌을 단행하려 하면서 발생했던 양자의 모순은 효종이 급서하는 것으로 정리되었다. 이루지 못한 북벌의 꿈 때문인지 효종은 승하 후에도 이 세상을 떠나지 못했다. 시신에 부기가 있었고, 관이 시신보다 짧아서 널판을 덧대는 초유의 사태가 발생했으며, 자의대비(慈懿大妃) 조씨가 상복을 얼마 동안 입어야 하는지를 둘러싼 예송논쟁(禮訟論爭)이 발생했던 것이다.

3년복인가, 1년복인가: 현종시대의 1차 예송논쟁

효종은 재위 10년 만에 만 40살의 나이에 급서했다. 그리고 예송 논쟁이 발생했다. 인조의 계비(繼妃)인 자의대비 조씨가 얼마 동안 상복을 입어야 하느냐를 두고 서인과 남인 사이에 논쟁이 발생한 것이다. 인조는 반정 전 능양군 시절 한씨(인열왕후)와 혼인했는데, 재위 13년(1635) 한씨가 만 41살의 나이로 사망하자 3년 후에 만 14살의 어린 조씨와 재혼했다. 재혼 당시 인조의 나이는 만 43살이었다. 이것이 제1차 예송논쟁인데, 기해년(1659)에 벌어졌다 하여 기해예송(己亥禮訟), 또는 상복 문제로 논쟁했다 하여 기해복제(己亥服制)라고도 한다. 예송이 민감한 정치적 현안이 된 데는 두 가지 배경이 있었다.

첫째, 조선 후기 성리학의 흐름이었다. 양란(兩亂: 임진왜란, 병자호란) 이후 피지배 백성의 신분제에 대한 저항이 커지자 서인들은 예학(禮學)을 강화해 신분제를 고수하려 했다. 양반에서 노비로 전락한 송익필이 예학의 대가였다는 것이 조선 예학의 자체 모순인데, 송익필의 예학을 김장생(金長生)이 계승했고, 김장생의 예학을 아들 김집과 송시열, 송준길이 계승해 조선 성리학의 주류로 만들었다. 서인이 이이의 개혁 사상을 사장시키고 예학을 조선 사상의 주류로 만든 이유는 백성들의 신분제 철폐 움직임에 맞서 지배층의 계급적 이익을 지키기 위한 것이었다. 예(禮)란 본질적으로 하(下)가 상(上)을 섬기는 형식적 질서일 수밖에 없었다.

둘째, 효종에 대한 서인의 이중적 태도였다. 계해정변 후 서인들은 조선 왕을 천명을 받은 초월적 존재가 아니라 사대부 중의 제1사대부에 불과하다고 생각했다. 그래서 효종이 왕통(王統)은 이었지만 가통(家統)으로는 둘째 아들에 불과하다고 나누어 생각했다. 효종에 대한 이런 이중적 태도가 예송논쟁의 발단 원인이었다.

고대 『주례(周禮)』나 『주자가례(朱子家禮)』 등에서 규정하는 상복(喪服)은 다섯 종류가 있었다. 참최(斬衰: 3년), 재최(齋衰: 1년), 대공(大功: 9개월), 소공(小功: 5개월), 시마(緦麻: 3개월)가 그것이다. 부친상에는 자녀가 모두 3년복을 입고 자식상에도 부모가 상복을 입었다. 장자(長子)의 경우는 3년복, 차자(次子: 둘째 아들) 이하는 1년복이었다. 효종 승하 때 자의대비 조씨의 상복 기간이 문제가 된 것은 이 때문이다. 왕통을 이었지만 가통으로는 차자로 여긴 것이다. 왕통으로 보면 왕위를 계승한 적자지만 가통으로 보면 소현세자 다음의 차자라고 본 것이다. 적자로 보면 자의대비가 3년복을 입어야 하지만 차자로 보면 1년복을 입어야 하므로 문제가 발생한 것이었다. 소현세자의 아들이 살아 있는 상황에서 이 문제는 큰 폭발력을 지닐 수밖에 없었다.

부왕의 급서로 경황이 없던 18살의 왕세자(현종)에게 예조에서 문제를 제기한 것이 발단이었다. 예조는 대비의 상복 규정에 대해 『국조오례의(國朝五禮儀)』에 나와 있지 않다면서 이렇게 주청했다.

"혹자는 당연히 3년을 입어야 한다고 주장하고, 혹자는 1년을 입어야 한다고 주장하는데, 상고할 만한 근거가 없습니다. 대신들과 의논하소서."

서인 대신은 대부분 1년복이 맞다고 생각했다. 효종이 국왕이지만 차자라는 생각이었다.

현종의 나이 만 18살이었다. 영의정 정태화, 좌의정 심지원(沈之

源), 영돈녕부사 이경석, 연양부원군(延陽府院君) 이시백, 완남부원군(完南府院君) 이후원(李厚源), 영중추(領中樞) 원두표 등 대부분의 서인 대신들이 복제 문제를 상의한 후 헌의했다.

"시왕(時王)의 제도로 상고해보니 대왕대비께서는 기년복(朞年服: 1년복)을 입으시는 것이 마땅할 것 같습니다."

자의대비의 복제는 1년이라는 주장이었다. 이조판서 송시열과 우참찬 송준길도 마찬가지였다. 현종은 왕조국가에서 국왕이 사망했는데 1년복을 입는다는 것이 문제 있다고 여겼지만, 대부분의 대신들과 이른바 예학의 대가라는 양송(송시열, 송준길)까지 찬성하자 따를 수밖에 없었다. 그러나 왕조국가에서 국왕이 승하했는데 1년복은 아무래도 문제가 될 수밖에 없었다. 그래서 양송은 교관(敎官) 송규정(宋奎禎)을 보내 남인 유학자 윤휴의 견해를 물었다. 윤휴는 벼슬은 하고 있지 않았지만 당대 최고의 학자로 대접받고 있었다.

송시열이 대비 조씨의 복제를 1년복으로 생각한 것은 이른바 '사종지설(四種之說)'에 따른 것이었다. 사종지설이란 3년복을 입어야 하지만 3년복을 입지 않아도 되는 네 가지 예외 사항이었다. 송시열은 영의정 정태화에게 사종지설에 대해 이렇게 설명했다.

"① 정이불체(正而不體)는 맏손자가 승중(承重)한 것이고, ② 체이부정(體而不正)은 서자가 후사가 된 것이고, ③ 정체부득전중(正體不得傳重)은 맏아들이 폐질(廢疾: 불치병)에 걸린 것이고, ④ 전중비정체(傳重非正體)는 서손(庶孫)이 후계자가 된 것입니다."

부모가 3년복을 입지 않는 네 가지 경우는 ① 손자가 후사를 이은 경우, ② 장자가 아닌 아들이 후사를 이은 경우, ③ 장자가 병이 있어 제사를 받들지 못한 경우, ④ 맏손자 아닌 손자가 후사를 이은 경우라는 설명이었다.

송시열은 정태화에게 이렇게까지 말했다.

"인조로서 말하면 소현의 아들이 정이불체이고 대행대왕(효종)은 체이부정입니다."

소현세자의 아들이 정이불체라는 것은 그가 인조의 가통을 계승했다는 말과 마찬가지였다. 정태화는 깜짝 놀라 손을 흔들어 말을 막았다.

"예가 비록 그렇다 해도 지금 소현에게 아들이 있는데 누가 감히 이 이론으로 지금 논의하는 예의 근거로 삼겠습니까? (……) 제왕가(帝王家)의 일은 아주 작은 일일지라도 그 때문에 큰 화(禍)가 일어나는 것이 많습니다. 지금 소현세자의 아들이 있으니 정이불체 같은 말이 훗날 한없는 화의 근본이 될까 두렵습니다."

정태화의 우려대로 송시열이 효종을 체이부정, 즉 서자가 후사가 된 사례로 삼아 1년복을 주장한 것은 큰 논란이 일 수밖에 없었다. 그래서 송시열, 송준길이 남인 윤휴에게 사람을 보내 견해를 물은 것이었다. 이때 취규(就規) 이류, 박세채(朴世采) 등이 윤휴와 함께 있었는데, 윤휴가 송시열의 편지를 보여주자 이류가 웃으면서 말했다.

"이 사람(송시열)은 『상례비요(喪禮備要)』를 배워야 할 사람이오."

『상례비요』는 조선 중기 신의경(申義慶)이 찬술한 것으로 상례의 가장 초보적인 서적이었다. 박세채는 이류에게 "무엇 때문이냐?"고 물었다.

"사종지설은 원래 사서가(士庶家)의 예법이니 어찌 오늘의 일에 대해서 말할 수 있겠소?"

송시열이 말하는 사종지설은 사가의 예법이지 왕가에는 적용할

윤휴, 문화재청
이황과 이이의 학설을 절충해 '사단칠정
인심도심설'을 내세웠다.『중용주』에서 주
희와 다른 해석을 했다는 이유로 송시열에
의해 사문난적으로 공격당하기도 했는데,
이때 "천하의 많은 이치를 주자만 알고 나
는 모른다는 말인가? 그대는 자사의 뜻을
주자만이 알고 나는 알 수 없다고 생각하
는가?"라는 말로 반문했다고 한다.

수 없다는 말이었다. 이것은 송시열의 모순과 속셈을 정확하게 꿰뚫
은 것이었다. 몸으로는 효종을 임금으로 섬기지만 마음으로는 같은
계급이라고 생각하는 것이었다. 진짜 임금은 이미 망한 명나라 황제
라는 것이었다. 그래서 윤휴는 송시열에게 편지를 보내 1년복에 반
대했다.

"제왕가에서는 종통을 중하게 여기니 사종지설을 적용하기는 어
려울 것 같습니다."

조선 왕조를 왕가로 인정한다면 사종지설이니 뭐니 따질 것 없이
국왕 승하 시의 예법대로 3년복을 입으면 간단한 일이었다. 그러나
송시열 등 서인들은 효종이 비록 임금이지만 사대부가의 예법을 적
용해 1년복을 입어야 한다고 생각한 것이다.

조정에서 1년복으로 결정하려 하자 윤휴가 공개적으로 반대했다.

"『의례(儀禮)』「참최」장에 첫째 아들이 죽으면 본부인[嫡妻] 소생의 둘째 아들을 세워 또한 장자라 한다고 했습니다."

효종은 마땅히 장자의 대우를 받아야 하므로 3년복이라는 것이었다. 송시열은 『의례』 「참최」장 주석으로 맞섰다.

"서자는 장자가 될 수 없으며 (……) 본부인 소생의 둘째 아들 이하는 다 같이 서자라 일컫는다."

송시열은 여전히 효종이 차자이므로 1년복을 입어야 한다고 주장했다. 자칫 이 문제는 서인들이 효종의 왕통을 부인하는 것으로 해석될 수 있었다. 그래서 정태화와 송시열은 편법을 생각했다. 국제(國制), 곧 『경국대전(經國大典)』을 끌어들인 것이다. 『경국대전』 「예전(禮典)」의 '오복(五服: 다섯 가지 상복)'조에는 이상하게도 아들이 먼저 세상을 떠났을 경우에 장남과 차남의 구별 없이 '기년(期年)'으로 기록되어 있었다. 속으로는 효종을 체이부정으로 여겨서 1년복을 주장하는 것이지만 겉으로는 『경국대전』에 따라 장남으로 대우하는 것처럼 편법을 쓴 것이다.

그런데 장남과 차남은 구분하지 않았던 『경국대전』은 장자처(長子妻: 큰며느리)는 기년(1년), 중자처(衆子妻)는 대공(9개월)이라고 구분해놓아 15년 후 제2차 예송논쟁의 불씨가 된다. 현종은 1년복설이 내심 불쾌했지만 송시열 같은 예학자들의 논리를 반박할 학문이 없었다. 복제는 1년으로 결정되었다. 그러나 커다란 내부 모순을 안고 있는 이 문제가 그냥 덮어질 리는 없었다.

자의대비의 복상이 거의 끝나가는 현종 1년(1660) 3월 16일, 사헌부 장령 허목(許穆)이 상복 문제를 다시 제기한 것이다. 남인 허목은 상소문 서두에서 대비가 당연히 3년복을 입는 줄 알고 있다가 시골로 내려온 후 기년복을 입는 것을 알게 되었다면서 "당초 상사 때 너무 황급한 나머지 예를 의논한 여러 신하가 혹시 자세히 다 살피지 못해 이런 실수가 있었던 것입니까?"라고 물었다. 그만큼 자신이 있다는 말이었다. 그 역시 윤휴처럼 "첫째 아들이 죽으면 적처(嫡妻) 소생의 둘째 아들을 세워 장자라고 한다"는 『의례』를 내세워 3년복이 맞다고 주장했다. 허목은 이렇게 말했다.

"소현이 일찍 세상을 뜨고 효종이 인조의 제2장자로서 이미 종묘를 이었으니 (……) 대왕대비에게는 이미 적자이고 또 임금의 자리에 오르셨으니 당연히 존엄한 정체(正體)인데도 그 복제는 체이부정으로 3년을 입을 수 없는 자와 같게 했으니 신은 그 근거를 모르겠습니다."

허목 또한 양송이나 윤휴 못지않은 예학의 대가였다. 이 문제는 결국 서인과 남인이 조선 왕실을 어떻게 보는가의 문제로 귀결되는 것이었다. 서인들은 명나라의 제후국으로 보고, 남인들은 형식은 사대를 하지만 독립된 왕가로 본 것이었다. 허목의 말에 타당성이 있다고 생각한 현종은 다시 의논하게 했고, 송준길이 나섰다.

"만약 허목의 말대로라면 가령 사대부의 적처 소생이 10여 명인데 첫째 아들이 죽어 그 아비가 3년복을 입었습니다. 둘째 아들이 죽으면 그 아비가 또 3년복을 입고, 불행히 셋째가 죽고 넷째, 다섯째, 여섯째가 차례로 죽을 경우 그 아비가 다 3년을 입어야 하는데, 아마 예의 뜻이 결코 그렇지는 않을 것입니다."

송준길의 논리는 억지였다. 열 명의 아들이 모두 아버지보다 먼저 죽는 극단적인 사례를 일반화할 수는 없는 일이었다. 허목은 재차 상소를 올려 송준길이 자신의 뜻을 곡해했다고 주장했다.

"신의 말은 '적자를 세워 장자로 삼는다[立嫡以長]'는 뜻입니다.

(……) 중요한 것은 할아버지, 아버지의 뒤를 이은 '정체'라는 것이지 첫째 아들이기 때문에 참최복을 입는 것이 아닙니다."

먼저 죽은 아들이 할아버지, 아버지의 뒤를 이은 정체이기 때문에 3년복을 입는 것이지 장자이기 때문에 3년복을 입는 것은 아니라는 뜻이다. 할아버지, 아버지의 뒤를 이은 것이 중요하지 아들 자체의 순서가 중요한 것은 아니라는 뜻이었다. 허목은 계속 반박했다.

"효종은 인조의 체(體)를 계승한 적자이고 종묘를 이어받아 일국의 임금이 되었는데 지금 그의 상에 3년복제를 쓰지 않고 강등해서 기년으로 한다면, 체이부정(서자가 후계자가 된 경우)의 복제입니까? 정이불체(손자가 후계자가 된 경우)의 복제입니까?"

효종을 둘째로 대우하려는 서인들의 아픈 속내를 찌른 것이었다. 『당의통략』에서 "처음에는 사람들이 윤휴의 설을 더 지지했으나 서인들이 송시열을 높이 받들고 숭상하므로 감히 반대하지 못했다"라고 쓴 것처럼 예론에 따르면 윤휴와 허목의 말이 맞았다. 남인들이 작성한 『현종실록』의 사관도 허목의 상소에 대해 "그때 군신(群臣)들은 다 허목의 말이 정론이라면서도 시의(時議)에 저촉될까 두려워 한 사람도 변론하는 자가 없었다"고 전하고 있다. 그만큼 왕실보다도 계해정변을 주도한 서인, 서인 중에서도 당론을 주도하는 산림의 눈치를 보는 세태였다.

이때 남인 윤선도가 송시열을 직접 비판하는 상소를 올려 파란이 일었다.

성인이 상례(喪禮)에 있어 오복(五服)의 제도를 정한 것이 어찌 우연이겠습니까? (……) 송시열은 (……) (장자가) 성인이 돼 죽으면 석통이 거기에 있어 차장자가 비록 동모제(同母弟)이나 이미 할아버지와 체(體)가 되었고, 이미 왕위에 올라 종묘를 이어받았더라도 끝까지 적통이 될 수 없다는 것이니 그 말이 사리에 어긋나지 않습니까?

허목도 말한 것처럼 장자, 차자의 순서가 중요한 것이 아니라 할아버지, 아버지의 적통을 이은 것이 중요했다. 효종이 인조의 적통을 이은 임금이라는 사실이 중요하지 둘째 아들이라는 순서가 중요한 것이 아니었다. 윤선도는 서인들을 강하게 비판했다.

차장자가 부친과 하늘의 명을 받아 할아버지의 체로서 후사가 된 후에도 적통이 되지 못하고 적통은 오히려 다른 사람에게 있다고 한다면, 이는 가세자(假世子: 가짜 세자)란 말입니까? 섭황제(攝皇帝: 황제를 대신해 다스리는 섭정 황제)란 말입니까?

윤선도는 서인들의 모순을 정확히 꿰뚫어보았다. 그러자 서인들은 문제의 본질을 외면하고 말꼬투리를 잡았다. 가세자, 섭황제 같은 용어를 문제 삼은 것이다. 김수항(金壽恒)을 비롯한 승지들이 먼저 윤선도를 비판하고 나서자 현종은 "윤선도의 심술이 바르지 못하다"며 관작을 삭탈하고 향리로 쫓아냈다. 현종으로서도 '가세자, 섭황제' 같은 용어들이 달갑지 않았던 것이다. 현종이 윤선도를 처벌하자 서인들은 내친김에 가형(加刑)을 요구했다.

송시열의 천거로 조정에 다시 나온 부제학 유계(兪棨)와 사간원은 윤선도에게 반좌율(反坐律)을 적용해야 한다고 주장했다. 남을 무고하면 해당 형벌을 자신이 받는 게 반좌율인데, 사간원에서 '종묘사직을 위태롭게 했다는 죄를 송시열 등에게 씌우려 했다'고 공격한 데서 알 수 있듯이 반좌율이 적용되면 사형이었다. 서인들의 치열한 공세로 윤선도가 위기에 빠지자 우윤(右尹) 권시가 옹호하고 나섰다.

"항간에서도 송시열, 송준길의 잘못에 대해 말하고 싶어도 감히 못하고 뱃속으로는 비방하면서도 입으로는 말을 못하는데, 이것이 태평성대의 기상입니까? 신은 성조(聖朝)를 위해 걱정하고 그 두 사람을 위해서도 걱정하고 있습니다."

권시가 "대왕대비 복제가 당연히 3년이어야 함은 의심의 여지가 없는 것"이라고 말한 것처럼 임금의 국상에 3년복은 왕조국가의 상식적인 복제였다. 그러자 서인들은 일제히 권시를 비난했고, 그는 벼슬을 내놓고 낙향했다. 그런데 이 당시 당파는 다르지만 사대부들끼리는 서로 얽히고설킨 관계였다. 권시가 그 대표적인 인물인데, 그는 송시열과 사돈관계였다. 권시의 둘째 아들 권유가 송시열의 사위였고, 그의 맏사위는 윤선거(尹宣擧)의 아들이자 훗날 소론의 영수가 되는 명재(明齋) 윤증(尹拯)이었고 둘째 사위는 윤휴의 맏아들인 윤의제(尹義濟)였다. 서인이나 남인이나 명가들은 대부분 한 다리만 걸치면 혼맥이나 학맥으로 통하는 사이였다. 그럼에도 당론에는 양보가 없었다.

윤선도의 상소는 불태워지고 그는 극변인 함경도 삼수로 유배됐다. 진사 이혜(李嵇) 등 142명이 다시 윤선도를 공격하자 현종은 마침내 예송 자체를 금지했다. 기년복제는 『경국대전』에 따른 것이지 차자로 대우한 고례(古禮: 고대 중국의 예)를 따른 것이 아니라는 논리였다.

1차 예송논쟁은 외견상 송시열과 서인들의 승리로 끝났다. 현종은

"만일 다시 복제를 갖고 서로 모함하는 자가 있으면 중형을 쓰겠다"
며 거론 자체를 금지했으나 왕권은 이미 심각한 타격을 받았다. 국
왕의 복제를 두고 신하들이 싸운다는 사실 자체가 왕권의 추락이었
다. 중국처럼 왕권이 강한 나라에서는 있을 수 없는 일이었다. 1차 예
송논쟁을 통해 서인들이 조선 왕실을 실제 왕가로 인정하지 않는 것
아니냐는 의구심이 커져갔다. 그러나 국제에 따라 1년복을 입는 것
으로 1차 예송논쟁은 종결되었다. 국제에 따라 1년복으로 의정한 것
이 국제에 따라 뒤집히는 것이 15년 후의 2차 예송논쟁이었다.

1년복인가, 9개월복인가: 현종시대의 2차 예송논쟁

서인들 중에서도 내심으로는 1년복설이 잘못이라고 여기는 벼슬
아치들이 없지 않았다. 영의정 정태화도 그런 인물이었다. 그는 아들
정재숭(鄭載嵩)이 예론의 앞날을 묻자 이렇게 대답했다.

"지금은 서인이 이기는 듯하지만 뒤에 가면 반드시 남인이 이기고
송시열이 패배할 것이다."

그는 자식들에게 절대 이 논쟁에 가담하지 말라고 신신당부했다.
왕조국가에서 체이부정 따위로 종통과 가통을 나누는 행위가 오래
갈 수는 없다는 생각 때문이었다. 그래서 예론이 거론될 때마다 그는
발을 뺐다.

"소신은 예론에 대해서는 알지 못하여 의논에 참여할 수 없습니
다."

예론을 알지 못하는 것이 아니라 송시열의 예론이 그르다는 것을

알면서도 당론에 따라 1년복설을 주창했지만 가문과 자신의 안전을 지키기 위해서 예론에 적극적으로 참여하지 않은 것이었다. 윤휴, 허목, 윤선도의 3년복설이 맞다는 것은 예론을 조금만 공부한 사대부라면 다 알 수 있었다. 그래서 윤선도가 삼수로 유배 가자 동정론이 일었다. 그의 나이 이미 만 72살로, 송시열과 정쟁이 없었다면 국로(國老) 대접을 받을 나이였다. 권시가 쫓겨나자 윤선거의 종형이자 송시열의 사돈인 윤문거(尹文擧)가 사직소를 올렸고, 재야 사림들 중에도 점차 윤휴, 허목, 윤선도를 지지하는 유학자들이 늘어났다. 현종 2년(1662) 판중추부사(判中樞府事) 조경이 윤선도를 옹호하면서 그의 상소를 태워버린 것은 잘못이라는 상소를 올려 이에 가세했다. 조경은 효종 1년(1650) 영의정 이경석과 함께 의주 백마산성에 안치되었던 척화신이었으므로 그의 상소는 정국에 큰 영향을 끼쳤고, 조정을 둘로 갈라놓았다. 송시열, 이유태, 유계 등은 조경을 공격했으나 같은 서인인 영의정 정태화가 조경을 옹호했고, 북인 계열의 좌의정 심지원과 남인 계열의 대사헌 조수익(趙壽益) 등도 조경을 옹호했다. 심지원은 집안 어른인 심종도(沈宗道)가 대북 이이첨과 가까웠지만 대북의 정책에 일체 가담하지 않고 낙향해 있다가 계해정변 이듬해부터 관직에 등용되었던 인물이었다. 조수익의 어머니는 남인 영수 류성룡의 딸이었다.

국왕의 국상을 1년복으로 의정한 무리수는 당파와 조정을 분열시킨 채 잠복해 있었지만 곧 다시 타오를 예정이었다. 현종 15년(1674) 2월 효종의 비(妃)이자 현종의 어머니인 인선왕후(仁宣王后) 장씨가 세상을 떠나면서 예송 문제가 다시 제기된 것이다. 1차 예송의 당사자였던 인조의 계비 자의대비가 그때까지 살아 있었으므로 다시 복제 문제가 대두되었다. 1차 예송이 아들 사망 때 어머니의 복제에 관한 것이었다면, 2차 예송은 며느리 사망 때 시어머니의 복제에 관한 문제였다.

맏며느리가 죽으면 시어머니는 기년복(1년복)을 입게 되어 있었고, 둘째 며느리 이하가 죽으면 대공복(大功服: 9개월복)을 입게 되어 있었다. 그래서 예조판서 조형(趙珩) 등은 당초 기년복으로 의정해 올렸다. 그러나 송시열의 당 사람들이 홍문관에 편지를 보내 문제를 제기하자 기년복을 9개월으로 바꾸어 올렸다. 1년복의 경우 효종 승하 때와 같게 되는 문제가 있었기 때문이다. 자의대비의 복제가 당초 1년복에서 대공복(9개월복)으로 바뀌면서 예론 문제가 다시 거론될 소지가 있었다.

대공복은 왕비를 기타 며느리로 대접하는 것이었으므로 누가 봐도 문제가 있었으나 1차 예송 때 윤선도가 삼수로 귀양 간 전례가 있었으므로 다들 눈치를 보면서 이의를 제기하지 못했다. 그때 대구 유생 도신징(都愼徵)이 칠순 노구를 이끌고 서울로 올라와 대궐 문 앞에 꿇어앉아 상소문을 봉입해달라고 요청하면서 상황이 바뀌었다. 그러나 승정원은 "예송은 금지되어 있다"면서 보름 이상 상소문 자체를 받아주지 않았다.

도신징의 상소문은 현종 15년(1674) 7월 6일에야 현종의 손에 들어갔고, 이 문제가 공론화되었다. 이 상소문은 대동법 시행을 주도했던 조부 김육의 장례 문제로 송시열과 싸운 좌부승지 김석주(金錫胄)가 전달했을 것으로 추측한다. 김석주는 김육의 손자이자 김좌명의 아들인데, 김좌명의 아우 김우명(金佑明)의 딸이 세자빈(훗날의 명성왕후 김씨)이었으므로 척신이었다. 도신징은 15년 전 기년복과 지금 대공복의 모순을 정확하게 짚고 있었다.

> "대왕대비의 복제를 처음에는 기년복으로 정했다가 대공복으로 고친 것은 어떤 전례를 따른 것입니까? (⋯⋯) 기해년 국상 때 대왕대비는 '국전(國典: 『경국대전』)에 따라 기년복으로 거행하는 것'이라고 했는데 지금의 대공복은 국제 밖에서 나온 것이니 왜 이렇게 전후가 다르단 말입니까?"(『현종실록』 15년 7월 6일)

15년 전 『경국대전』에 따라 자의대비의 복제를 1년복으로 의정했다. 『경국대전』은 장자, 차자 구별 없이 모두 1년복으로 규정하고 있었다. 그런데 『경국대전』은 며느리의 경우 맏며느리가 먼저 세상을 떠나면 시부모가 1년복을 입고, 둘째 며느리 이하가 세상을 떠나면 대공복(9개월복)을 입도록 규정하고 있었다. 그러니 『경국대전』에 따라 대공복을 입으면 국모(國母)를 둘째 며느리 대접하는 셈이 되는 것이었다. 도신징은 이 문제를 제기하는 사대부가 한 사람도 없다며 한탄했다.

> "안으로는 울분을 품고도 겉으로는 서로 경계하고 조심하면서 아직 한 사람도 전하를 위해 입을 열어 말하는 자가 없으니 어찌 나라에 사람이 있다고 할 수 있겠습니까?"

실제로 도신징으로서는 목숨을 건 상소였고, 상소문은 우여곡절 끝에 현종의 손에 들어갔다. 현종은 일주일 후인 7월 13일에야 대신들을 불러 이 문제를 제기했다. 그사이 자신의 견해를 정립했을 것이

현종 때의 정치 구도와 주요 정치 일지

남인   서인

주요 일지

현종　1년(1660)　제1차 예송논쟁 발생. 서인 송시열, 자의대비 1년복제를 주장.
　　　　　　　　 남인 윤휴, 허목, 윤선도 등 3년복설로 반박. 서인 승리.
　　　7년(1666)　함경도에 대동법 실시.
　　 15년(1674)　제2차 예송논쟁 발생. 서인의 9개월복설과 남인의 1년복설이
　　　　　　　　 대립하다 남인 승리, 집권.

다. 현종은 영의정 김수흥(金壽興)에게 물었다.

"15년 전의 일을 다 기억은 못하지만 고례가 아닌 국제(『경국대전』)
를 써서 1년복으로 정했다고 기억한다. (……) 오늘의 대공복도 국제
에 따라 정한 것인가?"

김수흥은 대답이 궁색해질 수밖에 없었다. 그는 송시열의 제자였
으므로 처지가 더욱 곤란했다. 김수흥은 고례와 국제를 뒤섞어 설명
했으므로 논리가 명쾌하지 않을 수밖에 없었다. 현종은 이미 이 문제
에 대한 관점을 정리했으므로 장광설에 휘둘리지 않고 물었다.

"이번 국상에 고례를 쓰면 대왕대비의 복제는 무엇이 되겠는가?"

김수흥은 "대공복이옵니다"라고 대답할 수밖에 없었다. 둘째 며느
리의 복제인 대공복이라는 답변에 현종이 다시 물었다.

"기해년에는 시왕의 제도(『경국대전』)를 사용하고 지금은 고례를
사용하니 어찌 앞뒤가 서로 다른가? (……) 이번 복제를 국제대로 하
면 어떻게 되는가?"

현종은 부왕의 급서에 허둥대던 18살 청년이 아니었다. 현종의 날

카로운 질문에 김수흥은 "기년복이옵니다"라고 대답할 수밖에 없었다. 현종이 계속 물었다.

"그렇다면 오늘의 복제는 국제와 어떤 관계가 있단 말인가? 해괴한 일이다."

"기해년에 고례로 결정해 다투는 사람이 저렇게 많았습니다."

현종은 김수흥의 답변의 모순을 정확하게 인지하고 있었다. 김수흥이 스스로 판 함정에 빠진 것이었다.

"고례대로 한다면 장자의 복은 어떠한가?"

"참최 3년복입니다."

그제야 현종은 도신징의 상소를 김수흥에게 건네주면서 다시 물었다.

"기해년에 과연 차장자(둘째)로 의정한 것인가?"

김수흥의 말대로 기해년에 고례를 썼다면 참최 3년복이 되어야 했다. 기년복을 쓴 것은 둘째 아들로 본 것이었다. 이때 좌부승지 김석주가 끼어들었다.

"송시열의 수의(收議)에 '효종대왕은 인조대왕의 서자로 보아도 괜찮다'고 했습니다."

기해년에 이 문제에 대해서 의견을 물었을 때 송시열이 효종을 인조의 서자로 봐도 된다고 했다는 말이었다. 서인들은 진퇴양난에 빠졌다. 그래서 호조판서 민유중(閔維重)이 의논할 시간을 달라고 건의했다. 그러나 현종은 이를 거부하고 "반드시 오늘 안에 의논해 보고하라"고 재촉했다.

이때 송시열은 조정에 있지 않고, 고향 회덕에 내려가 있었다. 시간을 주면 송시열과 논의해 당론을 징한 다음 집단적으로 대처할 것이기 때문에 오늘 안에 보고하라고 명한 것이었다. 영의정 김수흥, 판중추부사 김수항, 이조판서 홍처량(洪處亮) 등의 대신들이 긴급히 회동한 후 계사(啓辭)를 올렸다. 그런데 기해년에 기년복으로 정한 근거만 장황하게 써 올렸다. 현종은 승전색(承傳色: 왕명을 전하는 내시)을 시켜 말을 전하게 했다.

"대왕대비께서 기년복을 입어야 하는지 대공복을 입어야 하는지 지적하여 결말지은 곳이 없다. (……) 다시 의정해서 보고하라."

서인들은 진퇴양난에 빠졌다. 현종이 원하는 답은 "기해년(15년 전)에는 참최복을 입었어야 했고, 지금은 기년복이 맞습니다"라는 것이었다. 그러나 이들은 송시열이 결정한 15년 전의 기년복과 지금의 대공복을 틀렸다고 말할 수가 없었다. 현종은 여러 차례 "국제에 따르면 대왕대비의 복은 어떻게 되는가?"라고 물었지만 서인들은 끝내 "기년복"이라는 대답을 하지 않았다.

서인들의 자기모순이었다. 왕통은 효종이 이은 것으로 봐서 효종을 임금으로 섬기면서도 가통은 둘째이기 때문에 잇지 못한 것으로 본 것이었다. 왕조국가에서 국왕의 국상에는 예외 없이 참최복(3년 복)을 입는 것으로 정리했으면 간단했을 문제지만, 이들에게 진정한 임금은 명나라 황제이고 조선 임금은 제후였다. 매년 절기마다 청나라에 사신을 보내 청나라를 사대하면서도 마음은 청나라가 아닌 명나라를 사대하는 것과 마찬가지였다. 효종을 둘째 아들로 보고 인선왕후 장씨도 둘째 며느리로 보는 것이 당론이었으므로 김수흥은 "지금 예조가 대공복으로 의정해 올린 것이 맞는 것 같다"고 고수했다. 몇 차례나 기회를 주었음에도 서인이 계속 대공복을 고집하자 현종의 분노가 폭발했다.

"이 계사를 보고 나도 모르게 무상한 점에 대해 매우 놀랐다. (……) 경들은 모두 선왕의 은혜를 입은 자들인데 (……) 임금에게 이렇게 박하게 하면서 어느 곳에 후하게 하려는 것인가."

"어느 곳"은 바로 송시열을 뜻하는 것이었다. 현종은 이것이 왕실과 서인 사대부의 싸움이라는 사실을 알고 있었다. 서인 사대부는 왕실의 특수성을 부인하고 자신들과 같은 계급으로 보았다. 현종은 결단을 내렸다.

"당초 국전에 따라 정해진 대로 자의대비 복제를 기년복으로 실행하라!"

현종은 예조판서 조형을 비롯한 예조 관료들을 투옥하고 영의정 김수홍도 처벌했다.

"선왕의 은혜를 잊고 다른 의논에 빌붙은 죄를 결코 다스리지 아니할 수 없다."

"다른 의논"이란 물론 송시열의 설을 뜻한다. 현종이 김수홍을 춘천에 부처(付處)하자 서인들로 포진된 승정원과 홍문관이 일제히 김수홍 구하기에 나섰다.

"내 심기가 매우 불편한데 대면을 청한 것은 무슨 일 때문인가? 대신을 위해서가 아닌가? 군신의 의리가 매우 엄한 것인데 너희는 전혀 생각도 안 한다는 말이냐?"

승정원과 홍문관의 김수홍 구하기가 불발로 끝나자 이번에는 사헌부가 나섰다. 현종은 사헌부의 행태에 더욱 분개했다.

"직책을 제대로 수행하지 못하는 자를 살펴 탄핵하는 것이 대간(臺諫: 사헌부)의 직책인데 오히려 남을 두둔하며 구하기에 급급하다니."

정상적인 국가 같으면 사헌부는 기해년에 1년복을 의정하고 지금 대공복을 의정한 영의정 이하 대신들을 탄핵하고 처벌을 요청해야 했다. 그러나 지금은 거꾸로 사헌부에서 그릇된 신하들을 옹호하고 국왕에게 대드는 것이었다. 현종은 사헌부 관료들을 삭탈관작하고 도성에서 내쫓았다. 심지어 남이성(南二星) 등은 영의정 정태화가 금기로 삼은 체이부정을 규정한 사종지설에 의거해 대공복을 주장하다가 진도로 유배되기도 했다.

현종은 왕실 위에 당파가 있는 비정상적인 구조를 바꾸어야 한다고 판단했다. 그래서 서인 정권을 갈아치우기로 결심했다. 현종은 복제를 잘못 결정한 예조의 책임을 물어 예조판서를 남인 장선징(張善澂)으로 바꾸고, 권대운(權大運)을 판의금, 이하진(李夏鎭)을 사간으로 삼고, 남인 허적을 영의정으로 삼았다. 정권을 서인에서 남인으로 갈아치운 것이다.

그런데 정권을 남인으로 갈아치우기 시작한 직후부터 현종은 뚜렷한 병명을 알 수 없는 병에 걸렸고, 상태가 급격하게 악화되었다. 허적이 입궐했다고 하자 현종은 와병 중임에도 불구하고 "의관을 갖추어 입고 허적을 인견했다." 그러나 그것이 마지막이었다. 그다음 날 현종은 세상을 떠나고 말았다. 불과 34살, 재위 15년, 정권을 갈아치우던 와중에 발생한 의문의 죽음이었다. 재위 기간 유일하게 후궁을 두지 않았던 임금이자 경신대기근으로 숱한 마음고생을 한 임금, 그 임금이 마지막으로 서인을 남인으로 갈아치우는 와중에 의문사한 것이다. 그의 유일한 후사는 14살 숙종이었다. 이 난관을 헤쳐 나가기에는 너무 어린 나이로 보였다.

숙종시대, 삼번의 난과 윤휴의 출사

효종은 때를 만나지 못하고 승하했다. 그가 보위에 있을 때 청나라는 막강했다. 효종 1년(1650) 청군은 중국 남부의 광서성(廣西省) 계림(桂林)을 함락했고, 효종 7년(1656)에는 절강성(浙江省) 주산(舟山) 열도를 점령했다. 효종 10년(1659) 청나라는 운남(雲南)에 진격했고, 명나라 부흥의 마지막 희망이었던 영력제[永曆帝: 영명왕(永明王)] 주유랑(朱由榔)이 미얀마로 도주했다. 3년 후인 현종 3년(1662, 강희 원년)에는 청에 투항한 한족 장수 오삼계가 미얀마까지 쫓아가 영력제를 살해함으로써 명나라는 완전히 망하고 말았다.

효종은 재위 10년(1659) 송시열과의 기해독대 때 "주색을 끊은 결과 정신과 몸이 좋아져 앞으로 10년은 보장할 수 있을 것"이라고 말했는데, 그가 15년만 더 살았다면 그의 꿈이 실현될 수도 있었을 것이다. 현종 14년(1673) 청나라에서 '삼번(三藩)의 난'이 발생했기 때문이다. 중국사에는 한간(漢奸)이라는 인물들이 존재한다. 이민족들이 중원을 점령할 때 이민족에 부역한 한족들을 뜻하는 말이다. 오삼계 역시 한간으로서 명나라 영력제를 죽이는 데 공을 세우자 청나라에서 평서왕(平西王)으로 봉해 운남성과 귀주성(貴州省)을 다스리게 했다. 같은 한족인 상가희(尙可喜)는 평남왕(平南王)으로 봉해 광동성(廣東省)을 다스리게 하고, 경중명(耿仲明)은 정남왕(靖南王)으로 봉해 복건성(福建省)을 다스리게 했는데, 이것이 '삼번'이다. 순치제(順治帝) 때 경중명이 죽자 아들 경계무(耿繼茂)가 정남왕의 지위를 세습한 것처럼 사실상 세습왕국이었다. 그런데 아홉 살의 소년으로 즉위해 섭정을 받던 강희제(康熙帝, 1654~1722)가 열여섯 살 때인 재위 9년(1670)

에 친정을 시작하면서 상황이 달라졌다. 강희제는 친정 이후 "삼번, 하무(河務: 황하를 다스리는 것), 조운(漕運)을 삼대사(三大事)로 삼아 기둥에 써놨다"고 전할 정도로 철번(撤藩: 번을 폐지하는 것) 의지가 강했다. 강희제는 재위 12년(1673, 현종 14) 3월 평남왕 상가희가 요동으로 귀향을 요청하면서 아들 상지신(尙之信)에게 평남왕의 자리를 세습시켜줄 것을 요청하자 귀향은 허락했지만 세습은 거부했다. 나머지 두 번왕도 형식상 철번을 요청했지만 강희제가 실제로 철번을 받아들이면 내전을 일으킬 분위기였다. 청 조정도 '철번 반대론'이 우세했지만 20살의 젊은 강희제는 철번을 명했다. 그러자 같은 해 오삼계는 강희제가 보낸 사신의 목을 베고 '천하도초토병마대원수(天下都招討兵馬大元帥)'를 칭하면서 군사를 일으켰고, 나머지 두 번왕도 가세하면서 중원 남부 전체가 전쟁터로 변했다. 초기 전황은 강희제 쪽이 불리했다.

이때 효종이 살아 있었다면 즉각 조선군을 북상시켰을 것이다. 그가 기해독대 때 "틈을 봐서 저들이 예측하지 못할 때 곧장 산해관으로 쳐들어가면 중원의 의사(義士), 호걸들이 어찌 호응하는 자가 없겠는가"라고 구상했던 국제 정세가 조성된 것이다. 여기에 연평왕(延平王) 정성공(鄭成功)이 대만에 수립한 명정(明鄭) 정권이 오삼계 등에게 호응해 대륙으로 진격했다.

삼번의 난은 현종 15년(1674) 5월쯤에는 지방 유생들도 알 정도가 되어서 서인계 유생 나석좌(羅碩佐), 조현기(趙顯期) 등이 "오삼계의 거병으로 천하사세의 급변이 박두했다"면서 "이 기회를 틈타 군사를 훈련하고 식량을 비축한다면 크게는 치욕을 씻는 복수를 할 수 있을 것이고 작게는 나라를 편안히 하고 백성을 보호할 수 있을 것이다"

라고 주장하기도 했다. 그러나 이는 유생들의 생각이고, 송시열을 비롯한 서인 지도층은 삼번의 난에 가세할 생각이 꿈에도 없었다. 이들에게 '북벌대의(北伐大義)'란 정권 유지를 위한 구호에 불과했다. 임금들이 북벌에 소극적일 때만 적극 주창해 선명성을 과시하는 도구였지 실제 북벌할 생각은 전혀 없었다. '북벌대의'는 대외용 구호일 뿐이고 '북벌 반대'가 서인들의 실제 당론이었다.

실제 북벌을 당론으로 삼았던 정파는 남인 강경파인 청남(淸南)이었다. 청남의 영수가 되는 윤휴는 현종 15년(1674) 7월 밀봉 상소를 올려 북벌을 주창했다. 윤휴는 "효종께서 10년 동안 북쪽으로 전진해보려는 마음을 하루라도 잊은 적이 없었다"면서 삼번의 난에 호응해 군사를 북상시켜야 한다고 주장했다.

> 우리나라의 정병(精兵)과 강한 활솜씨는 천하에 이름이 있는 데다가 화포와 비환(飛丸: 조총)을 곁들이면 진격하기에 충분합니다. 군졸 1만 대(隊)를 뽑아 청나라 북쪽 수도 연산(燕山: 북경)으로 넓게 나가서 그 등을 치고 목을 조이는 한편 바다 한쪽 길을 터 정인(鄭人: 대만의 명정 정권)과 약속해 힘을 합해 그 중심부를 흔들어야 합니다.

윤휴는 조선군이 북상하는 동시에 중국 북부와 남부, 일본에도 격문을 전해 함께 떨쳐 일어나게 해야 한다고 주장했다. 그러나 이 상소에 대해 현종은 답하지 않았고, 서인들은 극도로 비난했다. 송시열과 서인은 말로는 북벌대의를 주창했지만 실제로는 당력을 총집중해 효종의 북벌 계획의 발목을 잡은 데서 알 수 있듯이 북벌에 반대했다.

이런 상황에서 서인 정권을 남인으로 갈아치우던 현종이 급서하고 14살의 어린 숙종이 즉위하자 정권은 다시 서인들의 차지가 되는 것처럼 보였다. 그러나 숙종은 정태화의 동생 정치화를 정1품 영중추로 승진시키면서 영중추 송시열을 종1품 판중추(判中樞)로 강등했다. 그리고 장인 김만기(金萬基)를 호위대장으로 삼아 경호를 강화하고 제2차 예송논쟁(갑인예송) 때 자의대비 조씨의 상복을 기년복(1년복)에서 대공복(9개월복)으로 고쳐 올린 예조판서 조형을 비롯해서 예조의 관료들을 모두 귀양 보냈다.

드디어 남인계인 진주 유생 곽세건(郭世楗)이 송시열을 겨냥해서 "송시열은 효묘(孝廟: 효종)의 죄인이고 선왕(현종)의 죄인이니 왕법을 시행하여 흔들리지 않는 것이 전하의 책무입니다"라고 주장하는 강경한 상소를 올렸다. 서인 대사헌 민시중(閔蓍重) 등이 곽세건을 엄하게 국문하자고 청하자 숙종은 "금일 유생의 상소는 (그 말을) 쓰느냐 안 쓰느냐에 달려 있을 뿐"이라면서 곽세건의 말을 "충언(忠言)이자 지론(至論)"이라고 옹호했다.

숙종은 송시열의 제자인 이조참판 이단하에게 현종의 「행장(죽은 이의 행적을 정리한 글)」을 짓게 했는데, 그가 「행장」에 예송논쟁 때 "수상(首相: 영의정 김수흥)이 국왕에게 대답을 잘못해서 죄를 주었다"라고 쓰자 "다른 의논에 붙었기 때문에 수상을 죄주었다"라고 고치라고 명령했다. 다른 의논이란 물론 1차 예송 때 기년복을 주창하고, 2차 예송 때 대공복을 주창한 송시열의 예론을 뜻하는 것이었다. 이단하는 스승 송시열의 이름을 쓰지 않으려 했지만 여러 번 독촉을 받고 송시열의 이름을 쓸 수밖에 없었다. 그러나 그는 송시열의 예론에 대해서 모호하게 서술했다.

공경(公卿)들이 『의례』의 네 가지 설(사종지설)로써 대답했는데, 이는 본래 송시열이 인용한[所引] 말이다.

'인용한 바'라는 뜻의 소인(所引)은 중립적인 용어였다. 그래서 숙종은 "소인의 소(所) 자를 잘못했다는 오(誤) 자로 바꾸라"고 명했다. 숙종의 질책을 받은 이단하는 할 수 없이 소(所) 자를 오(誤) 자로 고치고는 물러나서 송시열을 옹호하는 상소문을 올렸다. 그러자 숙종은 "이 모(이단하)는 다만 스승이 있는 것만 알고 임금이 있는 것은 알지 못하는구나"라고 비판하면서 파직하고 서용(敍用)하지 말라고 명했다.

경기 유생 이필익(李必益) 등이 송시열을 옹호하고 곽세건을 먼 변방으로 내치라고 요구하는 상소를 올리자 숙종은 거꾸로 이필익을 먼 변방으로 유배 보냈다. 이에 대사간 정석(鄭晳)과 관학 유생 이윤악(李胤岳) 등 90여 인이 항의하자 숙종은 이들을 크게 꾸짖었다.

"내가 어린 임금[幼主]이라고 그러는 것이냐? 내가 심히 통탄스럽고 해괴해서 똑바로 보지 못하겠다."

숙종은 드디어 재위 1년(1675) 1월 송시열을 먼 북방 함길도 덕원(德源)으로 유배 보냈다. 송시열을 처벌하자 그 제자들은 사직하거나 조정에 나오지 않는 것으로 항의했는데, 숙종은 5월에 이들을 격렬하게 비판했다.

"송시열이 죄를 입은 이래 조정 신하들 중 까닭 없이 나오지 않는 자들이 있다. 아! 아비가 죄를 입었어도 그 아들은 오히려 벼슬을 하는 것인데, 하물며 스승이 득죄(得罪)했다고 그에게 배운 자가 나오지 않을 이치가 있겠는가?"

숙종은 그 제자들도 처벌했다. 숙종이 부왕의 뜻을 이어 송시열을 처벌하고 남인에게 정권을 줌으로써 비로소 남인이 여당이 되었다. 계해정변에 대한 반발이 극심하자 할 수 없이 남인을 끌어들여 관제 야당으로 삼았던 서인은 남인이 정권을 차지하자 크게 놀랐다. 일부 남인들은 '송시열은 효종의 역적이니 사형해야 한다'고까지 주장했다. 1차 예송 때 송시열에 맞서 참최복(3년복)을 주장했던 판부사 허목은 '죄인에게 형을 더하는 것을 반대하는 차자'를 올려서 송시열 비판에 가세했다.

> (송시열은) 효종을 마땅히 서지 못할 임금으로 여겨 지존을 헐뜯고 선왕을 비방했으니 마땅히 죽어야 할 죄가 셋이나 됩니다.

허목이 비록 송시열을 사형하는 것은 반대했지만 죽어야 할 죄가 셋이나 된다고 단정 짓자 서인들은 큰 충격을 받았다.

이런 상황에서 윤휴는 오직 북벌에 전력을 기울였다. 그는 숙종 즉위년(1674) 12월에도 '복수와 설치(雪恥)'를 주장하는 상소와 밀봉한 책자를 함께 올렸다. 숙종은 남인 영의정 허적에게 이렇게 말했다.

"윤휴의 상소는 화(禍)를 부르는 말이다."

"그 뜻은 군신 상하가 잊을 수 없는 것이지만 다만 지금의 사세와 힘으로는 미칠 수 없으니 마땅히 마음에만 둘 뿐입니다."

허적이 숙종의 말에 찬성하자 역시 남인이었던 예조판서 권대운도 윤휴를 비판했다.

"형세를 돌아보지 않고 큰소리하기를 좋아하는 자는 심히 불가합니다."

서인은 북벌 반대가 당론이었고, 남인들 중에서도 소수만이 북벌을 주장했다. 그러나 숙종 1년(1675) 1월 2일 경연 시독관(侍讀官) 권유(權愈)가 허목과 윤휴를 경연에 출입시키자고 주장하고, 숙종이 사관을 통해 조정에 나와달라는 비망기(備忘記)를 전하자 드디어 윤휴가 조정에 나왔다. 윤휴가 나옴으로써 조정에도 북벌론자들이 포진하기 시작했다. 북벌론자들은 주로 청남들이었는데, 윤휴와 성호(星湖) 이익(李瀷)의 부친 이하진(李夏鎭) 등이 그들이었다. 노론에서 편찬한 『숙종실록』 사관은 윤휴의 북벌론을 크게 비판하고 있다.

> 복수하고 치욕을 씻는 천하의 대의를 무릇 누가 옳지 않다고 하겠는가? 단 지금이 어떤 때인가? 백성의 곤궁은 극에 달했고 재력도 고갈되었다. 어린 임금[幼主]이 새로 섰고 조정이 이렇게 어지러운데도 천하의 일에 종사하는 것이 가능하겠는가? 윤휴가 한 번 입으로 대의를 빙자했으나 이날 군신들이 경연에서 정한 것은 머뭇거리고 미룬 것에 불과한데 윤휴가 임금의 뜻이 이미 정해졌다고 여겨 스스로 그 일을 담당했으니 그도 우활(迂闊)하다 하겠다.

북벌신 윤휴가 조정에 나온 후 전 우후(虞候: 병마절도사) 노우(盧瑀)를 비롯해 북벌을 주장하는 상소가 잇따랐다. 청남들이 조정에 나오면서 북벌론이 조정에서도 정식으로 거론되기 시작한 것이다.

남인들은 청남과 탁남(濁南)으로 나뉘는데, 윤휴, 허목, 이하진, 오정창 등이 청남이 되었고, 허적, 권대운, 민암 등이 탁남이 되었다. 청남과 탁남은 몇 가지 요인으로 나뉜 것인데, 첫째는 1차 예송논쟁이었다. 1차 예송이 기년복으로 결정 나자 강경 남인들은 일제히 출사를 거부했다. 임금을 서자 취급하는 조정에는 나아가지 않겠다는 것인데, 이들이 청남이었다. 반면 탁남은 1년복을 시행하던 조정에도 출사한 인물들이었다. 다른 하나는 그들이 주장하는 각종 개혁론의 성격이었는데, 강경개혁론을 주장하는 남인들이 청남이었고, 온건개혁론을 주장하는 남인들이 탁남이었다. 청남 윤휴는 양반, 상민 가릴 것 없이 모두 종이로 만든 같은 신분증을 갖자는 지패법(紙牌法)과, 양반도 군포를 내자는 호포법(戶布法)을 주장했다. 그렇게 반상(班常)의 구별을 완화하는 것으로 사회를 변화시키자는 주장이었는데, 탁남은 대체로 서인과 손잡고 이를 반대했다.

정청에 울려 퍼진 김 대비의 곡성

두 차례의 예송논쟁 끝에 남인들은 드디어 정권을 장악했다. 송시열이 1차 예송 때 기년복을 주장한 것이 효종의 종통까지 부인한 것은 아닐 것이다. 좋게 보면 '천하의 예는 같다'는 천하동례(天下同禮) 사상에 따라 기년복을 주장했다고 볼 수도 있었다. 그러나 윤휴가 『주례(周禮)』의 '범상위천왕참최[凡喪爲天王斬衰: 무릇 모든 상에서 임금을 위해서는 참최(3년)를 입는다]'조를 들고 나왔을 때 조선이 왕조국가라는 사실을 인지하고 자신의 견해를 철회했다면 문제가 그렇게 커지지는 않았을 것이다. 그러나 송시열은 "대왕대비는 선대왕(先大王: 효종)이 신하가 되어 섬겼는데, 본복(本服: 기년복)을 입지 않고 어찌 신하가 임금을 위해 입는 복을 입을 것인가?"라면서 자의대비 조씨와 효종 사이의 모자지간 문제로 전환시켰다. 효종이 자의대비 조씨를 신하로써 섬겼던 것은 사실이기 때문에 굳이 따지자면 송시열의 말도 그르다고만 볼 수는 없었다.

윤휴가 다시 "무왕(武王)이 자신의 어머니인 문모(文母: 문왕의 비)를 신하로 했다"는 옛글을 인용해서 반박하자 송시열은 "주자가 이미 유시독(劉侍讀)의 말을 인용하여 '아들이 어머니를 신하로 하는 의리는 없는 것이니 옛글에 있는 그 말은 문모를 신하로 했다는 말이 아니라, 자기의 처인 읍강(邑姜)을 말한 것이다' 했으니, 후세의 사람이 어찌 감히 이 말을 할 수 있는가"라고 재차 반박했다. 『논어』에서 주(周)나라 무왕이 "나는 10명의 신하가 있다"라고 했는데, 공자는 "그중에 부인(婦人)이 한 사람 있다"고 말했다. 이 부인은 무왕의 어머니인 문모로 보기도 하고, 주희처럼 무왕의 처인 읍강으로 보기도 한다.

송시열이 이미 망한 명나라 임금들을 섬기는 자세의 반만 조선 왕실을 대접했다면 문제가 정권 차원으로까지 비화하지는 않았을 것이다. 그러나 송시열은 2차 예송 때 『경국대전』에 분명 맏며느리와 다른 며느리 상사 때의 상복을 구별하고 있음에도 불구하고 둘째 며느리의 상복을 주장함으로써 조선 왕실을 왕실로 인정하지 않는 속내를 드러낸 셈이었다. 좋게 말하면 '왕실이나 사대부가나 예는 같다'는 '왕자사서동례(王者士庶同禮)'를 주장했다고 볼 수 있지만, 이는 조선 왕실에만 적용되는 규정이고 명나라 왕실에는 적용하지 않는다는 점에서 효종의 종통을 부인했다는 비판도 받게 되어 있는 것이었다. 왕조국가에서 국모를 둘째 며느리 대접할 수는 없기 때문이다. 그래서 송시열의 예론은 학문 차원을 넘어 정치적 문제로 비화할 수밖에 없었다.

송시열과 윤휴의 대립은 예론만이 아니었다. 송시열과 윤휴는 성리학을 바라보는 시각 자체가 달랐다. 송시열은 주자로 떠받들어진 주희를 만세의 도통(道統)으로 여겨 절대화했다. 그에게 학문은 만세의 도통인 남송의 주희가 해석한 것을 외우는 것이었다. 그러나 윤휴는 달랐다. 윤휴는 주희도 한 명의 학자로 상대화했다. 윤휴는 주희가 『중용』을 장(章)으로 나누고 주석한 『중용장구(中庸章句)』에 문제가 있다고 보고 새롭게 장을 나누고 주석한 『중용주(中庸註)』를 펴냈다. 이를 보고 송시열이 편지를 보내 고치라고 했지만 듣지 않자 직접 찾아가 따졌다.

"『중용』에 대한 주자의 주석이 그릇되고 그대의 학설이 옳단 말인가?"

"천하의 많은 이치를 주자만 알고 나는 모른다는 말인가? 그대는 자사(子思)의 뜻을 주자만이 알고 나는 알 수 없다고 생각하는가?"

윤휴는 이렇게 반문했다. 자사는 『중용』의 저자로, 공자의 손자인 공급(孔伋)의 자(字)였다. 송시열은 주희의 학설은 모두 맞으니 외우기만 하면 된다고 여겼지만, 윤휴는 주희 또한 한 명의 유학자로 생각했고, 그 역시 잘못 해석할 수 있다고 보았다. 성리학을 바라보는 두 사람 사이의 이 차이는 양자의 차이일 뿐만 아니라 서인과 청남 사이의 차이이기도 했다. 예송논쟁으로 두 당파의 공존의 틀이 깨진 후 송시열은 윤휴를 이렇게 비판했다.

"주자를 모멸하는 것은 사문난적이니 그 해가 홍수나 맹수보다 심하다."

송시열과 그 문인들은 윤휴를 지칭할 때 '적휴(賊鑴)', '참적(讒賊)'이라고 불렀다. 윤휴가 예송을 명분으로 송시열을 비판하고 송시열이 윤휴의 『중용주』를 명분으로 윤휴를 공격한 것은 조선의 사림정치가 학문적 견해를 바탕으로 전개된다는 뜻이었다. 정치 이론으로 본다면 서인들은 사대부 중심의 국가를 건설하려 했던 반면, 남인들은 왕권 중심의 국가를 건설하려 했다. 왕권 중심의 국가는 사대부와 백성 사이의 계급적 차이가 완화되는 사회였다.

1·2차 예송논쟁으로 남인들은 마침내 서인들을 꺾고 정권을 장악했다. 그러나 남인 단독 집권이 아니라 그 배후에 서인 출신의 척신 김석주가 있었던 것처럼 남인과 일부 서인 사이의 연합 정권이었다.

게다가 소수 정파로서 권력을 장악한 남인들은 다시 분열했다. 1차 예송 후 정권 참여를 둘러싸고 정권 참여를 거부하는 청남과 정권에 참여한 탁남으로 분열되었던 남인들은 송시열 처벌을 둘러싸고 청남과 탁남의 분열이 더욱 가속화되었다. 강경파인 청남의 허목, 권대운 등은 송시열뿐만 아니라 서인 중진인 민정중(閔鼎重)·민유중 형제와 이익 형제 등을 탄핵하여 내쫓고 송시열은 끝내 죽이려 했다. 온건파인 탁남의 영의정 허적은 이를 저지했다. 그러자 청남은 탁남 허적까지 공격하게 되어 자체 분열에 이르게 된 것이었다. 청남 영수 허목은 숙종 5년(1679) 6월 상소를 올려 탁남 영수 허적을 직접 탄핵했다.

허적은 송시열 때에 정승이 되어 시열의 뜻을 한 번도 어기지 않았는데, 그가 패한 뒤로는 공론에 붙어 그와 일하지 않는 척하면서 고묘론(告廟論: 종묘에 송시열의 죄를 고하자는 의론)이 일어났을 때도 외척 김석주와 상의하여 시행치 못하도록 방해했습니다.

청남과 탁남의 분쟁에서 숙종은 탁남의 손을 들어주었다. 허목과 청남인 권대재(權大載), 이봉징(李鳳徵), 홍우원(洪宇遠)을 축출하고 허적을 불러 위로하며 사임을 만류한 것이다. 허목의 허적 탄핵은 청남 세력을 약화했고, 허적 중심의 탁남이 강화되었다.

서인들은 청남에게 정권을 빼앗긴 것에 절치부심하다가 숙종 6년 (1680) '홍수의 변[紅袖之變]'을 일으켰다. 홍수(紅袖)는 궁녀를 뜻하는데, 인조의 아들이자 효종의 동생이었던 인평대군의 아들로서 삼복(三福)이라고 불렸던 복창군(福昌君)과 복평군(福平君) 등이 궁녀와 간통했다는 혐의를 받은 사건이었다. 복창군과 복평군은 효종의 조카이자 현종과는 사촌 사이였는데 남인들과 가까웠다. 이 사건이 큰 정치적 의미를 띠게 된 것은 종친들을 제거하려 한 인물이 현종의 장인이자 숙종의 외할아버지인 청풍부원군 김우명이었기 때문이다. 숙종의 어머니인 명성왕후 김씨의 친정아버지였다.

홍수의 변은 숙종의 외조부인 김우명이 차자를 올려 왕에게 복창군 등을 밀고함으로써 시작되었다. 두 종친이 궁녀 상업(常業)과 귀례(貴禮)와 간통해 아이를 낳았다는 것이 고변 내용이었다. 숙종은 영의정 허적에게 김우명의 밀서를 보이고 조사에 착수하게 했다. 그러나 두 종친은 물론 간통했다는 두 궁녀까지 관련자 모두가 혐의를 완강히 부인할 뿐만 아니라 낳았다는 아이도 찾아내지 못했고, 의금부도 증거가 부족해서 처벌할 수 없다는 장계를 올렸다. 숙종은 탄식했다.

"믿을 만한 사람의 말을 듣고 조사를 명령한 것인데, 자칫 잘못했으면 가까운 종친이 억울하게 다칠 뻔하지 않았는가?"

그리고 두 종친을 비롯한 관련자들을 석방했다. 결국 이는 김우명

김우명, 국립춘천박물관
현종의 장인으로 서인이었으나 부친 김
육의 뒤를 이어 한당의 영수가 되었다.
인평대군의 아들인 종친 복창군과 복평
군이 궁녀와 간통하여 자식을 보았다는
거짓 고발로 '홍수의 변'을 일으켰으나
실패하고 몰락했다.

의 무고라는 말이었다. 허목, 윤휴 등 남인들은 숙종에게 김우명을
직접 소환해 조사해야 한다고 주장했고, 숙종은 외조부 김우명을 의
금부로 불러들였다. 조선에는 반좌율이 있었다. 남을 특정 혐의로 고
발했는데 무고로 밝혀지면 그 죄를 대신 받는 형벌이었다. 종친들이
궁녀들과 간통해 애를 낳았다면 큰 죄였다. 두 종친을 죽이려던 김우
명은 거꾸로 의금부에 출두하여 처분을 기다리는 신세가 되었다. 김
우명이 의금부에서 대명(待命)하고 있는 동안 비변사 재상들이 모여
들었다. 허적, 권대운, 장선징, 유혁연, 신여철(申汝哲), 김휘(金徽), 윤
심(尹深) 등이 참석했으나 김우명의 조카인 김석주는 병을 핑계로 불
참했다. 남인들이 이처럼 이 사건에 비상한 관심을 보인 것은 김우명
이 복창군 형제를 제거하고자 하는 배경에 의구심을 품었기 때문이
었다.

김우명과 명성왕후 김 대비는 숙종이 형제가 없는 데다 왕자가 없

는 것을 늘 근심했다. 숙종에게 무슨 일이 생긴다면 남인 정권이 왕으로 추대할 인물이 인평대군의 아들들인 복창군 형제가 될 것이라고 의심한 것이다. 서인인 송준길이 『동춘연보(同春年譜)』에서 복창군 형제가 현종 때 궁중에 무시로 출입하면서 문제를 일으키고 있다고 비판한 데서 알 수 있듯이, 두 종친은 남인들과 가까운 사이였다. 사태의 급박성 때문에 촛불을 밝히고 한밤중에 회의가 열렸다. 남인 정권 아래에서 친남인계 종친들을 제거하려 한 김우명이 무고로 판정받는 것은 시간문제로 보였다. 상황은 급박히 돌아가는데 의외의 사태가 벌어졌다.

정청(政廳)에 숙종의 어머니인 김 대비의 통곡 소리가 울려 퍼진 것이었다. 아닌 밤중에 여자의 곡성과 함께 김 대비가 정청에 나타나니 조신들은 매우 놀랐다. 영의정 허적이 어찌할 바를 몰라 숙종에게 물었다.

"대비마마께서 무슨 일로 정청에 나오셨습니까?"

숙종도 당황해서 답했다.

"홍수의 변은 내간의 일이라 과인이 알 수가 없다고 생각하여 어머니께서 설명해주시려고 나오신 것이오."

궁색한 답변이었다. 대리청정하지 않는 대비가 정청에 나타난 것은 개국 이래 유례가 없는 일이었다. 물론 아버지 김우명을 구원하기 위해 나왔다는 것은 누구나 알고 있는 일이었다.

권대운은 회의 참석을 거부했다.

"신들은 좌석을 같이하여 입시할 수 없사옵니다."

영의정 허적이 중재에 나섰다.

"대비마마께서 하교하실 것이 있으면 신들은 의당 이를 봉청해야

숙종 때의 정치 구도와 주요 정치 일지

```
        남인                        서인

   청남        탁남            소론        노론
```

주요 일지

숙종 즉위년(1674) 2차 예송에서 승리한 남인들, 서인 처벌 문제 둘러싸고 청남(강경파)
　　　　　　　　　과 탁남(온건파)으로 분열. 탁남 정권 장악.
　　　　6년(1680) 영상 허적의 기름천막 유용 사건으로 남인 정권 붕괴.
　　　　　　　　　서인 집권. 허적, 윤휴 등 사형당함.
　　　　7년(1681) 서인의 정신적 지주인 이이, 성혼, 문묘에 종사.
　　　　8년(1682) 서인과 척신들, 남인 무고 허새 처형.
　　　　9년(1683) 윤증, 정치 참여 위한 3대 명분론 제기.
　　　　　　　　　서인, 노론과 소론으로 분열.
　　　15년(1689) 인현왕후 민씨 폐출. 장희빈이 왕비가 됨. 남인 집권.
　　　　　　　　　남인, 서인에 대한 살육 자행. 송시열, 김수항 사사.
　　　　　　　　　이이, 성혼, 문묘에서 쫓겨남.
　　　20년(1694) 남인 실각. 서인 집권. 장희빈 쫓겨나고 민비 복위.
　　　　　　　　　서인, 남인에 대한 살육 자행.
　　　27년(1701) 민비 병사. 장희빈 사사.
　　　43년(1717) 숙종, 노론 거두 이이명과 정유독대. 세자 대리청정.
　　　46년(1720) 숙종 사망.

할 것입니다."

　숙종은 허적의 중재를 다행으로 여기면서 김 대비에게 다가가 곡성을 만류했다. 그사이 신하들은 잠시 당하로 내려갔다. 다시 좌석이 정해졌는데, 허적과 권대운 양 정승만이 입시하게 되었다. 이는 숙종의 체면을 생각한 허적의 의도였다. 대신 아닌 일반 신하들에게 대비의 변명을 듣게 할 수는 없다는 생각이었던 것이다.

　자리가 정돈되자 김 대비가 입을 열어 간통 사태를 설명했다.

"나는 지금 미망인으로서 죽고 싶은 심정뿐인데 선왕을 따라 죽지 못하고 이런 꼴을 보는 것이 한입니다. 인선왕후 초상 때 내가 중병이라 상세하게는 모르지만 복창군과 궁녀 상업 사이에 불측한 일이 있었고, (……) 내가 중병에 걸리고 선왕이 망극한 중에 있을 때 두 종친이 문병차 주야로 궁내에 있으면서 상업과 찻잔을 주고받으며 희롱했고, 귀례는 눈으로는 못 봤지만 추문(醜聞)이 많았습니다."

김 대비는 장광설을 늘어놓았다. 그러나 이는 물증 없는 소문에 지나지 않았다. 설혹 두 종친과 궁녀가 불륜관계에 있다 해도 현장을 목격하거나 낳았다는 아이를 찾지 못하는 한 자세한 내막은 알 수 없었다.

어쨌든 김 대비의 곡성과 변명으로 인해 사건은 역전되었다. 대비가 울면서 아버지의 무죄와 복창군 형제의 간통 사실을 주장하는데 임금이나 신하들이 야박하게 이를 물리칠 수는 없었다. 그래서 김 대비의 읍소를 받아들여 복창군을 영암으로, 복평군을 무안으로, 그들과 간통했다는 나인 상업을 삼수로, 내수사의 비(婢) 귀례를 갑산으로 각각 귀양 보내는 것으로 결정되었다. 대비의 체면을 고려한 절충적 해결이었다.

홍수의 변은 간통이라는 흥미로운 주제가 반전에 반전을 거듭한 궁중 사건이지만, 그 성격은 김우명과 그 조카 김석주로 대표되는 척신들과 남인들 사이의 정쟁이었다. 이 사건은 당연히 김 대비의 불법적 정사 관여라는 문제를 낳았다. 수렴청정하지 않는 대비가 공개적으로 정사에 관여한 사건이었다. 경연에서 이조참의 윤휴는 이 문제를 숙종에게 제기했다.

"군신(群臣)이 참석한 정청에 아무런 예고도 없이 자전(慈殿: 대비)

이 친림하여 신하들을 당황케 한 것은 조종(朝宗) 300년에 전례 없는 일입니다. 자성(慈聖: 대비)을 조관(照管: 단속)하소서."

대비를 단속하라는 이 말은 나중에 서인들이 윤휴를 죽음으로 몰아가는 구실이 된다.

승지 조사기(趙嗣基)는 공회석상(公會席上)에서 "문정왕후를 다시 보겠구나"라고 공언했다가 나중에 사형을 당한다. 이조판서를 역임했던 홍우원도 이를 비판했다.

"자성께서 수렴한 일도 없이 졸지에 나타나 국정에 간여하니 이를 간하여 말리지 못한 것은 아들로서 잘못입니다."

이 사건으로 왕실 체면이 말이 아니게 되었다. 유학(幼學) 박헌(朴瀗)은 송시열을 끌어들였다.

"송시열의 당인(黨人)들이 여러 가지로 자성의 마음을 의혹시켜서 이 지경이 되었습니다."

물의가 확산되자 김 대비가 한글로 전교를 써서 조정에 내려 보냈는데, '죽고 싶다'는 말까지 있었다. 남인들과 대비 김씨 사이에 분쟁이 벌어지자 서인들이 대비를 옹호하고 나섰다. 서인인 판부사 김수항이 그런 인물이었다.

"전후에 진언한 이들이 대개 패륜역리(悖倫逆理)함이 많습니다. 전하에게 자성을 조관(照管)하라고 권하는 사람까지 있었는데, 자식으로서 부모를 조관하는 도리가 어디 있습니까?"

숙종은 윤휴의 비난도 불쾌했지만 대비가 국정에 관여해서는 안 된다는 원칙은 옳다고 생각해서 김수항을 꾸짖었다.

"경이 장차 우리 모자를 이간하려 하는가? 나 혼자서 하늘을 우러러 생각하니 사는 것이 죽는 것만 같지 못하구나."

김수항
경신환국으로 서인이 집권한 후 영의정이 되어 정국을 이끌었으나 기사환국으로 남인들이 재집권하자 진도에 유배되었다. 장희빈 소생의 아들을 원자로 정하는 데 반발한 송시열의 상소로 정국이 혼란한 와중에 남인들의 공격 대상이 되어 사사되었다.

남인들이 장악한 삼사는 김수항을 탄핵해 귀양 보냈다. 김우명은 이 사건의 여파로 병들어 죽었고, 두 종친은 귀양 갔다. 연합 정권의 두 당사자인 남인과 척신 모두 상처를 입은 것이다. 홍수의 변은 남인과 척신 사이의 연합 정권의 틀을 붕괴시켰다. 이런 상황에서 청나라에서 발생한 삼번의 난이 서서히 청나라의 승리로 끝나면서 조선 조정에도 변화의 조짐이 있었다.

기름천막 유용 사건, 남인 정권을 무너뜨리다

탁남 영수 허적은 허목 제거 후 정권을 독차지했다. 현종 15년(1674) 2차 예송논쟁 와중에 영의정이 된 허적은 숙종 원년(1675) 도체찰사부가 설치되자 도체찰사를 겸임해 군부도 장악했다. 당(남인)·정(내각)·군(도체찰사부)을 한 손에 장악한 일인 재상이 된 것이었다.

위로 국왕이 있기는 했지만 평화 시에 한 사람의 신하가 이런 권한을 지녔던 적은 일찍이 없었다. 임금 숙종도 불안을 느낄 만한 권력이었다. 이런 와중에 발생한 사건이 '기름천막 유용 사건[油幄事件]'이었다.

숙종 6년(1680) 3월 28일 비가 내리는데 영의정 허적의 집에서는 큰 잔치가 열리고 있었다. 허적의 아버지가 나라로부터 시호를 받은 데다가 또 그 자신이 임금으로부터 궤장(机杖)을 받은 것을 축하하는 연시연(延諡宴)이 열리고 있었던 것이다. 거듭된 경사를 축하하기 위한 잔치는 성대했다. 일인지상 만인지하의 수상이요 집권당의 영수이며 병권까지 장악하고 있는 허적의 집 잔치인지라 궁중 잔치처럼 온 나라가 떠들썩했다. 남인들은 모두 참석해 허적의 경사를 축하했다. 야당인 서인은 숙종의 장인 김만기와 오두인(吳斗寅) 등 몇 명만 체면치레로 참석했다. 이 잔치를 계기로 남인이 축출되고 서인이 재집권하는 경신환국이 시작될 줄은 숙종과 외척 몇 명을 제외하고는 아무도 몰랐을 것이다. 잔치에 참석한 서인들은 남인들이 주는 술을 거절할 정도로 두 당파 사이는 적대적이었다. 서인 김만기는 자신의 술잔이 아닌 옆 사람의 술을 대신 마시고 말했다.

"내가 마침 목이 말라 먼저 마셨소이다."

그는 자신의 차례 잔이 돌아오자 "나는 취해서 더 못 마시겠소"라고 사양하며 허견(許堅)에게 잔을 돌렸다. 혹시 남인들이 독을 풀지 않았는지 의심한 까닭이었다.

그때 닭 한 마리가 술자리에 날아들어 술잔을 부수자 잔치의 주인공인 허적이 급히 닭을 잡아 죽이게 하면서 혼잣말로 중얼거렸다.

"닭은 유(酉: 닭띠)인데, 이는 서인이 아닌가."

허적 영정, 문화재청 국가문화유산포털
송시열에 대한 처벌의 강도를 놓고 남인
들의 의견이 갈릴 때 온건파인 탁남을
이끌어 강경파인 청남에 맞섰다. 그 후
청남을 몰아내고 정권을 장악했으나 연
시연 때 궁중의 기름천막 유용 사건으로
몰락했다.

비가 내리자 숙종은 궁중의 기름천막을 허적의 집에 보내 쓰게 하
라고 명했다. 그러나 시신(侍臣)의 보고를 들은 숙종은 크게 불쾌했다.

"기름천막은 이미 허 정승 집에서 가져갔습니다."

허락도 없이 왕실 물건을 유용한 것에 숙종은 크게 노했다.

"한명회(韓明澮)도 감히 이런 짓은 하지 못했도다."

숙종은 측근을 보내 시연장(諡宴場)을 엿보게 했는데, 측근이 돌아
와 보고했다.

"남인들이 모두 모여 떠들썩할 뿐만 아니라 허적의 서자 허견이
따로 무사와 장정들을 모아 잔치를 벌이고 있었사옵니다."

궁중의 기름천막을 마음대로 가져가고, 서자 허견이 무사들을 불
러 모았다는 보고를 들은 숙종은 급히 삼장신(三將臣)을 불러들였다.
총융사이자 자신의 장인인 김만기, 훈련대장 유혁연, 포도대장 신여
철이 삼장신이었다. 숙종은 지친(至親)들이 병권을 장악할 수밖에 없

다면서 훈련대장인 남인 유혁연을 해임하고 후임에 서인 김만기를 임명하고, 총융사에도 서인 신여철을 임명했다.

당시 만 19살이었던 숙종은 아직 아들이 없었다. 한 해 전인 숙종 5년(1679)에는 강화 흉서(江華凶書) 사건이 발생해 숙종의 왕통을 위협했다. 좌의정 권대운, 병조판서 김석주, 훈련대장 유혁연이 강화축성장 이우로부터 받아 왕에게 전한 투서였다. 종통이 차례를 잃어 당화(黨禍)가 심해졌으니 국통을 바르게 하고 붕당을 제거하기 위해 소현세자의 손자인 임천군(林川君)을 왕으로 추대해야 한다는 투서였다. 숙종이 아니라 소현세자의 손자가 정통이라는 투서였다. 그러나 이 사건은 관련자 이우가 형을 받다 죽어버림에 따라 흐지부지 끝나고 말았다.

그러나 남인들은 이를 송시열의 고묘(종묘사직에 고함) 명분으로 이용했다. 송시열이 효종의 왕통을 흔들어서 이런 사건이 발생했다면서 그의 죄를 종묘사직에 고하자고 주장했다. 신하를 고묘하면 죽일 수밖에 없으므로 숙종은 반대했다. 남인들은 윤원형을 고묘했어도 죽지 않은 전례가 있다면서 고묘를 주장했다. 소현세자의 손자를 임금으로 추대해야 한다고 주장한 강화 흉서 사건은 서인들의 입지를 더욱 약화시켰다.

허적의 잔치가 떠들썩했던 것은 남인의 이런 독주 상황에서 일어났기 때문이었다. 이날 유혁연도 허적의 연회에 참석했는데, 갑자기 왕명이 내려 유혁연과 김만기가 따라 일어서자 허적은 김만기에게 다가가서 물었다.

"상께서 갑자기 장신(將臣)을 부르시는 것은 무슨 까닭이오. 공은 알지 않겠소?"

김만기가 서인이자 숙종의 장인인 것을 감안한 물음이었다. 김만기는 "나도 무슨 영문인지 모르겠소"라고 답하고 일어섰다. 이 돌연한 조치에 시연(諡宴)은 파장이 되고 말았다. 유명천(柳命天)이 허적에게 권고했다.

"무슨 변고가 있을 것 같은데, 삼정승이 함께 들어가 잘 말씀드리면 화를 방지할 수 있지 않겠습니까?"

허적은 부정적이었다.

"작년 10월경부터 상께서 우리를 대하는 기색이 악화되어 화를 면하기 어려울 것 같네."

그러나 졸지에 당한 일이라 달리 방법이 없었기 때문에 장신들을 뒤쫓아 궐에 들어갔다. 그러나 숙종이 이미 남인 훈련대장 유혁연을 경질한 뒤였다. 남인 정권이 몰락하는 경신환국의 시작이었다. 몰락의 조짐은 이전부터 있었다.

허적의 서자 허견이 여러 번 물의를 일으킨 것도 그런 조짐의 하나였다. 허적의 독자였던 허견은 아내의 언니를 때려 구설수에 오른 적도 있었고, 남의 아내인 이차옥(李次玉)을 가로챘다는 혐의도 받았다. 또 남인 윤휴가 집을 신축할 때 국법으로 벌목을 금하는 금송(禁松)을 썼다 하여 문제가 된 적도 있었다.

허견의 비행과 윤휴의 집 신축을 문제 삼은 인물은 서인인 좌윤(左尹) 남구만(南九萬)이었다. 숙종 5년(1679) 남구만은 상소를 올려 허견과 윤휴를 비판했다.

허적의 서자인 교서정자(校書正字) 허견의 아내는 청풍부원군 김우명의 첩의 아우입니다. 어느 날 부원군의 첩이 허견에게 얻어맞아 이가

부러져서 통곡하며 집으로 돌아왔습니다. 부원군의 첩으로 말하면 비록 천인이라 할지라도 자전(대비)의 서모(庶母)인데, 견이 감히 때리고 모욕해 길에는 견을 욕하는 소리가 자자한데도 이것이 전하에 대해 참람된 일임을 말하는 사람이 하나도 없었습니다. 또한 대사헌 윤휴는 금송 수천 그루를 베어서 집을 지었습니다. 금송은 열 그루만 베어도 온 집안이 죄를 당하는 법인데, 재상이나 권신들은 온 산의 나무를 모두 베어도 그대로 두는 것이 옳습니까?

남구만은 또 "권세가의 자제들이 남의 처첩을 마음대로 빼앗았습니다"라면서 허견이 차옥을 빼앗은 혐의가 있다고 탄핵했다. 숙종이 의금부와 포도청을 시켜 조사하게 했다. 남인 좌의정 권대운은 윤휴를 변호했다.

"윤휴가 지은 집은 불과 10여 간밖에 되지 않습니다."

서인인 판윤 김우형(金宇亨) 등이 권대운을 반박했다.

"서도금산(西道禁山)에서 벤 소나무 300그루가 모두 윤휴의 집으로 들어갔습니다."

두 사람의 말이 다르자 숙종은 형조판서 이관징(李觀徵)에게 재조사하게 했다.

"그것은 윤휴가 한 일이 아닙니다."

남인인 이관징도 윤휴의 소행이 아니라고 보고했고, 숙종은 윤휴를 위로했다. 허견의 폭행 사건도 마찬가지로 처리되었다. 허견의 고신(告身: 사령장)을 빼앗는 선에서 마무리된 것이다. 이 사건은 상소자 남구만이 귀양 가는 것으로 끝나는 듯했으나, 청남 허목이 탁남인 허적 부자가 벌을 받아야지 왜 남구만이 귀양을 가느냐고 항변했다. 청남이 도리어 서인의 편을 들고 나선 것이었는데, 결국 이 역시 허목이 관직을 내놓고 물러가는 것으로 끝나고 말았다.

이처럼 허적을 옹호하던 숙종이 일거에 태도를 돌변해 남인 정권을 무너뜨린 것이었다. 숙종은 훈련대장을 경질한 다음 날 철원에 유배되어 있던 서인 김수항을 방면하는 한편, 이조판서 이원정(李元禎)을 삭탈관작하고 정재숭을 임명했으며, 나아가 이상진(李尙眞), 유상운(柳尙運) 등 서인들을 각각 판의금과 대사간에 임명했다. 이어서 김수항을 영의정, 정지화(鄭知和)를 좌의정, 여성제(呂聖齊)를 예조판서, 남구만을 도승지, 이익상(李翊相)을 대사헌, 조사석(趙師錫)을 이조참판에 각각 임명했다.

이로써 2차 예송에 승리해 집권한 남인들이 축출되고 서인들이 6년 만에 다시 집권했다. 이것이 숙종 6년(1670, 경신년)에 발생한 경신환국인데, 서인들은 경신대출척(庚申大黜陟)이라고 불렀다. 환국은 정권 교체라는 뜻의 중립적 용어이고, 대출척이란 소인들을 쫓아내고[黜], 군자들이 들어간다[陟]는 뜻이다. 서인들이 자신들을 선(善)·군자라고 보고, 남인들을 악(惡)·소인이라고 보고 만든 당파적 용어로서 중립적인 용어는 아니다.

5장

정치공작의 악순환

"나라에서 유학자를 쓰기 싫으면 안 쓰면 그만이지 죽일 것까지는 없지 않은가?"
– 청남의 영수 윤휴가 숙종의 사약을 받으며 남긴 말

도륙당하는 남인들

경신환국의 주요한 외부 요인은 청나라 삼번의 난이었다. 한때 양자강 이남 사천성(四川省), 섬서성(陝西省) 일대를 모두 차지하고 기세를 올리던 삼번의 난은 점차 청나라에 패하기 시작한 데다 숙종 4년(1678) 오삼계가 호남성(湖南省)에서 고립되었다가 8월에 죽고 그 아들 오세번(吳世藩)도 숙종 7년(1681) 자살함으로써 청나라의 승리로 끝나갔다. 그러자 숙종은 청나라에서 혹시라도 북벌론자 윤휴를 주위에 두고 북벌을 꿈꾸지 않았느냐고 질책할 것이 두려워 남인 정권을 북벌 반대가 당론인 서인으로 갈아치운 것이었다.

계해정변을 주도했던 서인들은 남인들에게 정권을 빼앗긴 데 경악했다. 반정에 대한 사대부 및 일반 백성들의 민심이 싸늘했기 때문에 남인들을 관제 야당으로 끌어들인 것인데, 이들이 정권까지 차지할 줄은 몰랐던 것이다. 서인들은 다시는 남인들이 정권을 넘보지 못하게 하리라고 결심했다.

경신환국으로 정권을 되찾은 지 일주일 남짓 되는 숙종 6년(1680) 4월 5일, 정원로(鄭元老), 강만철(姜萬鐵) 등이 허견이 복선군을 임금으로 추대하려 했다는 '허견의 옥사(獄事)'를 일으켰다. 불과 일주일 만에 남인에 대한 후속 사건이 발생했다는 것은 경신환국이 국왕과 척신, 서인들이 전부터 기획한 작품임을 말해주는 것이다. 정원로와 강만철은 상변서(上變書)를 올려 이렇게 말했다.

> 허견이 복선군에게 '전하의 춘추가 왕성하지만 자주 편찮으시고 또
> 세자가 없는데 만약 불행한 일이 생긴다면 대감은 사양하실 수 없을
> 것입니다'라고 말하자 복선군은 아무 말도 하지 않고 듣고만 있었습
> 니다.

허견 등이 숙종에게 변고가 생길 경우 복선군을 왕으로 추대하려
했다는 내용이었다. 숙종은 곧바로 병조에 국청(鞫廳)을 설치해 관련
자를 국문케 하고, 훈련대장 김만기와 어영대장 김석주에게 왕궁의
수비를 강화하게 했다. 남인들이 숙종을 주독하고 복선군을 세우려
한 것은 아니었다. 그러나 숙종에게 아들이 없으니 후사에 대한 우려
가 있는 것은 사실이었다. 정원로의 고변이 있자 여러 말들이 떠돌았
다. 숙종이 병석에 있을 때 영의정 허적이 걱정한 적이 있었다.
 "임금이 위급하니 앞일을 어떻게 해야 좋을꼬?"
 그러자 옆에 있던 같은 탁남의 민희(閔熙)가 "복선군이 있지 않습
니까?"라고 했다는 말도 있었다. 주모자로 지목된 허견은 병조에 끌
려와 국문을 당하면서 이렇게 자백했다.
 "기미년(숙종 5) 정월에 복선군과 함께 정원로의 집에 모여 병이
잦은 왕에게 불행한 일이 생겨 서인들이 임성군(臨城君)을 추대하면
화를 면할 수 없으니 도체찰사부를 복설(復設)하여 만일의 사태에 대
비해야 한다고 논의했습니다."
 임성군은 소현세자의 셋째 아들 석견(石堅)의 둘째 아들 이엽(李
熀)이었다. 이 역시 가통은 소현세자에게 돌리고 왕통은 효종에게 돌

린다고 비판받은 예송논쟁의 여파였다. 복선군도 허견으로부터 그런 말을 들은 사실은 있다고 인정했다. 남인과 친밀했던 복선군과 남인의 영수 허적의 아들 허견이 관련된 이 사건은 남인을 향한 피바람이 일 것을 예고하는 것이었다.

허견의 옥사는 척신 김석주가 주도한 것이었다. 정원로도 김석주가 심어놓은 간자(間者)였다. 정원로가 허견과 친한 사이임을 안 김석주가 정원로를 간자로 심어놓았다고 여러 기록들은 전하고 있다. 광범위한 정치보복이 자행되었다. 복선군은 교살되었고, 복창군은 사사되었으며, 허견과 나머지 관련자들 여럿이 처형당했고, 국문을 받다가 장하(杖下)의 귀신이 된 인물들도 다수였다. 예조판서 오정창(吳挺昌), 훈련대장 유혁연, 부제학 민종도(閔宗道), 호조판서 오정위(吳挺緯), 이조판서 이원정, 판서 홍우원, 승지 조사기, 병사 이집(李墥), 참판 권대재, 헌납 윤의제, 좌참찬 이상립, 강화유수 정유악(鄭維岳) 등 남인들은 역모 사건과 직접 관련이 없어도 연좌되거나, 정유악처럼 허견의 비행 사실을 잘못 처리했다는 죄로 유배되거나, 민종도처럼 여색과 재물을 탐했다는 등의 온갖 죄목으로 처벌되었다.

허견이 남의 부인인 이차옥을 겁탈했다는 비행 사건도 재조사에 들어갔다. 차옥은 출신(出身: 중인의 무관 관직의 하나) 이동구의 딸이자 역관 서억만(徐億萬)의 아내로 빼어난 미모를 가지고 있었는데, 고모부 이시정의 잔치에 갔다가 허견의 집으로 납치되어 능욕당했다는 것이었다. 정권이 바뀌었으므로 이 사건도 뒤집히는 것은 기정사실이어서 재조사 결과 모든 혐의는 사실로 발표되었다.

그런데 숙종이 경신환국 후 제거하고자 했던 인물은 허견이 아니라 허적과 윤휴였다. 허적은 물론 허견의 옥사에 연루되어 국문을 받았다. 서자가 주모자였으므로 허적의 안전도 보장하기 어려웠다. 그러나 허적은 국문 때 무관함을 주장했다.

"신이 만일 역모를 미리 알았다면 어찌해서 병진년(丙辰年)에 밀주(密奏)를 올렸겠사옵니까?"

숙종 2년(1676, 병진년)에 허적은 숙종에게 "전하께서 병이 많으시고 강한 종친들이 좌우에 늘어서 있으니 기거와 음식을 신중히 하시옵소서"라고 밀계(密啓)를 올렸던 적이 있었다. 종친을 주의하라고 밀계한 자신이 종친과 역모를 꾸밀 리가 없지 않느냐는 항변이었다. 허적은 공초(供招) 과정에서 누구의 입에서도 이름이 나온 적이 없었다. 그러나 숙종은 그렇게 생각하지 않았다. 숙종은 대신들에게 이렇게 말했다.

"공초로 봐서 허적이 특별히 역모와 관련되었다는 증거는 없지만 그의 아들 허견이 주모자이고 부자 연좌의 율이 있는데 경들은 이를 어떻게 생각하는가?"

숙종이 허적을 연좌죄로 죽이겠다는 의사를 표시하자 집권 서인들의 의견은 둘로 나뉘었다. 집권 초 송시열의 처벌 수위를 두고 남인들이 둘로 갈라졌던 것과 같은 현상이었다.

영의정 김수항과 좌의정 정지화는 구명론을 폈다. 허적이 고명대신으로 여러 왕조를 섬긴 공로를 참작해 법을 굽혀 살려주는 것이 임금의 덕을 베푸는 것이라는 논리였다. 원로대신들이 구명을 주장하자 숙종은 사형에서 감일등하여 허적의 관직을 삭탈하고 서민으로 강등하는 선에서 목숨은 살려주었다.

그러나 일부 서인들은 허적을 죽여야 한다고 끝내 주장했다. 대사간 김만중(金萬重)을 비롯한 삼사의 서인들은 허적이 아들의 역모 사건을 모를 리가 없었으므로 처형해야 한다고 거듭 주청했다. 송시열의 구명을 청했던 온건 탁남의 영수 허적을 끝내 죽이자는 서인들의 요청은 지나친 것이었지만, 공존의 틀이 붕괴된 당쟁이 나아갈 방향이기도 했다.

숙종은 서인의 의견이 갈라진 상황에서 죄가 뚜렷하지 않은 남인 영수를 처형하는 것에 정치적 부담을 느꼈다. 숙종은 속으로는 허적을 처형하고 싶었으나 허적을 처형하자는 삼사의 요청은 계속 거부하는 모양새를 취하고 있었다.

정권이 바뀌자 의금부는 허적 일가의 비리를 샅샅이 재조사했다. 허적이 권력자일 때는 온 장안이 다 아는 이차옥 겁탈 사건도 무고라고 결론을 내려 세인의 빈축을 사더니 허적이 쫓겨나자 머리털 하나까지 재조사하여 사건을 뒤집었다. 의금부는 남구만이 허견의 비행을 상소했을 때 허적이 각계에 압력을 넣어 허견을 보호하고 임금을 속였다고 보고했다. 이 일은 숙종에게 허적을 죽일 수 있는 명분을 주었고, 허적은 결국 허견 옥사의 유탄을 맞고 죽었다.

허적보다 더 억울한 죽음은 윤휴의 죽음이었다. 정권이 한 번 바뀌자 과거의 모든 일이 그를 옭아맸던 것이다. 윤휴는 허견의 옥사 사건과 아무런 관련이 없었고 연좌될 만한 친척도 아니었다. 그러나 숙종과 서인들은 윤휴를 내버려두지 않았다. 예송논쟁의 남인 측 주요 논객이었기 때문이다.

윤휴가 김 대비의 정청 곡성 사건 때 임금에게 대비를 단속하라고 말했던 것이 이때 다시 문제가 되었다. 복선군 형제와 친분이 돈독했던 것도 문제가 되었으며, 도체찰사부의 복설을 주장한 것도 문제가 되었다. 심지어 부체찰사를 임명할 때 자신 아닌 다른 사람이 임명되자 어전에서 불쾌한 기색을 나타냈다는 것까지 문제가 되었다. 결국 그는 이런 여러 죄 같지 않은 죄가 복합되어 사사되었다.

윤휴는 사약을 마시기 직전 이렇게 항변했다.

"나라에서 유학자를 쓰기 싫으면 안 쓰면 그만이지 죽일 것까지는 없지 않은가?"

남인들은 윤휴 사사의 배경에 송시열이 있다고 지목했다. 윤휴가 『중용』에 대해 주희(주자)와 달리 해석했다는 이유로 송시열에게 사문난적으로 몰린 것이 아무 죄 없이 죽음에 이른 배경이라는 것이다. 실제로 송시열은 제자들과의 문답에서 윤휴가 죽은 것은 "주자를 능멸했기 때문이다"라고 말했다.

그러나 윤휴가 사형당한 진짜 이유는 그가 진정한 북벌론자이기 때문일 것이다. 이 무렵 조선의 대다수 사대부들에게 북벌은 '말'로만 하는 것이지 '행동'으로 하는 것이 아니었다. 진짜 북벌에 나섰다가는 모든 것을 잃으리라는 두려움이 팽배했다. 그래서 윤휴는 죽어야만 했던 것이다.

공존의 틀이 한 번 깨지자 윤휴와 같은 억울한 죽음이 뒤를 이었다. 허견의 옥사는 100명 이상의 남인들을 처형, 유배, 삭탈관작시키고 겨우 마무리되었다. 숙종은 이를 종묘에 고하고 김석주를 원훈(元勳)으로 높이면서 그 공로를 기려 공신을 정하라고 했다. 숙종과 외척 김석주 사이에 남인 정권을 타도하기 위한 사전 모의가 있었음을 입증하는 대목이다. 김석주는 사양했다.

"흉악한 무리의 손에 죽지 않은 것만도 다행인데 공로가 있고 없음을 논할 수 없으며, 더구나 원훈이 된다는 것은 부당하옵니다."

숙종이 거듭 허견 옥사의 공신을 책봉하라고 명하자 사간원에서 반대했다.

"고변서(告變書)가 사전에 올라와 흉도가 잡혔고 심문하기도 전에 괴수가 혐의를 자복했는데 신하들이 무슨 공이 있기에 공신으로 책봉하옵니까?"

그러나 숙종은 비망기를 내려 공신으로 책봉할 인물들의 이름을 직접 거명했다.

> 별군직(別軍職) 이입신(李立身)과 충장장(忠壯將) 남두북(南斗北), 그리고 박빈(朴斌) 등이 미리 알아차리지 않았으면 정원로가 고변할 리가 없으니 그 공이 정원로보다 더욱 크다. 모두 공신록에 책봉시키라.

숙종과 김석주가 미리 짜지 않았으면 임금이 하위 무사들의 이름이나 활동 상황을 알 수 없었을 것이다. 허견의 옥사로 보사공신(保社功臣)이 책봉되었는데, 일등공신에 김만기와 김석주 두 외척이, 이등공신에 이입신, 삼등공신에 정원로, 남두북, 박빈 등 모두 여섯 명이 봉해졌다. 경신환국으로 정권을 빼앗긴 남인들은 숙종과 외척, 서인들에 의해 혹독한 정치보복을 당했다. 그러나 이것으로 끝이 아니었다.

서인들은 허적과 윤휴를 죽여버린 것으로 만족하지 못했다. 남인이 다시는 정권을 꿈꾸지 못하게 만들어야 했다. 경신환국 2년 후인 숙종 8년(1682) 10월 21일 전 병사 김환(金煥)과 출신 이회 및 기패관(旗牌官) 한수만(韓壽萬) 등이 역모를 고변했다.

> 남인 허새(許璽), 허영(許瑛) 등이 역적 모의를 했습니다. 이들은 화약

과 흰옷을 준비하여 이덕주(李德周)를 중심으로 군사 300명을 동원해 궁궐에 난입, 흰옷을 입지 않은 자는 모두 제거하고 복평군을 왕으로 추대한 다음 대왕대비에게 수렴청정케 하려 했습니다. 이에 가담한 남인들은 고변자인 저 김환을 비롯해서 민암, 권대운, 오시복, 오정위, 이덕주, 이우정(李宇鼎), 권대재, 이관징 등 16명입니다.

임금을 제거하고 북평군을 옹립하려 했다는 이 고변은 조정을 발칵 뒤집어놓았다. 숙종은 즉각 국청 설치를 명했다. 전 승지 이덕주가 모주(謀主)이고 허새, 허영 등의 남인들이 복평군을 추대하려 했다는 고변이었다.

김환 고변 사건의 진상이 밝혀지기도 전인 이틀 후에 또 다른 고변이 들어왔다. 김중하(金重夏)가 남인 민암을 역모의 주모자로 지목하는 고변이었다.

신은 평소 민암과 절친했습니다. 그런데 민암이 저에게 '나는 권환(權瑍), 윤유중(尹惟中) 등과 부운(浮雲)이라는 사생계(死生契)를 조직했소. 그대도 여기 참여해야 하오'라고 말했습니다. 그는 '김석주, 남두북, 박빈을 제거하면 성공할 수 있소'라면서 자신은 집을 팔아 천금을 모아두고 장사를 모집하려 한다면서 저보고는 동지를 규합해달라고 말했습니다. 그 계교가 지극히 흉악하기에 고변합니다.

이틀 사이에 두 건의 역모가 고변된 것이었다. 그러나 이것으로 끝이 아니었다. 김중하의 고변 나흘 후에는 어영대장이자 척신 김석주의 심복인 김익훈(金益勳)이 정원의 아방(兒房: 궐내 장신들의 숙직소)에서 임금 숙종에게 고변의 시말을 밀계했다. 이 역시 남인들이 역모를 꾸몄다는 밀계로서 모두 남인들을 역모로 몰아가기 위한 것이었다. 이 고변들이 모두 임술년(1682)에 이루어졌으므로 '임술고변'이라 한다.

숨 쉴 틈 없이 몰아치는 고변 사건은 남인들을 도륙하기 위한 것으로 척신 김석주의 기획이었다. 허견의 옥사 때 100명 이상의 남인들을 처형하고 유배 보냈지만 이에 만족하지 않고 나머지 남인들을 마저 도륙하기 위해 세 건의 고변 사건을 꾸민 것이었다.

전 병사 김환은 원래 서인이었으나 남인들과도 원만한 관계를 유지해 남인 정권에 의해 발탁되어 벼슬을 했던 인물이었고, 남인 오정위의 서녀(庶女)가 첩이었다. 김석주는 서인과 남인에 두루 통하는 김환을 포섭해 간자로 삼은 것이었다. 김환은 처음에는 간자가 되라는 김석주의 청을 거절했다. 그러자 김석주가 협박했다.

"네가 비밀을 모두 알고도 정탐을 거절한다면 나는 네 목을 먼저 베어버리는 수밖에 없다."

당대 세도가의 협박을 끝내 거절할 수 없었던 김환이 "방법을 가르쳐주십시오"라고 승낙하면서 정치공작이 시작된 것이다. 김석주는 방법을 자세히 일러주었다.

"남인 허새와 허영의 집은 용산이다. 너는 그 이웃집으로 이사하여 그들과 친히 지내다가 어느 날 같이 장기를 두어라. 대국 중에 상대편의 왕을 잡으면서 '나라를 빼앗는 일도 이렇게 해야 합니다'라고 말하고 그의 기색을 살펴라. 허새 등이 조금도 해괴하게 여기지 않거든 같이 잠을 자면서 역모를 일으키자고 말하라. 이렇게 그의 동태를 살피면 남인들의 마음을 알 수 있을 것이다."

김석주의 이런 공작 방식에 김환이 우려를 표했다.

"만일 그들에게 역심이 없으면 역모를 제의한 제가 도리어 역모로 몰릴 테니 그 방법은 안 되겠습니다."

김석주는 "내가 다 알고 있으니 걱정하지 말라"면서 자금을 주었다. 김환은 이 돈으로 허새의 옆집을 사 이사했다. 김석주는 김환으로 하여금 남인 이덕주, 유명견(柳命堅) 등의 동태도 감시하라고 지시했는데, 김환은 유명견을 몰랐기 때문에 그의 친척인 전익대(全翊戴)와 사귀면서 그를 통해 유명견의 동정을 살폈다.

그런데 이 일이 마무리되기 전에 김석주는 청나라 사신으로 가게 되었다. 그는 심복인 어영대장 김익훈에게 일을 맡기고 떠났고, 김환은 보고선을 김익훈으로 바꾸어 공작을 계속했다.

이러던 차에 고변을 앞당길 수밖에 없는 일이 발생했다. 김환이 역모를 꾸미고 있다는 소문이 돌기 시작한 것이다. 남인들을 떠보기 위해 역모를 일으키자고 한 말들이 퍼진 것이었다. 김익훈은 당황하여 김환에게 빨리 고변하라고 재촉했다. 김환은 혼자서 고변하는 것보다 전익대와 함께 고변하는 것이 신빙성이 있을 것이라고 생각했다. 김환이 유명견을 역모로 고변하자고 청하자 전익대는 거부했다.

"유명견이 역모를 꾸민 증거가 없는데 무고할 수는 없다."

전익대가 거절하자 김환은 당황했다. 자칫하면 자신이 역모로 몰릴 수도 있었다. 더구나 배후 총책 김석주는 청나라에 가 있는 상황이었다. 당황한 김환은 김익훈에게 군사를 빌려달라고 요청했다. 전익대를 감금해놓고 협박해서라도 같이 고변하겠다는 뜻이었다. 김환은 김익훈이 빌려준 어영청 소속의 군사로 한밤중에 전익대를 납치했다. 그러나 전익대가 끝끝내 거절하자 김환은 김익훈을 찾아가서 말했다.

"제가 먼저 고변을 한 후 전익대를 증인으로 부를 터이니 계속 가두어두고 회유하십시오."

그래서 김환이 의금부로 가서 허새 등이 역모를 꾸몄다고 고변했다. 그리고 국청이 설치된 와중에 김중하가 남인 민암 등이 역모를 꾸몄다고 또 고변한 것이었다. 허새는 혹독한 고문을 당하면서도 혐의를 부인했다. 깨진 사금파리가 깔린 바닥에 꿇어앉힌 다음 무릎 위에 무거운 돌을 올려놓는 압슬형까지 가했지만 역시 부인했다. 그러나 고문이 계속되자 결국 혐의를 시인했다. 허새의 서종제(庶從弟) 허영 역시 3차형까지 부인하다가 고문에 못 이겨 자백했다. 허새가 이덕주를 모사로 지목함에 따라 이덕주와 대질심문했는데, 이덕주 역시 혐의 사실을 부인하면서 허새의 자백이 가진 모순점을 반박했다.

김익훈은 전익대를 감금해놓은 채 김환이 전익대를 증인으로 부르기를 기다렸으나 김환은 그를 부르지 않았다. 그 전에 고문에 못 이긴 허새와 허영이 자백했기 때문이다. 여기에서 혼선이 발생했다. 김익훈과 고변자 김환의 생각이 서로 달라졌던 것이다. 김석주와 김익훈이 고변을 통해 제거하고자 한 핵심 인물은 종친인 복평군이었다. 그러나 허새와 허영은 자신들의 혐의는 인정했지만 복평군 관련 사실은 끝내 부인했다. 김환은 복평군이 제거되든 말든 상관없었다. 자신이 공신에 책봉되기만 하면 족했다. 김익훈은 일이 생각대로 흘러가지 않자 위관 김수항에게 복평군을 처단해야 한다고 말했는데, 김수항은 거절했다.

"국청의 일은 어명과 죄인의 입에서 나온 말이 아니면 거론하지 못하는 법입니다."

김익훈은 복평군 제거에 차질이 생기자 크게 당황했다. 이런 상황

김석주, 실학박물관
김육의 손자이자 김좌명의 아들로, 남인
들을 제거하려는 여러 정치공작을 수행
했던 인물이다. 허견의 옥사를 주도해
보사공신에 책봉되기도 했다.

에서 김석주가 청나라에서 돌아오자 곧바로 자초지종을 보고했다.
김석주는 아방에서 임금에게 밀계하라고 지시했고, 김익훈의 3차 고
변이 이루어졌다. 김석주의 말대로 어명이 내려와 전익대를 잡아왔
다. 전익대는 이미 태도가 달라져 있었다. 김환이 무사한 것을 목도
한 데다가 곧 공신에 책봉될 것임을 알고 "남인 유명견이 역모를 했
습니다"라고 가세했다.

　이런 일련의 사건들이 연속되면서 고변의 진상이 불투명해졌다.
고변들이 각각 독립적인 것인지 하나로 연결된 것인지도 불분명했
다. 서인 위관들도 진상을 몰라 혼란스러워했다. 정치공작이라는 소
문이 돌기 시작했다. 서인 위관들은 사건의 진상을 밝히기 위해 고변
자 김중하와 전익대를 역모 혐의자 민암, 유명견 등과 대질심문했다.
서로 말이 맞지 않는 가운데 김중하와 전익대의 무고임이 드러났다.
이때만 해도 서인 위관들은 김석주와 김익훈의 정치공작인 줄은 알

지 못했다.

고변 10여 일 만인 11월 2일 국청을 담당했던 대신들이 숙종을 청대(請對: 임금을 만남)해 김중하와 전익대를 무고 혐의로 유배형에 처하고 정창도, 권대운, 권환 등도 유배시켰다. 민암과 유명견 등은 무죄방면되었다. 김중하 고변 사건은 무고로 처리된 것이었다.

그러나 김환의 고변 사건은 비록 고문에 못 이겼다고 해도 허새가 자백했기 때문에 사실로 인정되는 분위기였다. 허새는 곧바로 다음 날 결안(決案)을 작성하고 허영도 이틀 후에 결안을 작성하여 사형했다. 이덕주는 끝까지 혐의를 부인하다가 장하의 귀신이 되고 말았다. 진위 여부는 알 수 없는 가운데 김환의 고변만 사실로 인정되어 김환은 자헌대부를, 같이 고변했던 이회와 한수만은 각각 가선대부를 제수받는 것으로 사건은 종결되었다.

그러나 조작설이 광범위하게 퍼져 나갔다. 비슷한 내용의 고변이 하나는 인정되고 하나는 무고로 처리된 것도 의혹을 증폭시켰다. 조정 일각에서까지 무고자에 대한 처리가 잘못되었다는 문제가 제기되었다.

호군 이익(李翊)은 무고자 김중하와 전익대가 잘못 처리되었다고 주장했다. 역모 사건에 대한 무고는 사직을 위태롭게 한 죄이므로 사형에 처해야지 유배로 그쳐서는 안 된다고 주장했다. 역모 사건에 대한 무고는 반좌율에 따라 사형이었으므로 이 또한 세간의 의혹이 분분했다.

승지 조지겸(趙持謙)도 두 고변자의 형이 너무 가볍다면서 처형해야 한다고 주청했다. 그는 김익훈을 조사해야 한다고 주장했다. 김석주의 사주에 의한 조작이 아니냐는 세간의 의혹을 공론화한 것이었다. 화살이 김석주의 심복인 김익훈에게까지 번지자 서인 중진들이 무마에 나섰다.

영의정 김수항은 김익훈이 아방에서 밀계한 것은 자신과 좌의정 민정중, 우의정 김석주가 상의한 결과라며 김익훈을 옹호했다. 이는 국청의 일은 어명과 죄인의 공초에서 나온 것이 아니면 거론 못 하는 법이라던 과거와는 다른 발언이었다. 김석주 귀국 후 말을 바꾼 것이다.

승정원과 사헌부가 김익훈 처리 문제를 둘러싸고 둘로 갈라졌다. 승지 서문겸이 사건 재조사를 주장하는 같은 승지 조지겸을 심하게 공박했다. 사헌부 지평 유득일(兪得一)과 장령 안식(安栻)은 조지겸을 지지하면서 김익훈은 공을 탐하여 뒤늦게 밀계한 소인배라며 처벌할 것을 청했고, 정언 유명일(兪命一)은 두 무고자를 엄하게 처벌할 것을 주장했다. 홍문관에서도 무고자에 대한 처벌을 지지하고 나섰다.

집권 서인이 둘로 갈라질 조짐을 보이고 있었다. 서로에 대한 공격이 심해지면서 김익훈이 저지른 비리들이 드러났다. 남인 집권 때 허적에게 아부했으며, 허견의 옥사 뒤에 허견의 첩을 가로채 차지했다는 등의 인신적인 비리와 어영청의 경비로 자신의 땅을 사들인 독직, 공금횡령 등이 드러났다. 사건의 여파가 걷잡을 수 없이 확대되자 영의정 김수항은 사직을 청했고, 좌의정 민정중은 두 무고자의 국문을 청할 수밖에 없었다.

재수사 결과 전익대는 김환의 위협 때문에 고변에 가담하게 되었다고 자백했다.

"김환이 고변 하루 전 어영청의 영기(令旗)를 들고 군사들과 함께 와서 '너의 이름도 고변서에 있으니 어영청에 가두겠다'고 위협하여 부득이 어영대장 김익훈에게 고변한 것입니다."

명백히 무고에 의한 거짓 고변이었다. 지중추부사 이상진, 판의금 여성제, 지의금 박신규(朴信圭), 대사간 이수언(李秀彦) 등은 김환이 어영청 영기를 가지고 전익대를 감금한 것은 어영대장 김익훈의 명에 의한 것이라면서 김환을 국문하자고 주장했다.

　사태가 커지자 서인 중진들이 김환을 옹호했다. 김환이 허새의 역모를 밝히기 위해서 부득이하게 위협한 것이라는 논리였으나 궁색했다. 고변의 대가로 자헌대부를 제수받았던 김환은 그 고변 때문에 목숨을 잃을 위기에 처했다. 그러나 서인 정권은 김환을 국문할 수 없었다. 그가 김익훈은 물론 김석주의 이름까지 댈 경우 사태가 어디로 흘러갈지 알 수 없었다. 그래서 김환은 국문 없이 유배형에 처해졌다. 대신 전익대는 처형했다. 주모자는 유배되고 추종자는 사형당한 이상한 사건 처리였다. 배후에서 이들을 조종하고 임금에게 밀계까지 한 김익훈은 아무 처벌도 받지 않았다.

　사헌부와 사간원의 젊은 서인들이 이의를 제기했다. 지평 박태유(朴泰維)와 유득일이 김익훈을 유배 보내야 한다고 주장했다. 숙종은 거꾸로 박태유를 거제현령, 유득일을 진도군수로 좌천시켰다. 보복성 인사였다.

　삼사에서 부당한 인사의 철회를 거듭 요청했고, 조야의 여론이 들끓었다. 여론에 밀린 김수항과 민정중은 인사 철회를 요청했고, 숙종도 받아들일 수밖에 없었다.

　임술고변은 서인들을 둘로 나누어놓았다. 김익훈과 김환을 옹호하는 서인 원로, 중진들과 처벌하려는 서인 소장파들이 맞섰다. 경신환국과 허견의 옥사 때 살아남은 남인들을 제거하기 위한 정치공작이라는 소문이 널리 퍼졌다. 척신 김석주가 배후에서 조종하고 김익훈이 실행했다는 소문이 떠돌았다. 국왕 숙종에 대한 실망도 커져갔다. 국왕이 진상을 캐기는커녕 일방적으로 한쪽 편을 옹호했기 때문이다. 김환의 고변서에 허새가 "주상을 가까이에서 보니 덕기(德氣)라고는 조금도 없고 혼암(昏暗)하기 막심하더라"라고 했다는 말은 허새가 실제 그런 말을 했는지는 차치하고라도 사실을 담고 있었다. 한 당을 이용해 다른 당을 제거하는 식으로 왕권을 강화하는 숙종식 왕권강화책으로 조정은 결딴나고 있었고, 한은 복수를 향해 덩치를 키우고 있었다.

서인, 노론과 소론으로 분당되다

경신환국으로 서인이 집권한 후 송시열은 원로 대접을 받고 있었다. '대로(大老)'가 서인 정권에서 그를 부르는 경칭이었다. 그러나 그는 서인 집권 후에도 관직에 나서지 않았다. 영중추부사(領中樞府事)라는 명예직 외에는 관직을 사양했다. 그렇다고 정치에서 손을 뗀 것은 아니었다. 현종이 끝내 대공설을 고집하는 서인들에게 "선왕에게 그토록 박하게 하면서 누구에게 그토록 후하게 하고자 하느냐?"고 꾸짖은 것 역시 송시열을 겨냥한 것이었다. 서인 정권은 충청도 회덕에 있던 송시열의 허락을 먼저 받고 임금에게 보고하는 체제였다.

송시열 세력과 김육의 손자 김석주 일가는 대동법과 김육의 묘지에 수도(隧道: 땅을 파서 무덤으로 통하게 만든 길)를 썼을 때 송시열 쪽에서 비판한 일 때문에 크게 다퉜으나 경신환국으로 해소되었다. 척신계 서인들과 산림계 서인들이 하나가 된 것이다.

그러나 임술고변의 여파는 가라앉지 않았다. 숙종은 산림의 영수급 인물들을 끌어들여 사태를 진정시키려 했다. 송시열, 박세채, 윤증에게 간곡히 출사를 종용한 것이다. 송시열의 출사 소식은 김익훈의 처벌을 주장했던 젊은 선비들을 흥분시켰다. 이때만 해도 젊은 서인들은 송시열을 강직한 성품이라고 믿어 의심치 않았다. 송시열이 여주에 이르자 숙종은 승지 조지겸을 보내서 맞이하게 했다. 파격적인 예우였다. 김익훈 처벌을 주장했던 조지겸은 송시열에게 임술고변에 관한 의혹들을 자세히 설명했다.

"김익훈이 김환을 회유하고 협박하여 허새와 허영을 꾀어 역모로 죽게 했으니 그 자신이 반역한 것보다 더 나쁜 것입니다."

송시열의 답변은 젊은 서인들을 환호하게 했다.

"그런 자는 죽여도 애석할 것이 없다."

젊은 서인들은 하루빨리 송시열이 서울에 도착하기를 고대했다. 숙종이 송시열의 견해에 따라 김익훈을 처리하겠다고 말했기 때문에 송시열이 숙종을 만나면 정의가 바로 설 것으로 생각했다. 그러나 젊은 서인들의 환호가 실망으로 바뀌는 데는 많은 시간이 걸리지 않았다. 서울에 도착한 송시열은 김수항, 민정기, 김만기 등 노장 서인들의 설명을 듣고 김익훈에 대한 태도가 달라졌다.

정작 서울에 도착한 송시열은 무고 사건은 모른 체했다. 대신 효종의 세실 문제와 태조 이성계의 시호 추상(追上) 문제를 언급했다. 효종의 세실 문제란 효종이 북벌의 대의를 주창한 공을 감안해 그의 위패를 영원히 옮기지 않는[永世不遷] 신실(神室)을 만들자는 주장이었다. 자신이 효종의 종통을 부인했다는 비난을 상쇄하기 위한 것이었다. 태조의 추상 문제란 이성계에게 '의를 밝혀 윤리를 바로잡았다'는 뜻의 '소의정륜(昭義正倫)'이라는 시호를 더하자는 주장이었다.

"태조가 개국한 지 300년이 지났는데 그 창업의 대업은 사실상 위화도 회군을 통하여 대의가 일월같이 밝혀졌으니 소의정륜으로 시호를 올리는 것이 좋겠사옵니다."

이는 송시열의 절충안이었다. 이성계가 위화도 회군을 함으로써 명나라를 황제의 나라로 섬기는 '의를 밝히고 윤리를 바로잡았다'는 것이었다. 조선의 진정한 임금은 명나라 황제라는 것이었다. 효종의 세실 문제는 별다른 이견이 없었다. 효종의 종통을 부인했다는 혐의는 서인들 전체에게 부담이었다. 반면 태조의 시호 추상 문제는 그렇게 간단하지 않았다. 대다수의 관료들이 시기가 너무 오래되었다며 신중히 처리해야 한다고 주장했다. 게다가 선비들의 신망을 받고 있던 박세채가 경연에서 반대했다.

"태조의 위화도 회군은 실상 화가위국(化家爲國)을 위한 것이니 전적으로 대의에서 나온 것만은 아니며, 또 제왕의 시호는 왕업을 중심으로 삼는 법인데 회군은 왕업을 이루기 전의 일이니 시호를 더하는 것은 불가합니다."

이성계는 명나라 태조에게 충성을 다하기 위해 위화도 회군을 단행한 것이 아니라 사가(私家)를 왕가로 만들기 위해 단행했다는 것이다. 우의정 김석주가 절충안을 제시했다. 이성계의 시호를 추상하되 회군의 공적은 『용비어천가(龍飛御天歌)』 등에 기록되어 있으니 다시 기재할 필요는 없다는 절충안이었다. 태조의 시호는 '정의광덕(正義光德)'으로 추상되었다.

그러나 송시열의 상경에 관심이 쏠린 것은 이런 문제들 때문이 아니었다. 관심의 초점은 여전히 무고 사건에 대한 처리, 즉 김익훈에

윤증, 문화재청 국가문화유산포털
벼슬보다는 학문에 뜻을 두어 여러 관직에 제수되었으나 모두 거절하고 출사하지 않았다. 경신환국 후 남인을 처벌하는 데 온건론을 주장하는 소론의 영수가 되어 강경처벌을 주장하는 송시열의 노론과 싸웠다.

대한 처리에 있었다. 송시열은 숙종이 김익훈 처리 문제에 대해서 거듭 물어보자 할 수 없이 대답했다.

"김익훈의 조부 김장생은 저의 스승이온데 신이 익훈을 잘 인도하지 못해서 이 지경에 이르렀습니다. 잘못은 신에게 있사오니 통촉하여주십시오."

젊은 사류들의 희망을 무시하고 김익훈을 옹호한 것이었다. 김익훈은 이로써 죽음의 문턱에서 구제되었다. 반면 젊은 서인들의 실망은 컸다. 젊은 서인들은 "장자(長者)도 편애하는가?"라면서 송시열에 대한 실망을 노골적으로 드러냈다. 이때 송시열의 나이 74살이었다. 수많은 정쟁을 겪으면서 송시열은 자신이 정신적 스승으로 삼던 율곡 이이의 말대로 도심에서 인심으로 전락한 것이다.

송시열과 함께 숙종의 부름을 받았던 윤증은 송시열보다 늦은 숙종 8년(1682) 말에 고향을 떠나 서울길에 나섰다. 송시열과 박세채는 몇 차례에 걸친 국왕의 출사 요청을 받고 조정에 나왔지만 윤증은 이 제껏 사양하고 나오지 않았던 터였다. 윤증은 이미 송시열의 제자 중 한 명이 아니라 산림의 영수 중 한 명으로 인정받고 있었다. 송시열, 박세채, 윤증 세 사람은 최고의 명망을 지닌 서인 학자들이었다.

상경 도중 윤증은 아버지 윤선거의 제자였던 나양좌(羅良佐)의 과 천 집에 머물렀다. 정국을 관망하며 현안에 대한 구상을 가다듬기 위 해서였다. 이때 박세채가 나양좌의 집까지 그를 찾아가 정국 현안에 대해 이야기를 나누었다. 이 자리에서 윤증은 박세채에게 자신이 출 사하기 위한 세 가지 조건을 제시했다.

"첫째, 지금 잇단 역옥(逆獄)으로 남인들이 원한을 가지고 있는데, 남계(南溪: 박세채의 호)가 이들과 서인과의 사이를 화평케 할 수 있소?"

허견의 옥사와 임술고변 등으로 남인들이 서인들에게 갖고 있는 원한을 어떻게 해결할 것인가를 물은 것이었다.

"둘째, 정치에 부당하게 간여하는 삼척가(三戚家: 김석주, 김만기, 민 정중 등 세 외척)의 세력을 제거할 수 있겠소?"

숙종의 외삼촌인 청풍(淸風) 김씨 김석주 가(家)와 숙종의 장인인 광산(光山) 김씨 김만기 가, 숙종의 계비인 인현왕후 민씨의 숙부인 여흥(麗興) 민씨 민정중 가가 삼척이었다. 외척의 정치 간여를 금지 할 수 있겠는가를 물은 것이었다. 종친과 외척은 정치에 간여하지 못 하는 것이 국법이었지만 계해정변 이후 이런 원칙이 무너졌는데 이 를 정상화할 수 있느냐고 물은 것이다.

"셋째, 지금 집권한 사람들의 태도를 보면 자기 당 사람만 등용하 고 반대 당 사람은 무조건 배척하는데, 이를 시정할 수 있겠소?"

송시열이 주도하는 서인들의 편협한 인재 등용 방식을 고칠 수 있는가 하는 점이었다. 서인과 남인을 모두 등용하여 일당체제를 극복하고 외척의 정치 간여를 배제하는 정상적인 정치체제를 만드는 것을 자신의 출사 조건으로 삼은 것이었다.

서인과 남인의 화평을 위해서는 구체적인 후속 조치가 따라야 했다. 윤증은 고변 사건으로 추록(追錄)한 훈작(勳作) 삭탈을 주장했다. 잇단 옥사로 남인들의 원한이 하늘에 닿아 있는데 오히려 옥사를 일으킨 장본인들은 공신이 되었으니 이를 삭탈해야 남인들의 원한이 풀린다는 것이다. 송시열이 김익훈을 옹호한 사실과 비교해보면 윤증은 이미 송시열과는 다른 세계관을 갖고 있는 것이었다. 송시열이 가해자의 시각으로 사건을 바라보았다면 윤증은 비록 당파는 다르지만 피해자의 시각으로 사건을 바라보았다.

이후 송시열을 지지하는 원로·중진 서인들이 노론이 되고, 윤증, 박세채를 지지하는 젊은 서인들이 소론이 된다. 여기에는 송시열이 윤증의 부친 윤선거의 비문을 박하게 써준 구원(舊怨)도 한몫했지만, 핵심은 두 사람이 지닌 이러한 세계관의 차이가 서인을 분당시킨 것이었다. 송시열은 첫째 가해자를 옹호했고, 둘째 척신 김석주와 야합했으며, 셋째 자파 중심의 인물들만 등용했다.

박세채는 윤증의 세 가지 문제제기가 모두 타당하다고 수긍했다. 그러나 자신은 이를 해결할 능력이 없다고 솔직히 토로했다. 윤증은 발길을 돌려 고향으로 돌아갔다. 박세채 역시 귀경 후 송시열을 만나지 않고 숙종에게 태조의 시호 추상 문제에 대한 반대 견해를 밝히고 고향인 파산(坡山: 파주)으로 돌아갔다.

세 유학자 중 윤증이 과천에서 되돌아가고 박세채 또한 고향으로 돌아가자 서울에 남은 송시열만 모양새가 이상해졌다. 그래서 송시열도 사직하고 고양(高陽)으로 물러났다가 금강산을 유람하고 화양(華陽)으로 돌아갔다.

세 유학자를 불러들여 정국을 수습하려던 숙종의 구상은 실패로 돌아가고 말았다. 당시 정국 수습을 위한 시대적 요청은 윤증이 제기한 3대 명분론에 잘 나타나 있다. 남인과 서인의 화해, 척신 정치 구조의 타파, 당색을 배제한 고른 등용이 시대의 요구였다. 즉 닫힌 정치에서 열린 정치로, 투쟁의 정치에서 화해의 정치로, 증오의 정치에서 사랑의 정치로 나아가자는 시대정신의 표현이었다.

그러나 송시열은 이를 받아들일 생각이 없었고, 서인들은 노론과 소론으로 분당되었다.

노론에서는 윤증과 박세채의 과천 회동에 대해 많은 뒷이야기를 만들었다. 윤증이 박세채에게 송시열과 함께 정치를 하다가는 훗날 큰 화를 입을 것이라고 말했다는 것이다. 또한 윤증이 남인들에게 얻은 정보로 박세채를 설득했다고 비난하기도 했다. 윤증이 처남 권유(權惟)와 이삼달(李三達)을 통해 정보를 얻었다는 것으로, 권유는 남인 권시의 아들이고 이삼달 역시 남인이었다. 그러나 윤증의 3대 명분론은 남인과 내통한 결과라기보다는 남인과 서인 사이의 원한을 해소하지 않으면 서로 간에 죽고 죽이는 살육전이 계속해서 반복되리라는 현실 인식의 결과였을 뿐이다. 동인이 일찌감치 선조 때 남인과 북인으로 분당한 것에 비하면 서인은 오랫동안 한 당의 테두리 내에 있었던 셈이다. 노론의 중심인물은 송시열을 필두로 척신 김석주, 민정중, 김익훈을 비롯해서 이선, 이수언, 이이명, 이여 등의 훈신들과 김수항 등 서인의 중진들이었으며, 소론의 중심인물은 윤증과 박세채를 비롯해서 조지겸, 오도일, 한태동, 박태보, 임영, 이상진, 남구만 등이었다.

장 희빈 모친 모욕 사건

숙종 14년(1688) 10월 27일, 여덟 명의 노비가 메는 옥교(屋轎)를 타고 궁중에 들어오는 한 여인이 있었다. 사헌부 지평 이익수(李益壽)와 이언기(李彥基)가 그 여인을 알아보고 금리(禁吏)를 불렀다. 지체 높은 집안의 여인이 아니었기 때문이다. 금리들은 천인이 감히 옥교를 탔다고 여인을 꾸짖고 옥교를 멘 노비들을 치죄하고 옥교를 빼앗았다.

꾸짖음을 당한 여인은 소의(昭儀) 장씨, 즉 후궁 장옥정의 모친이었다. 옥정이 왕자를 낳자 산후조리를 위해 궁중에 들어오는 길에 수모를 당한 것이다. 옥정은 지금은 정2품 소의지만 아들을 낳았으니 곧 종1품 귀인(貴人)이 될 것이었다. 숙종은 크게 화를 냈다.

"귀인의 모친이 전교를 받고 궁중에 들어올 때 사헌부에서 이처럼 모욕했다는 말을 들은 적이 없다. 귀인의 내외 족당(族黨)이 요직에 웅거한 집안이라면 사헌부에서 이렇게 하지 못했을 것이다. 궁녀들도 천인이지만 상궁이 되면 옥교를 타는데, 하물며 왕자의 외가에서 전교를 받고 출입하다가 이런 모욕을 당했는데, 대간의 상소는 혹은 천인이라 하고 혹은 걸어 다니라고 하니 어찌 이럴 수 있는가?"

후궁 장씨의 모친은 조사석 처가의 여종이었으므로 천인 출신이었다. 그러나 딸이 왕자를 낳았으므로 왕자의 외할머니였다. 경신환국으로 서인이 집권한 지 8년째 되는 해였다. 노론과 소론으로 점차 나뉘는 시점이었지만 이때까지는 서인이라는 당명으로 불리고 있었다. "귀인의 내외 족당이 요직에 웅거한 집안"이란 전 현감 김창국(金昌國)의 딸이자 전 영의정 김수항의 종손녀인 귀인 김씨의 모친을 겨냥한 발언이었다. 귀인 김씨는 서인들이 의도적으로 숙종의 후궁으로 만든 여인이었다. 김만기의 딸이었던 인경왕후 김씨는 딸만 셋을 낳은 채 아들을 낳지 못하고 숙종 6년(1680) 사망했고, 숙종은 이후 민유중의 딸인 인현왕후 민씨와 다시 국혼을 올렸으나 아들은커녕 딸도 낳지 못했다. 그사이 장씨가 숙종과 가까이 지내자 서인들은 자칫 장씨가 왕자라도 낳을까 봐 김수항의 종손녀를 후궁으로 들인 것이었다.

숙종은 사헌부 금리를 형신해 곧 죽게 만들고, 사헌부 지평 이익수, 이언기를 파직했지만, 승정원에서 간쟁하는 바람에 복직을 허용할 수밖에 없었다. 이 무렵 척신들이 잇달아 사망했다. 경신환국과 임술고변의 주역이었던 청성부원군 김석주는 숙종 10년(1684)에 사망했고, 김석주와 손잡고 경신환국을 일으켰던 김만기도 그 3년 후 사망했다. 척신 세력이 약화하면서 송시열 세력이 조정을 거의 대부분 장악하고 있었다.

이런 상황에서 숙종은 재위 14년이 되도록 아들을 얻지 못했다. 이 와중에 장씨가 아들을 낳자 숙종은 크게 기뻐했다. 그런데 그 어머니가 산후조리를 돕기 위해 궁궐에 들어오다 모욕을 당했으니 숙종이 화를 낸 것이었다. 숙종은 재위 15년(1689) 1월 15일 장씨를 희빈(禧嬪)으로 삼았다.

그런데 서인들은 장씨를 남인들이 의도적으로 입궁시킨 여인계의 일환으로 보았다. 장씨가 숙종의 총애를 받기 시작한 것은 재위 6년

(1680)경이었는데, 그해 11월 혜성이 나타나자 『숙종실록』의 사관은 장녀(張女: 장옥정)가 "임금의 총애를 받기 시작할 무렵이 이때"였다며 "이로써 하늘이 조짐을 보여주는 것이 우연이 아님을 알겠다"라고 비난할 정도였다. 장씨는 숙종의 모후 명성왕후 김씨에게 쫓겨났는데, 숙종은 모후의 상을 마친 후 다시 궁으로 불러들였다. 나중에 희빈 장씨가 왕비가 된 후 어린아이들이 "장다리(희빈 장씨)는 한철이요 미나리(인현왕후 민씨)는 사철이다"라는 동요를 불렀다고 한다. 이는 아이들이 자발적으로 부른 노래가 아니라 서인 측에서 만들어 퍼뜨린 정치가사였다. 『숙종실록』은 곳곳에서 인현왕후의 부덕(婦德)과 장씨의 패덕(悖德)을 비교하고 있지만, "어느 날 내전(內殿: 인현왕후)이 명하여 (장씨의) 종아리를 때리게 하니 더욱 원한과 독을 품었다"는 『숙종실록』(12년 12월 10일)의 기록처럼 민씨 역시 질투하기는 마찬가지였다. 장씨나 민씨나 모두 냉혹한 정치가들이었다.

숙종 12년(1686) 7월 부교리 이징명(李徵明)은 이런 상소를 올렸다.

폐하의 총애를 받고 있는 궁인 중의 한 사람이 역관 장현의 친척이라 하옵는데, 현(炫) 부자는 허견의 옥사 때 사사당한 복창군 정(楨)에게 붙었던 자이옵니다. 이제 그 친족을 가까이하다가는 차후 말할 수 없는 우려가 있을 것이옵니다. 바라옵건대 장녀를 추방하소서.

왕조국가에서 국왕의 여성 문제는 거론하지 않는 것이 원칙이었다. 그러나 서인들은 국왕에게 후궁을 내쫓으라고 노골적으로 요구했다. 국왕 숙종의 개인적인 애정 문제가 아니라 정권의 사활이 걸린 문제로 바라보았기 때문이다.

숙종은 장 희빈을 쫓아내라는 상소를 올린 이징명을 파직하고 이 상소를 봉입했던 승지 신필(申畢)과 김두명(金斗明)을 하옥했다. 이에 사헌부 및 홍문관, 승정원 등에서 이들을 구하기 위해 애썼으나 허사였다.

장씨 문제에 관한 한 숙종의 의사는 강경했다. 숙종은 장씨를 내쫓으라는 상소가 있었던 그해 12월 오히려 그녀를 숙원으로 책봉하고 노비 100여 명을 하사했다. 그러나 장씨를 내쫓는 것은 정권의 사활이 달린 문제였으므로 서인들은 계속 문제를 제기했다. 지경연 김만중은 경연에서 이렇게 말했다.

"장씨의 모친이 평소 조사석의 집에 자주 드나들었습니다. 조사석이 우의정이 되자 모두들 장씨의 모친 덕분이라고 하는데 오직 전하만 모르고 계시옵니다."

김만중의 말에 숙종은 격분했다.

"후궁 때문에 내가 우상을 임명했다면 내가 뇌물이라도 받았다는 말인가?"

장씨의 모친은 조사석 처가의 여종이었는데, 출가 후에도 계속 조사석의 집을 왕래했다. 조사석은 또 장옥정을 총애했던 인조의 계비 장렬황후 조씨의 재종제(再從弟)였다. 그래서 서인들은 대비 조씨와 조사석이 짜고 장씨를 숙종의 후궁으로 들였다고 의심한 것이다.

숙종이 말의 출처를 대라고 윽박지르자 김만중은 스스로 의금부에 가서 갇힌 후 평안도 선천(宣川)으로 유배 갔다. 김만중의 조부는 송시열의 스승인 김장생인데, 김만중은 남인 집권 때 남해로 유배 가서 한글 소설인 『사씨남정기(謝氏南征記)』를 쓴다. 명나라의 유현(劉炫)이 정실부인 사씨를 내쫓고 첩인 교씨(喬氏)를 정실부인으로 삼았다가 나중에 교씨의 간악함을 깨닫고 사씨를 정실로 맞이하고 교씨를 죽인다는 내용의 소설이다. 사씨가 왕비 민씨, 교씨가 후궁 장씨를 뜻한다는 것인데, 훗날 실제로 이 소설의 내용대로 사태가 전개된다. 그래서 노론 김춘택(金春澤)이 『사씨남정기』를 한문으로 번역해 사대부들 사이에 유포한 것이었다.

재위 14년 만에 왕자를 얻었는데 서인 정권에서 하례하기는커녕 왕자의 외할머니를 핍박하는 것을 본 숙종은 비상조치를 강구했다. 경신환국 이후 서인들의 세력이 너무 커져서 왕실까지 능멸한다고 생각한 것이다. 계해정변 이후 조선은 '임금이 약하고 신하가 강한' 군약신강 현상이 뚜렷했다. 비록 왕조는 자주 교체되지만 황제권이 강력했던 중국의 군강신약, 즉 임금이 강하고 신하가 약한 현상과는 반대였다.

숙종 초에 '군약신강'이라는 말 때문에 정국에 큰 소동이 발생했던 적이 있었다. 숙종 때 주청사로 북경에 갔던 정재숭의 「장계별단(狀啓別單)」에는 청나라 예부시랑(禮部侍郎) 오합(敖哈)이 청나라 강희제에게 이렇게 말했다고 적혀 있다.

> "조선은 임금이 약하고 신하가 강하기 때문에 만약 우리 청국 조정의 보호가 없다면 어느 때 왕위를 찬탈당할지 알 수 없습니다."

또 다른 기록에는 강희제가 "조선은 임금이 약하고 신하가 강해서 백성들이 고생이 많다"고 했다고도 하는데, 실제로 '신강(臣强)'이라는 말을 했는지를 두고 역관들이 사형당하는 사태까지 발생했다. 청나라에서 조선의 왕권이 약하다고 인식하고 있는 가운데 즉위 14년 만에 첫 왕자가 태어났는데 집권 서인들은 아무도 하례하지 않는 상황이었다. 숙종은 비상한 조치를 취하지 않으면 갓 태어난 왕자의 운명이 순탄치 않을 것임을 알 수 있었다.

숙종은 왕자가 태어난 지 3개월이 채 안 된 재위 15년(1689, 기사년) 1월 10일에 갑자기 시원임대신과 육조 및 삼사의 책임자 소집을 명했다. 정오까지 오지 않는 신하들이 있을 경우 담당 승지를 엄벌에 처하겠다는 단서가 달린 명이었다. 갑작스러운 분부에 놀란 대신들이 몰려들자 숙종은 말했다.

"나라의 근본[國本: 세자]이 정해지지 않아 민심이 갈피를 잡지 못하고 있다. 오늘의 계책은 다른 데 있는 것이 아니라 신생 원자(元子: 임금의 맏아들)의 명호(名號)를 정하는 데 있다. 만약 이에 머뭇거리거나 관망하거나 감히 이의를 제기하려는 자가 있다면 관직을 내놓고 물러가라."

신생 왕자를 원자로 삼겠다는 뜻이었다. 원자로 지명되면 곧이어 세자가 되고 임금이 되는 것이었다. 영의정 김수흥, 이조판서 남용익(南龍翼), 공조판서 심재(沈梓) 등 정청에 모인 서인 대신들은 올 것이 왔다고 생각했다. 원래 조선은 신하가 사임하면 임금이 두 번째까지는 반려하는 것이 원칙이었지 '벼슬을 내놓고 나가라'는 식으로 말하는 나라가 아니었다. 대신들이 반대할 줄 알고 배수진을 친 것이었다. 예상대로 서인 대신들은 모두 반대였다. 이조판서 남용익은 이렇게 말했다.

"지금 중궁(왕비)의 춘추가 한창입니다. 어찌 갑작스럽고 너무 급하다고 하지 않겠습니까? 이의를 제기하려면 물러가라 하셨으니 신은 마땅히 물러나겠습니다만, 이의를 말씀드리지 않을 수 없습니다."

호조판서 유상운도 마찬가지였다.

"이후에 중궁께서 아들을 낳는 경사가 없다면 국본은 자연히 지금의 왕자로 정해질 터인데, 원자로서의 명호를 정하고 정하지 않는 것이 무슨 관계가 있습니까?"

인현왕후 민씨가 아들을 낳지 못할 경우 자연히 장씨의 아들이 세자가 될 텐데 지금 원자로 정하고 정하지 않는 것이 무슨 의미가 있느냐는 뜻이었다. 다시 말해, 민비가 왕자를 생산할 경우 원자는 장씨의 아들이 아니라 민비의 아들이라는 뜻이었다.

공조판서 심재도 반대였다.

"후일 중궁께서 아들을 낳으셨을 때 일어날 수 있는 일을 염려해야 하옵니다. 국본을 정하는 것은 원자의 명호를 정하고 정하지 않는 것에 있는 것이 아닙니다."

서인 대신 어느 누구도 즉위 14년 만에 낳은 왕자의 앞날을 축복해주지 않았다. 훗날 이 왕자가 즉위하자(경종) 아들이 없는데도 노론에서 빨리 연잉군(延礽君: 영조)을 왕세제(王世弟)로 책봉해야 한다고 윽박지른 것을 생각하면 원자 책봉 반대는 당리당략일 뿐이었다. 숙종은 이들의 반대를 왕권에 대한 도전으로 여겼다.

"내 나이 서른이 되어 겨우 아들을 얻었는데 다시 무엇을 바라겠는가? 국세가 위태롭고 옆에는 강한 이웃이 있으니 종사의 중대한 계획을 늦출 수가 없다."

숙종은 이조판서 남용익이 재차 반대하자 그에게 죄를 주고 예조에 원자 정호의 시행을 명했다. 나아가 이 문제를 처음 거론한 지 닷새 만에 원자로 봉하고 종묘사직에 고하고 장씨를 내명부 정1품 희빈으로 승급시켰다. 전혀 새로운 사태가 열린 것이다. 남인계 여인 장씨가 낳은 숙종의 아들이 자칫 다음 왕이 될 가능성이 열린 것이다.

사약 받는 송시열

서인들은 갓난 왕자를 남인 왕자라고 보았다. 그러나 숙종의 의지가 워낙 강했기 때문에 누구도 더 이상 정면에서 원자 정호 문제를 거론하지는 못했다. 또한 이미 종묘에 고한 이상 끝난 문제였다. 그런데 이런 침묵을 깨고 원자 정호 문제를 정면에서 비판하고 나온 인물이 있었다. 대로 송시열이었다. 송시열은 종묘에 고한 보름 뒤 원자 정호가 너무 성급한 조치였다고 상소해 정국에 파란을 일으켰다.

송나라 철종(哲宗: 재위 1085~1100)은 10세가 되도록 번왕(藩王)으로 있다가 신종(神宗: 재위 1067~1085)이 병이 난 뒤에야 비로소 태자에 봉해졌습니다. 당시 가왕(嘉王)과 기왕(岐王)의 핍박이 있었는데도 이처럼 천천히 태자로 봉한 것은 제왕은 큰일을 할 때 항상 여유 있게 하는 것을 귀하게 여기기 때문입니다. 하물며 지금은 핍박의 염려가 없지 않습니까?

송시열은 송나라의 예를 들면서 원자 정호가 너무 성급한 조처였다고 주장했다. 송나라 철종은 신종의 아들이었다. 신종은 28살이라는 늦은 나이에 왕자(철종)를 얻었으나 후궁의 소생이었기 때문에 원자가 아닌 번왕으로만 책봉했다. 신종은 자신의 정비(正妃)가 끝내

『숙종실록』, 국사편찬위원회
숙종 15년(1689) 2월 1일,
송시열의 상소문.

왕자를 생산하지 못하는 것을 확인한 후에야 비로소 태자로 책봉했
다. 송시열은 인현왕후 민씨가 아직 젊은데 후궁 소생의 아들을 원자
로 삼은 것은 성급하다고 비판한 것이었다. 물론 장 희빈이 남인가의
여인이었기 때문이었다.

　송시열의 이 상소가 서인 몰락의 시발점이 되었다. 이 상소를 계
기로 남인들이 정권을 잡는 기사환국(1689)이 일어났기 때문이다. 송
시열의 상소를 본 숙종은 격노했다. 그의 말이 맞다 해도 이미 종묘
사직에 고한 것을 철회할 수는 없는 노릇이었다. 게다가 송시열이 송
나라 철종의 예를 들어 후궁 소생의 원자 정호를 반대했지만 그것과
다른 예도 얼마든지 있었다. 조선 국왕의 기본 소양 중 하나는 풍부
한 역사였기에 숙종도 그런 예를 알고 있었다. 숙종은 날이 어두워진

뒤에야 상소를 읽었음에도 승지 이현기(李玄紀)와 교리 남치훈(南致熏), 수찬 이익수 등을 급히 불러 말했다.

"명나라 황제도 황자 탄생 넉 달 만에 봉호(封號)한 일이 있다. 송시열의 주장은 이와 상반되지 않는가? 송시열의 뜻이 어디에 있는지를 몰라 그대들에게 물어보려 부른 것이다."

송시열이 든 사례나 숙종이 든 사례나 모두 드물지 않은 사례였다. 이 문제는 그렇게 해도 되고 그렇게 하지 않아도 되는 일이었다. 숙종이 14년 만에 낳은 왕자의 정호에 그만큼 집착한 것은 그 역시 왕실의 안위를 염려했기 때문이었다. 역설적으로 송나라 신종처럼 이미 가왕과 기왕 등의 많은 왕자가 있었다면 숙종이 갓난아이를 원자로 정호하려고 애쓰지 않았을 것이다.

숙종의 물음을 받은 남인 승지 이현기는 송시열이 틀렸다고 했으나, 서인인 수찬 이익수는 송시열을 옹호했다. 임금은 끝까지 송시열을 옹호하는 이익수를 파직하고 못을 박았다.

"송시열은 산림의 영수이기 때문에 이를 그대로 두면 장차 그의 문도들이 반드시 뒤따라 일어날 것이다. 마땅히 유배를 보내야겠지만, 유신(儒臣)이므로 특별히 관대하게 삭탈관작하고 문외로 내쫓는 것으로 그치겠다. 하나 앞으로 시열을 구하는 자가 있으면 비록 대신이라도 용서하지 않을 것이다. 또한 그런 내용의 상소는 승정원에서 받지도 말라."

숙종은 송시열의 상소에 대한 자신의 대처 여부에 원자의 미래가 걸려 있다고 믿었다. 자칫 느슨하게 대응할 경우 14년 만에 얻은 원자의 미래가 불행해질 수 있다고 생각했다. 또한 송시열의 상소는 서인들이 왕권을 우습게 보기 때문에 나온 것으로 여겼다. 집권당인 서인이 반대하는 상황에서 남인가 후궁이 낳은 왕자의 미래를 보장하기는 힘들었다. 숙종은 정권을 갈아치우는 것만이 원자의 미래를 보장하는 길이라고 여겼다.

서인과 송시열의 생각대로 장씨가 왕자를 생산한 숙종 14년(1688)에 인현왕후 민씨는 22살이었으므로 충분히 왕자를 생산할 수 있는 나이였다. 그러나 혼인 8년 동안 공주도 낳지 못했다는 점에서 이는 서인들의 희망사항일 뿐이었다.

숙종은 강경하게 대응했다. 송시열을 삭탈관작한 후 영의정 김수흥이 원자 정호를 반대했다는 이유로 파직하고, 남인인 목내선(睦來善), 김덕원(金德遠)을 좌의정과 우의정에 임명했다. 이어 송시열의 상소문에 대해 미온적으로 처리했다 하여 대사간 이유, 지평 원성유, 헌납 이의창 등을 갈아치웠다. 정부 내의 서인들을 대거 쫓아낸 셈이었다. 이미 종묘에 고한 사항에 대해 반발할 때 숙종이 어떤 조처를 취하리라고 예상은 했겠지만 이 정도일 줄은 몰랐을 것이다. 서인이 몰락하고 남인이 집권하는 기사환국이 단행된 것이었다. 아무리 군약신강이라도 왕조국가에서 국왕의 의지는 중요할 수밖에 없었다.

남인들은 만 10년 만에 다시 집권했다. 그동안 서인들로부터 무수한 정치탄압을 받아왔던 남인들이 허견의 옥사나 임술고변 등 수많은 정치탄압에 대해 복수할 힘을 갖게 된 것이다. 남인들은 오랜만에 잡은 정권의 사용 순위에 서인들에 대한 복수를 첫 자리에 두었다.

남인들의 공격은 서인 영수 송시열에게 집중되었다. 물론 김수항도 공격 대상이었으나 주목적은 송시열이었다. 남인들은 송시열의 국문을 주장했다. 만 82살의 송시열을 국문할 경우 죽을 것은 분명했다. 남인 대사헌 목창명(睦昌明) 등은 송시열을 죽여야 한다고 주장했다. 숙종은 송시열을 제주도에 위리안치했지만 남인들은 계속 국문하자고 주장했다. 숙종은 드디어 송시열을 서울로 불러 올렸다. 송시열이 국문을 받기 위해 유배지 제주에서 뭍으로 나오자 수많은 그의 제자들이 영접했다. 서인들에게 송시열은 죄인이 아니었다. 송시열은 국청에서 자신의 소신을 펼 결심이었지만 국청 뜰을 밟아보지도 못했다. 서울로 올라오는 도중에 사사 명령이 내려졌기 때문이었다.

숙종은 송시열을 국문할 경우에 발생할 사태를 우려했다. 그래서 국문하는 것보다 그냥 죽이는 것이 정치적 부담을 더는 길이라고 생각했다. 송시열이 서울로 올라오는 도중 정읍에 도달했을 때 사약이 내려왔다. 김수항은 이미 진도의 귀양지에서 사사된 후였다. 이 소식을 듣고 서울의 남문(南門) 밖 우수대(禹壽臺)에 모여 곡한 사람이 수천 명이었다. 이들은 각각 "그 중 대여섯 명씩만 내면 일을 도모할 수 있다"고 웅성거렸다. 숙종도 두렵지 않을 수 없었다.

원한이 보복을 부르고 또 다른 복수의 맹세를 낳는 순간이었다. 윤증이 박세채에게 "송시열과 함께 정치를 하다가는 큰 화를 당할 것이오"라고 예견했던 것이 현실화되는 순간이기도 했다. 경신환국 이후 극도의 정치보복을 당한 남인들에게 관용을 베풀라고 말하는 사람은 없었다. 그 누구도 관용과 화해를 통한 공존을 말하지 않았다. 윤증의 화해론은 초야에 묻혔고 증오의 칼날만 번뜩였다. 숙종은 경신환국 후 서인들과 손잡고 남인들을 대거 제거한 전력을 기사환국 후에도 되풀이했다. 남인들과 손잡고 서인들을 대거 제거한 것이다.

숙종과 남인 정권은 송시열을 비롯하여 김수항, 홍치상(洪致祥) 등 18명을 참형(斬刑), 교형(絞刑: 교수형), 사사, 장사(杖死) 등 여러 방법으로 죽였다. 목숨은 건졌지만 중도부처(中途付處), 유배, 위리안치된 사람은 59명, 파직과 삭탈관작 등을 당한 사람은 26명으로 모두 103명에 달했다.

사형당한 18명 중에 남인들이 집요하게 죽일 것을 요구한 인물들은 김익훈, 이사명, 이입신, 김환, 김중하, 이광한(李光漢), 남두북, 박빈, 이원성(李元成) 등 서인 집권 때 남인들을 도륙한 공으로 보사공신에 책봉되었던 자들이었다. 반대 당파를 공격해 죽이고 얻은 공신록이 10년 후에는 저승의 명부(冥簿)가 되었으니 '화무십일홍(花無十日紅)', '권불십년(權不十年)'이란 이를 두고 한 말인지 모른다.

경신환국도 숙종 때 일이요 기사환국도 숙종 때 일이었다. 입으로는 탕평을 말하면서도 손으로는 수많은 대신들의 피를 묻혔다. 자신이 보사공신에 책봉해놓고 자신이 죽이는 것은 자기부정임도 생각하지 않았다. 복수에는 관용이 없고 예외가 없었다. 이이명처럼 송시열과 친하게 지냈다는 이유로 귀양 간 경우가 있었고, 김만채(金萬埰)처럼 아버지가 김익훈이라는 사실 하나로 귀양 간 경우도 있었다. 이기주(李箕疇)나 박세휘(朴世輝)처럼 송시열을 구원하려는 상소를 올렸다가 귀양 간 경우도 있었다.

이제 정권을 빼앗기는 것은 곧 저승의 초대장이 되었다. 모든 수단을 다해 정권을 지키거나 빼앗아야 했다. 당쟁의 말기적 상황에 달한 것이다. 공자와 주자는 사대부들의 혀에만 존재했지 가슴에는 이미 존재도 없었다.

문묘에서 쫓겨난 이이와 성혼, 궁궐에서 쫓겨난 왕비 민씨

남인들은 송시열과 김수항, 이이명 등을 죽이는 것으로 만족하지 못했다. 남인들은 서인들의 정신적 지주인 이이와 성혼을 문묘에서 출향시키려고 했다. 서인들의 이념 자체를 말살하려 한 것이었다. 이이와 성혼의 문묘종사는 계해정변 이후 서인 문도들에 의해 주장되었다. 그러나 소극적인 국왕과 반대하는 남인들에 의해 장장 4대 58년을 끌어오다가 경신환국(1680) 이듬해에 비로소 문묘에 배향되었다. 문묘 자체가 정쟁의 수단이 된 것이다.

기사환국 후 남인들은 이이와 성혼을 문묘에서 출향해야 한다고 주장하고 나섰다. 원성(原城: 원주)의 유학 안전이 이이와 성혼을 문묘에서 출향시켜야 한다고 주장했다. 안전은 동서분당 이후 동인들이 이이와 성혼에게 했던 비난을 반복했다. 즉 이이가 어머니의 죽음에 충격을 받고 3년간 여묘살이를 한 후 불교에 잠시 귀의했으며 성혼이 임란 때 선조의 몽진 행렬을 호종하지 않았다는 비판이었다.

남인 대사간 권해(權瑎), 헌납 이현조(李玄祚) 등 삼사의 대간들은 즉각 이 주장에 동조했다. 미리 짜인 드라마처럼 남인 대신들이 가세했다. 살아 있던 송시열을 죽인 것으로 부족해 죽은 지 100년이 넘은 이이와 성혼을 문묘에서 출향하자는 것이었다. 이이와 성혼을 문묘에 종사시키는 데는 장장 58년이 걸렸으나 이들을 출향시키는 데는 그리 많은 시간이 걸리지 않았다. 숙종은 남인들의 요구를 받아들여 문묘에 제향한 지 8년 만인 숙종 15년(1689, 기사년) 이이와 성혼을 문묘에서 출향시켰다.

이것으로 끝이 아니었다. 이제 과녁은 서인 집안의 여인인 인현왕후 민씨에게 향했다. 국모도 정쟁의 대상으로 전락한 것이다. 계해정변 후 서인들이 국혼을 정략적으로 바라본 여파가 이에 도달한 것이었다. 국모 폐출을 먼저 꺼낸 인물이 숙종이라는 점에서 문제는 더욱 심각했다. 이이와 성혼을 문묘에서 쫓아낸 지 한 달 뒤인 4월 21일 숙종이 왕비의 폐출 문제를 처음 언급했다. 숙종의 언급은 엉뚱한 자리에서 나왔다. 송시열의 국문을 주장하는 남인들의 청대 자리였다. 대사헌 목창명 등은 송시열 국문에 대한 허락을 얻기 위해 청대를 요청했다. 만 82살의 송시열에게 그토록 한이 맺혀 있었고, 그토록 두려웠다. 사대부 누구도 장차 정치보복을 당하지 않는 유일한 방법은 먼저 관용과 화해를 베푸는 것이라고 생각하지 않았다. 남인들을 도륙한 척신 김석주, 김익훈 등을 옹호했던 송시열을 용서할 수가 없었다.

숙종은 남인들의 국문 요구를 거부했다. 정치적 부담 때문이었다. 그러나 이날의 청대에서 남인들이 송시열에 대한 국문을 주장하자 숙종은 엉뚱하게 왕비 이야기를 꺼냈다.

"중궁(인현왕후)은 투기하는 버릇이 있다. 장 희빈이 숙원으로 있을 때 중궁이 김수항의 종손녀인 김 귀인과 한패가 되어 과인을 원망하고 장 숙원을 질투한 실상은 이루 헤아릴 수 없다. 하루는 중궁이 나에게 말하기를 '꿈에 선왕과 선후(현종과 왕후 김씨)를 뵈었는데, 그대와 귀인은 복이 많아 자손의 번창함이 선조 임금 때와 같을 것이나 숙원 장씨는 앞으로도 아들이 없고 복도 없으니 만약 궁중에 오랫동안 있으면 경신환국 후 원한을 가진 사람들과 결탁하여 망측한 일을 꾸며 나라에 해를 끼칠 것이다'라고 했다. 예전에도 질투하는 왕비가 있기는 했지만, 어찌 감히 선왕과 선후를 빙자하여 내 마음을 움직이는 계교를 꾸밀 수 있단 말인가? 숙원에게 자식이 없다면 어찌 원자를 낳았단 말인가?"

인현왕후 민씨가 투기를 했다는 비난이었다. 장 희빈에게 투기를 했으므로 폐출하겠다는 뜻이었다. 부인의 투기를 칠거지악(七去之惡)의 하나로 삼던 조선이지만 이 때문에 부인을 내쫓는 경우는 거의 없었다. 더구나 상대는 왕비였다. 성종이 연산군의 생모인 윤씨를 내쫓았다가 연산군 때 궁중에 피바람이 불었던 것을 떠올리면 왕비 폐출이 지니는 위험성은 누구나 알 수 있었다. 그러나 숙종은 민비가 자식이 없는 데다 투기했으며 선왕과 선후를 빙자해 일을 꾸몄으므로 칠거지악의 세 가지 악에 해당된다고 말하는 것이었다. 칠거지악은 시부모에게 불순한 것[不順舅姑], 아들이 없는 것[無子], 음행(淫行), 질투, 나쁜 병이 있는 것[惡疾], 도둑질, 말이 많은 것[口舌]인데, 민씨는 '아들이 없는 데다 질투했으며 시부모에게 불순했다'는 세 가지에 해당되는 셈이다.

그러나 이는 구실이고, 숙종은 서인 왕비를 그대로 둘 경우 원자의 앞날을 보장할 수 없다고 생각했다. 물론 장 희빈에 대한 총애도 큰 몫을 했다. 그러나 '나라 국(國)' 자가 들어가는 '국혼'을 당심(黨心)으로 뒤집을 경우 나라의 앞날을 보장할 수 없었다. 그래서 입시했던 우부승지 이시만(李蓍晩)이 정면으로 반대했다.

"전하께서는 신들을 자식으로 여기시고 신들은 전하를 어버이같이 섬기고 있습니다. 사가(私家)로 비유하면 부모의 사이가 좋지 못한 것이니 자식들이 어찌 편안할 수 있겠습니까? 중전마마께 불만스러운 일이 있더라도 마땅히 서서히 진정시키실 일이거늘 어찌 밖으로 드러내십니까? 자고로 부인이란 귀천을 따질 것 없이 모두 성품이 편벽하거늘 어찌 이를 생각하지 않으십니까? 참으로 뜻밖입니다."

이시만은 송시열과 김수항을 논박해서 사사에 이르게 한 남인이었다. 그러나 왕비를 쫓아내자는 데는 동의할 수 없었다. 입시했던 대사헌 목창명을 비롯해 응교 이식, 교리 강선(姜銑)과 이윤수(李允修) 등 대부분의 신하들이 남인이었지만 민비 폐출에는 일제히 반대했다.

숙종이 민비 폐출을 입 밖에 꺼냈을 때 이 정도 반대는 충분히 예상했다. 숙종은 이시만을 파직했다. 그리고 "송시열의 사사를 허락한다"라고 말했다. 남인들은 민비 폐출 발언에도 충격을 받았지만, 송시열의 사사를 허락한다는 말에 더 큰 충격을 받았다. 남인들은 숙종의 의도가 민비 폐출과 송시열의 사사를 맞바꾸자는 정치적 거래라는 사실을 알 수 있었다.

서인 정권을 갈아치운 숙종은 민비를 폐출하고 원자의 생모 장씨를 왕비로 승격시켜야 원자에게 붙어 있는 '후궁의 자식'이라는 꼬리표를 떼어낼 수 있다고 여겼다. 그러나 남인 정권이라고 민비 폐출에 선뜻 동의하지 않으리라는 사실은 알고 있었다. 왕비 폐출은 신하로서는 절대로 동의할 수 없는 '영역 밖의 일'이었기 때문이다. 연산군 때의 왕비 폐출이나 광해군 때의 대비 폐출이 어떤 후과를 낳았는지 잘 알고 있었기 때문이다. 그래서 숙종은 남인 정권의 숙원인 송시열의 처형과 민비 폐출을 맞바꾸는 거래를 제안한 것이었다. 남인 정권이 송시열의 사사와 계속된 서인 숙청에 당력을 집중하는 동안, 숙종은 민비를 폐출하기 위한 계산된 수순을 밟아나간 것이다.

폐출 문제를 맨 처음 꺼낸 다음 날 숙종은 민비와 함께 장 희빈을 투기했다는 혐의로 김수항의 종손녀 김 귀인의 작호를 삭탈하고 교지를 불태운 후 폐출했다. 전광석화 같은 일처리였다. 더구나 그다음 날은 민비의 생일이었다. 관례에 따라 삼정승 이하 백관이 민비에게 하례를 올리려 하자 숙종이 저지했고, 한술 더 떠서 폐출을 명했다. 민비 폐출에 반대하는 신하들은 모두 벌을 받았다. 왕비 폐출은 당파를 막론하고 대부분 반대했다. 민비의 백부인 민정중을 비롯하여 오두인, 민진후, 이세화, 박태보, 유헌(兪㯪) 등 중진은 물론 소장 서인들이 앞장서 폐출을 반대했다. 그러나 남인 우의정 김덕원(金德遠), 우참찬 이관징, 형조판서 이우정, 헌납 이만원(李萬元), 교리 강선 등도 민비의 폐출에 반대하다 죄를 입었다.

가장 강력하게 반발한 당파는 서인에서 갈라진 소론이었다. 오두인, 박태보 등 80여 명의 전직 관료 및 재야 유림들이 민비 폐출에 반대하는 상소를 올렸는데, 소론이 주축이었다. 숙종은 직접 친국(親鞫)을 열어 상소의 소두인 오두인과 집필자인 박태보를 혹독하게 고문했다. 그리고 오두인은 의주에, 박태보는 진도에 위리안치를 명했는데, 박태보는 서울을 채 벗어나기도 전에 고문 후유증으로 죽고 말았다. 오두인도 유배 도중 파주에서 죽었을 정도로 숙종의 고문은 혹독했다.

왕비의 친정도 큰 화를 입었다. 민비와 남매인 민진후 형제는 상소문에 직접 관여하지는 않았지만 배후 조종한 혐의가 있다고 국문을 당했고, 백부 민정중은 삭탈관작당했다. 오두인의 아들이자 현종의 부마였던 해창위 오태주(吳泰周)도 삭탈관작당했다. 숙종은 나아가 앞으로 이러한 상소를 올리는 자는 역률(逆律)로 다스리겠다고 위협했다. 그러나 숙종의 위협에도 굴하지 않고 전현직 관료를 비롯하여 재야 유림에서는 끊임없이 상소를 올렸다. 조정은 연일 유배 또는 삭탈관작 등의 형벌로 밤을 지새웠다.

서인(西人) 명문가에서 태어나 왕비가 되었던 민씨는 서인(庶人)으로 초라하게 쫓겨났다. 숙종이 폐출을 발의한 지 열흘 남짓 만에 소교(素轎)에 태워져 궁을 쫓겨나 사저로 돌아갔다. 숙종은 왕비 폐출 사실을 종묘에 고함으로써 폐비 절차를 끝냈다. 그러나 왕비에 관한 문제가 끝난 것은 아니었다. 숙종이 민비를 폐출한 이유는 희빈 장씨를 왕비로 봉하기 위해서였기 때문이다. 숙종은 민비 폐출을 종묘에 고한 지 열흘 만에 장 희빈을 왕비로 책봉해 종묘에 고했다. 중인 출신의 아버지와 양반가 여종 출신 어머니를 둔 여인이 서인 명가 출신과 치열하게 다툰 끝에 승리한 것이었다. 그러나 그 영예는 오래가지 못했다. 그녀가 누리는 모든 영예는 숙종의 총애에서 나오는 것이었다. 서인들은 그녀의 입궁 자체가 남인들의 미인계라는 사실을 잘 알고 있었다. 미인계는 서인들도 얼마든지 마련할 수 있는 것이었다. 숙종 같은 용군(庸君)이 임금으로 있는 한 미인계는 여전히 정국의 판을 바꾸는 정략이 될 수 있었다.

고변과 역고변

왕비 장씨에 대한 숙종의 총애는 더욱 깊어갔다. 장옥정의 집안도 융성해갔다. 숙종은 장씨의 부친 장형(張炯)을 옥산부원군(玉山府院君)에 봉하고 영의정으로 추증했으며, 조부 장수(張壽)는 좌의정으로 추증했고, 증조부 장응인(張應仁)은 우의정으로 추증했다. 중인 집안이 최고의 명가로 발돋움한 것이다. 숙종은 장씨 집안의 사당 신축 비용으로 은 1,000냥을 특별히 하사하기도 했다. 옥산부원군 장형에게 시호를 내린 것을 기념하는 연시일(延諡日)에 모든 신하들이 참석해 축하하도록 했다. 남인 영의정 허적이 몰락하는 계기가 되었던 연시일 축하 잔치에 여항(閭巷)이 들끓었다는 기록이 있는 것처럼 이날의 행사도 떠들썩했다. 삼사 관료들 일부가 국왕의 명을 어기고 연시연에 불참하자 숙종은 모두 파직해 새 왕비 장씨에 대한 총애를 과시했다.

왕비 장씨의 오빠 장희재(張希載)는 남인들과 손잡고 정국을 움직였다. 남인 정권은 계속될 것처럼 보였다. 숙종이 남인과 손잡은 이상 서인들의 재기는 불가능해 보였다. 숙종 19년(1693) 4월, 광주의 유생 이성덕(李成德)이 상소를 올려 숙종에게 외가를 중시하라고 충고했다.

김석연(金錫衍)은 전하의 한 분뿐인 외숙이온데 방치해둔 지 5년이 되어가오니 예가 아니옵니다.

김석연은 현종의 장인 김우명의 아들, 즉 현종비 명성왕후 김씨의 동생이었으므로 숙종의 외삼촌이었다. 이는 기사환국 이래 정계에서 도태된 서인을 중용하라는 주장에 다름 아니었다.

숙종은 자신의 구언(求言)에 따른 응지상소(應旨上疏)였기 때문에 처벌하지는 못하면서도 앞으로 이런 유의 상소를 올리는 자들은 역률로 다스리겠다고 분노했다. 그러나 전 감찰 연최적(延最積)이 같은 해 8월 같은 내용의 상소를 올렸다. 분노한 숙종은 국청을 설치해 연최적을 장살했다. 서인들이 서서히 움직이고 있다는 증거였다. 서인들은 절치부심하면서 역전을 준비했다. 남인들도 서인들의 이런 움직임을 알고 뿌리 뽑으려고 마음먹고 있었다.

그리고 숙종 20년(1694), 남인과 서인이 격돌하는 운명의 해가 다가왔다. 일주일 단위로 잇달아 역적 모의에 대한 두 번의 고변이 있었다. 첫 번째는 함이완(咸以完)의 고변이었고, 두 번째는 김인(金寅)의 고변이었는데, 두 사람 모두 서인이었다. 그러나 함이완의 고변은 서인들이 역모를 꾸미고 있다는 것이었고, 김인의 고변은 남인들이 역모를 꾸미고 있다는, 전혀 상반된 내용의 것이었다.

먼저 3월 23일, 서인 김석주의 가인(家人)이었던 함이완이 고변했다.

> 전 승지(承旨) 한구(韓構)의 아들 한중혁(韓重爀)이 김춘택, 유복기, 유태기 등과 역모를 꾸미는데, 강만태, 변진영(邊震英) 등을 도당으로 삼아 자금과 사람을 모집하고 있습니다. 이들은 무리를 기르면서 환관과 척가(戚家)에 뇌물을 써서 정보를 입수하고 있습니다.

한중혁은 소론, 김춘택은 노론이었는데, 소론, 노론을 막론하고 서인들이 역모를 꾸미고 있다는 것이었다. 그런데 함이완의 고변을 숙종에게 보고한 인물은 남인 우의정 민암이었다. 금영(禁營)의 군관 최산해(崔山海)가 그 매부 함이완을 데리고 자신에게 와서 고변했다는 것이었다. 이는 남인 정권에서 서인들의 움직임을 미리 알고 선제 대처한 것이라고 볼 수 있었다. 소론에서는 한중혁, 노론에서는 김춘택이 당파를 대표해 움직였다. 김춘택은 숙종의 전 장인인 광성부원군 김만기의 손자였으므로 사가로 따지면 숙종의 처조카뻘이었다. 김춘택은 김석주 못지않게 공작정치에 능한 인물이었다.

김춘택은 궁인의 동생을 첩으로 매수해 궁중의 정보를 입수했다. 또한 장 희빈의 오빠 장희재의 처와 간통하여 장씨 집안과 남인에 대한 정보를 캤다. 대동법의 경세가 김육의 정치관을 배신하는 행위였다. 김춘택은 왕가 외척의 신분을 이용해 숙안공주, 숙명공주 등 공주들도 끌어들였다. 숙안공주는 효종의 둘째 딸로 익평군 홍득기(洪得箕)와 결혼했는데, 그녀의 아들 홍치상이 기사환국 때 사사당했으므로 남인들에게 원한을 갖고 있었다. 숙명공주 역시 효종의 셋째 딸로 숙종의 고모였다. 남인들은 서인들의 이런 활동을 정탐하고 있다가 서인 함이완을 고변에 끌어들였다. 서인들의 역모를 고변하면 살려주겠다고 회유했다. 서인이 서인들의 역모를 고변하게 함으로써 고변의 신뢰성을 높이기 위한 것이었다.

그런데 이때의 역모는 왕위가 아니라 왕비를 교체하려는 것이었다. 장 희빈을 축출하고 민비를 복위시키려던 것이 함이완이 고변한 역모의 핵심이었다. 한중혁과 김만태 등은 다양한 방법으로 동지들을 규합했다. 주역을 빌려 갑술년은 하늘의 운세가 남인에게 불리하다고 설득하기도 했고, 남인들을 축출하려는 숙종의 밀지가 김석연과 남구만에게 내려졌다고 말하기도 했다. 서인들의 집에서 각각 노비 네댓 명씩만 차출하면 대사를 도모하기에 충분하다면서 자신감을 과시하기도 했다.

숙종은 즉각 국청을 설치하여 관련자들을 엄하게 심문하라고 명했다. 이때 영의정 권대운, 우의정 민암, 병조판서 목창명 등 정권을 담당한 관료들이 모두 남인이었으므로 서인들의 역모 사건에 대한 국문은 삼엄할 수밖에 없었다.

한중혁, 김춘택 등 주모자들은 물론 이시도 등 관련자들이 모두 잡혀와 국문을 받았다. 이시도는 서얼 출신의 무인으로 장 희빈 여종의 남편이었다. 공포에 휩싸인 서인들은 맞불을 놓았다. 숙종 20년 (1694) 3월 29일 김인, 박귀근, 박의길 등 세 명에게 역고변을 하도록 시킨 것이다. 일종의 자위책이자 사생결단인 셈이었다.

장희재가 김해성(金海成)을 꾀어 그의 장모로 하여금 최 숙원의 생일날에 독이 든 음식을 가지고 입궐하여 그녀를 독살하려 했습니다. 이 음모에 가담한 인물들은 우의정 민암, 병조판서 목창명, 호조판서 오시복, 신천군수 윤희, 훈국별장 성호빈 등입니다.

숙원 최씨는 연잉군(영조)을 낳은 후궁이었다. 흔히 궁녀들에게 세숫물을 떠다주는 무수리 출신으로 알려져 있다. 남인들이 최씨를 독살하려 했다는 고변이었다. 서인들의 역고변은 무모해 보였지만 나름대로 수집한 정보에 기초한 것이었다. 이 무렵 숙종의 총애가 왕비 장씨에게서 숙원 최씨로 옮겨 가고 있었던 점을 이용한 것이었다. 김인 등이 '최 숙원 독살 음모설'을 제기한 것은 이 때문이다. 왕비 장씨나 집권 남인들의 입장에서 임금의 총애를 받는 다른 후궁이 탄생한다는 것은 불안한 일이었기 때문에 이 부분을 파고든 것이다.

역고변이 있자 관련자로 지목된 장희재를 비롯해 우의정 민암, 호조판서 오시복, 병조판서 목창명 등은 무고라며 즉각 반격에 나섰다. 영의정 권대운은 최 숙원 독살 음모설 따위는 있을 수 없는 일이므로 물어볼 필요조차 없다고 일소에 붙여버렸다.

남인이 정권을 장악한 상황에서 김인 등의 고변은 무리로 보였다. 영중추부사 김덕원은 김인이 윤희에게 흉악한 말을 하여 윤희가 장희재와 민암, 이의징 등에게 전했으나 물리치고 듣지 않았을 뿐만 아니라 이의징이 군사를 내어 체포하도록 하자 두려운 나머지 고변한 것이라고 주장했다. 함이완의 고변은 즉각 국청이 열려 국문했으나, 김인 등의 고변은 오히려 고변자 세 사람만 잡아 가두었다. 아직은 남인들의 세상이었던 것이다.

그러나 김인의 고변 사흘 후인 4월 1일 밤 두 시에 전세가 갑자기 역전되었다. 숙종은 한밤중에 갑자기 비망기를 내렸다.

> 임금을 우롱하고 대신을 함부로 죽이는 정상이 통탄스럽다. 국청에 참여했던 대신들을 모두 삭탈관작 문외출송(門外出送)하고 민암과 금부당상을 외딴섬에 안치하라.

남인이 몰락하고 서인이 재집권하는 숙종 20년(1694) 갑술환국의 시작이었다. 갑술환국은 숙종의 친위 쿠데타였다. 영의정 권대운, 좌의정 목내선, 영중추 김덕원, 대사헌 이봉징 등의 관작을 삭탈하고 우의정 민암, 판의금 유명현, 지의금 이의징 등 금부당상들을 절도(絶島)에 유배 보냈다. 하룻밤 사이에 정권이 뒤바뀐 것이었다.

서인들의 미인계가 다시 정권을 뒤바꾼 것이었다. 장씨의 미인계로 정권을 빼앗긴 서인들도 미인계로 대응했는데, 그 대상이 최 숙원이었다. 최씨가 숙종의 총애를 받자 서인들은 각종 수단을 써서 접촉했다. 인현왕후의 오빠인 민진원(閔鎭遠)은 『단암만록(丹巖漫錄)』에서 이렇게 말했다.

> 숙종의 유모 봉보부인(奉保夫人: 임금의 유모)이 인경왕후 김씨와 친했

다. 갑술환국 후 사람들이 '김춘택이 봉보부인을 통해 숙원 최씨와 계략을 세워 남인의 음모를 숙종에게 자세히 보고해 갑술환국이 이루어졌다'고 말했다.

인경왕후는 김춘택의 고모였다. 인경왕후는 만 13살 때 숙종의 왕비가 되었다가 딸 셋만 낳고 열아홉에 천연두에 걸려 발병 8일 만에 세상을 뜬 비운의 왕비였다. 그녀가 발병했을 때 숙종도 천연두를 겪지 않은 상태여서 약방도제조인 영의정 김수항의 건의에 따라 편전을 창덕궁으로 이어했었다. 김춘택은 봉보부인을 최 숙원과 연결시켜 한밤중에 숙종의 마음을 돌리는 데 성공한 것이었다.

미인계에 미인계로 맞선 서인들의 정치공작의 승리였다. 함이완의 고변을 이용해 남은 서인들 제거에 몰두하던 남인들은 아닌 밤중에 홍두깨 격으로 정계에서 축출당하기 시작했다. 남인들이 물러난 자리는 서인들로 채워졌다. 숙종은 영의정 남구만, 이조판서 유상운, 병조판서 서문중, 훈련대장 신여철로 교체해 의정부와 인사권이 있는 이조와 병조 및 병권을 서인으로 옮겼다. 승지에 김두명, 이동욱, 응교에 김몽신 등 서인들을 임명했다. 모두 한밤중에 일어난 반전이었다.

다음 날 숙종은 대사헌에 이규령, 도승지에 윤지선, 승지에 박태순·김홍복·윤이도, 우찬성에 박세채, 좌참찬에 윤지완(尹趾完), 공조판서에 신익상을 임명하는 등 서인 일색으로 정권을 바꾸어버렸다. 또한 송시열, 김수항, 민정중 등 사사당했거나 유배지에서 죽은 서인들의 작위를 복귀시키고 제사를 지낼 것을 명령했다. 나아가 문묘에서 출향당한 이이와 성혼을 다시 제향토록 함으로써 서인 유학자들을 다시 조선의 사상적 지주로 복귀시켰다. 숙종에게는 사상도 원칙도 체면도 없었다. 남인에 대한 대량 보복이 피할 수 없는 운명처럼 다가오고 있었다.

서인의 보복과 왕비 장씨의 몰락

정권을 잡은 서인들은 5년 전 자신들이 당했던 정치보복을 잊지 않고 있었다. 서인들을 고변했던 함이완은 공을 바라고 밀고했다는 이유로 오히려 그 자신이 사형당했다. 서인들의 동태를 감시하던 우의정 민암과 그 아들 민종도도 사형당했다. 의금부 지사 이의징, 노이익, 조사기 등도 사형당했다. 장 희빈의 친신궁녀(親信宮女) 정숙은 간독(奸毒)하다는 모호한 죄명으로 사형당했다. 집권이 정의고 실권이 불의가 되는 상황이었다.

그러나 숙종은 폐비 민씨와 숙안공주의 아들 홍치상, 이사명 등을 변호하면 역률로 다스리겠다고 선을 그었다. 민씨 폐출과 서인 홍치상, 이사명 등을 직접 처벌했던 것은 정당했다는 강변이었다. 민비 폐출과 서인들이 다시 정권을 잡은 갑술환국은 아무런 상관이 없다는 강변이기도 했다. 그러나 이는 원칙 없는 정치보복을 일삼는 숙종의 말장난에 불과했다. 서인이 집권한 경신환국(숙종 6)도, 남인이 집권한 기사환국(숙종 15)도, 서인이 재집권한 갑술환국(숙종 20)도 모두 숙종 자신 때 일어난 일이었다. 서인 → 남인 → 서인 순으로 집권당이 바뀔 때마다 가혹한 정치보복이 되풀이되었다. 그것을 용인하거나 주도한 인물은 숙종 자신이었다.

잦은 환국의 주모자 또한 숙종 자신이었다. 환국이 발생할 때마다 몇 년 전 자신이 취했던 조치를 뒤집고 자신이 죽였던 사람들을 신원하기를 반복했다. 자기모순의 극치였다. 서인들이 정권을 다시 잡았는데 장 희빈이 온전할 수도 없었고, 민씨가 계속 폐비로 있을 수도 없었다. 또한 숙종이 죽인 왕가의 일가들인 홍치상, 이사명 등의 복권도 시간문제였다. 갑술환국 후 1년 사이에 남인은 사형 14명, 유배 67명, 삭탈관작·파직 54명 등 모두 135명이 처벌받았는데, 이 중 75명은 환국 한 달 이내에 처벌되었다.

특이한 사실은 '최 숙원 독살 음모설'을 제기했던 김인도 사형당했다는 것이다. 같이 고변했던 박의길, 박귀근 등은 유배되었다. 서인들이 정권을 장악했는데도 이들은 포상은커녕 중형을 받았다. 갑술환국 이후 영의정에 제수된 인물은 소론 남구만이었다. 숙종은 김인을 살리려고 했지만 남구만이 "함이완이 서인 대신들을 모두 죽이려 했다면 김인은 남인 대신들을 모두 죽이려 했던 자"라고 비판하면서 죽음에 이르게 된 것이었다. 이후에도 남구만은 전 왕비 장씨에 대한 중형을 주장하는 노론 김춘택 등에 맞섰으나 끝내 장씨가 사사되자 사직하고 낙향했다. 보복과 살육이 난무하는 가운데서도 극단적인 정치보복을 막으려고 노력하던 소수의 인물이었다.

정권을 서인으로 바꾼 숙종은 민비 복위에 착수했다. 민씨를 별궁으로 옮겨 늠료(廩料: 식량)를 주라고 명령한 것이다. 그러고는 왕비 장씨를 희빈으로 강등시켜 별당으로 물러나게 했다. 이 또한 전격적으로 이루어졌다.

정권을 장악한 서인들은 민비를 다시 세우려는 숙종의 뜻을 간파하고 희빈의 오빠 장희재를 공격했다. 장희재가 포도대장으로 있을 때 사사로이 난장(亂杖)을 가하는 등 권력을 남용했다는 혐의였다. 장희재는 또한 국모 모해 혐의도 받았다. 장희재가 왕비 장씨에게 보낸 한글 편지 중에 "폐비 민씨가 김 귀인과 함께 은화를 모아 복위할 것을 도모하고 있습니다"라는 내용이 있었는데, 이것이 국모 모해라는 것이었다. 어느덧 국모는 장씨가 아니라 민씨로 변해 있었다. 어제의 충신이 오늘의 역적이 되고, 어제의 역적이 오늘의 충신이 되는 원칙 없는 정치가 숙종 치세의 특징이었다. 장희재는 이제 폐비를 모해했다는 죄목으로 죽음의 기로에 섰다. 그러나 국문이 확대될 조짐이 보이자 영의정 남구만이 반대하고 나섰다.

"장희재는 세자의 외삼촌이므로 죽여서는 안 됩니다."

남구만이 장희재의 처형을 반대한 행위 역시 서인이 노론과 소론으로 갈리는 작용을 했다. 노론과 소론은 남인과 싸울 때는 서인이라는 큰 테두리 속에서 같이 대응했다. 그러나 정권을 장악하자 견해가 달라졌다. 남구만으로 대표되는 소론은 세자의 처지를 고려해서 외삼촌 장희재를 죽여서는 안 된다는 온건론을 개진했다. 훗날 소론이 경종, 즉 이때의 세자를 지지하고, 노론이 세자의 이복동생인 영조(연잉군)를 지지하는 단초가 되는 분기점이기도 했다. 숙종은 남구만의 주장을 받아들여 장희재에게 유배를 명해 목숨은 살려주었다.

장희재는 세자 덕분에 목숨은 건질 수 있었지만, 진짜 과녁은 장희재가 아니라 전 왕비 장씨였다. 6년 동안 왕비였던 장씨가 희빈으로 강등되고 쫓겨난 그 자리는 민씨가 다시 차지했다. 숙종은 갑술환국을 단행한 그해 4월 민비가 다시 왕비가 되었음을 태묘(太廟)에 고했다. 서인 명문가 출신의 민비가 복위된 상황에서 희빈 장씨의 유일한 희망은 오빠 장희재였다. 그녀를 지지하던 남인들은 모두 몰락해 재기하기 어려운 상황이었다.

장씨가 왕비 자리에서 쫓겨나고 2년 후에 발생한 한 사건은 전 왕비 장씨와 오빠 장희재, 그리고 살아남은 남인들의 재기의 몸부림을 보여준다. 숙종 22년(1696) 4월 생원 강오장(姜五章)은 상소를 올렸다.

> 희빈 장씨의 양주(楊州) 선산에 묻힌 희빈의 아버지 장형의 묘갈(墓碣)이 파괴되고 봉분 속에 흉물이 묻힌 해괴한 사건이 발생했습니다.

유교 사회에서 무덤이 파헤쳐진 사건은 『대명률(大明律)』에 사형으로 규정된 중죄였다. 비록 왕비 자리에서 쫓겨났어도 내명부 정1품에 세자의 모친인 희빈 장씨의 부친 무덤이었다. 즉각 국청이 설치되어 조사에 들어갔다. 조사를 받던 장희재의 노비 업동(業同)이 분묘 앞에 호패가 하나 떨어져 있었다고 진술했다. 호패는 서인 병조판서 신여철의 노비 응선의 것이었다. 응선은 끝까지 무관하다고 주장하다가 고문으로 죽고 말았다. 대신들도 죽어나가는 국청에 노비에게 가해진 매가 얼마나 혹독했을지는 짐작이 가고도 남는다.

응선이 죽자 숙종은 응선의 호패를 보았다고 진술한 장희재의 노비 업동을 잡아다 심문했다. 업동의 말은 앞뒤가 맞지 않았다. 조선 후기 실학자 이긍익(李肯翊)은 『연려실기술(燃藜室記述)』에서 이 사건을 이렇게 기록하고 있다.

> 장희재의 집에서 나무로 사람을 만든 뒤, 다른 사람을 시켜 응선을 꾀어 술집으로 데리고 갔다. 응선이 술에 취하자 그의 호패를 몰래 훔쳐 무덤 옆에 떨어뜨려 응선의 주인인 병조판서 신여철에게 혐의

이긍익의 『연려실기술』.

가 가게 했다. 신여철에게 죄를 뒤집어씌워 그의 병권을 빼앗은 후 서인을 일망타진하려는 계획이었다. 이 꾀를 낸 인물은 남인 이의징의 아들 홍발(弘渤)이었다.

이는 국문을 받은 업동이 자백한 내용인데, 이것이 사실이라면 장형의 무덤에 흉물이 들어간 사건은 남인들과 짠 장희재의 자작극이었다. 서인 신여철에게 죄를 뒤집어씌워 병권을 빼앗은 후 서인 정권을 타도하려 했다는 것이다. 아버지의 묘를 파헤치면서까지 여동생의 재기를 노렸던 장희재의 행위는 유교 사회에서 놀랄 만한 것이었다. 남구만과 유상운 등 삼정승은 입대해서 심문의 중단을 요구했다.

"심문을 더 이상 계속하면 그 화가 반드시 말하기 어려운 데까지 미칠 것이므로 중지하는 것이 낫겠습니다."

"말하기 어려운 데"란 세자와 모친 장씨였다. 그러나 다른 서인들은 남구만의 온건론을 반박했다. 성균관 관학생 97명이 남구만 등이 죄인을 옹호했다고 탄핵했다. 장희재를 죽여야 한다는 주장이었다.

장희재는 구사일생으로 목숨을 건졌으나 더 이상 재기를 꿈꿀 처지
는 아니었다.

　그러던 중 숙종 27년(1701) 8월 인현왕후 민씨가 34살을 일기로
후사 없이 세상을 떠났다. 희빈 장씨와 남인들이 복귀를 꿈꿀 수 있
는 기회가 열린 셈이었다. 남인 행부사직 이봉징이 장씨에 대한 숙종
의 뜻을 살피고 나섰다. 장씨가 6년간 왕비 자리에 있었으므로 그녀
의 복제는 다른 후궁들과는 달라야 한다고 주장한 것이다. 숙종이 이
를 받아들여 다른 후궁들과 다른 상복을 입게 할 경우 장씨를 왕비
로 복위시키려는 계획이었다. 그러나 숙종은 그의 뜻을 간파하고 이
봉징을 유배 보냈다.

　노론은 장씨가 살아 있는 한 남인들이 재기할 수 있다고 우려했다.
후궁으로 쫓겨났어도 세자의 모친이었다. 김춘택은 민비의 요절은
장 희빈의 무고 때문이라면서 장희재를 용서하자고 주장했던 인물
들은 조정에서 물러가야 한다고 주장했다. 소론 남구만을 겨냥한 것
이지만 궁극적 목적은 장씨에게 있었다. 한술 더 떠 숙빈 최씨는 민
비의 죽음이 장 희빈의 무고 때문이라고 숙종에게 밀고했다. 무수리
출신으로 알려진 최씨가 왕자를 낳자 장씨와 후사 경쟁에 나선 것이
었다. 최씨가 왕자를 낳았을 때 숙종은 호산청(護産廳)의 환관과 의
관에게 말을 하사할 정도로 전례 없는 예우를 베풀었다. 이런 총애를
바탕으로 장씨 제거에 나선 것이었다. 숙빈 최씨의 밀고를 받고 격분
한 숙종은 비망기를 내려 장씨를 비판했다.

　　중전이 병든 지 2년이나 되었으나 희빈 장씨는 한 번도 문병하지 않
　　았다. 또 중전을 중궁전이라 부르지도 않고 반드시 민씨라 칭했으며

요망하다고 했다. 희빈 장씨는 남몰래 취선당(就善堂) 서쪽에 신당(神堂)을 설치하고 매일 두세 종년과 더불어 중전을 저주했으니, 이를 누가 참을 수 있으랴. 우선 제주에 위리안치되어 있는 장희재를 빨리 처단하라.

민비의 죽음이 장희재에게는 재기의 시작이 아니라 저승의 초청장이었다. 이틀 후 숙종은 또다시 비망기를 내려 희빈 장씨에게 자진(自盡: 자살)을 명했다. 이 모든 원한과 증오를 만든 장본인은 숙종 자신이었다. 정치에 개입시키면 안 되는 왕비와 후궁들을 정치에 개입시켜 조정을 피비린내 나는 살육장으로 만든 인물이 숙종이었다. 민비에게 씻을 수 없는 한의 세월을 선사한 것도 숙종이었고, 희빈 장씨에게 영예와 모욕의 세월을 준 것도 숙종이었다. 희빈 장씨에게 자진하라는 비망기가 내려오자 입직승지와 홍문관에서 즉시 청대하여 반대했다.

"갑술환국 후에 장희재를 살려둔 것은 그를 위한 것이 아니라 세자 저하를 위한 것이었습니다. 희빈 장씨는 세자의 생모입니다. 생모인 장씨를 보존한 후에야 세자를 보존할 수 있을 것입니다."

세자를 생각해야 한다는 주장에 숙종은 겨우 비망기를 거두었다. 그러나 이것으로 끝이 아니었다. 숙종은 자신의 총애를 잃고 남인들도 몰락한 채 죽음의 위협에 떠는 여인의 목숨을 내버려두지 않았다. 비망기를 거두어들인 후에도 숙종은 연일 장 희빈의 시녀 및 무녀들에 대한 친국을 계속했다. 영의정 최석정(崔錫鼎)이 세자와 종묘사직을 위해 희빈 장씨를 너그럽게 처리할 것을 청하자 그를 진천에 유배 보냈다. 예전에 박태보는 인현왕후 민씨의 폐출을 반대하다 죽음을 당했는데, 이제 전 왕비 장씨를 너그럽게 처리하자는 최석정을 유배 보낸 것이다.

숙종은 희빈 장씨에게 자진할 것을 다시 명했다. 이번에도 우의정 신완(申琓), 판중추부사 서문중, 이조판서 이여가 반대했다.

"희빈 장씨의 죄가 중하지만 세자 저하의 생모이기 때문에 신중을 기함이 옳습니다."

"대신들의 뜻이 세자를 위하는 데서 나왔음을 내 알지만, 내가 있을 때도 장씨가 저러한데 내가 죽었을 때 어찌하겠는가? 반드시 당을 만들어 나라에 화가 미칠 것이다."

자신이 죽고 세자가 즉위하면 장씨가 정치보복을 할 것이라는 말이었다. 증오의 정치가 악순환하는 구조였다. 노론은 장씨에 대한 온건 처리를 주장하는 소론을 연일 탄핵했다. 노론 정권 아래에서 소론과 남인의 지지를 받는 세자의 입지는 불안할 수밖에 없었다.

숙종이 소론 김주신(金柱臣)의 딸을 죽은 인현왕후 다음 왕비로 맞아들인 것은 세자를 위해 노론을 견제하려는 의도였다. 또한 소론 최석정을 다시 영의정으로 임명하면서 장인 김주신을 호위대장에 임명했다. 척신에게 호위를 맡겨야 안심할 수 있다고 생각한 것이다.

숙종은 세자는 보호한다면서도 희빈 장씨에 대한 자진 명령을 거두지는 않았다. 장 희빈이 자진하자 세자는 석고대죄하면서 지나가는 대신들을 붙잡고 "어머니를 살려주오"라고 눈물로 애원했다. 세자의 구원 요청에 대한 대신들의 반응은 당파에 따라 달랐다. 소론 영의정 최석정은 "신이 감히 죽음으로써 저하의 은혜를 갚지 않으리까"라며 같이 울었지만, 노론 좌의정 이세백(李世白)은 옷자락을 붙잡고 매달리는 세자의 손을 뿌리치며 외면했다. 노론 이세백의 태도는 세자에 대한 당론의 표출이기도 했다.

전 왕비 장씨를 구원하려는 소론의 의지는 숙종의 분노를 꺾지 못했다. 장씨는 사약을 마셨다. 220여 년 전 성종 때 전 왕비 윤씨가 사사된 후 두 번째 맞는 왕비의 비극이었다. 신분제 사회에서 중인가 서녀로 태어나 지존의 자리를 넘봤던 여인의 비극이었다. 명가 출신들이 즐비한 서인, 노론에 맞섰던 한 여인의 비극이기도 했다.

장씨가 죽은 후 소론 우상 신완이 "자식이 어머니를 끊는 의가 어디 있느냐?"라면서 숙종에게 청했다.

"세자는 총마복(總麻服)을 입고 발상(發喪)하게 하며 조정에서는 전례와 같이 위문하고 후히 치상(治喪)하게 하소서."

숙종도 이것만은 거절할 수 없어 허락했다.

우리 당이 미는 왕자가 세자가 되어야

성종이 윤씨를 사사한 후 아들 연산군이 왕위에 올라 어머니의 원수를 갚는다고 갑자사화를 일으킨 것을 생각하면, 장 희빈 사후의 정국은 노론뿐 아니라 소론과 남인에게도 위험한 폭발성이 있었다.

노론과 소론은 윤증의 정치 참여 3대 명분론을 계기로 갈라지기 시작했다가 장씨 사후 완전히 다른 당이 되었다. 서인과 남인의 대립 구도가 남인 몰락 후 노론과 소론의 대립 구도로 전환된 것이었다. 노론과 소론의 분당에는 송시열과 윤증 부자(父子)의 반목도 한 몫했다. 윤증의 아버지 윤선거와 송시열은 친구 사이였다. 그래서 윤증 또한 한때 송시열에게 학문을 배우기도 했다. 그러나 송시열이 윤휴를 비판할 때 윤선거가 윤휴를 옹호하자 틈이 벌어졌다. 송시열은 윤선거를 비난하기 위해 이른바 '강화도 사건[江都之事]'을 거론했다. 병자호란 때 윤선거가 강화도에서 죽지 않고 노비로 변장해서 탈출했다는 것이다. 윤선거는 "아버지가 살아 있었고 인조가 있는 남한산성에 가기 위한 것이었다"고 변명했고, 이후 죽는 날까지 벼슬에는 나아가지 않고 학문에 전념했지만 송시열은 받아들이지 않았다. 병자호란 때 남한산성에서 살아남은 송시열이 강화도에서 살아남은 윤선거를 비판할 자격이 있는지는 개의치 않았다.

예송논쟁 때 윤선거는 송시열의 강압에 따라 윤휴와 의절했다. 윤선거가 죽자 윤휴는 애도문을 보내왔는데, 아들 윤증이 마지못해 이를 받았다. 송시열은 이 소식을 듣고 윤선거가 윤휴를 끊지 않았다고 의심했는데, 때마침 윤증이 송시열에게 부친의 묘비명을 써달라고 요구했다. 송시열은 비문 집필은 허락했으나 윤증이 바라는 대로 써주지 않았다. 송시열은 비문의 마지막 명(銘)에 이렇게 썼다.

나는 그(박세채)의 글을 따랐을 뿐 새로 짓지는 않고 / 이 묘비명에 나타냈네[我述不作/揭此銘章].

박세채가 윤선거를 칭찬했으니 그것을 따랐을 뿐 새로 짓지는 않는다는 것이다. 비문에는 또한 박세채가 윤선거를 칭찬한 말에 대해 "화숙(和叔: 박세채)이 마음이 기쁘고 감복해서 나온 말이지 사람들이 그가 좋아하는 사람이라서 아부했다고 하지는 않을 것이다[此和叔心悅誠服之語, 而人不以爲阿所好者也]"라는 말까지 썼다. 박세채가 윤선거에게 아부해서 과하게 칭찬한 것이라는 뜻이었다. 부친의 무덤 앞에 부친을 조롱하는 비문을 세우고 싶은 아들이 있을 리 없었다. 윤증은 몇 번이나 송시열을 찾아가 비문을 고쳐줄 것을 요청했다. 송시열의 유배지인 장기까지 찾아가 고쳐줄 것을 요청했으나 자구 몇 개 고쳐주는 시늉만 했을 뿐이었다.

다른 글과는 달리 비문에는 고인의 생애를 칭찬하는 글을 쓰기 마련이다. 고인의 생애를 칭찬하기 싫으면 처음부터 비문 찬술을 거절했어야 했다. 그러나 송시열은 비문 저술은 응낙해놓고 고인의 생애를 모독했다. 윤증은 송시열이 끝내 비문 수정을 거부하자 절교를 결심하고 송시열의 행태를 비난하는 편지를 썼다.

> 사람들이 그 위세는 두려워하지만 그 덕은 흠모하지 않으며, 집안은 부귀한 문정(門庭)을 이루었을 뿐 선비 집안의 기상은 없습니다. (……) 때로는 천자를 끼고 제후에게 명령하는 경우도 있었으니 이 때문에 사람들이 겉으로 저항하지는 못하지만 마음으로는 복종하지 않는 것입니다.

"천자를 끼고 제후에게 명령"한다는 말은 송시열이 예송을 빌미로 조선 국왕을 윽박지른다고 생각했다는 뜻이다. 이는 윤증 한 사람만의 생각은 아니었다. 윤선거의 비문을 둘러싼 논쟁을 '회니논쟁(懷尼論爭)'이라고 부른다. 송시열이 회덕에 살았고 윤증이 이성(尼城: 현재의 충남 논산)에 살았기 때문에 붙여진 이름이다. 윤증은 실록을 편찬하는 사국(史局)에도 편지를 보내 부친의 강화도 사건을 변명했다.

> 강화도의 일을 가지고 선친을 헐뜯는 자가 있습니다. 그러나 이는 이

이가 어머니의 죽음을 애도해 입산했음을 가리켜 스스로의 도를 다했다고 한 것과 무엇이 다르겠습니까? 이이는 참으로 산에 들어갔던 과실이 있음을 면치 못하지만 선친은 처음부터 죽어야 할 이유가 없었습니다.

윤증이 이이를 인용해서 부친을 옹호한 것이 또 말썽이 되었다. 서울에 있는 중학, 동학, 서학, 남학 등 사학(四學)의 유생들이 일어나서 "윤증이 아비의 신원을 위해 선현(이이)을 욕보였다"고 비판했던 것이다.

윤선거의 비문 같은 경우가 이경석과 박세당(朴世堂)에게도 있었다. 박세당은 숙종 15년(1689) 기사환국 직후 인현왕후 민씨의 폐출을 반대하는 연명상소를 주동했다가 숙종에게 맞아 죽은 소론 박태보의 부친이었다. 박태보가 인현왕후 민씨에 대한 충절의 표상으로 떠오르면서 숙종 20년(1694)의 갑술환국으로 서인들이 정권을 장악한 후 박세당에게 여러 벼슬이 내려졌으나 모두 사양하고 학문에만 몰두하고 있었다.

그러나 박세당이 74살 때인 숙종 28년(1702) 이경석의 비문을 찬술하면서 문제가 발생했다. 이경석은 젊은 나이에 이조판서 등 고위 관직에 올라 무명이던 송시열을 끌어준 인물이기도 했다. 그런데 현종이 신병 치료차 충청도 온양 행궁에 갔을 때 이경석은 "근처에 있는 신하가 와서 뵙지 않는다"고 비판하는 상소를 올렸는데, 당시 충청도 회덕에 있던 송시열은 '근처에 있는 신하'가 자신을 지칭한 것이라고 생각해서 불쾌하게 여겼다.

이후 적으로 돌변한 송시열은 이경석이 병자호란 때 항복 문서인

삼전도비
병자호란 때 남한산성으로 피난하여 고립되었던 인조가 삼전도에서 직접 청 태종에게 항복한 사실을 담아 세운 비이다. 치욕적인 역사 기록이다.

「삼전도비문」을 썼다고 공격했다. 송시열은 이경석이 임금으로부터 궤장을 하사받은 것을 축하하는 글에 '오래 장수하라'는 뜻의 '수이강(壽而康)'이라고 써서 주었다. 처음에는 그 숨은 뜻을 몰랐지만, 이는 주희가 금(金)나라에 항복 문서를 쓴 송나라의 손적(孫覿)을 '수이강지(壽而康之)'라고 비판한 것을 빗댄 것이었다. 오랑캐에 아부하면서 오래 살았다는 비판이었다.

송시열이 삼전도의 치욕에 분개해 자결이라도 했다면 이런 비판을 할 수 있겠지만, 그렇지 않은 이상 누군가는 써야 했던 「삼전도비문」을 썼다고 비난할 수는 없었다. 이경석은 본관이 종성(宗姓)인 전주였기 때문에 할 수 없이 비문을 쓰고 나서 글을 배운 것을 크게 후회한다는 술회를 남긴 인물이었다. 또한 심양까지 가서 소현세자를 모셨고, 효종의 북벌 계획이 청나라에 누설되자 효종을 보호하면서 모든 책임을 자신이 지겠다고 나서 죽음의 위기에 몰렸다가 겨우 극형을 면하고 백마산성에 위리안치되었던 충절의 인물이었다.

그래서 박세당은 이경석의 신도비문의 마지막 명(銘)에 이렇게 칭송했다.

> 세 조정을 섬긴 원로요 / 한 시대의 충성스러운 신하였네 / 나라 생각에 집안은 잊었고 / 임금을 위해 몸은 돌보지 않았네 / 붉은 정성은 해처럼 빛나고 / 흰 절개는 서리처럼 매서웠네 / 험하고 어려운 일 / 또한 두루 겪었네[三朝元老/一代忠臣/國忘其家/主不顧身/丹誠炳日/素節凌霜/險阻艱難/亦旣備嘗].

노론 당심에 젖은 인물을 제외하고는 나라 사람 누구나 충절을 높이 사는 이경석에게 「삼전도비문」 운운하며 비난하는 세태에 박세당은 분개했고, 명에 이런 말도 남겼다.

> 제멋대로 거짓말을 하고 방자하게 속이지만 / 세상에는 듣는 사람이 있네 / 올빼미와 봉황은 서로 성질이 달라 / 성내기도 하고 꾸짖기도 했네[恣僞肆誕/世有聞人/梟鳳殊性/載怒載嗔].

송시열의 문인들은 이 명에서 말하는 봉황이 이경석이고, 올빼미는 송시열을 빗댄 것이라고 단정 지으면서 총공세로 나왔다. 노론계 관학 유생들이 상소를 올려 박세당을 비난하고 나서자 75살의 박세당은 성 밖으로 나가서 대죄해야 했다. 그는 토혈병으로 와병 중이었는데, 전라도 옥과(玉果) 유배령이 떨어졌다. 박세당이 병든 몸을 이끌고 유배지로 가려고 할 때 판윤 이인엽이 "일흔다섯의 병 있는 박세당은 조만간 숨이 끊어질 것인데, 유배지로 보낸다면 반드시 길에서 죽게 될 것"이라고 상소를 올려 겨우 유배는 면했다. 그러나 박세당은 그해 8월 끝내 세상을 떠나고 말았다. 박세당에 대한 비난의 포문이 열리자 이경석의 신도비문뿐만 아니라 그가 저술했던 『사변록(思辨錄)』에도 이념 공세가 퍼부어졌다. 주희의 학설과 어긋난다는 것이었다. 40살에 벼슬을 그만두고 석천동에 은거한 박세당의 머릿속 사상을 용납할 수 없다는 것이었다.

이런 사건들이 겹치면서 노·소 분당은 더욱 깊어졌다. 분당의 배경에는 이처럼 중첩된 개인사도 있었지만, 윤증의 정치 참여 3대 명분론에 나타난 정국 운영에 관한 시각 차이가 더 근본적인 문제였다. 희빈 장씨가 죽음을 앞두고 있을 때 세자의 구원 요청에 대한 노·소 두 대신의 상반된 처사는 세자에 대한 두 당의 시각 차이를 나타내는 것이었다.

전 왕비 장씨를 죽인 노론은 그 아들이 왕위에 오르는 것을 저지해야 했다. 세자나 국왕 자체가 정쟁의 대상으로 변해버린 것으로, 이는 숙종이 자처한 것이었다. 노론은 세자의 즉위를 막는 것을 당론으로 삼았다. 그 대안이 장씨 사사 당시 일곱 살이던 숙빈 최씨의 아들 연잉군이었다. 명빈 박씨가 낳은 두 살짜리 아들 연령군도 있었다. 노론은 장씨의 아들만 아니라면 연잉군이든 연령군이든 상관없었다.

그나마 세자에게 다행인 것은 남인은 물론 소론도 세자를 보호하려 했다는 점이다. 모친이 사사당했을 때 세자는 열세 살이었는데,

아무리 노론이라고 해도 일곱 살짜리 연잉군이나 두 살짜리 연령군을 세자로 세우기 위해 아무 죄도 없는 장년의 세자를 폐할 수는 없었다.

숙종이 당파를 자주 갈아치우면서 상대 당에 대한 정치보복을 종용한 결과 왕권은 극대화되었다. 강한 왕권으로 백성들의 삶의 질 향상을 꾀한 것이 아니기에 국가에 큰 도움이 된 것은 없지만, 표면상으로는 태종 못지않은 왕권을 누렸다. 그래서 재위 39년(1713)에는 신하들이 존호(尊號)를 바치겠다고 간청하고 숙종은 사양하는 진풍경이 벌어졌다. 즉위 초에 태조 이성계의 존호 추상 문제로 논란이 일었던 것을 생각하면 살아 있는 왕에게 존호를 바친다는 것은 숙종의 왕권의 크기를 보여주는 것이었다.

숙종이 이 왕권을 사회의 흐름인 신분제 완화나 양극화 해소에 사용했다면 그는 조선 후기에 가장 성공한 임금이 되었을지도 모른다. 그러나 그는 이런 시대적 변화에는 둔감했고 왕권 강화에만 민감했다. 숙종 20년(1694)의 갑술환국 이듬해부터 가뭄이 들어 3년간 계속되자 숙종은 재위 23년(1697) 4월 비망기를 내려 "길에는 굶어 죽은 사람이 즐비하고 아버지가 자식을 죽이고 사람이 서로 잡아먹는다. 관창(官倉)의 곡식도 다 떨어지고 개인의 비축도 거덜 났으니 그들이 죽는 것을 서서 보고 있어야만 한단 말인가?"라고 한탄했다. 하지만 자신이 솔선수범할 생각은 없이 감선(減膳: 반찬 가짓수를 줄이는 것)이나 철악(撤樂: 음악을 철폐하는 것) 정도의 시늉이 전부였다.

갑술환국 당시 중인들도 남인과 서인 진영에 대거 가담해서 자금이나 노동력을 제공하고 있었다. 양반 사대부 계급의 정치 독점, 학문 독점이 깨지고 있는 단초였다. 양반 사대부 중심의 신분제는 조선의 사회 발전을 가로막는 주범이었다. 숙종이 강력해진 왕권으로 사회 밑바닥에서 시작된 계급제 해체나 사회 양극화 해소의 기운을 정책에 반영했으면 나라가 발전적인 방향으로 흐를 수 있었다. 그러나 숙종은 이런 변화에 관심이 없었다. 자신의 애증 문제를 국가의 가장 중요한 문제로 전환시켰다.

숙종은 전 왕비 장씨의 아들이 세자로 있는 것에 부담을 느꼈다. 그래서 노론과 세자를 갈아치우기 위한 밀담을 나누었다. 숙종 43년(1717) 7월 19일의 이른바 '정유독대(丁酉獨對)'가 그것이다. 숙종은 조회를 마친 후 노론 영수인 좌의정 이이명을 다시 불렀다. 사관과 승지가 배석해서 기록하려 하자 환관이 "다른 사람은 들어오라는 명이 없었다"면서 막았다. 이이명과 독대하겠다는 뜻이었다. 독대를 엄격히 금하는 전례를 깨고 독대를 한 숙종은 시원임대신들을 불러 모은 후 예상 밖의 명령을 내렸다.

"내가 안질로 왼쪽 눈은 전혀 보이지 않고 오른쪽 눈도 희미하여 소장(疏章)의 작은 글자들을 알아볼 수 없으니 세자가 대리청정하는 것 외에 방법이 없다."

세자에게 대리청정을 시키겠다는 놀라운 선언이었다. 그간 노론의 드러나지 않은 당론은 세자 축출이었다. 그러나 이 자리에 참석한 영의정 김창집(金昌集), 행판중추부사 이유, 좌의정 이이명 등은 모두 세자 대리청정에 찬성했다. 그래서 의혹이 크게 일었다. 이건창이 『당의통략』에서 "(노론이) 세자의 대리청정에 찬성한 것은 장차 이를 구실로 넘어뜨리려고 하는 것"이라고 적고 있는 것처럼 숙종과 이이명이 세자를 제거하기로 밀약했다는 소문이 빠르게 퍼졌다. 송시열은 기해독대의 내용을 남겼지만 이이명은 정유독대의 내용을 남기지 않았기에 정확한 내용은 알 수 없다. 그러나 영조 재위 연간에 있었던 '김춘택의 옥사' 때 숙종이 이이명에게 연잉군과 연령군 두 왕자의 앞날을 부탁하는 당부가 있었다는 주장이 대두되었다. 이는 결국 세자를 갈아치우고 두 왕자 중 새로운 세자를 세워달라는 요청이라는 것이었다. 생모를 살해한 것이 결국 세자까지도 죽음의 구렁텅이로 몰게 된 것이었다. 이때 숙종이 이이명에게 이 큰일을 수행하기에 누가 가장 적합하냐고 묻자 이이명은 "김춘택의 종제(從弟) 용택(龍澤)과 이천기(李天紀)가 제일 낫습니다"라고 대답했다는 것이다. 그러자 숙종이 "그들에게 나의 뜻을 전해 일을 도모하게 하라"고 부탁했다는 것이다.

김용택은 이이명의 형 이사명의 사위이고, 이천기는 김춘택의 처남이었다. 이이명이 두 사람에게 숙종의 이러한 뜻을 전하자 이들은 사람을 모으고 무사와 술객(術客)을 길러 만약의 사태에 대비했다. 만약의 사태란 물론 세자 교체였다. 심지어 노론은 세자 폐출을 기정사실화하고 후임 세자를 두고 내부에서 분쟁이 일기도 했다. 연잉군과 연령군 중에 누가 적당한지를 두고 의견이 분분했던 것이다. 이 논쟁은 얼마 후 연령군이 죽음으로써 자연스럽게 연잉군으로 결정되었다. 심지어 김창집의 손자 김성행(金省行)과 김복택(金福澤)이 연잉군의 번저(藩邸)로 찾아가기까지 했다. 일종의 차기 국왕 면접을 본 셈이었다.

소론에서는 숙종과 이이명의 독대에 격렬하게 반발했다. 소론 영수 영중추부사 윤지완은 82살의 노구에 와병 중이었으나 관을 들고 상경해 독대를 격렬하게 비난했다.

"독대는 상하(上下)가 서로 잘못한 일입니다. 전하께서는 어찌 상국(相國: 정승)을 사인(私人)으로 삼을 수 있으며, 대신 또한 어떻게 여러 사람들이 우러러보는 지위로서 임금의 사신(私臣: 개인의 신하)이 될 수 있습니까?"

윤지완은 정상적인 왕조국가의 국정체제에 대해서 말한 것이었다. 국왕과 대신들은 하늘의 위임을 받아 세상을 다스리는 것이었다. 국왕은 사인이 아니고, 신하 또한 국왕 개인의 사신이 아니었다. 그러나 숙종과 노론은 정상 국가의 국왕과 당파가 아니었다. 숙종은 개인의 이해를 위해 수많은 대신들을 죽였고, 한때 장씨가 왕자를 낳았다고 해서 서인 정권을 남인 정권으로 갈아치우더니 이제는 그 장씨를 죽이고 그 장씨가 낳은 왕자까지 죽이려고 하는 것이었다. 윤지완은 "말이 이에 미치니 온몸이 뼛속까지 떨립니다"라고까지 말할 정도로 숙종과 이이명의 독대를 성토했다.

숙종은 재위 43년(1717) 8월부터 세종 때의 고사에 의해 용인(用人: 문관의 인사), 용병(用兵: 군사에 관한 일), 형인(刑人: 형벌에 관한 일) 외에는 모두 세자에게 재결토록 한다는 청정절목을 반포하고 대리청정을 시켰다. 노론은 세자의 대리청정은 찬성했지만 이를 종묘에 고하는 것은 반대했다. 종묘에 고하면 교체하기 어렵기 때문이었다.

그러나 대리청정을 시키고 꼬투리를 잡아 세자를 교체하려던 숙종과 노론의 계획은 뜻대로 진행되지 않았다. 숙종과 노론의 예상과는 달리 세자가 총명했던 것이다. 여러 업무를 처리하는 것이 모두 사리에 합당했고, 자신이 처리하기 곤란한 일은 숙종에게 물어서 처리했다. 그러니 쫓아낼 꼬투리를 잡을 수 없었다. 노론은 훗날 사도세자에게 정신병이 있다고 소문을 퍼뜨린 것처럼 세자도 병이 있어서 국왕이 될 수 없다는 소문을 퍼뜨렸다. 심지어 모친 장씨가 죽기 직전 마지막 소원이라면서 세자 보기를 청해서 만나게 해주자 세자의 하초(下焦)를 잡아당겨 남자 구실을 못하게 되었다는 이야기까지 퍼뜨렸다. 그러나 세자는 장씨가 죽던 날 모친을 만나지도 못했다는 점에서 노론이 의도적으로 만들어 퍼뜨린 악의적인 소문이었다.

아무리 숙종과 노론이 밀약을 했다 해도 세자 폐출이 쉬운 일은 아니었다. 숙종은 청나라 강희제가 태자를 폐출한 사건에 관심을 갖고 청에 다녀온 동지사 조태채(趙泰采)에게 자세히 물어볼 정도로 세자 폐출에 관심을 가졌으나, 세자 폐출을 실행에 옮기기는 쉽지 않았다.

더구나 숙종이 병을 앓기 시작하면서 세자 폐출은 더욱 어려워졌다. 숙종이 세상을 떠나기 한 달 반쯤 전인 재위 46년(1720) 4월 24일 『숙종실록』은 "성상의 환후는 복부의 팽창이 더욱 심했다"고 기록하고 있다. 간경화나 간암일 가능성이 높은데, 이날 숙종은 "오래 살지 못할 것 같다"고 한탄했다. 이때 독대의 당사자 이이명이 숙종에게 비정상적인 요구를 했다.

"소신(小臣)이 진달한 바는 비단 일시적인 병의 치료 방도뿐만 아니라, 반드시 국세(國勢)를 지탱하고 만백성을 보안(保安)하는 것임을 유념하셔야 합니다."

병의 치료뿐만 아니라 "국세를 지탱하고 만백성을 보안"하는 조치를 취해달라는 요구였다. 그것은 세자를 교체하라는 명령을 내려달라는 뜻이었다. 그러나 수많은 사람들을 저승으로 보낸 숙종도 죽음 앞에서는 한낱 인간이었다. 수많은 죄 없는 사람들을 죽였기에 저승길이 더욱 두려운 것이었다. 자신이 심판을 받는 저승길로 떠나면서 자신의 장자를 죽이라고 명하고 떠날 수는 없었다. 소론에서 편찬한 『숙종실록 보궐정오(補闕正誤)』의 사관은 "은연중에 말명(末命: 유언)이 어떠한가 여부로 요행을 바랐다"고 비난하고 있다. 세자를 교체하라는 유언을 바랐다는 뜻이다. 드디어 재위 46년(1720) 6월 8일, 살육의 임금 숙종이 세상을 떠나고 그가 죽이려고 했던 세자가 즉위했다. 경종이었다. 숙종의 살육의 정치가 남긴 정치적 후유증은 심각했다. 경종시대는 이 후유증에게 벗어날 수 없었다.

경종시대, 젊은 왕이 동생을 후계자로 삼다

노론은 경종을 임금으로 인정하지 않았다. 경종은 남인 또는 소론 임금이지, 노론에게는 임금이 아니었다. 왕조국가에서 당론으로 정상적으로 즉위한 임금을 인정하지 않는 지경까지 간 것이다. 국왕 아래의 정당이 아니라 정당이 곧 국가라는 사고였다. 경종이 즉위했으니 소론과 남인 계열에서 움직일 수밖에 없었다. 벼슬아치들이 감히 하기 어려운 말은 지방의 유학이 먼저 꺼내는 것도 조선 후기 당쟁의 한 법칙이었다.

경종 즉위년(1720) 7월, 용인 출신의 유학 조중우(趙重遇)가 상소를 올렸다.

어머니가 아들로써 귀하게 되는 것이 『춘추(春秋)』의 대의(大義)입니다.

조중우는 경종의 모친 장씨의 명호를 회복해야 한다고 주장했다. 노론은 발칵 뒤집혔다. 장씨가 신원되면 그녀를 죽음으로 본 자신들이 안전할 수 없기 때문이었다. 사헌부가의 조성복(趙聖復)이 "오늘날 신자(臣子) 된 자가 어찌 감히 이처럼 속이는 말을 제멋대로 입 밖에 낼 수가 있겠습니까?"라면서 엄하게 국문할 것을 주장했다. 조중우는 혹독한 국문을 받고 귀양 가다가 평구(平丘: 현재의 서울시 노원구)역에 이르러 죽고 말았다. 임금은 장씨의 아들이지만 세상은 여전히 노론 세상이었다.

노론은 역공에 나섰다. 같은 해 9월 성균관 장의(掌議: 학생회장) 윤지술(尹志述)이 숙종이 장씨를 죽인 것은 '정도(正道)를 호위한 것'이라며 이 내용을 숙종의 지문(誌文)에 넣어 영원히 전해야 한다고 주장한 것이다.

"신사년(숙종 27, 1701)의 처분은 선왕께서 국가 만세(萬世)를 염려한 데서 나온 것이며 (……) 해와 달같이 밝으니 전하께서 감히 다시 마음에 다른 뜻을 품을 수 없는 것이며, 또 그것이 도리에도 합당한 일입니다."

윤지술은 국왕의 생모를 죽인 것이 "해와 달같이 밝은" 선왕의 업적이라고 규정했다. 분노한 경종이 윤지술의 유배를 명하자 성균관의 노론계 학생들이 권당(捲堂: 동맹휴학)했으며, 노론 영의정 김창집까지 나서 만류했다.

"선비들의 사기를 꺾는 것은 옳지 않습니다."

국왕의 생모를 신원하자고 주장한 사람은 장하의 귀신이 되고, 생모를 죽인 것이 선왕의 업적이라는 주장은 '선비의 사기'로 추앙받는 상황이었다. 경종은 허수아비에 불과했고 모든 권력은 노론이 장악하고 있었지만 내심으로는 불안했다. 숙종이 하루아침에 전세를 뒤엎은 것처럼 그 아들도 언제 하루아침에 전세를 뒤엎을지 알 수 없었기 때문이다.

그래서 노론은 두 가지 계책을 세웠다. 하나는 밖으로 청나라 요로에 자신들의 임금은 현 왕이 아니라 연잉군이라는 사실을 알리고 협조를 구한 것이었다. 다른 하나는 안으로 경종의 왕권을 무력화하고 연잉군에게 왕권을 양위하게 하려는 것이었다. 경종 즉위년(1720) 숙종의 치제(致祭)를 위해서 한양에 온 청나라 사신이 전례가 없는 요구를 했다.

"세자(경종)와 그 아우 등을 만나보겠소."

사신이 임금의 동생을 만나겠다고 요청하는 것은 전례가 없는 일이었다. 소론 우의정 조태구(趙泰耉)는 사신의 요구는 실례이므로 응해서는 안 된다고 반대했다. 그러나 영의정 김창집은 연잉군의 신상에 관한 자료를 사신에게 주었고, 사신은 이를 문서로 만들었다.

조선국 세자(경종)는 금년에 33세인데 자녀가 없고, 동생이 있는데 금년 27세로서 군수 서종제(徐宗悌)의 딸을 아내로 삼았는데, 그 모친은 최씨이고 현재 자녀가 없다.

김창집이 조태구의 반대를 무릅쓰고 청 사신에게 왕제(王弟)의 신상을 적어준 것은 큰 물의를 빚었다. 『숙종실록』 사관은 김창집의 행위를 강하게 비난하고 있다.

김창집은 임금에게 품지(稟旨: 임금에게 아뢰어 지시를 받는 일)도 하지 않고 독단으로 써 주었다. 김창집은 수상의 몸으로 국가에 욕을 끼치고 저들에게 수모를 당한 것이 이에 이르렀으니, 『춘추』의 법으로 논한다면 그 죄는 죽여 마땅하지 않겠는가?

    청나라 사신들이 관례를 깨고 연잉군을 보겠다고 나선 이유는 이
이명의 공작 때문이었다.『경종실록』사관은 "혹자는 '이이명이 사신
으로 갈 때 은화를 많이 가지고 가서 저 나라에 뇌물을 주었다'고 말
한다"고 했다. 이이명이 청나라 조정에 막대한 뇌물을 써서 청나라
가 연잉군을 지지하는 것처럼 일을 꾸몄다는 소문이 파다했다는 것
이다. 이는 숭명반청을 기치로 계해정변을 일으키고 겉으로는 청나
라를 사대해도 속으로는 명나라를 섬기는 서인들의 자기부정이었다.
오랑캐 국가로 여기는 청나라 조정에 뇌물까지 써가면서 국법에 의
해 즉위한 자국 임금을 부인하고 자신들이 지지하는 연잉군을 지원
해달라고 요청한 것이었다.

    경종 즉위년(1720) 12월 11일 충청도의 유학 이몽인(李夢寅) 등이 상
소문을 들고 상경해 대궐문 앞에 엎드렸다. 병조의 당상과 낭청이 꾸
짖으며 입궐을 막자 이몽인 등은 도끼와 상소문을 들고 궐문으로 난
입했다. 병조에서는 군졸을 시켜 상소문을 찢어버린 후 밖으로 내몰았
다. 이몽인 등의 상소는 장 희빈을 죽인 것이 숙종의 큰 업적이라고 주
장한 윤지술에 대해 인륜을 무너뜨렸다고 비판하고, 청나라 사신에게
연잉군의 신상을 써 준 김창집의 행위도 크게 비판하는 내용이었다.
『당의통략』은 이몽인이 "독대한 대신이 6만 냥을 훔쳐갔다"고 비난했
다고 전하는데, 이이명이 이 6만 냥으로 청나라 사신을 매수했다는 주
장이었다. 경종은 자신을 지지하는 이 상소문의 주동자들을 처벌했다.
소두 이몽인과 심득우(沈得佑), 조형 등에게 곤장을 친 후 변방으로 충
군(充軍)하거나 유배를 보냈다. 노론의 요구 때문이었다.

연잉군, 국립고궁박물관
노론은 후사가 없는 경종에게 이복동생
인 연잉군을 왕세제로 삼으라고 압박했
고, 결국 연잉군은 28세의 나이에 왕세제
에 오른다. 병약한 경종이 사망한 후 조선
21대 왕 영조가 된다.

경종은 노론의 뜻을 거부하지 않았지만, 경종을 왕위에서 내쫓는
것은 노론의 당론이었다. 노론은 경종을 축출하기 위해 두 가지 계획
을 세웠다. 첫 번째는 후사가 없는 경종에게 후사를 빨리 세우라고
요청하는 것이고, 두 번째는 그 후사에게 대리청정을 시키라고 주장
하는 것이었다. 그리고 마지막은 경종을 상왕으로 내모는 것이었다.
이 계획은 경종 1년(1721) 8월 20일 사간원 정언(正言: 정6품) 이정소
(李廷熽)의 상소로 세상에 모습을 드러낸다. 이정소는 "지금 우리 전
하께서 춘추가 왕성하신데도 아직 저사(儲嗣: 왕의 후계자)가 없으시
다"면서 경종에게 아들이 없음을 지적하고 이렇게 말했다.

국세는 위태롭고 인심은 흩어져 있으니 마땅히 나라의 대본(大本: 세
자)을 생각하고 종사의 지극한 계책을 꾀해야 하는데도 대신들은 아
직껏 이를 청하지 않으니 신은 이를 개탄합니다.

왜 빨리 세자 책봉을 건의하지 않느냐고 대신들을 꾸짖는 상소였다. 문제는 경종이 33살 한창 나이지만 아들이 없다는 점이었다. 아들이 없는 젊은 임금에게 후사를 세우라고 요구하는 것은 태종 때 같으면 멸문지화를 당할 일이었다. 아들이 없는 자신에게 후사를 빨리 세우라고 요구하는 이 방자한 상소에 대해서도 경종은 "대신들과 의논해서 품처하라"고 대답했다.

노론은 이 대답을 기다렸다는 듯 일사불란하게 움직였다. 『경종수정실록』은 경종 즉위 직후부터 노론에서 "건저 의논이 있었다"고 전하고 있다. 영의정 김창집과 호조판서 민진원은 "즉위한 지 한 해도 지나지 않아 건저하면 의혹이 생길 것"이라면서 국상이 끝나는 3년 후에 의논하자고 주장했고, 병조판서 이만성(李晩成) 등은 "당장 의논해야 한다"고 주장했다는 것이다. '3년 후'와 '지금 당장'으로 갈라졌던 노론 내부는 이정소의 상소가 나오자 바로 통일되었다. 이날 김창집이 빈청(賓廳: 회의 장소)으로 가면서 민진원에게 "3년 뒤에 하려고 했는데 이미 말이 나왔으니 극력 청하는 것이 어떻겠습니까?"라고 말하자 민진원은 이렇게 답한다.

"이 의논이 이미 나온 후에는 한 시각도 지연할 수 없으니 반드시 오늘 밤에 극력 진달해서 대책(大策)을 결정해야 할 것입니다. 만약 지연된다면 종사의 변이 반드시 생길 것입니다."

아들 없는 임금의 후사를 "반드시 오늘 밤"에 결정해야 한다는 말이었다. 훗날 이정소의 집은 서덕수(徐德修), 김창도(金昌導), 김성행 등 경종을 죽이려 했다는 혐의로 사형당한 노론 대신들의 아들과 조카들의 단골 회의 장소였다는 사실이 드러난다. 노론의 계획적인 심야 쿠데타였다. 숙종이 재위 14년 만에 후궁 장씨에게서 난 왕자를 원자로 책봉하려 하자 '인현왕후가 왕자를 생산할 가능성이 있다'면서 극력 반대했던 노론이었다. 그때 인현왕후는 스물둘이었으나, 이때 경종의 계비인 선의왕후 어씨는 열일곱에 불과했다. 노론은 '이날 밤 안으로 후사 결정'이라는 당론 관철을 위해 조직적으로 움직였다. 일단 궁궐문을 닫지 못하게 유문(留門: 궁문 개폐를 막는 것)시켰다. 그리고 변란이라도 일어난 듯 이경(二更: 밤 9~11시)에 영의정 김창집, 좌의정 이건명(李健命), 호조판서 민진원, 병조판서 이만성, 형조판서 이의현(李宜顯) 등 노론 대신들이 급히 국왕의 면담을 요청했다. 소론인 우의정 조태구, 이조판서 최석항(崔錫恒) 등은 의도적으로 배제되었다. 시민당(時敏堂)에서 경종을 만난 노론 대신들은 빨리 후사를 결정하라고 다그쳤고, 승지 조영복(趙榮福)은 "대신들과 여러 신하들의 말은 모두 종사의 대계를 위한 것이니 속히 윤종(允從)하소서"라고 가세했다.

경종은 "윤종한다"고 했으나 노론 대신들은 만족하지 않았다. 이것이 심야의 쿠데타라는 사실은 노론 자신들이 너무 잘 알고 있었다. 그래서 김창집과 이건명은 "자전(대비)의 자지(慈旨: 대비의 지시)가 있어야 봉행할 수 있다"면서 대비 인원왕후의 수필(手筆)까지 얻어 오라고 요구했다. 대비까지 끌어들여 이튿날 발생할지도 모를 소론의 '역심' 운운하는 비판을 막으려 한 것이다. 숙종의 계비였던 대비 인원왕후 김씨를 만난 경종은 새벽녘에 낙선당(樂善堂)에서 노론 대신들을 다시 만났다. 경종이 책상 위를 가리키며 "봉서(封書)는 여기 있다"고 말하자 김창집이 뜯어보니 대비의 친필 두 장이 있었는데, 한 장에 해서(楷書)로 '연잉군'이라고 쓰여 있었다. 노론이 미는 연잉군을 후사로 책봉하라는 뜻이었다. 다른 한 장은 한글 교서였다.

경종 때의 정치 구도와 주요 정치 일지

남인 　　　　　　　소론 　　　　　노론

주요 일지

경종 즉위년(1720)　노론, 연잉군을 왕세제로 책봉하는 데 성공했으나 세제 대리청정
　　　　　　　　　을 주장하다가 실각. 소론, 정권 장악.
　　1년(1721)　임인옥사 발생. 노론 4대신 김창집, 이이명, 조태채, 이건명 사형.
　　4년(1724)　경종 사망. 각지에 경종 독살설 알리는 벽서 붙음.

효종대왕의 혈맥과 선대왕의 골육은 다만 주상과 연잉군이 있을 뿐
이니 어찌 다른 뜻이 있겠소? 내 뜻은 이와 같음을 대신들에게 하교
함이 옳을 것이오.

『경종실록』은 "여러 신하들이 다 읽어보고 울었다"고 전하고 있
다. 한밤의 날치기가 성공한 데 대한 기쁨의 눈물이었다. 만백성과
소론은 전혀 모르는 가운데 하룻밤 사이에 차기 국왕이 연잉군으로
결정된 것이었다. 노론이 축제 분위기에 휩싸여 있던 8월 23일, 소론
의 행(行: 관직이 품계보다 낮을 경우 붙는 말) 사직(司直) 유봉휘(劉鳳輝)
가 상소를 올려 문제를 제기했다.

나라에 건저가 얼마나 중대한 일인데 한강 밖에 나가 있는 시임대신
들도 전혀 알지 못하고, 처음 불러서 나가지 않은 사람은 다시 부르
지도 않고…….

소론 대신은 부르지도 않고, 노론 대신들만 모여서 차기 임금을 결

정하는 법이 어디 있느냐는 것이었다. 유봉휘는 또한 경종의 나이가 젊고 왕후도 겨우 계년(笄年: 15살)을 넘었으니 나중에 자식을 많이 낳는 경사가 있을 수 있다고 비난했다. 유봉휘는 "비록 그 성명(成命)은 이미 내려졌으므로 다시 논의할 수는 없을지라도 대신과 여러 신하들이 (군부를) 우롱하고 협박한 죄는 꼭 밝혀야 합니다"라고 주장했다.

이 상소에 대해 노론은 조직적으로 대응했다. 승지 한중희(韓重熙)는 유봉휘를 처벌해야 한다고 주장했고, 김창집 이하 대신들은 늦은 밤까지 청대해 국청을 설치해야 한다고 주장했다. 『경종실록』사관은 유봉휘에 대해 "그의 뜻은 김창집 무리들이 경종에게 무례했기에 스스로 경종을 위해 한 번 죽으려고 마음을 먹은 것"이라고 평가하고 있다. 노론에서 연일 유봉휘를 죽여야 한다고 주장하는 가운데, 소론 우의정 조태구가 차자를 올려 "그 뜻만은 나라를 위하는 붉은 마음으로 결코 다른 마음이 없었다"면서 유봉휘의 국문을 반대했고, 경종이 "경의 차자를 보니 국청 설치를 명한 것이 잘못임을 알겠다"고 받아들임으로써 유봉휘는 사지(死地)에서 겨우 살아났다. 그러나 연잉군의 세제 책봉은 기정사실이 되었고, 노론은 경종을 무력화할 두 번째 정치 일정에 들어갔다.

소론, 정권을 장악하다

한밤의 기습 날치기로 연잉군이 왕세제가 된 지 한 달 반쯤 지난 경종 1년(1721) 10월 10일, 노론은 두 번째 계획을 실행에 옮겼다. 사헌부가의 조성복이 상소를 올려 세제 대리청정을 주장하고 나선 것이다. 조성복은 세제가 "서정(庶政)을 밝게 익히는 것이 당면한 급무"라면서 경종이 모든 국사를 처리할 때 세제와 그 가부를 상확(商確: 서로 의논해 정함)하라고 주청했다. 조성복은 이번에도 "대비의 교지를 청하라"면서 대비를 또 끌어들였다. 1년 전 유학 조중우가 장희빈의 명호를 회복시켜야 한다고 상소했을 때 "신자(臣子)가 어떻게 이런 말을 제멋대로 입 밖에 낼 수 있느냐"고 성토해 국문을 받고 죽게 만든 장본인이 왕권을 빼앗으려 나선 것이었다. 경종은 즉각 수락했다.

"진달한 바가 좋으니 유의(留意)하지 않을 수 있겠는가?"

경종은 당일 저녁 비망기를 내렸다.

내가 이상한 병이 있어 10년 이래 조금도 회복될 기약이 없다. (……) 세제는 젊고 영명하니 만약 청정(聽政)한다면 국사(國事)를 의탁할 수 있고 내가 편안하게 조양(調養)할 수 있을 것이니 크고 작은 국사를 모두 세제에게 재단하게 하라.

승지 이기익(李箕翊), 응교 신절 등이 즉시 청대해 반대했다.

"전하께서는 즉위하신 지 겨우 1년이고 춘추가 한창이시며, 또 병환도 없고 기무(機務)도 정체되지 않고 있는데, 어찌 갑자기 이런 하교를 하십니까? 신 등은 비록 죽을지라도 감히 받들지 못하겠습니다. (……) 지금 대궐문이 이미 닫혔기 때문에 이처럼 고요하지만 조정이 장차 반드시 함께 일어나서 힘써 다툴 것이니 온 나라의 인심을 수습할 수 없을 것입니다."

서른셋의 국왕에게 스물일곱의 세제를 대리청정시키라는 것은 왕권을 내놓으라고 요구하는 것이었다. 노론은 세제 책봉 때처럼 저녁에 상소를 올렸는데, 이번에는 소론도 무작정 당하지는 않았다. 좌참찬 최석항이 유문하며 입대를 요청한 것이다. 『당의통략』은 "승지이기익이 깊은 밤이라고 허락하지 않았으나 최석항이 강요해 임금에게 아뢰자 특명으로 접견했다"고 전한다. 최석항이 눈물을 흘리며 환수를 호소하자 경종은 명을 거두었다. 소론은 연일 조성복을 공격해 진도로 귀양 보내는 데 성공했다.

그러나 경종은 대리청정 명을 환수한 지 사흘 뒤 시원임대신과 2품 이상 고위 신료, 삼사를 소집해 다시 세제의 대리청정을 명했다. 느닷없는 명령에 소론과 노론 모두 당황했다. 경종의 속마음을 알 수 없었기 때문이다. 사흘간의 정청(庭請)에도 경종이 명을 거두지 않자 영의정 김창집, 영중추부사 이이명, 판중추부사 조태채, 좌의정 이건명 등 노론 4대신은 대리청정을 받아들이겠다는 연명 차자를 올렸다.

이 소식을 듣고 놀란 소론 우의정 조태구가 선인문(宣人門)으로 달려가 청대를 요청했는데, 승지 홍석보(洪錫輔)와 조영복 등이 "조태구는 탄핵을 받았으므로 들어갈 수 없다"면서 면담 주선을 거부했다. 세제 책봉을 비판한 유봉휘를 옹호했다는 이유로 탄핵을 받았다는 평계였다. 그런데 갑자기 경종이 말했다.

"우상(右相)이 왔다고 하니 들어와보게 하라."

승지들은 할 수 없이 만남을 주선했는데, 조태구가 명의 환수를 요청하자 영의정 김창집도 들어가 환수를 요청할 수밖에 없었고, 대리청정 명은 환수되었다. 『경종실록』 사관은 노론 대신들의 행위를 이렇게 비판했다.

이때 김창집, 이건명 등이 주상으로 하여금 정무를 놓게 만들려고 조성복을 사주하여 상소를 올리고 상시(嘗試: 속마음을 떠봄)했다.

노론이 경종을 쫓아내려 한다는 사실이 만천하에 공포되면서 비난이 일었다. 행 사직 박태항(朴泰恒) 등은 이렇게 상소했다.

노론의 마음의 소재는 길 가는 사람도 압니다[其心所在, 路人所知].

노론의 역심은 길 가는 사람도 안다는 조롱이었다. 행 사과(司果) 한세량(韓世良)도 가세했다.

하늘에는 두 해가 없고 땅에는 두 임금이 없는 법입니다. (……) 남의 신하가 되어서 감히 몰래 천위(天位: 왕위)를 옮길 계책을 품었습니다.

그러나 현실은 여전히 노론의 것이었다. 한세량의 상소에 승정원과 노론 대신들이 일제히 공격했고, 경종은 그를 절도로 유배 보내야 했다. 국왕을 옹위하면 귀양 가는 상황이었다. 심지어 승지 홍석보는 경종에게 "오늘 우상이 온 것을 전하께서 어떻게 아셨습니까?"라고 따져 물었다. 대간에서는 "조태구가 내시와 통해 몰래 뵙기를 청했다"면서 조태구와 내시를 처벌해야 한다고 가세했다. 승지와 대간이 임금에게 조태구가 온 것을 어떻게 알았냐면서 조태구를 처벌해야 한다고 따져 묻는 형국이었다. 경종은 변명했다.

"내가 진수당(進修堂)에 앉아 있는데 합문(閤門) 밖에서 길 인도하는 소리를 듣고 우상이 들어오는 것을 알았을 뿐 내시는 죄가 없다."

노론은 경종을 노골적으로 무시했다. 그나마 소론이 힘써 견제해 왕권이 유지되는 형국이었다. 이런 상황에서 경종 1년(1721, 신축년) 12월 6일 사직 김일경(金一鏡)을 소두로, 박필몽(朴弼夢), 이명의(李明誼), 이진유(李眞儒), 윤성시(尹聖時), 정해(鄭楷), 서종하(徐宗廈) 등을 소하(疏下)로 하는 연명상소가 올라와 정국에 충격을 주었다.

강(綱)에는 세 가지가 있는데 군위신강(君爲臣綱: 신하는 임금을 섬기는 것이 도리)이 으뜸이 되고, 윤(倫)에는 다섯 가지가 있는데 군신유의(君臣有義: 임금과 신하는 의리가 있어야 한다)가 머리가 되는데 (……) 삼강(三綱)과 오륜(五倫)이 무너짐이 오늘날과 같은 적은 없었습니다.

노론에서 삼강 중의 으뜸인 군위신강과 오륜 중의 으뜸인 군신유의를 저버리고 왕권을 빼앗으려 했다는 비난이었다. 이것이 유명한 「신축소(辛丑疏)」였다.

조성복이 앞에서 불쑥 나왔는데도 현륙(顯戮: 공개처형)하는 법을 아직 더하지 아니했고, 사흉(四凶: 노론 4대신)이 뒤에 방자했는데도 목욕하고 토죄(討罪)할 것을 청했다는 것을 아직 듣지 못했으니, 임금의 형세는 날로 외롭고 흉한 무리는 점점 성합니다. (……) 적신(賊臣) 조성복과 사흉 등 수악(首惡)을 일체 삼척(三尺)으로 처단해 조금도 용서하지 마소서.

대리청정을 요청한 조성복을 죽이고, 김창집, 이이명 등 노론 4대신을 사흉으로 토죄해야 한다는 상소였다. 한마디로 노론이 역당(逆

『경종실록』, 국사편찬위원회
경종 1년(1721) 12월 6일자에 기록되어
있는 김일경의 상소문 「신축소」.

黨)이라는 초강경 상소였다. 노론에서는 즉각 총반격에 나섰고, 승지
신사철(申思喆), 이교악(李喬岳) 등이 김일경 등의 처벌을 요구했다.

"김일경 등을 엄하게 통척(痛斥)해 간사한 싹을 끊어 없애고 형벌
을 쾌히 베풀어 나랏일을 다행하게 하소서."

노론이 노골적으로 경종의 왕위를 빼앗으려고 했는데도 김일경이
상소문의 동조자를 여섯 명밖에 구하지 못할 정도로 노론 세상이었
다. 더구나 노론 4대신을 사흉으로 모는 상소였으니 이들도 목숨을
걸고 상소한 것이었다. 그러나 이번에는 경종의 대응이 뜻밖이었다.
김일경 등을 처벌하라는 승지들의 상소를 꾸짖었다.

"나의 천심(淺深: 얕음과 깊음)을 엿본다."

경종은 승지들과 삼사 전원을 파직했다. 나아가 경종은 서소위장

(西所衛將) 심필기(沈必沂)를 가승지(假承旨)로 삼고, 훈련대장 이홍술(李弘述)을 '간흉하고 윤리가 없으며 몰래 불측한 마음을 품었다'면서 문외출송하고 병부(兵符: 군사동원패)를 빼앗아 소론 윤취상(尹就商)에게 주었다. 병조판서에 대리청정을 극력 반대한 소론 최석항을 임명해 군사권을 모두 소론에게 넘긴 경종은 이조판서 권상유(權相游)를 남인 심단(沈檀)으로, 이조참판 이병상(李秉常)을 소두 김일경으로 교체해 인사권을 주었다. 은인자중하며 속내를 드러내지 않던 경종이 반전의 칼을 뽑은 것이었다.

후속 조치는 전광석화 같았다. 「신축소」의 소하 박필몽을 사헌부 지평, 이명의를 사간원 헌납, 이진유를 사간원 정언으로 삼아 백관에 대한 탄핵권을 주었다. 또 예조판서 이광좌(李光佐), 형조판서 이조, 호조판서 김연(金演), 대사간 양성규(梁聖揆), 도승지 이정신 등 소론들을 대거 등용해 정국을 순식간에 뒤집었다. 이 소식에 놀란 김창집, 이이명, 조태채가 금오(金吾: 의금부) 밖에서 대죄하니 대명(待命: 명령을 기다림)하지 말라고 배척했다. 김창집 등은 성 밖으로 나가서 대죄하는 수밖에 없었다. 이것이 소론이 일거에 정국을 장악하는 신축환국(辛丑換局)인데, 사관은 경종의 행위에 대해 이렇게 평했다.

주상께서 즉위하신 이래 공묵(恭默)하여 말이 없고 조용히 고공(高拱: 방관함)해서 신료를 인접(引接)하여 더불어 수작하지 않고 군하(群下)의 진달하고 계품하는 것을 모두 허락하니, 흉당(凶黨: 노론)이 오만하고 쉽게 여겨 꺼리는 바가 전혀 없었으므로 중외에서 근심하고 한탄하며 질병이 있는가 염려했다. 그런데 이에 이르러 하룻밤 사이에 건단(乾斷: 천자가 정사를 스스로 재결함)을 크게 휘둘러 군흉(群凶)을 물리쳐 내치고 사류(士類)를 올려 쓰니, 천둥이 울리고 바람이 휘몰아치며 하늘과 땅이 뒤집히는 듯했으므로, 군하가 비로소 주상이 숨은 덕을 도회(韜晦: 재덕을 숨기어 감춤)함을 알았다.(『경종실록』1년 12월 6일)

극적인 반전으로 소론이 정권을 잡고 경종의 진정한 친정시대가 열린 것이었다.

사관의 말대로 경종이 즉위 후 노론에서 진달한 모든 것을 받아들이자 노론은 경종을 쉽게 여겼다. 그러나 경종은 이날 하루아침에 정권을 갈아치움으로써 숙종의 아들이라는 사실을 여실히 증명했다. 경종 1년(1721) 연말에 정권이 소론으로 넘어가자 드디어 노론의 역모를 고변하는 인물이 나왔다. 경종 2년(1722) 3월 27일 목호룡이 노론의 명가·대신 자제들이 임금을 죽이려고 모의했다는 고변서를 올려 정국을 소용돌이 속으로 끌고 들어갔다.

성상(聖上)을 시해하려고 모의하는 역적들이 있는데, 혹 칼로써, 혹 독약으로, 또 폐출을 모의한다고 하는데, 나라가 생긴 이래 없었던 역적들이니 급하게 토벌해서 종사를 안정시키소서.

'삼급수(三急手) 고변 사건'이라고도 불리는 목호룡 고변 사건의 시작이었다. 삼급수란 칼, 독약, 폐출의 세 가지 수단을 동원해 경종을 죽이거나 내쫓으려 했다는 뜻이다. 대급수(大急手)는 숙종의 국상 때 자객을 궁중으로 보내 세자(경종)를 죽이는 것이고, 소급수(小急手)는 은 500냥을 궁중의 지상궁(池尙宮)에게 주어 경종의 수라상에 독약을 넣는 것이고, 평지수(平地手)는 숙종의 유조(遺詔)를 위조해 '숙종이 세자를 쫓아내라'는 명령을 내렸다면서 경종을 폐출하려는 계획이라는 것이었다. 목호룡은 이들이 만든 '교조(矯詔: 위조된 숙종의 교서)'를 목격했다고 주장했다.

> 세자 모(某: 경종)를 폐위해 덕양군(德讓君)으로 삼는다[廢世子某爲德讓君].

목호룡의 말대로 "나라가 생긴 이래 없었던" 충격적인 내용들이었다. 목호룡은 당초 이 모의에 깊숙이 가담했던 인물이었다. 그래서 그 충격파가 더욱 컸다.

> 신(목호룡)은 비록 신분은 미천하지만 왕실을 보존하려는 뜻을 가지고 흉적이 종사를 위태롭게 하려는 모의를 직접 보고는 호랑이 입[虎口]에 먹이를 주어서 은밀히 비밀을 알아낸 후 감히 이처럼 상변(上變)하는 것입니다.

목호룡은 남인가의 서자로서 종친 청릉군(靑陵君)의 가노였는데, 풍수지리에 능했다. 그래서 연잉군(영조)의 어머니 최씨의 장지를 정해준 대가로 속신(贖身)돼 왕실 소유의 장토(庄土)를 관리하는 궁차사(宮差使)까지 오른 인물이었다. 그는 연잉군 모친의 장지를 봐준 것처럼 처음에는 연잉군 쪽에 줄을 섰다가 세제 대리청정 기도가 실패하고 신축환국으로 소론이 정권을 잡자 돌아선 것이었다. 사건에 가담했다고 목호룡이 고변한 인물들은 이이명의 아들 이기지(李器之), 이사명의 아들이자 이이명의 조카인 이희지(李喜之), 김창집의 손자 김성행, 광성부원군 김만기의 손자 김민택(金民澤), 김만중의 손자이자 이이명의 사위인 김용택, 김춘택의 사위 이천기 등 노론 명가 자제들이었다. 자제들이 집단적으로 꾸미는 역모를 부모들이 모두 몰랐다고 할 수는 없는 상황이었다.

목호룡은 용문산에 들어가 묏자리를 구하다가 이희지를 만났고 그를 통해 이기지, 김용택 등을 만났다고 진술했다. 소론 정권 아래에서 세 가지 방법을 통해 임금을 죽이거나 쫓아내려 했다는 고변이므로 심문은 혹독했다. 이이명의 아들 이기지와 조카 이희지 등은 맞아 죽으면서 혐의를 부인해 가문을 보호했다. 김용택은 고문을 받다가 "지상궁을 통해 독약을 쓰는 것이 소급수"라는 사실을 인정하고 죽었다. 목호룡은 자제뿐만 아니라 이이명까지 직접 끌어들였다. 각자 손바닥에 글자를 써서 심사(心事)를 표현하는데, 김용택은 충(忠)자를, 다른 사람들은 신(信), 의(義) 등을 썼는데, 백망(白望)은 양(養)자를 썼다는 것이다. 이천기만 그 뜻을 알고 크게 웃었는데, 이는 이이명의 자(字)인 양숙(養叔)을 뜻한다는 주장이었다. 이이명을 임금으로 추대하려 했다는 뜻이었다. 이이명 역시 경종처럼 본관이 전주니 즉위할 수 있다는 뜻이었다. 이들이 이이명을 추대하려 했다는 것은 목호룡의 의도된 과장이겠지만, 이이명은 결국 이 사건에 연루돼 사형당했다.

이이명이 사형당하던 경종 2년(1722) 4월 17일자『경종실록』의 사관은 이렇게 말했다.

이때에 이르러 목호룡이 상변했는데, 이희지 등 여러 역적이 모두 이이명의 자질(子姪)과 문객(門客)에서 나오고, 흉모(凶謀), 역절(逆節)이

낭자하여 죄다 드러나자, 온 나라의 여정(輿情: 여론)이 모두 분완(憤惋: 분노와 탄식)을 품었다.

이이명은 숙종 43년(1717) 정유독대 이후 세자를 대리청정시켜 쫓아내려다 실패한 후 경종이 즉위하자 청나라에 은자를 뿌려서 연잉군을 지원해달라고 요청했다는 설이 파다했던 인물이었다. 그가 노론 당론에 따라 경종을 쫓아내려 했다는 것은 그야말로 길 가는 사람도 아는 이야기였으므로 그의 비극적 죽음은 예견된 것이었다. 같은 날 영의정 김창집도 사형에 처해지는데, 그는 숙종 15년(1689) 남인이 정권을 잡는 기사환국 때 사형당한 영의정 김수항의 아들이라는 점에서 대를 이은 가문의 비극이었다. 이건명과 조태채도 이 사건에 연루돼 사형당하는데, 이들을 '노론 4대신'이라고 부른다.

이를 '목호룡의 고변' 또는 '임인옥사'라고 하는데, 사형당한 이가 20여 명, 국문을 받다 장살된 이가 30여 명, 연루자로 교살된 이가 10여 명, 유배된 이가 100명이 넘었다. 집안의 몰락을 보다 못해 목숨을 끊은 부녀자도 9명이었다.

이 비극적 사건의 뿌리는 적법하게 즉위한 국왕을 제거하고 자신들이 지지하는 인물을 국왕으로 추대하려 했던 노론 당론에 있었다. 왕조국가에서 신하들이 임금을 택하는 '택군(擇君)' 자체가 역모인데, 노론이 택군의 길을 걸으면서 왕조국가의 정상적인 정치체제는 붕괴되고 왕위를 둘러싼 '죽이지 않으면 죽는' 극한 정쟁이 벌어진 것이었다.

노론의 경종 폐출 계획에 깊숙이 가담한 인물이, 사형당한 이천기가 '진정한 노론의 혈성(血誠)'이라고 칭송했던 환관 장세상(張世相)

이었다. 이때 사형당한 정우관(鄭宇寬)은 장세상이 자신에게 이렇게 말했다고 자백했다.

"하루는 장세상이 저에게 말하기를 '이번에 대리청정하는 일을 노론이 봉행하지 않았으니 이는 하늘이 주는데도 받지 아니한 것이다. 장래에 노론은 반드시 씨도 남지 않을 것이다. 만약 한 장의 비망기를 도모해 얻는 즉시 궁성을 호위한다면 좋을 것이다. 이제 막 이 일을 서덕수에게 언급했다."

경종이 세제 대리청정을 명했을 때 소론이 반대하자 노론 대신들이 우유부단하게 눈치를 보다 시기를 놓쳤다는 비난이었다. 그러면서 환관 장세상이 제시한 방안은 경종을 압박해 '연잉군에게 대리청정을 명한다'는 비망기를 얻어내 전세를 뒤집자는 것이었다. 비망기를 얻는 즉시 군사를 동원해 궁성을 호위하는 쿠데타를 일으키자는 것이었다. 장세상이 이 계획을 서덕수에게 제안한 것은 그가 세제 연잉군 부인의 조카이기 때문이었다. 이는 연잉군이 이 계획에 가담했음을 말해주는 것이었는데, 서덕수는 실제로 국문에서 "대리청정하는 일이 성사되지 않았으니 노론은 장차 실패할 것"이라고 말했다고 자백했고, 또 김창집의 재종제 김창도가 "(대리청정을 허용하는 경종의) 비망기가 내려진다면 즉시 궁성을 호위하여 안팎을 엄하게 끊고, 또 상소하여 시끄럽게 다투는 근심을 막아야 한다"고 말했다고도 자백했다. 연잉군의 처조카 서덕수는 노론 인사들에게 경종의 비망기를 얻어내는 즉시 군사를 동원해 계엄 상황을 만들어 일체의 상소를 봉쇄하고 대리청정을 강행하겠다는 계획을 갖고 있었다. 끝내는 경종까지 끌어낼 계획이었던 것이다. 그러나 경종의 비망기를 다시 얻어내려는 계획은 실패했고, 도리어 김일경의 「신축소」를 계기로 정권이 소론으로 바뀌자 거사에 가담했던 목호룡의 고변이 나왔던 것이다.

노론에서는 나중에 영조(연잉군)가 즉위한 후 이 사건으로 사형당한 '조성복, 김제겸(金濟謙), 김민택' 세 사람을 '삼학사(三學士)'라며 추앙했다. 병자호란 때 심양에 끌려가 죽은 척화파 '홍익한(洪翼漢), 윤집, 오달제'를 '삼학사'라고 부르는 것에 착안한 것이었지만, 국왕을 죽이거나 내쫓으려다가 사형당한 인물들에게 '삼학사'라는 칭호를 내리는 것이 자기부정이라는 사실조차 생각하지 않는 시대였음을 보여준다.

목호룡의 고변, 즉 임인옥사가 지닌 가장 큰 폭발력은 사건 판결문인 「임인옥안(壬寅獄案)」에 세제 연잉군이 역적의 수괴로 등재되었다는 사실이다. 그의 처조카 서덕수가 깊숙이 관여한 사실이 드러난 데다 서덕수의 추대 제의를 연잉군이 거절하지 않은 사실도 드러났다. 이는 신하인 연잉군이 자신을 임금으로 선택했다는 '택군'을 수락한 것으로서 역모 가담 혐의를 피할 방도가 없었다. 정상적인 상황 같으면 연잉군은 이 사건으로 사형당했을 것이었다. 그러나 경종은 자신을 쫓아내고 죽이려는 이복동생 연잉군을 좋아했다. 그래서 그를 보면 항상 웃는 낯빛을 지었고, 때로는 친히 동궁(東宮)에까지 가서 우두커니 문밖에 서서 이렇게 말했다.

"우리 아우의 글 읽는 소리가 듣고 싶어서 왔네."

또한 연잉군에게 "소론 제신(諸臣: 여러 신하)이 진심으로 보호해서 동궁이 편하다"라고 말하기도 했다. 이것이 경종의 한계였다. 연잉군이 자신의 왕위를 빼앗는 데 가담했다는 물증이 드러났는데도 경종은 연잉군을 보호했다. 그 결과는 고스란히 자신에게 돌아왔다.

6장

과거사 정쟁

"전하께서 당을 없앤다고 하시더니 이제 도리어 두 당 외에 또 한 당을 보태서
음과 양 외에 따로 음도 아니고 양도 아닌 것이 하나 나와 모두 셋이 되어
군자도 되지 못하고 소인도 되지 못합니다."
— 영조의 탕평책에 대한 노론 대사헌 조관빈의 상소문에서

경종 독살설 속에 영조시대 열리다

목호룡 고변 사건 수사 과정에서 독약으로 경종을 독살하려는 소급수가 실제로 시행되었다는 자백이 나와 조정이 발칵 뒤집혔다. 김창집의 친족 김성절(金盛節) 등이 형문(刑問: 고문하며 묻는 것) 끝에 자백한 것이다.

"이기지(이이명의 아들) 부자가 장씨 역관에게 (청나라에서) 독약을 사 가지고 왔는데, 김씨 성의 궁인(宮人)이 성궁(聖躬: 임금)에게 시험해 썼습니다."

임금의 수라상에 실제로 독이 든 음식을 올렸다는 것이었다. 환관 장세상이 수라간의 음식 담당 김 상궁에게 많은 돈을 주고 음식에 독을 넣었는데, 경종이 토해냈다는 것이었다. 국청에서 경종이 독약을 마셨다는 날짜를 『약방일기(藥房日記)』에서 찾아보니 경종 즉위년(1720) 12월 15일자에 "어제 거의 한 되나 되는 황수(黃水)를 토했다"는 구절이 있었다. 영의정 조태구와 함께 입시한 약방제조(藥房提調) 한배하(韓配夏)가 경종에게 그날의 상황을 물었다.

"그날 수라를 진어(進御)하신 뒤에 즉시 구토하셨습니까?"

"그렇다."

그날 구토하지 않았으면 경종은 그날 죽었을 것이었다. 이는 노론이 수많은 방어막을 뚫고 임금의 수라상에 독약을 넣을 능력이 있었음을 말해주는 것이었다. 그런데 실제로 독약을 누가 사 왔는지에 대해서는 말이 일치하지 않았다. 이이명의 아들인 이기지 부자가 장씨 성의 환관에게 사 오게 했다고 김성절, 서덕수 등이 자백했지만, 이 때 사신 일행에는 장씨 성의 환관이 없었기 때문이다. 그런데 독살 실패 소식을 듣고 김성절은 이렇게 말했다.

"이기지의 무리가 '약(藥)이 맹독이 아니니 마땅히 다시 은화를 모아 다른 약을 사 와야 한다'고 말했습니다."

청나라에서 사 온 독을 사용했지만 맹독이 아니라 더 센 약을 사다가 경종을 죽여야 한다는 것이었다. 왕조국가에서 국왕을 독살하려 한 노론의 정치행위는 선뜻 이해하기 쉽지 않지만, 당시 노론 당인들은 국왕보다 노론이 상위라는 생각을 갖고 있었다. 그 뿌리는 명나라 황제가 자신들의 임금이며, 조선 임금은 제후라는 사대주의 사상이었다. 이 사대주의 사상에서 임금의 국상에 1년복을 주장하고 국모의 국상에 9개월복을 주장했는데, 끝내는 국왕을 독살하려 하는 말기적 증상으로 나타났던 것이다. 김창집의 손자 김성행은 우홍채(禹洪采)에게 이렇게 말했다.

"노론은 천지와 더불어 무궁한 길이 있다[老論有與天地無窮之道]."

국청에서는 경종의 어선에 독약을 넣었다는 김성 궁인을 찾아야 한다고 주청했지만, 경종은 더 이상의 수사 확대를 반대했다. 이 사건을 둘러싸고 논란이 계속되던 와중인 재위 4년(1724) 8월부터 경종은 한열(寒熱)에 시달렸고, 설사 기운이 동반되어 내의원의 진료를 받았다. 8월 20일 밤, 조선 후기 내내 현안이 되었던 사건이 발생한다. 그날 밤 경종은 가슴과 배가 조이는 듯 아파서 의관을 불러 입진했는데, 낮에 먹은 음식 때문임이 드러났다.

영조 때의 정치 구도와 주요 정치 일지

남인 — 시파

소론 — 완소 / 준소

노론 — 벽파

탕평파

주요 일지

영조 즉위년(1724) 소론 김일경, 목호룡 사형.
　1년(1725) 영조, 붕당의 폐해 하교하며 탕평책 제시.
　4년(1728) 소론 이인좌, 경종 복수 다짐하며 반란.
　5년(1729) 노론 4대신 중 이건명, 조태채 신원.
　9년(1733) 화해 거부하는 노·소론 영수 모두 면직.
　12년(1736) 왕세자 책봉(사도세자).
　16년(1740) 노론 4대신 중 김창집, 이이명 신원.
　17년(1741) 경종 1년의 「임인옥안」 불사름.
　26년(1750) 영조, 직접 홍화문에 나가 백성들의 고역 듣고 눈물 흘림.
　　　　　　균역법 시행.
　31년(1755) 나주 괘서 사건 발생. 이미 죽은 김일경, 유봉휘, 조태구, 이광좌
　　　　　　등 소론 영수들에게 역률 가죄(加罪).
　38년(1762) 나경언의 고변. 영조, 사도세자를 뒤주 속에 가둬 죽임.
　41년(1765) 혼인에 당색 띠지 말도록 지시.
　51년(1775) 세손의 외숙 홍인한, 세손 제거 시도. 세손 대리청정.
　52년(1776) 영조 사망.

여러 의원들이 어제 게장을 진어하고 곧이어 생감을 진어한 것은 의
가(醫家)에서 매우 꺼리는 것이라 하여 두시탕(豆豉湯) 및 곽향정기산
(藿香正氣散)을 진어하도록 청했다.(『경종실록』)

의가에서 금기로 치는 게장과 생감을 와병 중인 임금에게 진어했
다는 것이다. 훗날 영조 31년(1755)의 나주 벽서 사건 때 신치운(申致

雲)이 영조에게 "신은 갑진년(경종 4)부터 게장을 먹지 않았소"라고 따지자 영조가 분통하여 눈물을 흘렸다고 전한다. 게장과 생감을 보낸 인물이 대비 인원왕후이고 이를 진어한 인물이 세제(영조)라는 주장이기 때문이다.

어의들이 처방한 두시탕과 곽향정기산은 효과가 없었고, 22일에 올린 황금탕(黃芩湯)도 효과가 없었다. 그런데 24일 세제 연잉군은 처방을 두고 어의 이공윤(李公胤)과 다투었다. 이공윤은 '준리(峻利: 강한 처방)를 위주'로 삼는 어의인데, 이공윤이 약을 처방했는데 세제가 인삼과 부자(附子)를 더하려고 한 것이다. 이공윤이 "제가 진어한 약을 복용하신 후 삼다(蔘茶)를 진어하면 기를 운행하는 것이 불가능할 것입니다"라고 반대했다. 삼다를 진어하면 경종이 죽을 것이라는 주장이었다. 세제 연잉군은 이공윤을 꾸짖었다.

"사람이 본래 자기 견해를 세울 곳이 있기는 하지만, 지금이 어떤 때인데 자신의 견해를 고집하려고 삼제(蔘劑)를 사용하지 못하게 한다는 말인가."

어의의 반대를 무릅쓰고 연잉군은 인삼과 부자를 올렸고, 경종은 눈동자가 조금 안정되고 콧등이 따뜻해지는 등 증상이 개선되는 듯하다가 다시 증세가 급격히 악화되어 그날 새벽 3시쯤 창경궁 환취정(環翠亭)에서 승하하고 말았다. 재위 4년 2개월, 만 36살의 한창 나이였다. 대비가 옹호한 김성 궁인의 독약 사건, 대비전에서 올렸다는 게장과 생감, 어의와 다투어가며 올린 인삼과 부자, 이 세 사건은 모두 경종의 죽음과 관련이 있었다. 대비와 연잉군이 경종을 살리기 위해 게장, 생감, 인삼, 부자를 올렸는지, 아니면 죽이려고 올렸는지는 그들만이 알겠지만, 어의의 반대를 무릅쓰고 진어한 것은 의혹을 살 수밖에 없었다. 경종이 사망한 후 약방도제조였던 소론 이광좌는 울며 자책했다.

"신이 어리석고 혼미하며 증세와 환후에 어두워서 약물을 쓰는 데 합당함을 잃은 것이 많았으니 그 죄는 만 번 죽어 마땅합니다."

세제의 반응은 냉담했다.

"병환을 시중드는데 무상(無狀)하여 이 지경에 달했으니 다시 무슨 말을 하겠는가? 기도는 비록 때가 지났으나 속히 거행하는 것이 마땅하다."

국왕이 위독하면 산천에 기도하는 것이 관례인데 이때까지 기도조차 하지 않았다는 것은 그렇게 위독한 상태가 아니었음을 추측하게 한다. 갑자기 증세가 악화되어 산천에 기도할 틈도 없이 사망한 것이었다. 이렇게 경종의 시대가 끝나고 영조의 시대가 열렸다. 그러나 영조시대가 경종시대의 유산에서 자유로울 수는 없었다.

영조는 재위 기간 내내 두 가지 열등감에 시달렸다. 하나는 경종 독살설이었고, 다른 하나는 무수리로 알려진 그의 어머니 숙빈 최씨의 출신 성분이었다. 경종 독살설은 영조 재위 내내 그의 발목을 잡았다. 노론이 정상적으로 즉위한 경종을 임금으로 인정하지 않는 판국에 소론이나 남인이 선왕 독살설의 의혹을 지닌 채 즉위한 영조를 임금으로 선뜻 인정하기 어려울 것은 불문가지였다.

영조 즉위년 11월 6일 노론계 유학 이의연(李義淵)이 상소를 올려 소론 강경파를 공격했다.

신축년(경종 1) 이후의 일은 모두 선대왕(先大王: 경종)의 뜻이 아니었습니다. (……) 교목세가(喬木世家: 명가)를 주륙한 무리들을 처벌해야 합니다.

소론 계열의 사헌부, 사간원에서 이의연의 국문을 요청했으나 영조는 거부했다. 그 속마음이 이의연에게 동조하고 있었기 때문이다. 교목세가들은 모두 자신을 왕으로 추대하려다 죽음을 당한 것이었다. 그러나 소론 영의정 이광좌, 좌의정 유봉휘가 이의연의 처벌을 주장하며 사퇴하고, 우의정 조태억(趙泰億)까지 가세하자 영조도 한 발 물러나 "이의연은 당을 위해 죽기로 달게 마음을 먹은 무리"라면서 절도(絕島) 유배를 명했다.

영조의 속마음을 확인한 동학 훈도(東學訓導) 이봉명(李鳳鳴)이 뒤이어 소론 강경파의 영수 김일경을 역적이라고 공격했다. 영조는 "지금 이후로는 당론과 관계되는 것들은 응지상소라도 봉입하지 말라"고 이봉명을 꾸짖었으나 동시에 김일경도 삭출(削黜)했다. 영조의 속뜻이 다시 드러난 셈이었다.

소론은 강경파[峻少]와 온건파[緩少]로 갈라졌다. 영조와 공존을 추구했던 영의정 이광좌 등 소론 온건파는 김일경 같은 소론 강경파와 다르다는 사실을 보여주어야 했다. 이광좌는 영조를 청대해서 김일경과 서로 친밀하지 않았다고 진술했다. 강경파를 희생양 삼아 살아남으려는 온건파의 전략이었다. 김일경 등 소론 강경파는 영조와 타협할 생각이 없었다. 김일경의 삭출에 소론 강경파가 반발하자 영조는 김일경을 옹호하면 "역적을 비호하는 율(律)을 베풀어 결코 용서하지 않을 것"이라고 단호하게 말했다. 영조는 경종의 충신 김일경을 자신의 역적으로 규정지었다.

영조는 즉위년 11월 11일 김일경을 절도에 안치했다가 12월 4일 서울로 끌고 와 국문장에 세웠다. 이미 만 62살의 김일경은 죽음을 각오했다. 하지만 영조는 김일경을 죽일 죄를 찾을 수 없었다. 노론 4 대신이 경종을 제거하려 했음은 주지의 사실이었고, 목호룡의 고변, 즉 삼급수를 통해 노론에서 경종을 제거하려 했던 사실도 수많은 연루자들의 자백에 의해 사실로 드러났다. 또한 「임인옥안」에 영조가 이들의 수괴로 등재된 것도 사실이었다. 영조는 객관적인 경종의 역적이었지만 현실의 권력을 갖고 있었다. 영조는 김일경이 목호룡 고변 사건을 종묘에 고할 때 홍문관 제학 자격으로 작성한 반교문(頒教文)과 상소문 구절들을 문제 삼아 죽이려는 방식을 택했다. 국청에 끌려나온 김일경은 담담했다.

"지금은 이 목숨이 끝날 때이니 누구를 원망하며 누구를 탓하겠는 가? 만 번 주륙을 당한다 해도 교묘한 말로 피하고 싶지 않다."

경종의 충신으로 죽기를 각오한 그는 자신이 "평생 지킨 바는 오직 충(忠)과 직(直)"이라고도 말했다. 자신의 인생은 곧았으며 경종에 대해 충성을 지켰다는 뜻이었다. 영조가 "장차 네 머리를 베어 빈전(殯殿: 국왕의 시신)에 고하겠다"고 위협하자 김일경은 "선대왕(경종) 의 빈전이 여기에 있으니, 여기서 죽는다면 마음에 달갑겠다"고 맞 섰다. 심지어 영조에게 "시원하게 나를 죽이라"고까지 말했다. 영조 는 분통이 터졌다.

"'시원하게 죽이라'고 한 뜻 또한 지극히 흉패(凶悖)하다. 저를 죽 인들 내 마음에 무슨 시원할 것이 있겠느냐?"

『영조실록』은 이렇게 전하고 있다.

김일경은 공초를 바칠 때 말마다 반드시 선왕의 충신이라 하고 반드시 '나[吾]'라고 했으며, '저[矣身]'라고 하지 않았다.

또한 이렇게도 전하고 있다.

죄인은 마땅히 고개를 숙여야 하는데도 감히 고개를 쳐들어서 머리를 덮어씌우라고 명했다.

김일경의 눈에 역적은 영조와 노론이었다. 목호룡도 마찬가지였다. 목호룡은 영조에게 따졌다.

"회맹단(會盟壇)의 삽혈(歃血)이 마르지도 않았는데 어찌 이런 일이 있을 줄 알았겠습니까?"

경종 3년 역적 토벌의 공으로 부사공신(扶社功臣) 동성군(東城君)으로 책봉받아 공신들과 회맹할 때 나누어 마신 피가 식지도 않았는데 역적이라니 말이 되느냐는 항변이었다. 영조는 "그 말이 흉참(凶慘)하다"라고 비난했는데, 목호룡은 혹독한 고문을 견디면서 "고한 자는 죽는 법이니 장차 고한 자로서 죽겠지만, 흉심(凶心)은 없었다"고 말하고 당당하게 외쳤다.

"나는 다만 종사(宗社)를 위했던 죄가 있을 뿐, 다른 죄는 없다."

영조는 목호룡을 살려주지 않았다.

"종사를 위했던 죄라는 말은 내가 역적을 돌보아 비호했다고 여기는 것이다. 군부(君父)에게 이런 말을 하다니 지극히 흉악하고 교활하다. 이것이 족히 단안(斷案)이 될 만하다."

군부 불경죄로 사형하겠다는 뜻이었다. 자신이 경종에게 자행했던 역모는 '군부'라는 말로 덮어버렸다. 영조의 생모 숙빈 최씨의 묫 자리를 잡아주어 출세의 기회를 잡았던 목호룡은 그 아들이 왕이 된 그해 12월 10일에 역적으로 몰려 죽었다. 김일경은 영조 1년(1724) 1월 2일 사형당했다. 선왕의 충신이 현왕의 역적이 되는 세상이었다. 영조는 선왕의 충신들과 공존할 생각이 전혀 없었다. 『대명률』을 아무리 뒤져도 죽일 죄를 찾을 수 없는 목호룡과 김일경을 일방적으로 죽여버린 데 대한 저항이 없을 수 없었다.

재위 1년(1725) 1월 16일 영조가 선왕.경종의 능(의릉)에 참배하기 위해 출궁하자 군졸 이천해(李天海)가 영조의 어가를 가로막고 저주하는 사건이 발생했다. 이천해는 국문당하면서 어가를 가로막은 이유에 대해 토로했지만, 영조는 "차마 들을 수 없는 음참한 말이어서 입에 담을 수 없으니 좌우의 사관은 쓰지 말라"고 명했다. 28살 청년 이천해는 24번의 압슬형을 받았으나 아프다는 소리도 하지 않았다. 이천해의 말이 무엇이었을까? 이천해의 말은 실록의 초고에서도 삭제될 정도로 영조와 노론에게 뼈아픈 말이었다. 『영조실록』의 사관은 영조 즉위 후 여러 말들이 난무했는데, "이천해의 흉언에 이르러 극에 달했다"라면서 "그 흉언은 대개 무신년(영조 4) 역적의 격문[檄文: 이인좌(李麟佐)의 난의 격문]과 같다고 한다"고 전하고 있다. 영조와 노론이 경종을 독살했다는 말이라는 뜻이다.

김일경, 목호룡, 이천해 등을 죽인 영조는 재위 1년(1725) 목호룡 고변 사건(임인옥사)을 무고라고 선언하고 노론 피화자(被禍者)를 신원하는 을사처분(1725)을 단행했다. 객관적인 역모에 선왕의 어선에 독까지 넣었던 사건은 신정권에 의해 없었던 일이 되었다. 영조의 속마음을 확인한 노론은 소론 공격에 나섰다. 김일경을 죽이고 「신축소」에 소하로 연명했던 여섯 명을 모두 변방으로 유배 보낸 데 만족하지 않고, 이광좌, 유봉휘, 조태구, 조태억, 최석항 등 소론 온건파 대신들까지 '오적(五賊)'으로 규정하며 공격했다. 소론 오적이 경종 때 세제의 대리청정을 반대했다는 혐의로 죽여야 한다고 기세를 올렸다. 영조는 '소론 오적' 중 이광좌를 제외한 네 대신의 관작을 추탈하거나 파직했다. 그러나 노론 좌의정 민진원과 우의정 이관명은 노론 관료들을 대거 거느리고 장기간의 정청을 열면서 '오적'을 극형에 처해야 한다고 주장했다. 영조가 일단 거부하자 민진원과 이관명은 사직을 청하면서 극형을 요구했다. 영조는 유봉휘의 위리안치를 허락했지만 노론은 만족하지 않았다. 이들은 이른바 '오적'은 물론 「신축소」의 모든 당사자들을 죽여야 한다고 주장했다.

영조는 소론 온건파까지 죽이면 내전이 일어날 가능성이 있다고 보았다. 당심(黨心)을 배제하고 경종 때의 일을 바라보면 노론이 역적인 것은 객관적인 사실이었다. 새 왕이 그 역적들의 편에 서서 선왕의 충신들을 모두 죽인다면 죽음을 당하는 쪽에서는 새 왕과 노론을 역적으로 규정하고 봉기할 것이었다.

그래서 영조는 소론을 끝끝내 죽이기를 요청하는 민진원, 홍치중(洪致中), 이의현, 정호, 김흥경(金興慶) 등 노론 관료 140여 명을 일거에 축출하고 소론 영수 이광좌를 영의정, 조태억을 좌의정에 임명하는 등 정권을 소론으로 바꾸는 정미환국(丁未換局: 1727)을 단행했다. 그리고 「신축소」의 '소하 5인' 외에 유배 간 나머지 소론들을 모두 석방했다. 재집권한 소론은 목호룡의 고변(임인옥사)을 역옥으로 환원시키고 노론 4대신을 역적 명부인 역안(逆案)에 다시 기재했다. 정권을 소론으로 바꾸어버린 영조의 조치는 시의적절했다. 소론 강경파와 남인들의 군사 봉기가 깊숙한 곳까지 진행되고 있었기 때문이다.

이인좌, 봉기하다

영조와 노론에 의한 경종 독살설은 광범위하게 퍼져 나갔다. 영조가 즉위 후 노론 편에 서서 소론 온건파까지 처벌한 것이 이런 혐의를 사실로 믿게 만들었다. 경종 독살설 목격담도 전해졌다. 경종의 전비(前妃: 단의왕후 심씨)의 아우인 심유현(沈維賢)은 경종의 시신을 목도했는데, 친구 이유익(李有翼)이 "선왕께서 무슨 병환으로 승하하셨나?"라고 묻자 목격담을 전했다.

"내가 급히 부름을 받고 환취정에 들어가보니 임금께서 얼굴빛은 여전하신데 환관 한 사람이 곁에 서 있고 대신이 들어와서 초혼(招魂)하기를 청하더군."

경종이 갑자기 독살당했다는 말이었다. 이런 소문이 영조의 즉위와 함께 뜻을 잃은 사람들에게 널리 전해지던 영조 4년(1728, 무신년) 3월 15일 밤, 거대한 함성과 함께 청주 병영(兵營)에 돌입하는 무리가 있었다. 잠겨 있어야 할 병영 문은 활짝 열려 있었다. 병영의 기생 월례(月禮)와 절도사 이봉상(李鳳祥)이 신임하던 비장(裨將) 양덕부(梁德溥)가 내통해 문을 열었다.

이인좌의 난, 또는 무신난(戊申亂)으로 불리는 소론 강경파와 일부 남인들의 연합거병이었다. 권서봉(權瑞鳳)은 경기도 양성(陽城)에서 무리를 모아 청주성 경내로 들어온 후 행상(行喪: 주검을 산소로 나르는 일)을 핑계로 상여에 병기를 실어 성 앞 숲속에 몰래 숨겨놓았다. 청주 인근 여러 고을에 건장한 사람들이 몰려들자 이상하다는 말이 유포되었고, 절도사 이봉상에게 보고했지만 무시되었다. 절도사 이봉상과 영장(營將) 남연년(南延年) 등은 항복을 거부하고 전사했지만, 『영조실록』은 "성안의 장리(將吏)로서 적에게 호응하는 자가 많았다"고 전하고 있다. 영조와 노론의 보복정치에 대한 반감이 광범위하게 퍼져 있었고, 이런 반감을 조직하는 사람들이 있었다.

사건 수사 기록인 『무신역옥추안(戊申逆獄推案)』에 따르면, 박필현(朴弼顯)과 이유익은 경종의 사인(死因)에 의구심을 갖고 있다가 김일경이 사형당한 직후인 '을사년(乙巳年, 영조 1) 봄부터 가산(家産)을 털어 삼남(三南)을 돌며 '팔도의 저명한 인사[八道知名之士]' 규합에 나섰다. 동조자를 찾는 것은 그리 어려운 일이 아니었다. 과거 노론에 의한 피화자 후손을 중심으로 소론과 남인의 강경파 인사를 찾으면 되었기 때문이다. 주로 영남 세력이 많았지만, 거사에 동조했던 평안병사 이사성(李思晟)이 "호남, 영남에 적도(賊徒)가 번성하다"고 말한 것처럼 호남도 동조자가 적지 않았다. 구체적으로는 태인현감 박필현과 담양부사 심유현, 무장(茂長)에 유배 중이던 박필몽 등이 호남에서 거병을 준비했다.

이들은 소현세자의 증손인 밀풍군 이탄(李坦)을 추대했는데, 이는 '효종 → 현종 → 숙종'으로 이어지는 '삼종의 혈맥'이 연잉군(영조)의 역모 가담으로 끊긴 것으로 보고 새 왕통은 소현세자의 혈통에서 나와야 한다는 정통론이었다. 이인좌는 현재 『민족문화백과사전』 등에 본관이 광주(廣州)로 나오지만 세종의 넷째 아들 임영대군(臨瀛大君)의 후손이니 당연히 전주가 본관이었다. 이인좌의 조부는 숙종 때 감사를 역임한 이운징(李雲徵)이고, 조모는 남인 영의정 권대운의 딸이며, 부인 윤자정(尹紫貞)은 윤휴의 손녀로서 전형적인 남인 가문이었다.

당초에는 지방에서 이인좌가 거병하면 서울과 경기에서 즉각 동조 봉기를 해서 도성을 점령하려는 계획이었다. 영조 1년 1월 의릉 (경종의 능)에 참배하러 가는 영조의 어가를 가로막고 '독살' 운운한 이천해의 행위가 박필현과 이유익이 시킨 것으로 드러나는 데서도 알 수 있듯이 이들은 경종 독살설을 퍼뜨리는 한편 무장 거병을 준비했다. 특히 평안병사 이사성의 가담은 결정적인 것이었다. 이사성 은 "많은 군병을 얻을 필요는 없다. 만약 적이 발생했다는 소문이 있 으면 국가는 반드시 나를 장수로 삼아서 격퇴하게 할 것이니 이때를 틈타면 어렵지 않게 힘이 될 것이다"라고 말했다고 전한다. 이인좌 는 권서봉에게 "영남에서 올린 상소문의 소유(疏儒: 상소에 이름을 올린 유생)가 1만여 인이니 각자 가정(家丁)을 끌고 나오면 12만 명이 될 수 있다"고 말하는 등 병력 동원에 자신이 있었다.

더구나 이들이 끌어모은 무리 중에는 녹림(綠林)까지 있었다. 녹 림은 거듭되는 자연재해와 잇따른 실정으로 고향에서 쫓겨나 떠돌 던 농민들의 무리였다. 녹림을 끌어들인 인물은 정인지(鄭麟趾)의 후 손으로 알려진 업유(業儒) 정세윤(鄭世胤)이었다. 용인의 사대부 안엽 (安燁)은 이사성에게 "정세윤은 녹림 도적[綠林盜] 100여 명과 인연 이 있는데, 은자(銀子) 수백 냥만 있으면 300~400명은 모을 수 있다" 고 말했다. 실제로 600~700명의 녹림을 모을 수 있었는데, 주로 삼 남에서 활동하는 무리들이었다. 이는 농촌에서 유리된 세력들이 중 앙 정권다툼에도 개입할 정도로 강한 세력을 형성했음을 말해주는 것이다.

그런데 이때 봉기 준비에 찬물을 끼얹는 사태가 발생했다. 영조가 재위 3년(1727) 정권을 노론에서 소론 온건파로 바꾸는 정미환국을 단행한 것이다. 사건 관련자 임환(任還)의 공초는 정미환국에 대한 이들의 반응을 잘 말해준다.

> 정미년 7월 초하루 환국이 있었는데, 8~9월 사이에 박필현, 이세홍
> 등이 이유익의 집에서 만나 크게 놀라며 '일이 이루어지지 않는구나.
> 노론이 그대로 있다면 일은 용이하겠지만 지금 소론이 천만의외로
> 다시 들어가게 되었으니 들어간 자가 비록 완소(소론 온건파)라 하더
> 라도 준소(소론 강경파)도 희망이 있다고 느끼게 되었다……'라고 말
> 했다.(『무신역옥추안』)

정미환국은 노론이 소론 온건파까지 공격하는 것에 위협을 느낀
영조가 "사적 복수를 앞세우고 국사를 뒤로 미룬다[先私讎後國事]"고
비판하면서 취했던 조치로서 소론을 분열시키는 결과를 가져왔다.
영조로서는 절묘한 시기에 절묘한 조치를 취한 것이었다. "남인은
거론하지 않겠지만, 완소는 마땅히 모두 장살할 것이다"라는 이사성
의 말이 나올 정도로 소론 강경파는 온건파에게 분노했다.

이들이 3월 15일 거사한 이유는 전날 봉조하 최규서(崔奎瑞)가 영
조에게 급변을 보고했기 때문이었다. 그러나 소론 강경파와 남인들
은 봉기를 멈출 수 없었다. 멈추기에는 너무 멀리 와버렸고, 아는 자
도 너무 많았다.

당초 계획보다 규모가 축소되었지만 이인좌가 청주성을 점령하자
각지에서 동조 거사가 잇달았다. 영남에서는 정희량(鄭希亮), 호남에
서는 박필현 등이 앞장섰다. 이들은 진중(陣中)에 경종의 위패를 모
셔놓고 조석으로 곡을 하면서 선왕의 복수를 다짐했다. 각지에 관문
(關文)과 격문(檄文)을 뿌렸는데, 영조는 이를 모두 불태우게 하고 이

를 지니거나 전하는 자는 목을 베라고 명했다. 영조는 '경종 독살설' 이 담긴 관문과 격문에 극도로 예민하게 반응했다. 영조는 총융사 김중기(金重器)에게 출전을 명했으나 반군을 두려워해 나타나지 않을 정도로 노론은 위축되었다. 이때 진압을 자처하고 나선 인물이 소론 온건파 오명항(吳命恒)이었다. 오명항이 나타나지 않았다면 사태가 어떻게 전개될지 알 수 없었다. 드디어 안성에서 패한 이인좌가 죽산의 산사로 도주했다가 승려들에 의해 붙잡히면서 소론 강경파(준소)가 일으킨 이인좌의 봉기는 소론 온건파(완소)에 의해 진압되었다.

정미환국이 없었다면 소론 전체와 남인이 가담하는 전국적인 내란으로 확대되었을 것이고, 승패는 누구도 예측할 수 없었을 것이다. 이인좌의 봉기는 노론, 소론, 남인의 잘잘못을 떠나 조선 정당정치의 구조적 한계를 표출한 사건이었다. 당쟁의 폐해를 절감한 영조는 노론에서 이를 계기로 소론 온건파를 다시 공격하자 "지금 역변이 당론에서 일어났으니 이때에 당론을 하는 자는 역률로 다스리겠다"면서 탕평책(蕩平策)을 시행했다. 그러나 노론이 장악한 언관(言官)들은 계속 소론 온건파까지 공격했다. 심지어 분무(奮武) 일등공신 오명항까지 과거 김일경과 「신축소」를 올렸던 이진유의 유배지를 내륙으로 옮기자고 주장했다는 이유로 공격당했다. 『당의통략』은 "노론 언관들이 심하게 탄핵하자 오명항이 근심과 걱정으로 죽었다"고 전하고 있는데, 이때가 영조 4년 9월이었으니 불과 6개월 전의 대사에서도 아무런 교훈을 얻지 못했던 것이다. 게다가 봉기를 평정한 후 경상도의 감영 소재지인 대구부의 남문 밖에 「영남반란평정기념비[平嶺南碑]」를 세워 영남을 반역향으로 못 박았다.

과거사에 묻힌 탕평책

영조는 정미환국으로 소론에게 정권을 넘겼지만 끝까지 노론을 배제할 생각은 없었다. 그 자신의 당이 노론이었기 때문이다. 또한 정미환국도 숙종 때의 환국처럼 한 당파를 모두 쓸어버리고 다른 당파를 등용한 것이 아니라 소론과 탕평파를 함께 기용한 것이었다. 그래서 노론, 소론을 모두 정권에 참여시키기 위해 탕평책을 추진했다. 탕평이란 『서경(書經)』「홍범구주(洪範九疇)」의 다섯 번째 '황극(皇極)'편에 "편이 없고 당이 없이 왕도는 탕탕하며[無偏無黨 王道蕩蕩], 당이 없고 편이 없이 왕도는 평평하다[無黨無偏 王道平平]"라는 구절에서 각각 '탕(蕩)' 자와 '평(平)' 자를 따서 만든 용어로, 왕도는 공평무사하다는 뜻이다. 탕평책을 처음 제기한 인물은 숙종 20년 때 소론 박세채였다. 그는 당쟁으로 인한 정치보복을 경험한 후 붕당의 폐단을 시정하기 위해 이를 제기했으나 당시에는 국왕 숙종을 비롯해 누구도 관심이 없었다.

영조의 탕평책을 소론이 거부할 이유는 없었다. 영조가 사실상 노론의 추대로 즉위했고, 영조 역시 노론 당인이라는 사실을 알기 때문에 소론 온건파로서는 자신들도 등용하겠다는 탕평책을 거부할 이유가 없었다. 사실 영조의 탕평책은 부분적인 탕평책이었다. 노론은 온건파, 강경파 할 것 없이 모두 등용하되 소론은 온건파만 등용하고 남인들도 대부분 배제되었기 때문이다.

그러나 노론 강경파는 탕평책을 받아들일 생각이 없었다. 김흥경, 김재로(金在魯), 유척기(兪拓基) 등 노론 대신들은 탕평책에 반발해 사퇴했다. 그러나 노론과 소론에서 각각 현실적인 정치가들이 나와

영조 어진, 국립고궁박물관
노론이 세운 최초의 왕. 재위 기간 내내 이
복형인 경종을 독살하고 왕이 되었다는 의
혹에 시달렸으며, 노론의 지지로 왕이 되
었기에 소론이나 남인을 함께 등용하는
'무늬만 탕평'에 불과했다.

탕평파를 구성했다. 노론에서는 홍치중 등이, 소론에서는 조문명(趙
文命)·조현명(趙顯命) 형제 등이 대표적인 탕평파였다. 홍치중은 이
때문에 노론으로부터 기회주의자라는 비난도 받았지만, 탕평파는 전
부 아니면 전무였던 척박한 정치 현실에서 대화와 타협을 통한 공존
을 모색했던 정치 세력이었다.

그러나 탕평파의 입지는 그리 넓지 않았다. 경종 때의 과거사가 계
속 발목을 잡았기 때문이다. 특히 경종 때 사형당한 '노론 4대신(김창
집, 이이명, 이건명, 조태채)'의 신원 문제는 계속 정국의 현안이었다. 소
론 좌의정 이태좌(李台佐)는 영조 5년(1729) 8월 이렇게 말했다.

"지금 한편의 사람들이 벼슬에 나오기 어려운 단서는 네 사람의
관작을 추탈한 데 있으니, 모두 벼슬을 하지 않는 것으로 절의(節義)
를 삼고 있습니다."

노론 강경파가 노론 4대신의 신원을 정국 출사의 조건으로 삼고

있다는 뜻이었다. 그러나 이는 극도로 민감한 문제였다. 노론 4대신을 신원하려면 '목호룡의 고변(임인옥사)' 자체를 무고로 정리해야 했는데, 이는 실제 역모가 있었던 객관적 사실과도 어긋날 뿐만 아니라 소론의 존립 기반을 무너뜨리는 것이었다. 그러나 이 문제가 계속 정국의 현안이 되자 소론과 노론의 탕평파들이 타협을 위해 만든 명분이 '죄의 경중이 같지 않다'는 분등설(分等說)이었다.

분등설은 경종 때 연잉군을 세제로 건저하고 대리청정을 주창한 행위와 임인옥사를 구분해 처리하자는 절충안이었다. 연잉군(영조)을 추대한 경종 때의 세자 대리청정 요구는 충(忠)이지만 임인옥사는 역(逆)이라는 절충안이었다. 노론으로서는 세자 대리청정 주청이 역에서 충으로 전환된다는 장점이 있었고, 소론으로서는 임인옥사를 여전히 역으로 묶어둠으로써 이를 처벌한 자신들의 행위를 충으로 유지할 수 있다는 장점이 있었다. 분등설로 각 당의 탕평파들 사이에는 타협의 공간이 마련되었지만 문제는 여전했다. 노론 4대신 중 김창집의 손자 김성행과 이이명의 아들 이기지가 임인옥사에 관련되어 김창집과 이이명은 신원이 불가능했기 때문이다. 결국 소론 탕평파 송인명(宋寅明)이 이 문제도 나누어 처리해야 한다는 분등책을 제시했다.

"김창집과 이이명은 손자와 아들이 역적이니 죄가 없을 수 없으나 이건명과 조태채는 추죄(追罪)할 수 없으니 분등(分等)해야 합니다."

영조도 "이건명과 조태채는 관작을 복구하는 것이 옳다"고 동의해서 두 대신을 신원했다. 영조 5년(1729)의 기유처분(己酉處分)이었다.

영조는 탕평책을 확산시키기 위해 소론 탕평파 조문명의 건의를 받아들여 쌍거호대(雙擧互對)를 인사 원칙으로 삼았다. 이조나 병조

등 인사권을 가진 부서에서 세 명의 후보자를 주의(注擬: 벼슬아치를 임명할 때 임금에게 후보자 세 사람을 정하여 올리던 일)해서 임금에게 낙점(落點)을 요청할 때 각 당파를 골고루 포함해야 하고, 한 부서 안에도 각 당파가 고루 포진해야 한다는 인사 원칙이었다. 판서가 노론이면 참판은 소론을 등용하는 식이었다. 때로는 남인과 소북도 일부 등용했다. 그러나 노론 대사헌 조관빈(趙觀彬)이 탕평책에 항의하는 상소를 올렸다.

전하께서 당을 없앤다고 하시더니 이제 도리어 두 당 외에 또 한 당을 보태서 음(陰)과 양(陽) 외에 따로 음도 아니고 양도 아닌 것이 하나 나와 모두 셋이 되어 군자도 되지 못하고 소인도 되지 못합니다.

노론의 반발을 무마하면서 탕평책은 겨우 유지되었으나 노론은 여전히 김창집, 이이명 두 대신이 신원되지 못한 불만을 갖고 있었다. 그래서 영조는 재위 9년(1733) 1월 19일 노론 영수 민진원과 소론 영수 이광좌를 불렀다. 『영조실록』은 이렇게 전하고 있다.

임금이 좌우의 근신(近臣)을 물리치고 주서(注書)에게는 붓을 멈추어 기록하지 못하게 하고 다만 사관에게만 사실을 기록하게 하고 하고 했다.

이날 영조의 하교를 '1·19하교'라고 하는데, 핵심은 경종 때 노론의 행위나 소론의 행위 모두 문제가 있다는 경고였다. 이날 영조는 "아! 당론이 나를 모함하고 당론이 나를 해쳤다"면서 임인옥사 때 자신을 추대한 혐의로 죽은 처조카 서덕수와 자신은 직접적인 상관이 없다고 주장해 자신의 처지 또한 곤혹스러움을 내비쳤다. 이날 영조는 "오른손으로는 이광좌의 손을 잡고 왼손으로는 민진원의 손을 잡고" 화합을 종용했으나 당쟁은 그치지 않았다. 결국 영조는 재위 13년(1737) 8월 28일 인정문(仁政門)에 나가 백관에게 '혼돈개벽(混沌開闢)' 유시(諭示)를 내린다.

> "아! 당습(黨習)의 폐단이 어느 때에야 없어지겠는가? (……) 오호라! 우리나라는 그 명목(名目: 당색)이 서로 바뀌면서 오늘날에 이르렀는데, 그 폐단이 더 심해서 처음에는 군자라 하다가 뒤에는 충이라고 하며, 처음에는 소인이라 하다가 뒤에는 역적이라고 서로 공격했다."

영조는 이날을 기점으로 "이전의 일은 혼돈에 부칠 것이니 지금 이후로는 개벽이다"라면서 어제까지는 노론과 소론이 싸운 '혼돈'이 었다면 지금부터는 모두가 화합하는 '개벽'이라고 유시했다. 이것이 바로 '혼돈개벽' 유시였다.

그러나 과거사에 매달리기는 영조도 마찬가지였다. 영조는 재위 14년(1738) 12월 처조카 서덕수를 신원했다. 서덕수의 할머니이자 정성왕후 서씨의 어머니인 잠성부인(岑城府夫人)이 사망하자 "서덕수는 사람됨이 어리석어서 속임을 당한 것에 지나지 않는다"면서 중전을 위로한다는 명목으로 서덕수를 신원한 것이었다. 이는 임인옥사에 대한 영조의 속마음을 보여준다. 영조는 나아가 재위 16년(1740, 경신년) 1월에는 김창집과 이이명도 신원해 노론 4대신 모두의 혐의를 벗겨주었다. 나아가 목호룡의 고변에 의한 임인옥사를 무고로 처분하는 경신처분(庚申處分)을 단행했다. 김일경이 '사흉'으로 비판했던 '노론 4대신'이 모두 신원된 것이었다.

영조의 경신처분에 노론은 고무되었다. 그들은 경종 때의 자신들의 역모를 모두 충으로 바꾸는 작업에 나섰다. 숙종이 연잉군(영조)의 미래를 부탁하는 유조(遺詔)를 내렸다는 주장이 나온 것이다. 조현명의 문집인『귀록집(歸鹿集)』은 영조 16년(1740) 인현왕후 민씨의 조카 민형수(閔亨洙)가 소론 조현명에게 이렇게 말했다고 전한다.

> "정유독대(숙종과 이이명의 독대) 후에 숙종께서 두 왕자(연잉군, 연령군)의 보전을 생각하셔서 안으로는 (두 왕자를) 동조(東朝: 대비)에게 부탁하고, 밖으로는 대장(大將) 이우항(李宇恒)에게 부탁하셨습니다."

숙종이 세자가 아니라 두 왕자의 미래를 부탁했다는 것이었다. 민형수는 더 중요한 사실도 있었다고 말했다.

> "숙종께서 이이명에게 이 일을 할 선비를 추천하라고 하자 이이명이 김용택과 이천기를 추천했는데, 숙종이 7언고시를 김용택에게 내렸습니다."

삼급수 중 숙종의 유서를 이용해 경종을 내쫓으려는 평지수는 실제 숙종의 명령에 의한 것이지 역모가 아니라는 주장인 셈이다. 조현명은 "만약 이것이 사실이라면 이천기와 김용택은 신원할 수 있겠습니다"라고 말했다. 그래서 이 문제가 조정에서 논의되었다. 영조가 숙종의 어제시(御製詩)에 대해서 묻자 조현명이 말했다.

"그 시는 숙종의 어제인데 전하께 쓰게 하셨다고 했습니다."

숙종의 명을 받아 영조가 썼다는 시인데, 영조는 자신이 썼는지는 답하지 않은 채 "시의 내용은 어떤 것인가? 재신(宰臣)도 그 시를 보았는가?"라고 되물었다. 자신이 썼는지 말하지 않고 도리어 반문하는 것은 그런 시가 없다는 뜻이었다. 영조가 위시(僞詩)에 대해서 김용택의 아들 김원재(金遠材)를 국문하자 그가 항의했다.

"신이 어떻게 거짓인지 알 수 있겠습니까? 전하께서 거짓이라고 하시니 전하께서 잘 아실 것입니다."

"이는 네 아비의 거짓이 아니라 필시 목호룡이 한 짓일 게다."

영조는 김원재를 귀양 보냈다. 영조는 또 원경왕후의 조카인 전 봉사(奉事) 김복택(金福澤)을 잡아들여 국문했다. 이 국문도 석연치 않은 점이 많았다. 영조는 국문하는 이유를 분명히 말하지 못하고 단지 언자(諺字: 훈민정음)로 두 글자를 써서 질문했는데, 『영조실록』은 "이는 두 글자가 무슨 뜻인지 숨기기 위한 것이었다"라고 말하고 있다. 영조는 이렇게 말했다.

"네가 옛날 나를 사사로이 와서 보고 두 불자(不字)의 말을 하지 않았느냐? 또 복침(復寢)이라는 말도 하지 않았느냐?"

영조가 말한 두 불자가 무슨 뜻인지, 복침이 무슨 뜻인지 아무도 몰랐으나 김복택은 곤장을 맞다가 죽고 말았다.

사건 이듬해인 재위 17년(1741, 신유년)에 영조는 '신유대훈(辛酉大訓)'을 발표했다. 신유대훈은 경종 때의 세제 대리청정 주장은 역모가 아니라 대비와 경종의 하교에 의한 정당한 조치라고 선포하는 것이었다. 그리고 「임인옥안」, 즉 연잉군(영조)이 역적의 수괴로 등재된

'목호룡 고변 사건 수사 기록'을 불태우고 종묘에 고하게 했다. 신유대훈은 영조식 과거사 정리의 완결판이었다. 영조는 이를 위해 17년의 세월을 보내면서 「임인옥안」에 역적의 수괴로 등재된 자신의 전과를 말소한 것이었다. 영조는 이를 위해 혼신의 노력을 기울였으나, 실제로는 재위 1년(1725) 김일경과 목호룡을 죽이고 취했던 을사처분으로 회귀한 것에 지나지 않았다. 을사처분이 재위 3년의 정미환국으로 무효가 된 지 14년 만에 다시 원점으로 돌아온 것이었다. 을사처분이 일방적 선언이었다면 신유대훈은 소론 온건파의 동의를 받아낸 점이 달랐지만, 비생산적인 과거사 집착이라는 점은 마찬가지였다. 「임인옥안」을 불살랐다고 사건 자체가 없어지지는 않는다는 사실을 간과한 것이자, 군왕의 평가는 옥안의 등재 여부가 아니라 재위 시의 업적에 의한다는 사실도 간과한 것이었다.

경종 독살설은 노론과 소론의 공존으로 해결될 일이 아니었다. 이는 개인과 당파 사이의 갈등일 뿐만 아니라 조선의 정치체제가 지니고 있는 한계가 표출된 것이었다. 왕위 자체가 당파들의 정쟁의 대상으로 전락한 것은 왕조국가의 기본 틀이 붕괴되었다는 뜻이었다. 이는 백성들과 유리된 소수 사대부의 정치 독점체제가 사회 밑바닥의 발전 상황과 충돌한 것이기도 했다. 서애 류성룡이 임란 때 실시했던 면천법은 비록 류성룡 실각 후 폐기되었지만 백성들의 가슴속에 신분제 자체를 부정하게 만들었다. 농업 생산력이 발달하면서 부유해진 일부 양인과 중인들은 정치 참여를 요구했고, 이는 숙종 때의 여러 환국에 참여하고 정치자금을 대는 것으로 나타났다. 신분제 완화 요구와 맞물려 양반 사대부가 독점하는 정치체제의 변화를 요구하고 있었다. 사대부의 농민 지배를 기본으로 하는 성리학적 정치사상으로는 더 이상 사회를 이끌어갈 수가 없었다.

영조는 사회의 이런 흐름을 읽지 못하고 노론의 눈으로 세상을 바라보았다. 소론, 그것도 소론 온건파만 동의하면 왕조를 안정적으로 끌고 갈 수 있을 것으로 생각했다. 사회가 요구하는 양인층과 중인층의 정치 참여는커녕 양반 사대부들도 극히 일부만 정치에 참여했다. 노론은 강경파, 온건파 할 것 없이 모두 정치에 참여할 수 있었지만 소론은 온건파만 정치에 참여할 수 있었다. 소론 강경파는 여전히 음지에서 신음했다. 구호는 탕평이었지만 귀양 가서 신음하거나 정국에서 배제되어 불만을 가진 소론과 남인 계열 인사들이 너무 많았다. 그런 불만들이 겉으로 표출된 사건이 '나주 벽서 사건'이고, 그 연장선상에서 '사도세자 살해 사건'이 발생했다.

소론 강경파의 반발, 나주 벽서 사건

영조는 「임인옥안」을 불태우고 경종 때의 세제 대리청정 주장은 역모가 아니었다고 선포하는 신유대훈으로 자신의 과거사가 깨끗하게 정리되었다고 생각했다. 그러나 자신의 과거사는 양반 사대부에 국한하더라도 객관적으로 경종의 충신들이었던 소론 강경파의 동의를 구해야 정리된다는 사실을 간과했다. 게다가 신유대훈 이후 노론의 조정 장악력이 더 커지면서 탕평은 명목상의 존재로 전락했다.

드디어 영조 31년(1755) 2월 4일 전라감사 조운규(趙雲逵)가 나주 객사(客舍)인 망화루(望華樓) 정문에 벽서가 걸렸다고 보고했다.

간신이 조정에 가득해 백성들의 삶이 도탄에 빠졌다.

영조는 "이는 황건적과 같은 종류인데, 틀림없이 무신년(이인좌의 봉기) 때의 여얼(餘孼)"이라면서 기한을 정해 범인을 체포하라고 명했다. 벽서는 필적을 숨기기 위해 똑같은 자획으로 썼지만 범인 체포는 어려운 일이 아니었다. 나주에서 목숨을 걸고 영조를 비난할 사대부의 숫자는 한정되었기 때문이다. 며칠 후 체포된 범인 윤지(尹志)는 영조 즉위년 김일경 일파로 몰려 사형당한 소론 강경파 윤취상의 아들로 밝혀졌다. 부친이 사형당한 후 제주도로 유배되었다가 나주로 이배(移配)된 인물이었다. 지난 30년 세월이 그랬던 것처럼 앞으로도 영조와 노론이 지배하는 한 미래가 없었던 인물이었다. 연루자들에 대한 혹독한 심문이 시작되었다. 연루자들은 목호룡의 고변서를 갖고 있었다. 영조와 노론이 역적이라는 시국 인식이었다. 윤지와 가장 많은 편지를 나눈 전 나주목사 이하징(李夏徵)은 국문에서 이렇게 말했다.

"김일경의 상소가 있은 뒤에야 비로소 신하로서의 절개가 있다고 여겼다. (……) 꿈에 윤취상을 배알했다."

충격에 빠진 영조와 노론은 윤지 부자를 사형한 후 그의 집을 연못으로 만들고 이하징, 박찬신(朴纘新), 조동정(趙東鼎), 조동하(趙東夏), 김윤(金潤) 등을 처형했다. 나아가 이미 사망한 조태구, 유봉휘 등의 소론 대신들에게 역률을 추가했다. 영조는 4월에 종묘에 나가 역적 토벌을 고하고, 5월에 이를 축하하는 토역경과(討逆慶科: 역적을 토벌한 것을 경축하기 위해 시행한 과거)를 베풀었다. 그런데 시권(試券: 과거 답안지)에 영조를 비난하는 내용이 있었다. 이인좌의 봉기 때 사형당한 심성연(沈成衍)의 동생 심정연(沈鼎衍)이 제출한 시권이었다. 또 답안 대신 상변서를 올린 응시자도 있었는데, 『영조실록』은 "임금이 다 보지 못하고 상을 치면서 눈물을 흘렸다"고 전하고 있다. 심정연은 친국하는 영조에게 "이는 일생 동안 나의 마음"이라고 답했다. 윤취상의 아우인 윤혜(尹惠)로부터 압수한 문서에는 선왕들의 휘(諱: 이름)가 쓰여 있었다. 왕조국가에서 선왕들의 휘는 절대 쓸 수 없는 금기였다. 영조가 그 이유를 묻자 윤혜는 태연히 대답했다.

"내 아들의 이름을 지을 때 상고하느라 썼소."

영조가 주장(朱杖: 붉은 곤장)으로 마구 치게 했으나 윤혜는 혀를 깨물고 더 이상 말하지 않았다. 이미 군신 사이가 아니었다. 영조는 보여(步輿)를 타고 종묘에 가서 엎드려 울었다.

"나의 부덕으로 욕이 종묘까지 미쳤으니 내가 어떻게 살겠는가?"

영조는 선왕 경종의 객관적인 충신들을 조금이라도 이해할 생각이 없었다. 영조는 군사를 일으킨다는 뜻에서 갑주(甲胄)를 입고 친국에 임했는데, 『영조실록』은 이때 영조의 상태가 정상이 아님을 전하고 있다.

임금이 크게 노하고 또 매우 취해서 윤혜의 수급(首級: 머리)을 깃대 끝에다 매달고 백관에게 돌아가며 조리돌리도록 명하면서, '김일경과 목호룡의 마음을 품은 자는 나와서 엎드려라'라고 말했다. (……) 임금이 일어나 소차(小次)로 들어가 취해 드러누웠다.

영조는 조금이라도 연루 혐의가 있으면 마구 죽였다. 소론 강경파도 이판사판이어서 심정연과 친했던 강몽협(姜夢協) 등은 60여 명으로 춘천부(春川府)를 공격하려 했다는 혐의로 사형당했다. 인심이 흉흉해지면서 영조는 그해 5월 12일 강원, 전라, 경상, 함경, 경기 다섯 도의 감사에게 사민(士民)을 안정시키라는 명을 내려야 했다. 영조는 5월 16일 노론 영수이자 좌의정인 김상로(金尙魯)에게 "연달아 없애 다스려도 조금도 징계되어 그치지 않으니 장차 어찌해야 하겠는가"라고 한탄했고, 김상로는 "이는 반드시 큰 소굴이 있어서 적들이 이를 믿기 때문입니다"라고 답했다. 영조는 "내가 반드시 그 소굴을 찾아낸 후에야 편하게 잠을 잘 수 있겠다"라고 다짐했다.

영조와 노론 정권은 소론 모두를 죽여야 한다는 듯이 연일 사형을 남발했다. 김일경의 종손 김요덕을 끌고 와서 죽이고, 김일경의 종자(從子) 김유제, 김인제, 김덕제, 김홍제, 김대재, 김우해와 종손 김천주, 김요백, 김요채, 김요옥 등을 모두 사형하거나 때려 죽였다. 각 사찰을 대대적으로 수색해 승려로 있던 김일경의 종자(從子) 김창규를 체포했다. "먹고살 길이 없어 걸식했을 뿐"이라고 답하는 김창규에게 혹독한 고문을 가하자 그는 "어서 빨리 나를 죽여라[只當速殺我]"라고 소리쳤다. 김일경이 영조에게 "시원하게 나를 죽이라"고 대들었던 것과 같은 말이었다. 전 승지 신치운은 영조에게 이렇게 말했다.

"신은 갑진년(1724, 경종 4)부터 게장을 먹지 않았소."

경종이 와병 중일 때 대비 인원왕후가 게장을 올리고 왕세제(영조)가 상극인 생감을 먹여 독살한 것이 아니냐는 말이었다. 나주 벽서 사건과 토역경과 사건으로 처형당한 소론 강경파는 500여 명에 달할 정도였다. 영조의 형식적 탕평책도 완전히 붕괴되었다. 영조는 이종성, 박문수(朴文秀) 등 극소수의 소론 온건파를 제외하고 나머지 소론 온건파도 모두 조정에서 쫓아냈다.

그해 11월 영조는 『천의소감(闡義昭鑑)』을 발간했다. 노론 4대신은 물론 목호룡의 고변으로 사형당한 김용택 등도 모두 충신이라는 내용이었다. 또한 게장은 자신이 아니라 대궐 수라간에서 올린 것이라는 대비 인원왕후의 변명도 실었다. 영조와 노론, 그리고 인원왕후의 '과거사 다시 쓰기'였다. 그러나 경종 시절 영조와 노론의 행위는 객관적인 역적 행위였다.

영조는 나주 벽서 사건 이듬해 노론의 정신적 지주인 송시열과 송준길을 문묘에 종사했다. 영조가 노론 임금임을 자인한 것이자 노론이 국가의 이념임을 선포한 것이었다. 소론과 남인은 명맥만 겨우 유지하는 정도로 전락하고 노론 일당독주체제가 강화되었다. 대리청정하던 사도세자가 이런 정치체제에 불만을 갖자 소론 강경파에게 향했던 영조와 노론의 칼끝은 사도세자를 겨냥했다. 이제 노론에 반기를 들면 국왕의 후계자라도 거리낄 것이 없게 된 것이다.

사도세자 살해 사건의 진실

영조 38년(1762)에 있었던 사도세자 살해 사건을 임오화변(壬午禍變)이라고 한다. 그동안 국어 교과서들은 이 사건에 관해 부인 혜경궁 홍씨(惠慶宮洪氏)가 쓴 『한중록(閑中錄)』만 실어놓았다. 그 결과, 세자의 정신병이 '뒤주의 비극'을 낳았다는 홍씨의 시각만 널리 유통되었다. 『한중록』은 모두 4편으로 구성되어 있는데, 1편은 홍씨의 회갑 때인 정조 19년(1795)에 쓴 것이고, 2편과 3편은 67살, 68살 때인 순조 1년(1801)과 2년(1802)에, 4편은 71살 때인 순조 5년(1805)에 쓴 것이다. 『한중록』은 정조 생존 시에 쓴 1편과 정조 사후에 쓴 2~4편에 큰 차이가 있다. 1편은 주로 사도세자와 자신의 친정이 사이가 좋았음을 묘사하고 "불행히 임계년(영조 28~29)에 병환 증세가 있었다"고만 언급했을 뿐, 세자의 정신병에 대해서는 서술하지 못했다. 정조가 자신의 부친이 살해당한 사건에 대해 자세히 알고 있었기 때문이다. 반면 사건 당시 태어나지도 않았던 손자 순조에게 보일 목적으로 쓴 2~4편에서는 사도세자의 정신병과 비행을 적극적으로 서술했다.

> 대저 이 일이 영묘(英廟: 영조)를 원망하며 경모궁(景慕宮: 사도세자)이 병환이 아니시라 하며 신하를 죄 있다 하여서는 비단 본사(本事)의 실상을 잃을 뿐이요.

사도세자가 정신병이 아닌데도 영조와 '죄 있는 신하'가 죽였다고 하는 것은 일의 실상을 잃는 것이라는 주장이다. 여기에서 '죄 있는 신하'란 혜경궁 홍씨의 부친 홍봉한(洪鳳漢)과 숙부 홍인한(洪麟漢)을 뜻한다. 『한중록』은 사도세자를 죽인 주범이라는 이유로 정조 즉위 후 친정이 몰락한 혜경궁 홍씨의 '친정을 위한 변명'일 뿐이다. 이 목적을 위해서 홍씨는 『한중록』에 진실도 썼지만 왜곡과 과장도 썼고, 심지어 거짓말도 썼다.

정조는 즉위 직후 사도세자에 대한 사적을 모아서 「현릉원행장(顯陵園行狀)」을 편찬하게 했다. 「현릉원행장」과 『한중록』은 서로 상반된 내용이 많다. 사도세자는 영조 36년(1760) 온양 행궁에 목욕하러 가는데, 혜경궁 홍씨는 『한중록』에서 사도세자가 화완옹주를 칼

홍봉한, 경기도박물관
사도세자의 장인이자 혜경궁 홍씨의 아버지, 노론 영수로, 딸과 짜고 사위를 죽음으로 몬 비정한 인물이라는 비판을 받았다. 정조 즉위 후 사도세자 사사의 연루자로 지목되어 탄핵을 받고 사형당했다.

로 위협해 영조의 허락을 받아냈다고 썼다. 그러나 『영조실록』은 세자에게 난 종기 때문에 어의들이 욕탕(浴湯) 치료를 요청해 온궁행이 결정되었다고 썼다. 물론 『한중록』이 거짓이다. 「현륭원행장」은 세자의 온천행에 대해서 이렇게 서술하고 있다.

이때(영조 36년: 사도세자 26살 때) 소조(세자)가 오래 묵은 병환이 있어 영묘(영조)께서 더운 물로 목욕하라고 명하여 수레가 강 위에까지 갔다가 물이 불어 뱃길이 완벽하지 못하여 늦어서야 비로소 건너게 되었다. 배 위에서 궁관 이수봉(李壽鳳) 등과 더불어 '임금이 배라면 신민은 물이다'라는 설을 강론했다. (……) 산성(山城)으로 돌아와서는 무기(武技)를 검열했다. 연(輦: 세자의 가마)이 지나는 곳마다 부로(父老: 노인)들이 얼굴을 가리며 다투어 지켜보았다. 소조는 곧 수레를 멈추고 농촌의 괴로운 일들을 묻더니 세금을 감면하라고 명하자 한길에서는 크게 기뻐했다. 한 호위무사[衛士]의 말이 콩밭으로 달려 들어 가 콩을 짓밟고 콩잎을 뜯어먹자 지방관을 불러 주인에게 후히 보상 해주도록 하고 곧 호위무사를 다스렸으며, 읍내의 연로한 자들을 위 로하면서 지방의 선비들을 초대했다. (……) 이달이 지나자 망궐례(望 闕禮)를 거행하면서 이에 대한 당부(當否)를 관료들에게 묻더니 곧 하 교하기를 '서울의 궁궐에서 오랫동안 떨어져 있으니 사모하는 마음 을 견디기가 어렵다'라고 하고 드디어 이날에 환가(還駕: 어가를 돌림) 했다. (……) 지나는 지방마다 주민들을 위로하여 깨우치면서 곧 농 촌의 벼 피해 상황을 살폈으며, 또 더위가 심한 때였던 만큼 약원(藥 院)에게 조제케 하여 도중에서 더위에 시달리는 장병들을 구제하라 고 명했으므로 환궁 후 한 사람도 앓는 자가 없었다.

'임금이 배라면 신민은 물이다'라는 말은 『순자(荀子)』「군도(君 道)」에 나오는 것이다. "임금이 배라면 백성은 물이다. 물은 배를 띄 울 수도 있지만 곧 엎을 수도 있다[君者, 舟也. 庶人者, 水也. 水則載舟, 水 則覆舟]"라는 내용으로 임금은 백성을 두려워해야 한다는 교훈을 담 고 있다. 「현륭원행장」의 위 내용은 『영조실록』과도 정확히 일치한 다. 반면에 『한중록』은 다른 문건과 비교 검증하면 근거를 찾을 수 없는 혜경궁 홍씨의 일방적 주장일 뿐이다. 『한중록』이 저술된 배경 을 알려면 친정을 둘러싼 혜경궁 홍씨의 인생 유전을 살펴봐야 한다.

혜경궁 홍씨는 영조 11년(1735) 풍산 홍씨 홍봉한의 둘째 딸로 태 어났다. 홍봉한은 나중에 노론 영수가 되지만, 당시에는 과거의 단골 낙방거사였다가 딸이 세자빈이 되면서 과거에 급제한다. 세자의 장 인이라는 이유로 영조가 급제시켜준 것이었다. 홍씨 집안은 혜경궁

『한중록』, 한성대학교

홍씨가 세자빈이 됨으로써 임금의 사돈이자 미래의 국구로서 가문을 부흥시키게 되었다. 그러나 만 27살 때 동갑인 사도세자가 뒤주 속에 갇혀 죽는 임오화변(1762)이 발생하면서 홍씨의 궁중생활은 파란을 맞게 되었다.

홍씨의 유일한 희망은 아들 정조의 즉위였지만, 그 희망은 임오화변보다 더한 절망으로 바뀌었다. 정조가 즉위하자마자 사도세자의 죽음에 대한 책임을 물어 혜경궁 홍씨의 친정을 몰락시켰기 때문이었다. 『한중록』은 사도세자의 죽음에 자신의 친정은 책임이 없다고 변명하기 위해서 쓴 책이다. 그래서 『한중록』은 친정 이외의 모든 정치 세력을 비판한다.

사도세자의 죽음과 그 아들(정조)을 바라보는 집권 노론의 시각은 둘이었고, 이로 인해 노론은 둘로 갈라졌다. 노론은 모두 사도세자의 죽음은 당연하다고 여겼다. 그러나 정작 뒤주에 갇혀 죽자 그 죽음을 동정하면서 그 아들의 즉위까지 막지는 않겠다는 정파가 노론 시파(時派)다. 반면 세자가 죽은 후에도 죽어 마땅했으며 그 아들까지 죽여야 한다는 세력이 노론 벽파(僻派)다. 혜경궁 홍씨는 사도세자의 죽음을 진심으로 애도한다면 당연히 벽파를 저주하고 시파를 옹호했어야 한다. 이 두 파에 대한 혜경궁 홍씨의 평가를 보자. 먼저 벽파에 대한 평가이다.

> 한 의논은 대처분(사도세자를 죽인 일)이 광명정대하여 천지간에 떳떳하니 영묘(영조)의 성덕대공을 칭송하여 조금도 애통망극해하는 의사가 없으니, 이것은 경모궁(사도세자)을 불효한 죄로 돌리고, 영묘의 처분이 무슨 적국을 소탕하거나 역변(逆變)을 평정한 모양이 되니, 이렇게 말하면 경모궁께서 어떠하신 몸이 되시며, 선왕께서 또 어떠한 처지가 되시리오. 이는 경모궁과 선왕께 망극한 일이로다.(『한중록』)

마치 혜경궁 홍씨가 벽파를 비난하는 것처럼 보인다. 그럼 시파에 대한 평가를 보자.

> 또 한 의논은 경모궁(사도세자)께서 본디 병환이 아니신데 영묘께서 참언을 들으시고 그런 지나친 처분을 하시니 복수 설치(雪恥: 설욕)를 하자는 것이니, 경모궁을 위하여 원통한 치욕을 씻자는 말인 듯하나, 그것은 영묘께서 무죄한 소조를 누구의 감언을 듣고 처분하신 허물로 돌리게 함이니, 이렇다면 영묘께서 또 어떠한 실덕이 되시리오.

혜경궁 홍씨의 말인즉 벽파의 의견은 사도세자가 역적이라는 것이니 틀렸고, 시파의 의견은 영조가 잘못했다는 것이니 틀렸다는 양비론(兩非論)이다. 양비론은 공평을 가장하지만 실상 어느 한쪽을 지지하는 수사법이다. 남편을 잃은 여인이 남편을 죽인 쪽도 그르고, 남편의 복수를 주장하는 쪽도 그르다면 결국 누구를 지지하는 것일까? 두 파에 대한 그녀의 결론을 보자.

두 가지 말(벽파와 시파의 말)이 모두 삼조(三朝: 영조, 사도세자, 정조)에 망극하고 실상에 어긋나니, 선친(홍봉한)은 수차 말씀 같아서, 병환이 망극하여 옥체가 위중하심과 종사가 매우 위태로웠으므로, 상감(영조)께서 애통망극해하시나, 만만 박부득이하여 그 처분을 하시고, 경모궁께서도 본심이실 때는 짐짓 누덕(累德)이 되실까 근심 걱정했으나, 병환으로 천성(天性)을 잃으셔서 당신도 하시는 일을 다 모르시는지라.

두 파가 다 틀렸는데, 그 논리는 아버지 홍봉한의 말처럼 사도세자의 정신병 때문에 죽였다는 것이다. 혜경궁 홍씨는 『한중록』 곳곳에서 친정아버지 홍봉한에 대해 변명하고 있다.

당신(홍봉한)이 또한 어찌 세상에 살 뜻이 계시리오만, 내 뜻 같아서 망극 중 극진히 세손(정조)을 보호하려 하시는 정성만 있어서 죽지 못하시니, 세손을 보호하여 종사를 보전하실 혈심단충(血心丹忠)은 천지신명이 잘 아실 것이매, 모질고 흉악하여 목숨이 붙었으나 당하신 일을 생각하니 어찌 견디시는고 (……) 우리 선친(홍봉한)의 고심혈충(苦心血忠)이 모두 세손을 위하고 (……) 세손이 완전히 국본(세자)이 되시매, 이는 비록 성은이시나 선친의 갈충(竭忠: 충성을 다함) 보호하신 공이 어찌 더욱 나타나지 아니하리오.

혜경궁 홍씨가 아버지 홍봉한을 변호하는 핵심 이유는 홍봉한이 세손, 즉 정조를 보호했다는 것이었다. 그러나 다른 인물이 아닌 정조가 즉위 후 혜경궁 홍씨의 친정을 몰락시켰다. 사도세자를 죽인 주범이라는 이유였다. 혜경궁 홍씨는 『한중록』에서 정조가 자신의 친정을 신원해주겠다고 약속했다고 주장했다.

(정조가) 과연 요적(妖賊)을 물리치시고 천심이 회오(悔惡)하오셔 선친의 일에 대해서는 "내 과하게 했다" 하고 많이 뉘우치시고 매양 말씀하시더라.

"외조부께서 뒤주를 들이지 아니하신 것을 내가 목도했다 해도, 그놈들이 종시 우겨서 죄라 하니 우습도다."

"그놈들이 소주방(燒廚房)의 뒤주는 먼저 들여오고, 어영청(御營廳)의 뒤주는 선친이 아뢰었다는 죄로 잡는다 하니, 그런 원통한 말이 어디 있으리오."

하니, 선왕(정조)이 내게 이르시되,

"저희 놈들이 무엇을 알리오. 어영청 뒤주도 외조부가 대궐에 들어가시기 전에 들여왔었더이다. 대체 소주방 뒤주를 쓰지 못한 후 문정전(文政殿)이 선인문(宣人門) 안이요, 선인문 밖이 어영청 동영(東營)이니, 가까운 어영청 것을 들여왔더이다. 그 망극한 일이 신시(申時: 오후 3~5시) 초 즈음에 나고, 아주 망극해지기는 유시(酉時: 오후 5~7시) 초쯤이었으니, 봉조하(홍봉한)는 인정(人定: 통행금지를 알리는 종)을 친 후에야 비로소 대궐에 들어오시는 것을 목도하여, 자세히 아는 일인데, 뒤주를 두 번 들여온 것이 봉조하께 무슨 관계가 있나이까?"

홍봉한이 영조에게 사도세자를 뒤주에 가두어 죽이라고 말했다는 말들이 있는데 정조가 이는 사실이 아니라고 말했다는 주장이다. 물론 당사자 정조는 이미 죽었으므로 사실 여부를 확인할 수 없는 일방적 주장이다.

세자 사망 8년 후인 영조 46년(1770) 3월 청주 사람 한유(韓鍮)가 도끼를 들고 궐문에 엎드려 소장(疏章)을 올렸는데, 그 상소문의 내용은 "간신 홍봉한의 목을 베소서"라는 것이었다. 홍봉한이 바로 사도세자를 죽인 주범이라는 것이다. 그는 이듬해 8월에도 홍봉한을 비판하는 상소를 올리는데, 이때 영조는 한유가 팔뚝에 글자를 새겼다는 말을 듣고 금군(禁軍)을 보내어 확인하라고 했다. 금군은 돌아와서 "한유가 숟가락 끝을 불에 달구어 살갗을 지져 '임금을 위해 죽어서 나라를 바로잡는다[死君匡國]'라는 네 글자를 새겼습니다"라고 보고했다. 한유의 상소문에 '홍봉한이 일물을 바쳤다[獻一物]'는 구절이 있었다. 영조가 한유에게 일물이 무엇을 뜻하느냐고 물었다.

"목기(木器)입니다."

목기란 물론 뒤주를 뜻하는 것이었다. 홍봉한이 뒤주를 올려 사도세자를 죽였다는 것이었다. 영조는 이렇게 한탄했다.

"상소의 '일물' 두 자는 나도 모르게 뼛속이 서늘해진다. (……) 저들이 비록 '홍봉한이 바친 물건'이라고 말했지만 이미 바친 후에 이 물건을 쓴 사람은 어찌 내가 아니었던가? 천하 후세에서 장차 나를 어떻게 생각하겠는가?"

뒤주 살해 사건이 자신과 홍봉한의 합작이라고 시인한 것이었다.

홍씨가 『한중록』 곳곳에서 "시끄러운 외인(外人: 바깥사람)의 말은 듣지 말고 내 말만 들으소서"라고 말하는 것은 외인의 시끄러운 소리가 바로 '홍씨 가문이 사도세자를 죽였다'는 것이기 때문이었다. 세자가 뒤주에 갇히던 날의 『한중록』 기록이다.

세손(정조)이 환경전(歡慶殿)에 계셨으므로 내(혜경궁 홍씨) 마음이 황망 중 세손의 몸이 어찌될지 걱정스러워서 그리 내려가서 세손에게,

"무슨 일이 있어도 놀라지 말고 마음을 단단히 먹으라."

천만 당부하고 어찌할 바를 몰랐노라. (……) (사도세자가) 생각과 다르게 나더러 하시는 말씀이,

"아무래도 이상하니 자네는 잘살게 하겠네. 그 뜻들이 무서워."

하기에 내가 눈물을 드리워 말없이 허황해서 손을 비비고 앉았더니, 이때 대조께서 휘령전으로 오셔서 동궁(사도세자)을 부르신다는 전갈이 왔더라.

그런데 이상하게도, '피하자'는 말도 '달아나자'는 말도 아니했고, 좌우를 치지도 아니하시고 조금도 화증 내신 기색이 없이, 썩 용포를 달라 입으시며 하시되,

"내가 학질을 앓는다 하려 하니 세손의 휘항(揮項: 방한모자)을 가져오라."

하시거늘 내가 그 휘항은 작으니 당신 휘항을 쓰시라고 하여 나인더러 가져오라 했으니, 몽매(夢昧) 밖에 썩 하시기를,

"자네는 아무래도 무섭고 흉한 사람이로세. 자네는 세손 데리고 오래 살려 하기에 오늘 내가 나가 죽겠기 사외로워(꺼려서) 세손 휘항을 내게 아니 씌우려는 그 심술을 알겠네."

하시니 (……) 내가 더욱 서러워서 세손의 휘항을 갖다 드리며,

"그 말씀이 하도 마음에 없는 말이시니 이 휘항을 쓰소서."

"싫어! 사외하는 것을 써 무엇할꼬."

(……) 소조 나가시매 대조께서 엄노하시는 음성이 들려왔더라. 휘녕
전과 덕성합이 멀지 않아서 담 밑으로 사람을 보내서 보니, 벌써 용
포를 벗고 거기 엎드려 계시더라 하니 대처분이신 줄 알고, 천지가
망극하여 창자가 끊어지는 듯하더라. 거기 있는 것이 부질없어 세손
계신 데로 와서 서로 붙잡고 어찌할 줄 몰랐더니…….

혜경궁 홍씨는 영조가 세자를 부르기 전에 이미 그가 죽을 것을
알고 있었다. 정조는 사도세자가 죽을 때 사건의 내용을 모두 파악하
고 있다가 즉위 후 외가인 풍산 홍가를 폐가하다시피 했다. 그런데
혜경궁 홍씨는 자신이 칠순이 되는 갑자년(1804)에 정조가 친정을 신
원해주겠다고 약속했다고 주장했다.

이 일을 선왕(정조)이 크게 깨닫고 갑자년에 누명을 씻겠노라 하신
말씀이 여러 번이시고, 병신과 임자에 두 번 분부가 더욱 분명한 증
거가 되매 이 일을 신설하는 것이 선왕의 유의(遺意)라, 금상(今上: 순
조)께서 불안해하시거나 주저하실 일이 아니라…….”

정조가 갑자년에 자신의 친정을 신원해주겠다고 약속했지만 그
전에 죽었으니 순조가 부친의 약속을 이행하라고 요구하는 것이었
다. 물론 정조가 그런 약속을 했다는 다른 물증은 없다. 홍씨의 일방
적 주장일 뿐이다. 당시 사람들이 홍봉한 일가를 사도세자 살해의 주

범으로 본 것은 홍봉한·홍인한 형제 정승이 노론 영수이기 때문이다. 사도세자는 영조 31년(1755)의 나주 벽서 사건을 계기로 반노론, 친소론의 정견을 드러낸 후 노론의 과녁이 되었다.

영조와 노론은 나주 벽서 사건과 토역경과 사건을 무려 500여 명의 소론 강경파를 사형하는 정치보복에 이용했다. 영조 24년(1748)부터 대리청정하던 사도세자는 이때 살인의 광기에 사로잡힌 부왕과 노론에 맞서야 했다. 영조는 목호룡의 고변 이후 자신이 살아남는 데 결정적 역할을 했던 소론 온건파 영수 이광좌의 관작까지 삭탈했다. 소론은 공포에 사로잡혔다. 역시 소론 온건파 영수였던 이종성은 영조 31년(1755) 5월 1일 시민당에서 세자를 만나 온건책을 권했다.

"방금 새로 큰 옥사를 겪어 뒷수습을 잘하기가 어려우니 원하건대 저하께서는 대조(大朝: 영조)의 살리기를 좋아하는 덕을 본받으시어 끝없는 아름다움을 도모하소서."

그러나 영조와 노론은 이종성의 관작을 삭탈했다. 세자가 두 사건 관련자의 사형을 거부하는 경우가 늘어나면서 거꾸로 세자의 목숨이 위태로워졌다. 세자는 유배된 윤광찬(尹光纘), 전효증(全孝曾), 전효순(全孝舜) 등을 국문해 죽이자는 대간의 청에 "따르지 않겠다"고 거절했다. 당대의 명필인 원교 이광사(李匡師)를 죽이자는 청을 거절한 것도 세자였다. 두 사건 이듬해인 영조 32년(1756) 1월 관학 유생 유한사(兪漢師) 등은 김창집 등 '노론 4대신'의 정려(旌閭)를 세우자고 요청했다. 노론 4대신이 충신이라는 정려를 세우자는 주장이었는데, 세자는 이를 거부했다. 이런 일들이 거듭되면서 노론은 사도세자가 반노론, 친소론의 정견을 갖고 있다고 단정 지었다.

일설에는 사도세자가 노론 김상로와 대화 중 경종 때 노론의 행위에 대해 분노하는 기색을 보였다고 한다. 이에 김상로가 영조에게 일렀다.

"동궁께서 선왕 대의 일에 대해 잘못된 소견을 가지고 있습니다."

영조가 사도세자를 불러 꾸짖자 세자가 따졌다.

"황숙(皇叔: 경종)께서는 무슨 죄가 있습니까?"

이때부터 영조가 사도세자 제거를 결심했다는 이야기다. 나주 벽서 사건 이후 영조와 사도세자 사이가 악화되었다. 영조는 재위 33년(1757) 11월 8일 좌의정 김상로와 우의정 신만(申晚)에게 세자를 비난했다.

"동궁이 7월 이후로는 진현한 일이 없다."

김상로 등은 손으로 땅을 치면서 외쳤다.

"신 등은 궐 밖에 있어서 진실로 이런 줄을 몰랐습니다. 신 등이 성상 앞에 있을 때는 말을 가리지 않고 다했으나 동궁에게는 감히 말을 다하지 못했습니다."

사도세자의 문집인 『능허관만고(凌虛關漫稿)』에는 세자가 지은 「스스로를 경계하는 글[自警辭]」이 실려 있다.

> 기강을 세우니 상벌이 명확하네. 상벌이 명확하니 나라가 다스려지네. 나라가 다스려지니 백성이 편안하네. 대공(大公)이 바르니 사사로움이 없네.

세자는 대공을 앞세우고 노론은 당익을 앞세웠다. 대공과 당익이 충돌한 것이다. 수세에 몰린 세자를 더 불리하게 만든 것이 영조의 재혼이었다. 재위 35년(1759) 6월 예순여섯의 영조는 세자보다도 열 살이나 어린 열다섯 살 정순왕후와 재혼했다. 정순왕후의 부친 김한구 (金漢耉)와 아들 김귀주(金龜柱)는 홍봉한처럼 낙방거사였다가 국혼을 계기로 벼슬에 나설 수 있었는데, 둘 다 사도세자 제거에 발 벗고 나섰다. 혜경궁 홍씨 가문과 정순왕후 가문은 권력을 두고 서로 다퉜지만, 사도세자 제거에는 노론으로 뜻을 같이했다. 밖에서는 노론이, 안에서는 두 외척 가문이 세자를 압박하는 가운데 영조 38년(1762) 5월 22일 나경언(羅景彦)의 고변 사건이 발생했다. 나경언은 액정별감(掖庭別監) 나상언(羅尙彦)의 형으로 양반 사대부도 아니었다. 정조가 지은 사도세자 일대기인『어제장헌대왕지문(御製莊獻大王誌文)』은 "대궐의 하인으로 있던 자"라고 기록하고 있다. 양반도 아닌 대궐의 하인으로 있던 자가 대리청정하는 세자를 고변한 이상한 사건이었다. 정조 즉위년(1776) 8월 영남 유생 이응원(李應元)이 이를 강하게 비판한 것은 이 때문이다.

"저군(세자)을 형조에 정소(呈訴)한 것은 천하 만고에 나라와 백성이 있어온 후로는 듣지 못하던 일이었습니다."

양반도 아닌 상민이 대리청정하는 세자를 고변했는데, 그 고변처가 형조참의 이해중(李海重)이었다. 이해중은 홍봉한의 처남이었다. 이해중은 상민이 대리청정하는 세자를 고변한 이 희대의 사건의 배후를 캐지 않았다. 또한 의금부나 병조로 이첩하지도 않고, 직속상관인 형조참판이나 판서에게 보고하지도 않고 매형인 영의정 홍봉한에게 달려갔다. 자신의 사위를 죽음으로 모는 희대의 고변에 대해 홍봉한은 "청대하여 계품(啓稟)하지 않을 수 없다"고 지시했고, 이해중은 적군이라도 쳐들어온 듯 세 차례나 급히 청대해 영조에게 이 사실을 알렸다. 경기감사 홍계희는 이런 사건이 발생할지 미리 알았다는 듯이 호위 강화를 요청해 도성과 대궐의 문을 닫게 했다. 잘 짜인 각본이었다.

사도세자는 소식을 듣자마자 시민당 뜰에서 거적을 깔고 대죄했으나, 장인인 영의정 홍봉한이 이 사실을 영조에게 보고한 것은 대죄 7일째인 5월 29일이었다. 영조는 "나는 그가 대명하고 있는지 몰랐다"라고 답했으나 늦은 보고를 질책하지도 않았다. 영조는 윤5월 13일, 20일째 대죄하고 있던 세자를 불러 자결을 명했고, 세자궁 관원들의 제지로 실패하자 뒤주에 가두었다. 세자가 음력 윤5월 중순의 뙤약볕 아래에서 여드레 동안 신음하다가 죽는 동안 영조는 잘 먹고 잘 잤고, 홍봉한도 잘 먹고 잘 잤다.

세자가 죽은 다음 달에 소론 영수 조재호(趙載浩)가 "한쪽 사람들[一邊人: 노론]이 모두 소조(세자)에 불충했으나 나는 동궁을 보호하고 있다"라고 말했다는 이유로 사형당했다. 그런데 조재호의 동태를 영조에게 알려 죽음에 이르게 한 인물이 바로 홍봉한이었다. 홍봉한은 사도세자의 죽음에 대해 "신이 성상의 뜻을 받들어 행한 것이며, 그다음은 여러 신하들이 받들어 행한 것입니다"라고 자신이 앞장섰다고 자인했다. 홍봉한 가문이 사도세자를 죽였다는 "시끄러운 외인의 말"은 호사가들이 만든 말이 아니라 홍봉한의 행적을 객관적으로 말해주는 것이었다. 혜경궁 홍씨는 이 객관적 사실을 뒤집기 위해『한중록』을 쓴 것인데, 우리 사회에는 아직도『한중록』을 빙자해 사도세자를 정신병자로 모는 주관적 주장이 끊이지 않고 있다.

노론 일당체제와 세손의 위기

소론 정견을 갖고 있던 사도세자가 살해되고 소론 영수 조재호가 그를 보호한다고 말했다고 사형당한 후 탕평책은 재만 남고 조정은 노론 일색으로 채워졌다. 영조 48년(1772) 3월, 이조판서 정존겸(鄭存謙)과 이조참의 이명식(李命植)이 성균관 대사성 후보 세 명을 모두 노론 청명당(淸名黨)으로 주의한 사건은 노론 일당의 정치 지형이 낳은 부산물이었다. 대사성 후보로 주의된 조정(趙曔), 김종수(金鍾秀), 서명천(徐命天)은 모두 후보에 처음 오른 신통(新通)인 데다 셋모두 일망(一望: 1위 후보자)으로 올랐다. 대개 한 명을 일망으로, 한 명을 신통으로 올리는 관례를 깼다. 더 큰 문제는 셋 모두 노론 청명당소속이라는 점이었다. 청명당은 노론 이천보(李天輔), 유척기 등이 만든 것으로 사림정치의 이상을 실현한다는 명분을 댔지만, 노론이 조정을 모두 차지하는 것이 청명(淸名)이라는 주장이었다. 영조는 임금의 인사권을 무력화한 이 사건에 분노해 이소참의와 이조판서는 물론 배후의 영의정 김치인(金致仁)에게도 유배형을 내려 청명당을 해체시켰다. 그러나 노론이 조정을 모두 자당 인물로 채우는 것을 청명이라고 주장할 수 있게 만든 장본인 역시 영조였다.

노론은 사도세자를 죽인 후 세손(정조) 제거를 당론으로 삼았다. "죄인의 아들은 임금이 될 수 없다[罪人之子 不爲君王]"라는 8자 흉언을 조직적으로 퍼뜨리며 세손을 제거하려 했다. 혜경궁 홍씨는 사도세자 살해에는 가담했지만 세손까지 죽이려는 기도에는 반대했다. 세손 또한 부친을 죽인 장본인이 홍봉한인 줄 잘 알면서도 외조부에게 무조건 충성하는 태도를 취했다. 그래서 홍봉한은 세손이 즉위하더라도 자신이 제어할 수 있다고 자신하면서 세손 교육을 위해 『정사휘감(正史彙鑑)』이라는 책자를 만들었다.

그래서 사도세자 사후 조정은 크게 두 세력으로 갈렸다. 세손까지 제거하려는 노론 벽파와 세손을 동정하는 시파로 갈린 것인데, 구체적으로는 세자의 죽음을 동정하고 세손의 즉위를 지지하는 홍봉한 중심의 부홍파(扶洪派)와 홍봉한을 공격하는 청명당과 정순왕후 김씨 집안 중심의 공홍파(攻洪派)가 그것이었다. 단골 낙방거사였던 정순왕후의 부친 김한구는 영조의 사돈이 된 그해 12월 일약 종2품 금위대장(禁衛大將)에 오르고, 아들 김귀주도 여동생 덕분에 음보(蔭補)로 벼슬길에 나와 국왕의 처남이라는 지위를 배경으로 권력을 다투었다. 홍씨와 김씨, 두 외척 가문은 사도세자 제거에는 뜻을 같이했지만 세자가 사라진 빈 공간을 차지하기 위해서는 한 치의 양보도 없이 치열하게 다투었다.

청명당 사건으로 공홍파의 한 축이 무너지자 조급함을 느낀 김귀주는 영조 48년(1772) 7월 홍봉한을 공격하며 '나삼(羅蔘)·송다(松茶) 사건'을 일으켰다. 홍봉한이 임금에게 바치는 인삼의 구매선을 지방 상인에서 서울의 공인(貢人)들로 바꾸면서 질 나쁜 인삼을 납품했다고 폭로한 것이다. 김귀주는 영조가 6년 전인 재위 42년(1766) 병석에 누웠을 때 자신의 부친 김한구는 좋은 나삼을 쓰려 했으나 홍봉한이 반대해서 쓰지 못했다고도 주장했다. 또한 영조가 다리가 아파 고생할 때 전 참의 홍성(洪晟)의 노부(老父)가 송다를 마시고 효험을 보았다는 이야기를 듣고 홍봉한에게 송다를 올리라고 권했으나 모른 체했다고도 비판했다. 김귀주는 부친 김한구가 이 일을 말할 때면 '가슴을 어루만지고 눈물을 참으려 했으나 감추지 못했다'고 주장했다. 영조가 아플 때 김귀주의 부친 김한구는 정성을 다한 충신이지만 홍봉한은 그렇지 않다는 주장이었다.

두 외척 가문이 정국의 중심에 서자 나삼, 미삼(尾蔘) 같은 저급한 이야기들이 정쟁의 소재가 된 것이다. 그러나 김귀주가 홍봉한을 공격한 진짜 이유는 홍봉한이 사도세자의 죽음을 동정하는 시파로 돌아섰기 때문이었다. 김귀주는 홍봉한을 이렇게 공격했다.

"아! 임오년의 일(사도세자를 죽인 것)은 바로 성상께서 종사를 위해서 하신 대처분으로 성상의 마음으로 결단하시어 해와 별처럼 빛나니, 신하로 있는 자 그 누가 흠앙하지 않겠습니까?"

김귀주는 영조의 뜻을 받들어 세자를 죽이는 데 가담했던 홍봉한이 세월이 조금 흐르자 뜻을 바꾸어 "(사도세자를) 추숭(追崇)하여 종묘에 들이자는 의논을 만들었다"고 공격했다. 김귀주는 심지어 홍봉한을 사형해야 한다고까지 공격했다.

김귀주의 상소를 본 영조는 비 오는 날인데도 우산도 없이 문소전(文昭殿)으로 가서 선왕들에게 울부짖었다.

"선후를 가릴 것 없이 척신이 함께 날뛰어 이처럼 놀랍고 괴이한 일을 저질렀으니, 종국(宗國)이 반드시 위망하게 되었습니다."

낙방거사들이었던 외척들을 등용시켜 사도세자 사건의 단초를 만들고, 환갑 넘은 나이에 10대 소녀에게 새 장가를 들어 조정을 외척들의 싸움터로 만든 장본인이 영조였다. 이 사건의 배후에 정순왕후가 있다는 사실은 모른 체했다. 정조는 김귀주를 사판(仕版)에서 지우는 것으로 사건을 결론지었다. '나삼 사건'은 김귀주의 패배로 끝났지만 공홍파의 공세는 계속되었다. 공세의 초점은 홍봉한이 사도세자에 대한 견해를 바꾸었다는 데 있었기 때문에 사실상 세손을 낙

마시키기 위한 공세였다. 사도세자를 죽인 거대한 정치 세력이 그 아들 세손을 겨냥하고 있는 것이었다.

그나마 영조와 혜경궁 홍씨가 세손 제거에 동의하지 않는 것이 세손에게 영조의 뒤를 이어 즉위할 수 있는 공간을 마련해주었다. 영조는 사도세자 3년상을 마친 재위 40년(1764)에 세손의 호적을 고(故) 효장세자에게 입적시켰다. 효장세자는 정빈 이씨의 소생으로 숙종 45년(1719)에 태어나 경종 4년(1724)에 경의군에 봉해졌다가 영조가 즉위한 이듬해 왕세자로 책봉되었으나 1728년 열 살의 나이로 죽었다.

이복(異腹) 백부(伯父)의 아들로 입적시켜 '죄인의 아들은 임금이 될 수 없다'는 노론 벽파의 공세를 무력화한 것이다. 그러나 노론 벽파는 여전히 세손 제거에 당력을 기울였고, 정조는 세손 시절 일기인 『존현각일기(尊賢閣日記)』에서 이때의 상황에 대해 이렇게 토로했다.

잡거나 놓고, 주거나 빼앗는 것이 전적으로 저 무리들(노론 벽파)에게 달려 있었으니, 내가 두려워 겁을 내고, 의심스럽고 불안해서 차라리 살고 싶지 않았던 마음을 상상할 수 있을 것이다. (……) 흉도(凶徒)들이 내 거처를 엿보아 말과 동정을 탐지하고 살피지 않는 게 없었기 때문에 옷을 벗고 편안히 잠을 자지도 못했다.

부친을 비명에 잃은 세손은 편안히 잠도 자지 못할 정도로 공포에 떨었다. 영조는 아들은 죽였지만 손자까지 죽일 수는 없다고 생각했다. 손자의 목숨을 보장할 수 있는 유일한 길은 세손에게 왕권을 넘겨주는 것이었다. 그래서 영조는 만 81살 때인 재위 51년(1775) 11월 20일에 집경당에 나가 세손을 시좌(侍坐)시키고 대신들을 불렀다. 영조는 "신기(神氣)가 더욱 피곤하니 한 가지 공사도 제대로 처리하기 어렵다"면서 의미심장한 질문을 던졌다.

"어린 세손이 노론, 소론, 남인, 소북을 알겠는가? 국사(國事)를 알 겠는가? 조사(朝事)를 알겠는가? 병조판서와 이조판서를 누가 할 만 한지 알겠는가? 나는 어린 세손에게 그것들을 알게 하고 싶으며, 나 는 그것을 보고 싶다."

세손에게 왕위를 물려주고 싶다는 선언이었다. 영조는 왕위를 물 려주고 싶지만 '세손의 마음이 상할까 두렵다'면서 대리청정을 시키 겠다고 말했다. 혜경궁의 숙부 좌의정 홍인한이 노론 벽파의 대표로 나섰다.

"동궁은 노론이나 소론을 알 필요가 없고, 이조판서나 병조판서를 누가 할 수 있는지 알 필요가 없으며, 국사나 조사는 더욱 알 필요가 없습니다."

이때 세손의 나이 만 스물셋으로 숙종 즉위 때보다 아홉 살이 많았 다. 그럼에도 일체 국사를 알아서는 안 된다는 논리였다. 이것이 바로 세손은 세 가지 일을 알 필요가 없다는 '삼불가지론(三不可知論)'이었 다. 홍인한뿐만 아니라 영돈녕 김양택(金陽澤), 영의정 한익모(韓翼謨), 판부사 이은(李溵) 등 모든 대신들이 대리청정을 반대했다. 대신들의 반대에 직면한 영조는 기둥을 두드리고 울면서 한탄했다.

"나의 사업을 손자에게 전할 수 없다는 말인가?"

열흘 후인 11월 30일 영조는 입자(笠子: 갓)를 쓰고 집경당에 나가 세손에게 기대어 앉은 채 상참(常參)을 받았다. 영조는 자신의 기력 이 세손에게 기대앉을 정도로 약하다면서 "조사니 국사니 하는 것들 이 다 하찮은 말이 되었다"고 말했다. 그러면서 다시 대리청정 이야기를 꺼냈다. 다시 격렬하게 반발한 인물은 홍인한이었다.

"차라리 도끼에 베여 죽는 한이 있더라도 결코 받들어 행할 수 없습니다."

54년 전인 경종 1년(1721) 아들 없는 서른넷의 젊은 왕 경종에게 세제 대리청정을 시켜야 한다고 주장했던 당파가 여든둘 노인의 대리청정은 "죽는 한이 있더라도" 반대한다는 것이었다. 세손은 홍인한에게 대리청정을 사양하려 하지만 "문적(文跡: 문서로 된 글)이 있어야 상소할 수 있으니 두서너 글자라도 전교를 받아 내가 상소할 수 있는 길을 열어주오"라고 타협안을 제시했다. 영조가 자신을 후사로 삼았다는 문헌적 근거를 만들기 위한 것이었다. 그러나 홍인한을 비롯한 노론 대신 누구도 이런 근거를 남기고 싶지 않았기에 거부했다. 그러자 영조는 대신들을 물리치고 세손에게 순감군(巡監軍)을 수점(受點)하라고 명하는 것으로 군사권을 주었다. 나아가 이비(吏批: 문관 임용자 명단)와 병비(兵批: 무관 임용자 명단)도 세손이 수점하라고 명했다. 대신들이 세손의 순감군 수점에 격렬하게 반발하자 영조는 임금의 경호부대인 상군(廂軍)과 협련군(挾輦軍)을 불러들였다. 그제야 두려워진 대신들이 한발 물러섰다. 『영조실록』은 이렇게 전한다.

> 여러 신하들은 다만 순감군만 궐내에서 점하(點下)하는 줄로 알고 있었는데, 홍인한은 언찰(諺札: 한글 편지)로 인하여 임금의 뜻을 알고 있었다.

'언찰'이란 세손의 대리청정이 영조의 뜻이니 방해하지 말라는 혜경궁의 한글 편지였다. 그러나 홍인한은 조카의 언찰을 무시하고 세손 제거에 앞장섰다. 훗날 홍씨 가문이 과연 시파 맞느냐는 비판을 받는 이유이기도 했다. 형은 시파 영수이고 동생은 벽파 영수인 것을 보면 홍봉한의 시파 운운이 위장이 아니냐는 비판이었다.

영조는 재위 51년(1775) 12월 8일 세손의 대리청정 절목(節目)을 마련해 정식으로 세손 대리청정을 시행함으로써 세손이 자신의 후사임을 분명히 했다. 그러나 그해 12월 22일 세손이 "양사(兩司)의 여러 신하들 중 대리청정 조참(朝參)에 참여한 자가 한 사람도 없다"라고 말한 것처럼 노론은 세손을 영조의 후사로 인정하지 않았다. 그나마 영조가 세손에게 군사권을 주고 대리청정을 시킨 후 병석에 누운 것이 다행이었다. 영조는 재위 52년(1776) 3월 3일 위독해졌다. 세손이 감귤차와 계귤차(桂橘茶)를 올렸으나 효과가 없었고, 의관은 맥도(脈度)가 가망이 없어졌다고 진단했다. 세손이 미음을 떠서 올렸으나 영조는 받아먹지 못했다. 드디어 마지막 유조(遺詔)가 반포되었다.

"전교한다. 대보(大寶: 옥새)를 왕세손에게 전하라."

영의정 김상철이 속광(屬纊: 코에 솜을 대어보는 것)을 청했는데 미동도 없었다. 드디어 영조시대가 끝난 것이다. 만 여든둘. 경종 독살설 속에 즉위해 끝내 경종 독살설을 뛰어넘지 못한 재위 52년이었다. 영조는 세손에게 왕위와 함께 노론 일당독재라는 무거운 짐도 함께 넘겨주었다. 만 열 살 때 아버지의 비참한 죽음을 목도한 소년이 스물넷의 나이로 새 시대를 향해 첫발을 내디뎠다.

7장

새로운 미래를 향해

"오호라! 과인은 사도세자의 아들이다. 선대왕께서 종통의 중요함을 위해
나에게 효장세자를 이어받도록 명하신 것이다."
– 정조의 즉위 일성에서

정조시대의 개막, "나는 사도세자의 아들이다!"

1776년 3월 10일, 영조가 승하한 지 5일 후 세손은 왕위에 올랐다. 종친과 문무백관이 동서로 도열한 즉위식장에서 세손은 울부짖으며 즉위를 사양했다.

"이는 선왕께서 앉으시던 어좌이다. 오늘 내가 이 어좌를 마주 대할 줄 어찌 생각이나 했겠는가?"

즉위식을 마친 정조는 면복(冕服)을 상복으로 갈아입고 "어둑새벽 이전의 잡범 중 사죄(死罪) 이하는 모두 용서하라"는 대사령을 내렸다. 대개 대사령을 내리는 것으로 즉위식 일정은 끝나기 마련이었다. 그러나 정조는 달랐다. "빈전(殯殿: 선왕의 시신을 모신 전각) 밖으로 대신들을 부르라"고 명한 후 즉위 일성을 내었다.

"오호라! 과인은 사도세자의 아들이다. 선대왕께서 종통의 중요함을 위해 나에게 효장세자를 이어받도록 명하신 것이다."

노론 대신들은 경악했다. 즉위 일성으로 생부 사도세자를 거론할 줄은 몰랐기 때문이다. 노론 벽파와 정순왕후 일가의 온갖 방해를 뚫고 즉위한 정조의 즉위 일성이 "사도세자의 아들"이었으니 노론이 경악할 수밖에 없었다. 자신들이 뒤주에 가둬 죽인 사도세자의 모습이 거기 있었던 것이다.

그러나 정조는 '사도세자의 아들'임을 선포했지만 과거로 돌아가지는 않았다. 또한 사도세자 문제는 '보지도, 듣지도, 말하지도 말라'는 것이 영조의 유훈이었다. 이를 어길 경우 노론은 선왕의 유훈을 빌미로 쿠데타를 일으킬 수도 있었다. 정조는 사도세자 사건 문제로 나라를 과거로 끌고 갈 생각은 없었다. 대신 대리청정하던 세자를 뒤주에 가둬 죽이는 비정상적인 정치체제를 정상적인 정치체제로 바꾸는 미래를 위한 개혁의 길로 갔다. 정조는 즉위 직후 효장세자를 진종(眞宗)으로 추숭하고, 사도세자의 존호를 '장헌(莊獻)'으로 고쳤다. 그러나 뒤이어 이렇게 말했다.

"나는 오직 종천(終天)의 슬프고 사모하는 마음을 나타내려고 한 것일 뿐, 옛적부터 제왕들이 시법(諡法)을 간여하려 한 것을 그르다고 여겨왔다."

생부에 대한 슬픈 마음을 나타낸 것일 뿐, 임금으로 추대할 생각은 없다는 뜻이었다. 노론의 의구심을 풀기 위한 것이었다.

하지만 정조는 사도세자를 죽인 자들을 치죄할 수밖에 없었다. 그러나 선왕 영조의 유훈이 있었기 때문에 새로운 계책을 냈다. 사도세자를 죽인 세력과 자신의 즉위를 반대한 세력이 같다는 점에 착안한 것이다. 사도세자를 죽이는 데 가담했다는 혐의가 아니라 자신의 즉위를 반대했다는 혐의로 처리하려 한 것이다.

정조는 삼사에서 먼저 성토하기를 기다렸다. 삼사를 장악하고 있는 노론은 침묵을 지키다가 즉위 보름째에야 사헌부 대사헌 이계(李洎)가 화완옹주의 양자 정후겸을 탄핵했다. 정조는 정후겸(鄭厚謙)을 경원부(慶源府)로 귀양 보냈다. 그러나 삼사는 '삼불가론'으로 세손

사도세자의 묘인 융릉
비운의 왕세자인 사도세자의 묘이다. 혜경궁 홍씨와 합장되어 있다.

의 즉위를 방해한 홍인한에 대해서는 끝내 침묵했다. 그래서 정조는 대사헌 이계를 포함한 삼사 전원을 문외출송했다.

"하찮은 정후겸에 대해서는 강도나 절도가 눈앞에서 발생한 것처럼 시급하게 토죄하면서 기세가 하늘에 닿아 있는 자에 대해서는 감히 나서는 자가 없다."

"기세가 하늘에 닿아 있는 자"는 홍인한을 뜻하는 것이었다. 그러자 동부승지 정이환(鄭履煥)이 홍봉한을 직접 거론하고 나섰다.

"전하께서 반드시 보복해야 할 원수이면서 동시에 온 나라가 반드시 주토(誅討: 베어 죽임)해야 할 역적이 있습니다. 오직 홍봉한은 천만 가지 죄악을 다 갖추지 않은 것이 없습니다. 그중에 가장 크고 극악한 것을 말한다면 곧 임오년에 범한 죄(사도세자를 죽인 죄)인데 (……) 일물(뒤주)에 이르러서는 이전의 역사서에서도 들어보지 못하던 것인데 홍봉한이 창졸간에 멋대로 올렸습니다."

정조의 즉위와 동시에 혜경궁 친정의 몰락이 시작된 것이었다. 성균관과 사학 유생들이 홍봉한을 죽여야 한다고 상소하는 등 홍봉한의 처형을 요구하는 상소가 계속 올라오자 정조는 "처분이 뒤따를 것이다"라고 대답했다. 그러자 혜경궁 홍씨가 단식 투쟁으로 저항했고, 정조는 한발 물러설 수밖에 없었다.

"만일 봉조하(홍봉한)에게 극률(極律: 사형)을 내리게 되면 자궁(慈宮: 혜경궁 홍씨)께서 불안해하시고, 자궁께서 불안해하시면 나 또한 불안하다."

홍봉한은 혜경궁 홍씨 덕분에 죽지는 않았지만 정조 2년(1778) 12월 죽고 말았다. 정조는 혜경궁 홍씨를 생각해서 직접 조문하려 했지만 모두가 반대하는 바람에 중지되었다.

홍인한에 대한 공격이 이어지자 정조는 홍인한을 여산부(礪山府)로 귀양 보냈다. 그런데 홍문관 수찬 윤약연(尹若淵)이 상소를 올렸는데, 홍인한을 '나라 쪽의 사람[國邊人]'이라고 표현했다. 윤약연은 "홍인한은 대리청정을 저해할 마음이 없었을 것이기에 '국변인'이라고 한 것"이라고 옹호했다. 홍인한이 충신이라는 주장이었다. 정조는 "홍인한이 감히 대책(大策: 국왕의 즉위)을 저해하는 짓을 했으니 그의 죄가 어떠한 것이겠는가"라면서 윤약연을 의금부에 가두고 심문했다. 정조가 친국에 나서자 윤약연은 "전부터 절친했던 인물은 홍상간(洪相簡)"이라고 자백했다. 홍상간은 영조 때 승지 등을 역임한 노론 실세로, 홍지해(洪趾海)의 아들이었다. 영조 때 대사헌과 형조판서를 역임한 홍지해는 홍계희의 아들이었다. 홍계희는 영조 47년(1771) 사망했는데, 사도세자를 죽인 주범 중 한 명이었다. 사도세자 사건의

정조 때의 정치 구도와 주요 정치 일지

```
          남인                                              노론
     ┌──────┴──────┐                                  ┌─────┴─────┐
   시파         신서파          탕평파              공서파       벽파
```

주요 일지

정조 즉위년(1776) 노론 벽파, 홍인한, 정후겸 사사. 규장각 준공.
　　　1년(1777) 노론 벽파, 홍계희 가, 정조 암살 시도.
　　　2년(1778) 정조, 외가인 홍봉한 치죄.
　　　4년(1780) 홍국영을 전리로 방출.
　　　7년(1783) 이승훈, 북경에서 세례받음.
　　11년(1787) 『송자대전』 간행.
　　12년(1788) 남인 채제공, 우의정 됨.
　　15년(1791) 부모 신주 소각한 천주교도 윤지충, 권상연 처형.
　　　　　　　　　자유 상거래 허용하는 신해통공 공포.
　　24년(1800) 정조, 공노비 해방. 정조 사망.

순조 1년(1801) 노론 중심의 공서파(攻西派), 남인 중심 신서파(信西派) 공격.
　　　2년(1802) 김조순, 딸을 왕비로 책봉하여 세도정치 기반 마련.

전말을 담은 조선 후기의 야사 『현고기(玄皐記)』는 영조의 계비 정순 왕후 김씨와 친정아버지 김한구, 숙의 문씨, 그리고 홍계희 등이 윤급(尹汲)의 종 나경언을 시켜 사도세자를 대역(大逆)으로 고변하게 했다고 전하고 있다. 이는 『영조실록』 기록으로도 확인된다. 나경언이 사도세자를 대역으로 고변하던 영조 38년(1762) 5월 22일 『영조실록』은 이렇게 전한다.

경기감사 홍계희가 때마침 입시하고 있다가 임금에게 호위하게 할 것을 권하니, 임금이 이에 성문 및 하궐(下闕)의 여러 문을 닫으라고 명했다.

윤약연과 홍상간 등과 한패인 이상료는 편지에서 정조의 즉위에 대해 "풍색(風色)이 아름답지 못하기 때문에 비위(脾胃)를 안정시킬 수 없다"라고 표현했다. 정조 즉위 후의 정치에 대해 구토가 난다는 뜻이었다. 정조는 윤약연과 홍지해를 극변으로 유배 보내고, 동생 홍찬해(洪纘海)는 흑산도로 유배 보냈다. 황해도 관찰사 홍술해(洪述海)는 백성의 재산 4만 냥과 곡식 2,500석을 착취한 혐의로 사형 판결을 받았다가 정조의 감형으로 흑산도에 유배되었다. 드디어 삼사는 정후겸과 홍인한의 사형을 요구했고, 정조는 즉위년 7월 5일 "고금도의 죄인 홍인한과 경원부의 죄인 정후겸을 사사하라"고 명했다.

정조는 이로써 사도세자를 죽이고 정조의 즉위를 방해한 세력에 대한 정리가 일단 끝났다고 생각했지만 이는 새로운 시작에 불과했다. 섬으로 유배된 홍씨 일족들이 정조를 제거하기 위한 비상수단을 결심했기 때문이다.

정조 암살 기도 사건

정조 1년(1777) 7월, 국왕의 경호를 담당하는 호위청(扈衛廳) 소속의 호위군관 강용휘(姜龍輝)는 전흥문(田興文)이라는 사내에게 전립을 쓰고 칼을 차게 해 호위군관처럼 변장시킨 후 입궐시켰다. 전흥문이 강용휘의 조카인 대궐 별감(別監) 강계창(姜繼昌)의 방을 찾자 강계창이 "왜 칼을 차고 있소?"라고 물었다.

"존현각(尊賢閣) 위에 올라가려 하는데, 접근하는 자가 있으면 찌르려는 것이오."

강계창은 짐짓 놀라는 척하면서 "나까지 연루돼 처형되겠소"라고 말했다. 존현각은 정조의 침실이 있는 곳이므로 정조를 암살하겠다는 뜻이었다. 이날 정조가 거처하는 편전의 정문을 지키는 인물이 강계창이었다. 강용휘는 딸인 궁녀 강월혜를 불렀고, 강월혜는 정조 암살 계획을 방주(房主)인 상궁 고수애(高秀愛)에게 전했다. 대비 정순왕후 김씨 쪽 사람이었던 고수애는 반색했다. 궁중의 청소부인 조라치(照羅赤) 황가(黃哥)도 가담했다. 위로는 대궐의 가장 웃어른인 대비 정순왕후부터 국왕의 호위군관과 내시, 상궁, 궁녀에서 청소부까지 모두 가담했으니 실패할 리가 없다고 생각하는 것도 무리는 아니었다.

밤이 깊자 강용휘와 전흥문은 존현각 지붕으로 올라갔다. 지붕을 뚫고 안으로 들어가 잠든 정조를 살해할 계획이었다. 그러나 그 야심한 시각에 정조가 잠을 자지 않고 독서를 하고 있던 바람에 계획이 어그러졌다. 정조는 세손 시절부터 노론 벽파의 암살 위협 때문에 밤을 새워 독서하는 날이 많았다. 정조는 보장문(寶章門) 동북쪽 행랑채 지붕 위에서 들리던 소리가 존현각 지붕 위에 와서 멈추는 것을 느끼고 소리를 질렀고, 내시들과 액정서(掖庭署)의 액예(掖隸)들이 몰려왔다. 지붕 위에 올라가 보니 기와가 뜯기고 자갈, 모래 등이 어지럽게 흩어져 있었다. 자객이 정확히 존현각 지붕 위로 올라왔다는 사실은 궁내에 내통자가 있다는 뜻이었다.

이튿날 새벽 정조는 소식을 듣고 달려온 대신들에게 "흉얼(凶孽: 흉악한 집안)들이 엿보는 짓으로 내 마음이 움직이지는 않겠지만 숙

『정조실록』
정조 1년(1777) 7월 28일, 존현각 침입
사건 기록.

위가 어찌하여 이처럼 허술한가?"라고 꾸짖으면서 비상 경호 대책을
수립하게 했다. 위장(衛將)이 하룻밤에 다섯 교대로 순찰하던 옛 제
도를 부활시키고 액예 중에서 근본이 불분명한 인물들을 교체했다.
그리고 존현각이 너무 노출되어 있다는 이유로 거처를 창덕궁(昌德
宮)으로 옮겼다.

거처를 옮긴 닷새 후인 8월 11일 밤, 열일곱 살 소년 군사 김춘득(金
春得)은 경추문 북쪽 담장을 넘으려는 괴한을 발견하고 자는 동료들
을 발로 차서 깨워 체포했다. 비상계엄이 내려진 상황에서 대담하게
다시 대궐 담을 넘던 전흥문이 체포된 것이다. 정조의 친국 결과 배후
가 드러났다. 사도세자를 죽음으로 몬 홍계희의 아들인 홍술해와 홍
상범(洪相範) 부자였다. 홍술해는 정조 즉위 초의 정사를 '비위에 거슬
린다'는 등 비아냥대다가 귀양 간 홍지해의 친형제이기도 했다.

정조 즉위와 동시에 몰락한 이들은 집안과 당파가 살려면 정조를 제거하는 수밖에 없다는 극단적인 선택을 한 것이다. 강용휘는 용력이 있는 전흥문에게 돈 1,500문(文)과 여종을 아내로 주면서 끌어들였다. 국문 결과 홍상범의 부친 홍술해가 유배지 흑산도에서 종 최세복(崔世福)을 오가게 해서 조종했음이 드러났다. 최세복도 정조 살해에 가담시켰다. 국왕을 궁중에서 살해하려 했던 개국 이래 최초의 사건이자 자객을 보내 경종을 살해하려던 대급수가 실제로 실행된 것이었다.

홍술해의 부인 이효임(李孝任)이 무속을 이용해 정조를 죽이려던 저주 사건도 드러났다. 이효임은 홍술해가 귀양 갈 때 부적을 베개 속에 넣어 보낼 정도로 무속을 신봉했는데, 용하다는 무녀 점방(占房)의 신통력을 사서 정조를 제거하려 했다.

점방은 동서남북과 가운데(五方: 오방)의 우물물과 홍국영(洪國榮)의 집 우물물을 구해 홍술해의 집 우물물과 섞어 한 그릇으로 만든 다음 홍술해의 집 우물에 쏟았다. 점방은 붉은 안료 주사(朱砂)로 홍국영과 모성양반(某姓兩班)의 화상(畵像)을 그렸는데, 모성양반이란 정조를 뜻했다. 쑥대화살에 두 화상을 얽어매고 공중에 쏘면서 둘은 반드시 죽는다고 저주했다. 그러나 현실세계에서는 이런 방법이 통하지 않아서 전흥문의 궁중 난입 사건 수사 도중 주술 사건도 함께 발각되고 말았다.

수사 도중 홍상범의 사촌 홍상길(洪相吉)의 정조 암살 계획도 드러났다. 홍상길은 예문관 청지기 이기동(李奇同)의 친족 나인인 궁비(宮婢) 이영단(李永丹)을 시켜 한밤중에 정조의 침실에 들어가 살해하려고 계획했다. 여기에는 내시 안국래(安國來)도 관련되었다. 국왕의 호위군관부터 궁중의 액예와 나인, 내시까지 임금을 보호해야 하는 모든 직책의 궁인이 연루된 것이었다.

이런 상황에서 암살을 모면한 것 자체가 천운이었다. 이들이 막무가내로 정조 암살에 나선 것은 정조만 제거하면 그다음은 걱정할 게 없다고 믿었기 때문이다. 정조 사후 노론 천하가 만들어질 것을 믿어 의심치 않았다. 막무가내식 정조 암살의 배후가 모두 노론으로 드러나자 노론은 전전긍긍했다. 그런데 노론에 호재가 발생했다. 홍상길이 정조를 죽이고 정조의 이복동생 은전군(恩全君)을 추대하려 했다고 답한 것이었다. 3왕손으로 불렸던 은전군 삼형제는 사도세자의 서자로서 정조가 아끼는 이복동생들이었다. 은언군은 영조 때 사망했고 은전군·은신군 형제는 살아 있었다. 노론은 일제히 나서서 은전군을 죽여야 한다고 주장했다. 홍상길의 일방적 진술 외에는 은전군이 추대에 동의했다거나 이들과 만나 모의했다는 흔적은 전혀 없었다. 이런 식이라면 상궁 고수애는 정순왕후 쪽 사람이니 정순왕후도 연루되어야 했지만 아무도 그런 말은 하지 않았다.

노론은 이를 계기로 정조 암살 기도 정국을 은전군 사형 주청 정국으로 전환시켰다. 영의정은 백관을 거느리고 44번이나 정청하며 은전군의 처형을 요구했고, 삼사는 62번이나 사형을 주청했다. 정조가 거부하자 대신들은 의금부 뜰에 은전군을 끌어내 자결을 강요했다. 은전군이 거부하자 승지에게 자진(自盡: 자살)하라는 탑교(榻敎)를 쓰라고 명했고, 정조가 아닌 대신들의 명으로 전지(傳旨)가 작성되었다. 정조 1년(1777) 9월 24일, 이렇게 사도세자의 핏줄 하나가 열여섯 어린 나이로 세상을 떠나야 했다.

자객을 이용해 정조를 죽이거나, 무속을 사용해 죽이거나, 은전군

을 추대하고 내쫓으려 한 이 사건은 3대 모역 사건이라고 한다. 적당
(敵黨) 노론에 둘러싸인 정조의 현실을 그대로 보여준 사건이었다.

다당제와 사상의 다원화

나주 벽서 사건과 사도세자 살해 사건 이후 조정은 노론 일당독재
체제였다. 조정에 남인으로는 채제공(蔡濟恭) 정도가 겨우 남아 있었
고, 소론 역시 명맥만 남아 있었다. 정조가 즉위 일성으로 '사도세자
의 아들'이라고 선언하자 소론은 고무되었다. 정조 즉위년(1776) 4월
시골 유생 이일화(李一和)가 상소를 올려 사도세자 문제를 거론했는
데, 배후에는 조현명의 아들이자 조재호의 조카였던 전 승지 조재한
(趙載翰)이 있었다. 뒤이어 전 승지 이덕사(李德師)와 전 사간원 정언
유한신(柳翰申)이 상소했는데, 『정조실록』은 "상소의 말이 똑같이 임
오년의 의리(사도세자 사건)를 가장했다"라고 전하고 있다.

소론의 조직된 공세였는데, 이에 대해 정조는 뜻밖에도 크게 화를
내며 국청 설치를 명했다. 정조는 '사도세자의 아들'임을 선언했지만
사도세자 문제를 공론화할 수는 없었다. 사도세자 문제를 풀려면 영
조의 처분이 잘못이라고 선언해야 했는데, 이 경우 노론의 쿠데타 명
분이 될 수 있었던 것이다. 사도세자의 아들이자 영조의 손자인 정조
의 태생적 모순이었다.

정조는 영조가 죽기 한 달 전인 영조 52년(1776) 2월 대리청정하
는 세손의 자격으로 사도세자 묘인 수은묘(垂恩廟)를 배알하고 영조
에게 상소를 올렸다.

채제공, 국립부여박물관
79세의 긴 생애 동안 뛰어난 경륜을 바탕
으로 영조와 정조 두 국왕이 이끈 국정의
중심에서 의미 있는 여러 개혁을 주도했
다. 사후에 정조가 공적을 칭송하고 애도
를 표하는 비문을 직접 써줄 정도로 총애
를 받았다.

임오년 처분에 대해 신(臣: 정조)은 사시(四時)처럼 믿고 금석같이 지
킬 것입니다.

자신이 즉위 후 사도세자 문제를 뒤집지 않을 것이라는 약속이었
다. 정조는 국문 끝에 시골 유생 이일화와 이덕사, 조재한 등 소론 인
사들을 사형했다. 이는 노론의 의구심을 푸는 데는 도움이 되었지만
정조 자신의 우익을 스스로 자르는 우를 범한 것이었다. 귀양 등의
처분으로 살려두었다가 훗날 노론과 맞설 때 등용할 수도 있었기 때
문이다. 이는 정조의 뜻이라기보다는 정조 초반 정국의 실세였던 홍
국영의 작품이었다. 노론 집안 출신의 홍국영은 영조 말년 세손궁의
사서(司書)로서 노론 벽파에 맞서 목숨을 걸고 싸워 세손을 보호했
다. 그래서 정조는 즉위 사흘 만에 홍국영을 승정원 동부승지로 삼았
다가 넉 달 후에는 도승지로 승진시키고 이듬해(1777) 5월에는 금위

대장까지 겸임시켰다. 서른의 젊은 나이에 비서실장(도승지)과 경호실장(금위대장)을 겸임한 최초의 인물이 된 것이다. 자객이 침실 지붕까지 올라오는 상황에서 홍국영에게 도승지와 금위대장을 겸임시킨 정조의 조치는 불가피한 측면도 있었지만, 홍국영의 목표가 정조와 달랐던 것이 문제였다.

정조의 목적이 조선을 정상적인 왕조국가로 만드는 것이었다면 홍국영의 목적은 노론 정권의 영수가 되는 것이었다. 이를 위해 홍국영은 소론이나 남인들이 정조에게 접근하는 것을 극력 차단했고, 조재한 등은 그 희생양이 된 것이다. 심지어 홍국영은 정조 2년(1778) 자신의 여동생을 정조의 후궁인 원빈(元嬪)으로 삼아 그 소생에게 정조의 후사를 잇게 하려 하다가 원빈이 이듬해 사망함으로써 실패했다. 홍국영은 원빈의 장례식 때 은언군의 아들 이담(李湛)을 국왕을 대신해 전(奠)을 올리는 대전관(代奠官)으로 삼으면서 '완풍군(完豊君)'으로 일컬었고, '내 생질'이라고 말했다. '완(完)' 자는 완산(完山: 전주)을 뜻하고, '풍(豊)' 자는 자신의 본관인 풍산(豊山)을 가리키니, 완풍군은 전주 이씨의 적손이자 풍산 홍씨의 외손이라는 뜻이었다. 정조는 비로소 홍국영이 자신의 왕국을 꿈꾸는 인물이라는 사실을 알고 재위 3년(1779) 9월 자진해서 벼슬을 내놓는 형식으로 쫓아냈다. 홍국영은 정조 5년(1781) 4월 서른넷의 나이로 강릉에서 죽었는데, 홍국영 실각 후에야 정조는 비로소 정국을 자의로 이끌 수 있었다.

이때 정조가 주목한 정치 세력이 남인들이었다. 영남 남인들은 이인좌의 봉기에 가담했다는 이유로 사실상 과거 응시 자격까지 박탈당해 정계에서 축출되었다. 남인들은 숙종 때 결정적 타격을 입고 영조 때 사실상 해체에 가까운 상태로 몰락했지만, 근기(近畿: 경기 부근) 지역의 남인들은 성호 이익을 사사(師事)하며 당파의 정체성을 유지하면서 재기를 꿈꾸고 있었다.

정조는 재위 12년(1788) 2월 어필(御筆)로 직접 임명장을 써서 남인 채제공을 우의정에 특배(特配: 임금이 직접 임명함)했다. 정조는 어필을 용정(龍亭)에 싣고 북 치고 피리 부는 무리를 앞세우고 채제공의 집에 가서 전하게 했으나, 80여 년 만의 남인 정승 임명에 노론은 격렬하게 저항했다. 승지들은 전교를 받들기를 거부했고, 이조판서 오재순(吳載純)도 왕명 집행을 거부했다. 정조는 승지들과 이조판서를 파직하며 채제공의 정승 임명을 강행했다.

영남 남인들은 채제공의 정승 임명에 고무되었다. 그해 11월 안동유생 이진동(李鎭東)을 비롯한 영남 유생들은 상소문과 「무신창의록(戊申倡義錄)」을 갖고 상경했는데, 「무신창의록」은 이인좌의 봉기 때 영남 남인들 모두가 이인좌에게 동조한 것이 아니라 반군에 맞서 싸운 남인들도 많다면서 그 공적을 기록한 책자였다. 이진동 등은 8월부터 대궐 문 앞에 꿇어 엎드려 상소를 올렸으나 노론이 장악한 승정원은 상소를 받아들이지 않았다. 이진동은 11월에야 경희궁으로 거동하던 정조가 시전 상공인들의 질고를 묻기 위해 어가를 세운 틈을 타서 상소문과 「무신창의록」을 올리는 데 성공했다. 예조에서는 정조에게 「무신창의록」을 읽지 말라고 권유했으나, 정조는 밤 새워 다 읽은 다음 채제공에게 이렇게 말했다.

"그때 영남 사람 중에 속임과 유혹을 받아 역적이 된 자가 간혹 있기는 했지만, 이 때문에 전체 영남 사람의 앞길을 막아서야 되겠는가."

정조가「무신창의록」간행과 대상자들의 포상을 명했지만, 노론은 책자 간행을 거부하고 승지와 사관들마저 명을 받기를 거부했다. 정조는 분개했다.

"오늘날 조정에 임금이 있는가? 신하가 있는가? 윤리가 있는가? 강상이 있는가? 국법이 있는가? 기강이 있는가?"

정조는 재위 16년(1792) 3월 각신(閣臣: 규장각 신하) 이만수(李晩秀)를 영남으로 보내 도산서원(陶山書院)에서 별시(別試)를 치르게 했다. 이인좌의 봉기 이후 무려 65년 만에 영남 남인들을 대상으로 과거가 치러진 것이었다. 별시장에 입장한 유생이 7,200여 명, 시권(답안지)이 5,000여 장, 구경꾼까지 합쳐 1만 명이 훨씬 넘는 엄청난 인파가 모여 '영남에 사대부가 만인'이라는 말이 나오는 계기가 되었다. 정조는 이만수가 가져온 시권을 직접 채점해 강세백(姜世白)과 김희락(金熙洛)을 합격시켰다. 그사이 남인들은 한두 명씩 과거에 급제해 조정에서 세를 만들어 나갔다.

드디어 정조는 재위 19년(1795) 봄 채제공을 좌의정, 이가환(李家煥)을 공조판서, 정약용을 우부승지로 삼는 등 남인들을 대거 요직에 임명했다. 정약용이 '정헌 이가환 묘지명'에서 "이에 안팎의 분위기가 흡족하여 훌륭한 인재들이 모두 진출하는 것으로 생각할 정도였다"라고 서술한 것처럼 노론 일색의 조정 역학구도에 변화의 조짐이 일었다. 노론 일당체제에서 다당제로 나아가는 것이었다.

사상세계도 마찬가지였다. 조선은 선교사가 오기 전에 스스로 천주교를 신봉하는 신자들의 조직이 존재했던 세계 최초의 나라였다. 여기에는 배경이 있었다. 조선의 자발적 천주교의 지도자가 이벽(李蘗)이었는데, 정약용의 맏형 정약현(丁若鉉)의 처남이기도 한 이벽의

정약용, 국사편찬위원회
문장과 경학에 뛰어난 학자로, 유형원과
이익 등의 실학을 계승하고 집대성했다.
신유박해 때 전라남도 강진으로 귀양 갔다
가 19년 만에 풀려났다.

고조부 이경상이 심양에서 소현세자를 모셨던 것이다. 그래서 소현
세자가 아담 샬에게 받아온 천주교 서적 일부가 집안에 전해져왔고,
이를 통해 천주교를 접한 이벽이 같은 남인들에게 전파한 것이다.

근기 남인들이 서학이라 불렸던 천주교를 받아들인 데는 배경이
있었다. 노론은 성리학(주자학)을 유일사상으로 만들었다. 과거에 급
제하려 해도 성리학이 절대적으로 필요했다. 반면 현실에서 소외된
남인들은 성리학을 절대적으로 받아들이지 않았다. 천주교를 받아들
인 남인들은 신서파(信西派)라고 하는데, 정약용의 중형 정약종(丁若
鍾)이 훈민정음으로 천주교의 교리를 담은 『주교요지(主敎要旨)』두
권을 써 중인이나 평민들에게도 전파했다. 천주교라는 새로운 사상
으로 신분제가 무너지는 것이었다.

조선에 천주교가 들어와 있다는 사실은 '을사추조(乙巳秋曹) 적발
사건'으로 드러났다. 정조 9년(1785) 봄 추조(秋曹: 형조)의 금리(禁吏)

들이 명례방(明禮坊: 서울 명동)의 중인 김범우(金範禹)의 집을 도박장으로 알고 단속했는데, 이벽의 주재로 이승훈(李承薰)과 권일신(權日身)·권상학(權相學) 부자, 정약전·정약종 형제 등의 양반들과 다수의 중인들이 예배를 보는 현장이었다. 형조판서 김화진(金華鎭)은 정조가 천주교에 유화적이라는 사실을 감안해 중인 김범우만 충청도 단양으로 유배 보내고 천주교 서적 소각령을 내리는 선에서 마무리 지었다.

신서파가 대부분 남인들이기 때문에 노론에서는 조정에 진출한 남인들을 제거하기 위해 천주교를 이용했다. 국법으로 천주교를 금하고 국가기관이 나서서 천주교도들을 색출해야 한다고 주장했다. 그러나 정조는 천주교 탄압 주장에 부정적이었다.

"정학(正學: 성리학)이 밝아져서 사학(천주교)이 종식되면 상도(常道)를 벗어난 이런 책들은 없애려 하지 않아도 저절로 없어져서 사람들이 그 책을 연초(燕楚)의 잡담만도 못하게 볼 것이다. (……) 조정에서 이 일에 많은 힘을 쓸 필요가 없다."

정조는 성리학자들이 제구실을 하면 천주교는 자연히 없어질 것이라는 논리로 천주교가 성행하는 책임을 성리학자들에게 되돌렸다. 성리학자들이 공자, 맹자, 주자 같은 성현의 말씀대로 살지 않기 때문에 천주교가 창궐한다는 논리였다. 그러나 정조의 이런 유화책은 재위 15년(1791) 전라도 진산(珍山)에서 진사 윤지충(尹持忠)과 그의 내외종 사촌 권상연(權尙然)이 조상의 제사를 폐지하고 부모의 위패를 불태운 '진산 사건'이 발생하면서 위기에 봉착했다. 사건 발생 초기 채제공은 진산군수 신사원(申史源)이 윤지충 등이 부모의 신주를 불태웠다는 것은 잘못 전해진 것이라고 말했다는 사실을 알고 정조에게 "장례 때 가난한 자는 형편상 예를 제대로 갖추지 못할 수도 있는 것입니다"라고 보고했다. 신주를 불태운 것이 아니라 가난 때문에 예법대로 장사를 치르지 못한 것이 확대된 것으로 인식한 것이다.

그러나 진산군수 신사원과 충청감사 정민시(鄭民始)의 조사 결과 신주를 불태운 것이 사실로 드러났다. 유교국가에서 부모의 신주를 불태운 행위는 국왕도 보호할 수 없었기에 정조는 '위정학(衛正學: 정학을 보위하라)'을 주창하면서 윤지충과 권상연의 사형을 명했고, 둘은 정조 15년(1791) 11월 13일 전주 풍남문 밖 형장에서 참수당했다. 이 사건은 로마 교황청이 부모의 제사를 금한 것과 관련된 문제였다. 조선의 천주교도들은 북경에 몇 차례 사람을 보내 제사 문제에 대해서 물었는데, 로마 교황청에서 제사를 우상 숭배로 보아 금지하면서 조선의 천주교도들을 구석으로 몰았다. 진산 사건 이후 천주교와 유교가 공존할 수 없다는 사실이 분명해지면서 정약용을 비롯한 많은 양반 신서파는 천주교를 버렸다. 반면 중인들은 대부분 그대로 신앙을 고수했다.

노론에서 진산 사건을 이용해 조정에 진출한 이가환, 이승훈 등의 남인들을 제거하려고 하자 정조가 남인 신서파를 보호하기 위해 들고 나온 논리가 '문체반정(文體反正)'이었다.

"내가 일찍이 연신(筵臣)에게 '서양학을 금지하려면 먼저 패관잡기(稗官雜記)부터 금지해야 하고, 패관잡기를 금지하려면 먼저 명말청초(明末淸初)의 문집들부터 금지해야 한다'고 말했다."

패관이란 민간에 나도는 풍설과 소문을 수집하는 관리를 뜻하는데, 이들이 모은 잡다한 이야기가 패관잡기다. 정조는 패관잡기와 명말 청초의 문집들을 읽고 베끼는 풍조 때문에 서학이 창궐한다면서 이렇게 말했다.

"대저 그 근본을 바르게 하는 것은 오활하고 느슨한 것 같아도 힘을 쓰기가 쉽고, 그 말단을 바로잡는 것은 비록 지극히 절실한 것 같아도 공을 이루기가 어려운 것이다."

서학을 바로잡는 근본 대책은 패관식의 문체를 바로잡는 것이라는 진단이었다. 정조의 문체반정은 떠들썩했지만, 이상황(李相璜), 김조순(金祖淳)이 예문관에서 숙직하면서 청나라 천화장주인(天花藏主人)이 쓴 『평산냉연(平山冷燕)』이라는 소설을 읽고 있는 걸 발견한 후 책을 불태우고 일종의 반성문인 함답(緘答)을 받은 정도가 처벌의 전부였다. 문체반정의 당사자로 지목되어 반성문을 제출했던 이상황, 김조순, 남공철 등은 모두 노론 인사였다. 반성문 쓰기를 거부한 박지원에게도 별다른 조치는 취해지지 않았다. 과거 때 패관문체로 답안지를 제출하고 급제했던 이옥(李鈺)의 합격을 취소하고 잠시 동안 경상도 삼가현(三嘉縣: 합천군)의 군사로 충군(充軍)시킨 것이 유일한 실형이라면 실형이었다. 노론 가문 출신들이 문체반정의 대상으로 계속 적발되자 노론은 더 이상 천주교 문제로 공세에 나서기 어려웠다. 정조가 문체반정이라는 새로운 정국 현안을 만들어내면서 천주교 문제는 자연히 정치 현안에서 사라져갔다. 이것이 정조가 문체 문제를 제기한 정치적 의도였고, 그 의도는 성공을 거두었다.

이후에도 정조 18년(1794) 말 중국 소주(蘇州) 출신의 중국인 신부 주문모(周文謨)가 중인 약사(藥師) 지황과 중인 역관 윤유일(尹有一)의 안내로 밀입국하면서 천주교는 다시 조정의 현안이 되었고, 재위 19년(1795) 7월 북경에 가서 영세를 받고 온 이승훈을 예산으로 유배 보내고, 공조판서 이가환을 충주목사(정3품), 승지 정약용을 금정찰

방(金井察訪: 종6품)으로 좌천했지만 정조는 대체로 천주교도들을 보호했다. 남인들을 조정에 진출시켜 노론 일당체제의 변화를 꾀하기 위해서는 신서파를 보호할 수밖에 없었던 것이다.

남인들이 천주교를 받아들인 것이나 서자 출신들이 당대 최고의 지식을 갖게 된 것은 본질적으로 같은 성격의 사례들이었다. 노론 일당의 사상 독점, 양반 사대부만의 지식 독점이 끝났음을 뜻하는 것이었다. 백탑파(白塔派)의 사례는 양반들의 지식 독점이 이미 붕괴했음을 말해주는 것이었다. 현재의 서울 종로 2, 3가 일대는 원각사가 있었기 때문에 '대사동(大寺洞)' 또는 '큰절골'로 불렸는데, 원각사의 '흰색 10층 석탑[白塔]' 부근에 살던 지식인 집단이 백탑파였다. 종실(宗室)인 통덕랑(通德郎) 이성호(李聖浩)의 서자 이덕무(李德懋)가 영조 43년(1767) 백탑 부근으로 이주하고, 이듬해 양반 출신이지만 스스로 시대의 이단아가 됐던 박지원이 이주하고, 유득공(柳得恭), 서상수(徐常修), 윤가기(尹可基), 이희경(李喜經) 등 서얼 지식인들이 뒤따라 이주해 지식인 촌락이 형성된 것이다.

이덕무, 박제가(朴齊家), 유득공 등은 서자였지만 당대 최고의 지식인들이었다. 그러나 서자는 벼슬길에 나갈 수 없었고, 그래서 가난했다. 진사(進士) 유관의 서자 유득공은 이덕무의 제자로부터 이덕무가 "밥을 짓지 못한 지 벌써 이틀째"라는 말을 듣고 "아, 옛날의 도가 높은 선비[高士]도 이에 지날 수 없다"고 탄식하기도 했다. 유득공도 "끼니는 자주 걸렀어도 기색은 태연자약했다"고 회고했고, 박제가의 어머니는 북촌 사대부집의 삯바느질로 아들을 공부시켜 당대 제일의 학자로 만들었으나 조선에서 서자의 지식은 쓸 곳이 없었다. 박제가는 정조 즉위년(1776)에 쓴 「소전(小傳)」에서 자신의 처지에 대해서 이렇게 말했다.

> 어려서는 문장을 배웠고, 커서는 나라를 다스리고 백성 생활을 구제
> 하는 학문[經濟之術]을 좋아했다. 수개월을 집에 가지 않고 노력하기
> 도 했지만 지금 사람은 아무도 알아주지 않는다.

현실에서 소외된 서자들이 만든 실학의 한 흐름이 북학파, 즉 상
공업 중심의 개혁론인 이용후생(利用厚生)학파였다. 청나라의 발전된
문물을 배우자는 주장이었다. 집권 노론은 숭명반청사상으로 망한
명나라를 떠받들면서 청나라를 부인했지만 현실에서 소외된 서자들
은 다른 시각으로 세상을 바라보았고, 그 결과 북학(北學)을 주창한
것이었다.

노론 세상에서 지식인 서자들은 쓸 곳이 없었지만 정조가 즉위하
면서 변화의 조짐이 일었다. 정조는 고대 은나라에서 성을 쌓다가 발
탁된 은나라 재상 부열(傅說)과 주나라 때 낚시질하다 발탁된 여상
(呂尙: 강태공)에 대해 자주 언급했다. 정조는 재위 1년(1777) 서자들
의 처지에 대해서 이렇게 한탄했다.

"아! 저 서류(庶流)들도 나의 신자(臣子)인데, 그들로 하여금 제자
리를 얻지 못하게 하고 또한 그들의 포부도 펴보지 못하게 한다면
이는 또한 과인의 허물인 것이다."

정조는 이조와 병조에 「서류소통절목(庶類疏通節目)」을 작성해 올
리라고 명했다. 서자들의 벼슬길 진출을 허용하는 법을 만들라는 지
시였다. 「서류소통절목」이 반포되면서 서자들도 벼슬길에 나갈 수
있게 되었다. 그뿐만 아니라 재위 3년(1779)에는 도승지 홍국영의 건

의를 받아 이덕무, 박제가, 유득공, 서리수(徐履修) 등 네 명의 서자를 규장각 검서관으로 특채했다. 교서관(校書館)의 정원 네 자리를 규장각으로 돌려서 임용한 것이었다. 이렇게 발탁된 네 명의 검서관들은 '규장각 사검서(四檢書)'라는 보통명사로 불리며 조선의 지식계를 주도했다. 그동안 신분제의 질곡에 얽매여 있던 머릿속의 지식이 규장각 검서관이라는 날개를 달자 하늘 높이 비상했던 것이다. 이렇게 등용된 인재들은 사회의 변두리에서 시대의 한복판으로 뛰어들어 북학을 현실의 이론으로 만들었다. 정조는 또한 대대로 세습되는 노비들의 처지도 깊이 동정하여 고용 노동제로 바꾸는 방안을 구상했으며, 여성들의 재가 금지에도 강한 비판의식을 갖고 있었다. 사회 변화를 거부하는 기득권층 때문에 실천에 옮기지는 못했지만, 정조는 신분제의 완화 내지는 철폐가 미래로 가는 길이라는 사실을 잘 알고 있었다. 그렇게 정조는 신분제 해체를 요구하는 사회 흐름을 힘 닿는 대로 적극 수용했다.

정조, 독살설 속에 세상을 떠나다

정조는 재위 19년(1795) 이가환, 이승훈, 정약용 등 천주교 관계로 노론의 공격을 받던 남인들을 지방으로 좌천하거나 유배 보냈다. 그러나 재위 21년(1797) 4월 이가환을 도총부 도총관으로 특배하고 6월에는 정약용을 승정원 부승지로 등용함으로써 남인들을 다시 조정에 포진시켰다. 하지만 노론의 집요한 공세에 지쳤던 이가환, 정약용 등은 정계 복귀에 부정적이었다. 이가환은 "오직 영광의 길(벼슬)

을 영원히 사직해 여생을 마치고 싶다"면서 취임을 거부했고, 정약
용도 "차라리 산속에 모습을 숨김으로써 세상 사람들로 하여금 신을
잊게 하는 것만 같지 못하다"라고 벼슬을 사양하는 상소를 올렸다.

이들은 논란 많은 정계를 떠나 고향에 은거하고 싶어 했지만 정조
는 받아들이지 않았다. 그래서 취임을 거부하는 이가환에게는 유배
를 명했다가 다시 명을 받들라는 식으로 취임시켰고, 정약용은 황해
도 곡산부사로 임명했다. 정약용의 연보인 『사암선생연보(俟菴先生年
譜)』에는 임금이 직접 이름을 써서 임명하는 '첨서낙점(添書落點)'으
로 곡산부사가 되었다고 적고 있다. 물론 여기에는 노론의 강한 반
발이 있었다. 정조는 최근 공개된 심환지(沈煥之)에게 보낸 어찰에서
"허울뿐인 말단 벼슬조차 소론과 남인에 의망하지 않았으니 어찌 말
이 되겠는가? 정(丁)을 서(西)로 보내지 않은 것은 선을 권장하는 뜻
이 전혀 아니다(1797년 6월 27일)"라고 꾸짖어 노론이 정약용을 황해
도로 보내라는 말을 거부하자 직접 임명했음을 말해주고 있다.

정조는 그해 12월 이가환을 한성부 판윤(서울시장)으로 삼았다. 정
조 23년(1799) 1월 남인 영수 채제공이 만 79살의 나이로 세상을 떠
났으므로 정조는 이가환, 정약용 등을 그 후계자로 양성하려 했던 것
이다. 이런 와중에 북경에서 서학서를 가져온 이승훈의 죄도 재위 24
년(1800) 2월 1등급을 감함으로써 사면이 멀지 않았음을 내비쳤다.

재위 24년(1800) 5월 30일 정조는 오회연교(五晦筵敎: 오월 그믐날 경
연의 교시)라 불리는 중대 발언을 통해 정국을 긴장시켰다. '모년의 의
리(사도세자 사건)'를 거론한 것이다.

"(신하들이) 의리 문제에 대해서는 전혀 도외시함으로써 자신도 모르

게 의리와 배치되는 쪽으로 돌아갔다. 그래서 그것이 한 번 굴러 모
년의 대의리(영조 38년의 사도세자 사건)에 관계되었고, 두 번 굴러 을미
년의 상황(영조 51년의 세손 대리청정 방해 사건)이, 세 번 굴러 병신년의
상황(정조 즉위년의 정조 즉위 방해 사건)이, 네 번 굴러 정유년의 상황(정
조 1년의 정조 암살 기도 사건)이 벌어졌다……."

사도세자를 죽이고, 자신의 대리청정과 즉위를 방해하고, 심지어
자객을 보내 암살하려고 했던 신하들은 모두 노론 벽파였다. 정조는
이런 행태가 지금도 계속되고 있다면서 이들이 반성하고 옳은 길을
걷지 않으면 특단의 조치를 취하겠다고 경고했다. 정조는 또 자신은
일정 기간의 시련을 준 뒤 큰일을 맡겼다면서 조만간 중대한 인사이
동이 있을 것임을 시사했다. 이 기준에 따르면 재상 후보는 남인 이
가환이었고, 정약용도 중용될 가능성이 농후했다.

'오회연교'는 남인이 대거 등용되리라는 뜻으로 해석되었는데,
『사암선생연보』는 이런 정국 구상이 사실임을 보여준다. 정조는 그
해 6월 12일 밤 고향 마재에 은거 중인 정약용에게 규장각 아전을 보
내 『한서선(漢書選)』 등의 책을 전달하며 "(이달) 그믐께면 들어와 경
연에 나올 수 있을 것"이라고 말했다. 6월 말께면 경연에 참석할 수
있는 주요 벼슬에 등용하겠다는 뜻이었다. 이때 규장각 아전은 정약
용에게 정조의 몸 상태에 대해 이렇게 말했다.

"제가 직접 하교를 받들 때 전하의 안색과 말씀하시는 어조가 매
우 온화하고 매우 그리워하는 듯했습니다."

이처럼 6월 12일 규장각의 아전이 전하는 정조는 병이 없었다. 이
틀 후인 6월 14일자 『정조실록』은 "이달 초 열흘 전부터 종기가 나서

붙이는 약을 계속 올렸다"고 기록해 종기는 있었다고 전하고 있다. 그러나 다음 날 어의 백성일(白成一)은 이렇게 진단했다.

"고름은 거의 다 사라졌고 뿌리[根]도 없습니다. 가슴의 화기가 내려가면 이 증세도 저절로 나을 것입니다."

그런데 거의 다 나았다던 정조의 병세는 계속 악화되는데, 노론 벽파에서 작성한『정조실록』에는 정조 치료의 진상이 모호하게 기록되어 있다. 이런 와중에 6월 24일에는 노론 영수 심환지의 친척이기도 한 어의 심인(沈鏔)이 수은 성분인 경면주사(鏡面朱砂)를 사용하는 연훈방(烟熏方)을 사용해 큰 논란을 불러일으켰다. 정조는 두 차례나 연훈방을 사용하는데, 수은을 불태워 연기를 쬐는 것은 현대 의학에서 절대 금하는 대단히 위험한 처방이다. 정조는 6월 28일 세상을 떠나는데,『정조실록』은 "정조가 영춘헌(迎春軒)에 거동해 신하들을 접견했다"면서도 "이때 상의 병세가 이미 위독한 상황에 이르렀다"고 서로 모순된 상황을 적고 있다. 같은 날『정조실록』은 더욱 모호한 상황을 기록하고 있다.

주상이 무슨 분부가 있는 것 같아 자세히 들어보니 '수정전(壽靜殿)' 세 자였는데, 수정전은 왕대비가 거처하는 곳이다. 마침내 더 이상 말을 하지 못하므로 신하들이 큰 소리로 신들이 들어왔다고 아뢰었으나 상은 대답이 없었다.

이런 상황에서 정순왕후가 직접 약을 받들어 올리고 싶다면서 모든 신하를 밖으로 물리쳤다. 그렇게 방 안에는 위독한 상태의 정조와 정순왕후만 있는 가운데 잠시 후 정순왕후가 통곡으로 정조가 세상

『정조국장도감의궤(正祖國葬都監儀軌)』 2권
1800년 정조의 국장 과정을 기록한 반차도이다.

을 떠났다고 알렸다. 정조의 임종을 지킨 유일한 인물이 최대 정적인 정순왕후 김씨였던 것이다. 그런데 『순조실록』은 정조가 사망하기 전에 정순왕후가 이미 인사권을 사용했음을 말해주고 있다.

> 이에 앞서 대행대왕(정조)의 병세가 위독한 상태에 있을 적에 대왕대비가 언서(諺書)로 하교해 전 승지 윤행임(尹行恁)을 발탁해 승정원 도승지로 삼았다.

정조가 죽기 전에 정순왕후가 이미 불법적으로 인사권을 행사했던 것이다. 정조의 승하는 정조의 최대 정적 정순왕후와 노론 벽파의 전면 부활을 의미했다. 정순왕후는 만 열 살의 순조를 대신해 수렴청정을 했다. 며칠 전 경기도 양주, 장단 등의 고을에서 벼가 갑자기 하얗게 죽자 노인들이 "상복을 입은 벼[居喪稻]"라고 슬퍼했는데, 이런 조짐 속에서 개혁군주 정조는 세상을 떠났고, 그 빈자리를 노론 벽파가 채우면서 조선은 다시 24년 전으로 돌아간다.

8장

정당정치의 붕괴와 세도정치

그들은 그런 성리학적 사회를 망한 나라와 함께 보내버리고 새로운 사회를 꿈꾸었다.
모든 백성이 평등한 사회, 개인의 절대적 자유가 보장받는 사회,
서로가 서로를 위해 상부상조하는 새로운 공화국을 꿈꾸었다.
그 길은 지금까지 조선의 사대부들이 걸었던 길과는 전혀 다른, 새로운 길이었다.

널리 퍼진 정조 독살설

몇 년 전 정조가 노론 벽파 심환지에게 보낸 어찰이 공개되면서 일부 학자들이 '심환지와 노론 벽파는 정조의 죽음과 관련이 없다', '정조 독살설은 시골에서나 떠돌던 야담'이라고 주장하고 있다. 그러나 정조가 승하하자 독살설이 광범위하게 유포되었다. 1800년 7월 4일 순조 즉위 당일, 사헌부와 사간원에서 정조 사인에 의혹이 있다면서 어의 처벌을 주장하고 나섰다. 이때 강명길(康命吉)과 함께 공격받은 어의가 '방외의(方外醫: 의서에 없는 처방을 하는 의사)' 심인이었다. 정순왕후와 노론은 어의 보호에 전력을 기울였다. 정순왕후는 7월 13일 이렇게 말했다.

"약에 대해 의논한 시종을 내가 알고 있으니 어찌 그들에게 죄를 줄 수 있겠는가?"

대사간 유한녕(兪漢寧)은 "역적 의사[逆醫]"라는 표현을 쓰면서 "흉적 심인의 죄는 신가귀보다 더하다"고 공격했다. 신가귀는 효종에게 침을 놓다가 '혈락을 잘못 건드려' 사망하게 했다는 이유로 사형당한 유일한 어의였다. 신가귀보다 심인의 죄가 더 크다는 것은 심인이 정조를 독살했다는 공격이나 마찬가지였다.

정순왕후와 심환지 등이 심인을 비호한다는 비난이 들끓자 정순왕후는 심인을 경흥(慶興)으로 유배 보냈으나, 7월 15일에는 관학 유생 권중륜(權中倫) 등이 심인의 처형을 요구하고 나서는 등 소동은 가라앉지 않았다. 정조 독살설로 온 나라가 시끄러워지자 정순왕후는 7월 20일 "인심의 분노는 막기 어려워 물정(物情)이 점점 격렬해지니 따르지 않을 수 없다"고 물러설 수밖에 없었고, 심인은 순조 즉위년(1800) 8월 10일 유배지로 가는 도중 사형당했다.

그러나 사인을 규명하려면 국문을 해야 했으나 정순왕후는 국문을 거부하고 바로 사형함으로써 더욱 의혹을 확산시켰다. 『순조실록』 사관은 이때 "대신 심환지는 심인의 소원한 친족이었기 때문에 처음에는 비호하려고 했다"면서 심인의 배후가 심환지라는 세간의 의혹을 실었다. 그때 어떤 이가 심환지에게 이가작(李可灼)과 방종철(方從哲)을 거론하면서 뒷날 죄를 면치 못할 것이라고 말하자 사형에 동의했다는 것이다. 이가작은 명나라 광종(光宗)에게 붉은 환약[紅丸]을 올려 급서하게 만든 인물이고 방종철 역시 이 사건 관련 인물인데, 이를 '붉은 환약의 안건[紅丸案]'이라고 부른다. 심환지가 어의로 진출시켜 정조를 치료하게 했던 사람이 심인이고, 그를 지휘했던 내의원 제조가 심환지였으므로 의문은 더해갈 수밖에 없었다.

심인이 사형당한 닷새 후인 그해 8월 15일에는 경상도 인동부(仁同府: 현재의 구미시)에서 장시경(張時景)·현경(玄慶) 부자가 고을 농민들을 모아 '선왕의 복수'를 명분으로 인동 관아를 습격한 사건이 발생했다. 이들은 "지금 국가에 어약(御藥)을 과도하게 사용해 하늘이 무너지는 슬픔을 당하게 되었다"고 정조 독살설을 공개적으로 거론하며 관아를 습격했다. 그러나 서울 공략 계획이 실패하자 장시경 3형제는 천생산성(天生山城)의 낙수암(落水巖) 위로 올라가 "군부의 원수를 갚지 못하고 먼저 죽는 것이 억울하다"며 몸을 던졌는데, 막내

심환지, 경기도박물관
영조 · 정조 시대의 문신. 노론 벽파의 지
도자로, 시파에 의해 정조 독살의 배후자
로 지목되면서 사후 관작이 추탈되었다.

장시호(張時皥)는 낭떠러지에 떨어져서도 살아남았다. 인동부사 이갑
회(李甲會)와 경상감사 김이영(金履永)의 보고를 들은 조정은 크게 놀
라 형조판서 이서구(李書九)를 영남안핵사로 삼아 현지에 급파했다.

  남인 명가 후예들이 '선왕의 복수'를 명분으로 관아를 습격한 대
사건에 대해 노론 벽파가 장악한 조정은 쉬쉬하기에 바빴다. 9월 23
일 영의정 심환지는 정순왕후에게 건의해 장시호를 비롯한 세 명만
사형하고 김금돌 등 여덟 명은 유배 보냈고, 손둘엄 등 33명은 곤장
을 친 후 석방했다. 장시호 등은 서울로 압송해 국문한 후 공개적으
로 형을 집행해야 했으나 심환지는 '해도(該道: 경상도)에서 법을 적용
해도 된다'면서 경상도에서 사형했다. 그래서 '선왕의 복수'를 주창
하며 관아를 습격한 대사건은 다른 역모 사건들과는 달리 비밀리에
처리되었고 거의 알려지지도 않았다. 그만큼 정조 독살설은 정순왕
후나 심환지, 즉 노론 벽파의 약점이었다. 사후 1년이 지난 순조 1년

(1801) 5월에도 홍문관 부교리 이인채(李寅采)가 "작년 여름 망극(罔極)한 변을 당했을 때 진실로 조금이라도 상도를 지키려는 마음이 있는 자라면 그 누군들 역적 심인을 직접 칼로 찌르고 싶어 하지 않았겠습니까?"라고 주장해 심인을 독살의 주범으로 지목했고, 정순왕후도 순조 3년(1803) 1월 "죄는 오로지 심인에게 있었다"라고 변명해야 했을 정도로 정조 사인에 대한 의혹은 계속되고 있었다.

정순왕후가 순조 5년(1805) 세상을 떠나면서 순조 6년(1806) 노론 벽파에서 노론 시파라는 당내 다른 계파로 정권이 이동하는 이른바 병인경화(丙寅更化)가 발생했다. 시파는 심환지가 정조 독살의 배후라는 주장을 하기에 이르렀다. 사간원 정언 박영재(朴英載)가 심환지의 죄상을 열거하면서 정조 독살설을 제기한 것이다.

"(심환지가) 역적 심인을 천거해 (어의로) 진출시킨 것이 첫 번째 죄입니다. (……) 장용영 창설은 선대왕(정조)의 심원(深遠)한 생각에서 나온 것인데, 감히 3년 만에 고쳐도 된다는 이야기를 방자하게 진달했고……."

"심환지가 역적 심인을 천거해 어의로 진출시킨 것이 첫 번째 죄"라는 말은 정조 독살의 배후가 심환지라는 폭로에 다름 아니다. 심환지는 또한 순조 2년(1802) 정조가 심혈을 기울여 기른 조선 최고의 군영 장용영을 해체했다. 지금은 순조가 대비의 수렴청정을 받지만 성인이 되면 장용영을 기반으로 노론에 도전할까 두려워 군영 자체를 해체한 것이었다. 공익보다 사익, 국익보다 당익을 앞세우는 심환지와 노론 벽파의 정치관을 잘 말해준다.

순조 6년(1806) 4월 삼사는 합동으로 상소를 올려 노론 벽파 영수 심환지를 격렬히 비판했다.

심환지는 선조(정조)의 망극한 은혜를 받은 사람으로서 선왕께서 선향(仙鄕: 저승)으로 멀리 떠나가시던 당일로 우리 선왕의 은혜를 저버리고 우리 선왕과 배치(背馳)되었습니다.

심환지는 순조 2년(1802) 이미 죽었지만 선왕의 역적으로 인정돼 관작이 추탈되었고, 그 자식들은 사방으로 나뉘어 정배되었다. 정조가 10년만 더 살았더라면 조선은 멸망하지 않았을지도 모르지만, 정조의 급서는 조선의 정치체제를 노론 일당독재에서 세도정치로 변질시켰다.

세도정치의 문을 연 외척 세력

정조 사후 정권을 차지한 노론 벽파는 정조의 24년 치세를 무효로 돌리는 '역사 거꾸로 세우기'에 착수한다. 정순왕후는 정조의 시신을 묻고 돌아온 직후부터 조정의 남인들을 모두 쫓아내기 시작하다가 순조 1년(1801) 천주교를 역률로 단죄하는 '사학 엄금 교서'를 내려 천주교도 대살육의 문을 열었다.

(천주교를) 엄금한 후에도 개전하지 않는 무리가 있으면 마땅히 역률로 다스릴 것이다. 수령은 각기 맡은 지방에서 오가작통법을 밝게 실시하여 만약 그 통내(統內)에서 사학을 하는 무리가 있으면 통수(統首)로 하여금 관가에 고해 죄를 다스려 사학을 뿌리째 뽑아버려 남은 씨가 없도록 하라.

천주교 신봉은 곧 역률로 다스려졌다. 청나라를 개입시켜 신유박해를 중지시키려던 황사영(黃嗣永)은 유명한 백서에서 정순왕후에 대해 "본래 벽파의 사람으로서 그 본가는 일찍이 선왕이 없애버린 바 되었으므로 여러 해 동안 한을 품고 있었으나 겉으로 나타내지는 못했다. 뜻밖에도 정치에 간섭할 기회를 얻게 되자 벽파를 끼고 해독을 마음대로 끼쳤다"라고 비판했다. 또한 "천주교를 빌려서 남을 몰아치는 재료로 삼았다"라고도 비판했다. 정순왕후와 노론 벽파는 천주교를 빌미로 정조 때 성장한 남인들을 죽음으로 몰고 갔다. 정약종, 황사영 등 배교를 거부한 이들뿐만 아니라 이미 배교하고 천주교 신자들을 체포하기도 했던 이가환이 장사(杖死)하고 정약용이 유배에 처해진 것은 신유박해가 사교 탄압을 빙자한 정적 숙청에 다름 아니었음을 말해준다.

아무런 보호막이 없었던 일반 백성들은 더 많은 해를 입었는데, 한 집이라도 천주교도가 나오면 나머지 네 집도 화를 입게 했던 오가작통법은 국가로부터 수많은 의무만 질 뿐 아무 권리가 없었던 수많은 백성들을 질곡에 빠뜨렸다. 이 신유박해로 중국인 주문모 신부와 이승훈, 정약종, 최창현(崔昌顯), 강완숙(姜完淑) 등의 양반들과 정조의 이복동생 은언군의 부인 송씨와 그 며느리 신씨 등의 왕족들을 포함해 300명 이상이 처형당했다.

순조 4년(1804) 정순왕후가 수렴청정을 거둠으로써 순조의 친정이 시작되고 시파가 정권을 잡았으나, 이는 김조순을 중심으로 하는 세도정치로 연결되었다. 정조가 안동 김씨 김상헌의 후손인 노론 김조순의 딸을 세자빈으로 삼아 미래의 국구로 삼은 것이 세도정치를 불러온 것이다. 김조순은 노론 벽파와 권력 투쟁에 나서 정권을 잡는

김조순
정조의 장인이자 노론 시파인 김조순. 안
동 김씨 일파와 결탁한 노론 시파는 정순
왕후 김씨 일가와 결탁한 노론 벽파를 몰
아내고 세도정치의 막을 열었다.

데, 이것이 바로 순조 6년(1806)의 병인경화이다. 김조순은 정순왕후
의 육촌인 김관주(金觀柱)를 왕비의 삼간택을 방해한 죄와 정조를 배
신한 죄로 귀양 보냈는데, 그는 가는 도중에 죽었다. 이미 죽은 정순
왕대비 김씨의 오라비 김귀주도 정조를 해치려 했다는 죄로 역률로
다스렸다. 정조 독살설의 당사자 심환지는 이미 사망했지만 역시 관
작을 삭탈했다. 병인경화는 사실 노론 시파가 정권을 장악했다기보
다 외척 정순왕후 일가 및 그와 결탁한 노론 벽파를 몰아내고 외척
안동 김씨 일가와 그와 결탁한 노론 시파가 정권을 잡은 셈이었다.
김조순의 영향력은 절대적이어서 이른바 안김(安金: 안동 김씨) 세도
정치가 시작된 것이다. 노론 벽파가 축출됨으로써 생긴 빈 공간은 김
이익(金履翼), 김이도(金履度), 김달순(金達淳) 등 안김 일문이 차지했
다.
　세도정치는 노론 일당독재에서 노론 내에서도 소수 벌열(閥閱)이

정국을 주도하는 것으로 역행한 정치체제였다. 순조~고종 시기에 정권을 주도한 벌열 가문은 열 가문 정도이다. 신 안동 김씨, 반남 박씨, 대구(달성) 서씨, 여흥 민씨, 동래 정씨, 연안 이씨, 풍양 조씨, 남양 홍씨, 해평 윤씨, 광산(광주) 김씨 등인데, 세도정치의 특징은 왕실의 외척들이 정권을 독점했다는 점이다. 김조순의 신 안동 김씨가 순조의 왕비(순원왕후 김씨), 헌종의 왕비(효현왕후 김씨), 철종의 왕비(철인왕후 김씨)를 배출했고, 남양 홍씨는 헌종의 왕비(효정왕후 홍씨), 풍양 조씨는 추존된 익종(효명세자)의 왕비(신정왕후 조씨)를 배출했으며, 여흥 민씨는 고종의 왕비(명성황후 민씨)를 배출했다. 이 중 왕비뿐만 아니라 부마를 배출한 반남 박씨, 해평 윤씨까지 포함하는 6개 외척 가문이 정국을 좌지우지한 것이 세도정치였다. 노론 일당독재에서 노론 중에서도 몇몇 가문, 특히 6개 외척 가문이 정권을 장악한 것이 세도정치인 것이다.

조선은 개국 초 외척들의 정치 참여에 극도로 부정적이었다. 그러나 서인들이 계해정변 후 세자빈은 반드시 서인가에서 내겠다는 '국혼물실'을 쿠데타 이념 중의 하나로 만들면서 결국 나라를 망하게 하는 지경에 다다른 것이었다. 순조~고종 시기 벌열의 당파를 보면 노론계가 27개로 77퍼센트, 소론계가 다섯 개로 14퍼센트, 북인계가 두 개로 6퍼센트, 남인계가 한 개로 3퍼센트였다. 이 중 실질적으로 국정에 영향을 끼칠 수 있는 당상관 이상 배출 인원을 조사하면 노론계 벌열이 83퍼센트로 거의 전부를 차지한다고 해도 과언이 아니었다.

세도정치 아래에서 국왕은 명목뿐이었다. 이 무렵부터 민란이 시작되는 것은 중대한 의미가 있다. 정조 때까지는 백성들이 마지막 희망을 국왕에게 걸었다. 격쟁(擊錚)으로 지방관의 잘못을 국왕에게 직접 호소할 수도 있었다. 그러나 세도정치로 국왕이 유명무실해지면서 백성들은 자구(自救) 수단으로 민란을 선택했다. 순조 11년(1811) 발생한 홍경래(洪景來)의 봉기는 조선 후기 사회의 모든 모순이 집약된 것이었다. 여러 번 과거에 낙방한 홍경래는 서북인에 대한 차별을 부르짖으며 군사를 일으켰다. 또한 거사 자금을 제공한 가산(嘉山) 부호 이희저(李禧著)는 역노(驛奴) 출신으로 대청 무역을 통해 부를 축적한 인물이었다. 양반 벌열은 물론 양반 사대부의 정치 독점도 사회 밑바닥부터 무너지고 있었지만, 중앙 정치는 거꾸로 세도정치로 역행한 것이었다.

사회의 흐름이나 바람과는 달리 중앙 정치가 소수가 독점하는 세도정치로 역행하자 직접 조선 왕조 타도를 기치로 봉기한 것이 홍경래의 봉기와 각종 민란이었다. 영조 때의 이인좌의 봉기가 조선 왕조의 틀 내에서 문제를 해결하려 했다면 홍경래는 스스로 평서대원수(平西大元帥)라 칭하고 『정감록』에서 말하는 정씨 진인(眞人)의 추대를 주창했다. 홍경래가 조선 왕조 및 안김 세도정권 타도를 주창하면서 봉기하자마자 가산, 곽산, 정주, 선천, 철산 등 청천강 이북 10여 개 지역을 점령한 것은 조선 왕조의 정상적인 수명이 다했음을 뜻하는 것이었다.

김조순은 안김 세도정치에 대한 비난이 커지자 다른 노론 가문들을 끌어들여 정권의 외연을 넓히려는 목적으로 순조 19년(1819) 효명세자(익종)의 빈으로 풍양 조씨 조만영(趙萬永)의 딸을 간택했다. 효명세자가 순조 27년(1827) 세자 대리청정을 시작하면서 풍양 조씨가 대거 발탁되어 안동 김씨와 다투었으나 효명세자가 순조 30년

(1830) 노론과 다투다가 급서하면서 풍양 조씨의 세력은 약해졌다. 순조가 재위 34년 만에 사망하고 그 뒤를 효명세자의 아들 헌종이 이었으나 일곱 살 어린 헌종을 대신해 대왕대비 순원왕후 김씨(순조비)가 대리청정하면서 안동 김씨가 다시 권력을 장악했다. 헌종 3년 (1837) 김조근(金祖根)의 딸이 왕비(효현왕후)에 책봉됨으로써 안동 김씨는 왕실과 중첩된 외척관계를 맺으며 장기 집권의 기틀을 쌓았다.

풍양 조씨는 권력을 되찾기 위해 과거 공서파가 그랬던 것처럼 천주교를 이용했다. 순조 31년(1831) 프랑스의 외방전교회(外邦傳敎會)는 중국 북경교구에서 조선교구를 분립시키고 브뤼기에르 주교를 조선교구의 초대 주교로 임명한 데 이어, 헌종 2년(1836)에는 프랑스 신부 모방과 샤스탱, 앵베르 등을 밀입국시켜 교세를 크게 확장시켰다. 안동 김씨는 노론 시파답게 천주교에 관대한 자세를 취했는데, 풍양 조씨는 이를 공격해 정권을 장악하려 한 것이다.

헌종 5년(1839, 기해년) 3월 조정을 장악한 조만영과 그의 동생 조인영·용현 등은 '사학토치령(邪學討治令)'을 내려 기해사옥(己亥邪獄)의 문을 열었다. 이때 프랑스 신부 모방, 샤스탱, 앵베르와 정약종의 아들 정하상(丁夏祥) 등 70여 명의 천주교도를 처형했다. 조인영은 자신이 써서 올린 「척사윤음(斥邪綸音)」을 대왕대비의 이름으로 반포하면서 박해의 정당성을 설파하기도 했다.

헌종 7년(1841) 수렴청정이 끝나고 헌종의 친정이 시작되었지만 외척 풍양 조씨 세력은 더욱 강화되었다. 그러나 헌종 12년(1846) 조만영이 죽으면서 그 세력이 약화되고 다시 안동 김씨가 부상했다. 외척 사이의 이전투구가 계속되면서 정상적인 국가체제는 붕괴해갔다. 헌종 10년(1844)에는 중인 출신인 의원 민진용(閔晉鏞)의 모반 사건이 일어날 정도로 왕권의 권위는 실추되고 있었다. 이 모반 사건으로 은언군의 손자 회평군(懷平君) 이원경(李元慶)이 사사되었는데, 재위 15년(1849) 헌종이 사망하자 그 뒤를 이은 인물은 뜻밖에도 이원경의 동생 이원범(李元範)이었다. 그가 '강화도령' 철종(哲宗)인데, 역모에 연루되어 사사된 회평군의 동생을 임금으로 책봉했다는 것은 세도정치 아래에서 국왕이 완전히 명목상의 존재로 전락했음을 뜻한다. 철종을 추대한 세력은 대왕대비 순원왕후 김씨였는데, 그의 즉위는 순원왕후의 수렴청정으로 이어졌다. 철종 2년(1851) 대왕대비의 근친 김문근(金汶根)의 딸이 왕비로 책봉되어 안김의 세도정치는 절정에 달했다.

세도정치는 삼정(三政)의 문란으로 이어져 철종 13년(1862, 임술년)에는 하삼도(충청, 전라, 경상) 대부분 지역에서 백성들이 봉기하는 임술민란, 즉 임술봉기가 발생했다. 임술봉기는 같은 해 경상우병사 백낙신(白樂莘)의 불법 탐학에 항거한 진주민란이 도화선이 되었다. 진주민란에는 수만 명의 농민이 가담했는데, 백낙신을 감금하고 권준범(權準範), 김희순(金希淳) 등의 관리들과 향리 네 명을 타살하고 부호들을 습격했다. 이 사건으로 농민 측도 효수 열 명, 귀양 스무 명 등의 형을 받았으나 벼슬아치들도 귀양 여덟 명, 곤장 다섯 명, 파직 네 명 등의 처벌을 받았다. 조정도 형식적이나마 벼슬아치를 처벌하지 않을 수 없을 정도로 백성들의 세력이 신장한 것이었다. 같은 해 '삼정이정청(三政釐整廳)'을 설치해 삼정의 문란을 바로잡으려 했으나, 세도정치 아래에서 국왕의 권력으로는 세도가의 이익에 손을 대는 일은 수행할 수가 없었다.

임술봉기 이듬해인 철종 14년(1863) 12월 철종이 사망했는데, 대왕대비 조씨의 전교로 흥선군(興宣君) 이하응(李昰應)의 둘째 아들 명복(命福)이 왕위에 올랐으니 그가 바로 고종이었다. 고종의 즉위는 대원군시대로 이어졌다.

충격 속에 등장한 대원군의 개혁정치

흥선대원군 이하응은 혈통상으로는 인조의 셋째 아들 인평대군의 6대손인 남연군의 넷째 아들이지만, 남연군이 어릴 때 사도세자의 둘째 아들 은신군의 양자로 입적됨으로써 족보상으로는 사도세자의 가계다. 헌종 9년(1843) 흥선군에 봉해진 그는 수릉천장도감(綏陵遷葬都監)의 대존관(代尊官), 오위도총부의 도총관 등 종친들이 형식적으로 맡는 한직을 지냈다. 안동 김씨 세도정치 때는 호신책으로 천하장안(千河張安)이라 불렸던 천의현(千宜鉉), 하청일(河淸一), 장순규(張淳奎), 안석주(安石柱) 등 시정의 무뢰한들과 어울려 지내고, 세도가들의 주목에서 벗어나기 위해 일부러 안동 김씨 가문을 찾아다니며 구걸도 서슴지 않아 '궁도령(宮道令)'이라는 비웃음을 사기도 했다.

이하응은 안동 김씨 가문에 원한을 품고 있던 익종비(翼宗妃) 조씨의 조카 조성하(趙成夏)와 친교를 맺고, 그를 통해 조대비에게 접근해 대(對) 안동 김씨 연합전선을 결성했다. 철종이 후사 없이 하세(下世)했을 때 후사에 대한 준비가 없었던 안동 김씨는 우왕좌왕했다. 반면 흥선군은 미리 조 대비와 결탁했고, 조 대비는 궁궐 웃어른의 지위를 이용해 이하응의 둘째 아들 명복을 철종의 후사로 발표하는 대역전극을 연출했다. 장안의 파락호(破落戶)로 알려졌던 이하응은 일약 임

흥선대원군, Homer B. Hulbert(1898년 또는 이전 촬영)
사색당파를 고루 등용하는 인사정책으로 사대부들의 지지 기반을 넓힌 데 이어 삼정을 바로잡아 백성들의 삶을 안정시키려 했다. 흥선대원군은 개혁적인 조치를 취했지만 왕권 강화를 통한 성리학적 사회의 재건이라는 시대역행적인 과제에 매달리면서 실패하고 만 것이다.

금의 생부인 대원군이 되었다.

즉위 당시 명복은 열두 살이었으므로 조 대비가 섭정했는데, 흥선대원군이 조 대비로부터 섭정의 대권을 위임받아 권력을 장악했다. 신하의 예를 취하지 않아도 되는 '비신지례(非臣之禮)'의 특별대우를 받으며 권력을 장악한 대원군은 재야에 묻혀 있을 때 구상했던 개혁정책들을 실천에 옮겼다. 외척에 눌려 실추된 왕실의 권위를 바로잡고 나라로부터 마음이 떠난 민심을 수습하는 일이었다.

대원군의 개혁정치는 이미 수명을 다한 조선 왕조가 소생할 수 있는지 여부를 가리는 마지막 승부수이기도 했다. 충격적으로 정계에 등장한 대원군은 이런 기대를 반영하듯 먼저 내부 개혁에 착수했다. 그는 '서대문을 낮추고 남대문을 높이겠다'는 말로 서인(노론)을 약화하고 남인을 등용하겠다는 뜻을 표시했다. 노론 벌열의 세도정치에 소외된 남인, 북인, 소론계를 등용했다. 대원군은 사색당파(노론,

소론, 남인, 북인)를 고루 등용하는 인사정책으로 사대부들의 지지 기반을 넓힌 데 이어 삼정을 바로잡아 백성들의 삶을 안정시키려 했다. 전정(田政), 군정(軍政), 환정(還政)을 일컫는 삼정의 폐단은 각지에서 민란이 일어나게 하는 핵심 원인이었다.

전정의 폐단은 지방관과 양반 토호들이 의도적으로 토지대장에서 토지를 누락시켜 전세를 착복하는 것이었다. 대원군은 이런 땅을 찾아내 과세함으로써 국가 재정을 튼튼하게 했다.

군정의 문제점은 양반 사대부들이 군포 징수 대상에서 제외된 것이었다. 대원군은 고종 8년(1871) 양반 사대부들에게도 군포를 받는 호포법을 실시해 양반 사대부와 양인 사이의 군역 및 조세 차별을 해소시켰다.

환곡(還穀)은 춘궁기에 백성들에게 곡식을 빌려주고 추수기에 되돌려받는 빈민구제책으로 시작된 정책이었다. 그러나 나중에는 고리대로 불릴 만큼 성격이 크게 변질되었다. 대원군은 고종 3년(1866) 환곡제를 '사창제(社倉制)'라는 자치조직으로 바꾸어 그 폐단을 해소했다.

대원군은 서원의 폐단에도 손을 댔다. 서원은 선현을 제사 지내고 양반 자제들에게 학문을 강의하는 교육 및 인격 수양의 장이었지만, 백성 수탈과 당쟁·부패의 온상으로 변질되었다. 대원군은 고종 8년(1871) 전국 47개 서원을 제외하고 송시열의 화양동서원을 비롯한 나머지 서원을 모두 철폐했다. 서원 철폐 조치에 충격을 받은 전국 각지의 유생들이 집단 상경하여 중지를 탄원했으나, 대원군은 "백성들에게 해를 끼치는 자라면 비록 공자나 주자가 살아 오더라도 용서하지 않겠다"는 결연한 의지로 철폐를 단행했다.

대원군은 비변사도 개혁했다. 중종 5년(1510) 삼포왜란을 계기로 설치된 비변사는 임시기구였지만 점차 국가의 모든 분야를 망라하는 거대 상설기관으로 변질되어 왕권을 크게 위축시켰다. 대원군은 비변사의 정치 업무는 의정부로 환원하고 군무는 삼군부(三軍府)를 부활시켜 처리하게 해 정(政)·군(軍)을 분리하고 비변사는 폐지했다.

대원군의 이런 개혁정치는 멸망의 길로 달리던 조선의 마지막 희망이었다. 그러나 대원군의 개혁정치는 한계 또한 뚜렷했다. 왕권 강화를 통한 성리학적 사회 질서의 회복이라는 구시대적 가치관을 추구했기 때문이다. 고종 2년(1865) 임진왜란 때 불타버린 경복궁을 중건하면서 자금이 부족해지자 원납전(願納錢: 자진해서 납부하는 돈)을 납부하게 하고, 벼슬을 주었다. 이는 원납전(怨納錢: 원망하며 납부하는 돈)이라고 지칭되는 등 불만을 샀다. 또한 재정 확충을 위해서 문세(門稅)와 결두전(結頭錢)을 징수하고 당백전(當百錢)을 발행했다. 당백전의 명목가치는 상평통보(常平通寶)의 100배였지만 실제 가치는 5~6배에 지나지 않아 경제 질서를 왜곡시켰다. 또한 많은 백성들을 '서민자래(庶民自來: 서민들이 스스로 옴)'라는 명목으로 강제 징발함으로써 양반은 물론 일반 백성들의 원성도 높아갔다. 호포제와 서원 철폐 등으로 양반 사대부들의 지지를 상실한 데 이어 일반 양민들의 지지까지 상실한 대원군은 사면초가에 빠졌다.

그 결과, 집권 10년 만인 고종 10년(1873) 유생 세력의 대표 최익현(崔益鉉)의 상소로 무너지고 말았다. 대원군의 내정개혁이 성공하려면 신분제 철폐를 포함한 평등하고 개방적인 사회를 지향해야 했지만, 왕권 강화를 통한 성리학적 사회의 재건이라는 시대역행적인 과제에 매달리면서 실패하고 만 것이다.

고종의 친정과 노론의 매국

나라가 망하자 음독 자결한 황현(黃玹)은 『매천야록(梅泉野錄)』에서 "고종은 자신이 웅대한 지략과 불세출의 자질을 가지고 있다고 자부했다"라고 썼다. 대원군이 쫓겨나면서 고종의 친정이 시작되었지만, 고종의 친정은 대원군이 휘두르던 권력이 왕비 민씨 가문으로 넘어간 것에 불과했다. 민씨들에게는 '개혁'이라는 개념 자체가 없었다.

고종 정치의 특징은 명분과 실질이 충돌하는 것이었다. 고종이 개혁정치를 표방한 것은 조선이 나아가야 할 방향을 제대로 짚은 것이었다. 개혁정치를 추진하려면 개혁정치가들을 조정의 주요 관직에 포진시켜야 했다. 그러나 고종은 개혁정치가들의 개혁정책이 자신의 생각과 어긋나면 바로 폐기했다. 급진개혁가 김옥균(金玉均) 중심의 개화당은 갑신정변이 실패하면서 소멸되었다. 외세가 물밀듯이 밀려드는 상황에서 백성들도 살고 왕실도 살 수 있는 유일한 방도는 '입헌군주제'였다. 그러나 고종은 입헌군주제를 추진하던 김홍집 중심의 온건개혁 세력도 붕괴시켰다. 러시아공사관으로 망명한 고종은 경무관을 불러 갑오개혁을 주도하던 총리대신 김홍집(金弘集) 등을 역적으로 규정해 경무청 문 앞에서 군중들에게 참살당하게 했다. 황현이 『매천야록』에서 고종의 아관파천에 대해 "헌정에 속박되는 것을 싫어했기 때문"이라고 비판한 것은 고종 정치의 본질을 잘 말해준다.

고종은 서로 상반된 가치관을 사안별로 따로 독립시켜 사고하는 희한한 의식 구조를 갖고 있었다. 고종은 부국강병책을 추진하면서 함께할 신하가 없다고 한탄했다. 남인 정약용과 동시대에 함께 살면

고종 황제(1897년)
안으로는 대원군과 명성 황후와의 세력 다툼, 밖으로는 구미 열강의 문호 개방 압력에 시달렸다. 고종 정치의 특징은 명분과 실질이 충돌하는 것이었다. 일관성 없는 정책으로 개화를 추진한다면서 강경·온건 개화파를 다 죽였으니 남은 것은 이완용 같은 친일 세력밖에 없었다.

서 정치하지 못하는 것을 한탄했다. 그러나 고종은 대과에 급제한 사람이 알현할 때 당색이 노론이면 '친구'라고 부르고, 소론이면 '저쪽[彼邊]'이라고 부르고, 남인이나 북인이면 '그놈[厥漢]'이라고 불렀다. 그래서 전통 남인이었던 정약용 가문에서는 고종이 『여유당전서(與猶堂全書)』를 필사해서 올리라고 명령했을 때 정약전, 이가환 등 정약용이 쓴 여섯 명의 묘지명은 올리지 않았다. 정약용이 묘지명에서 착한 이들을 유배 보내고 죽인 노론을 악당(惡黨)이라고 비판하고 있었기 때문이다.

자국의 동학농민군을 진압하기 위해 청나라 군사를 초빙함으로써 일본군을 불러들인 것도 고종이었다. 1884년 갑신정변 때 톈진(天津) 조약에 따라 청나라 군사가 조선에 들어오면 일본군도 들어오게 되어 있었다. 그러니 청나라 군사를 불러 일본군을 불러들인 것도 고종과 민씨 정권이었다. 개화정책을 추진한다면서 강경·온건 개화파를 다 죽었으니 남은 것은 이완용(李完用) 같은 친일 세력밖에 없었다.

1910년 초가 되면 이용구(李容九), 송병준(宋秉畯) 등의 '일진회'와 노론의 마지막 당수 이완용이 매국 경쟁에 나서게 된다. 즉각 합병론 자인 육군대장 데라우치 마사타케(寺內正毅)가 제3대 한국통감으로 부임하자 이완용은『혈의 누』의 작가였던 비서 이인직(李人稙)을 통 감부 외사국장 고마쓰 미도리(小松錄)에게 보내 일진회를 따돌리고 매국 협상에 나섰다. 이인직은 1910년 8월 4일 고마쓰를 찾아와 이 완용의 말을 전한다.

"역사적 사실에서 보면 일한병합이라는 것은 결국 종주국이었던 중국으로부터 일전(一轉)하여 일본으로 옮기는 것입니다."

이 말은 계해정변 이래 집권당이었던 노론의 합방 당론이었다. 고 마쓰는 한국 점령 후 실시할 일제의 한인 지배층에 대한 정책을 설 명했다.

"병합 후 한국의 원수는 일본 왕족의 대우를 받으며 언제나 그 위 치를 유지하기에 충분한 세비를 지급받으시게 된다. (……) 또한 내 각의 여러 대신은 물론 다른 대관으로서 병합 실행에 기여하거나 혹 은 이에 관계하지 않은 자에게까지도 비위의 행동으로 나오지 않는 자는 모두 공·후·백·자·남작(公侯伯子男爵)의 영작을 수여받고 세습 재산도 받게 된다."

일제 점령 후 고종과 순종에게는 일본 왕족의 대우를 하고, 나라를 넘기는 데 협력하거나 방해하지 않은 대신들에게는 귀족의 작위와 막 대한 은사금을 주겠다는 것이었다. 고무된 이인직은 이렇게 말했다.

"귀하께서 말씀하신 바가 일본 정부의 대체적 방침이라고 한다면 대단히 관대한 조건이기 때문에 이 총리가 걱정하는 정도의 어려운 조건은 아니라고 확신합니다."

이인직의 보고를 들은 이완용은 소론에서 실절(失節: 절개를 잃음)한 것으로 여기는 조중응(趙重應)을 데리고 1910년 8월 16일 일본의 호우 피해를 위문한다는 핑계로 데라우치를 방문해 나라를 넘기는 협상에 나섰다. 데라우치는 한국 강점에 대한 대요(大要)를 적은 각서를 이완용, 조중응 등에게 전달했다. 고마쓰가 전하는 유일한 이견은 이완용 등이 고종과 순종의 지위에 대해 문제를 제기한 것이었다.

"한국 원수(元首: 조선 황제)의 칭호를 대공(大公: 국왕과 공작 사이)으로 하는 게 어떠냐는 문의를 해와, 일본 측이 오히려 구래(舊來)의 칭호인 국왕으로 하는 것이 낫겠다고 대답했다."

효종 국상 때 조선 국왕에게 임금이 아닌 사대부가의 예법을 적용해 1년복설을 주장한 것처럼 조선 국왕을 임금이 아니라 자신들과 같은 사대부 계급으로 여겨왔던 계해정변 이후의 노론 당론이 다시 확인되는 순간이었다. 두 대신이 데라우치를 만난 지 6일 만인 8월 22일, 이른바 '한일합방조약'이 조인되었다. 군사 강점 상태에서 매국 친일파들과 맺은 조약이므로 굳이 황제의 재가가 없다는 사실을 거론할 필요도 없는 '불법 조약'이었다. 군사로 강점해놓고 조약이라는 형식을 갖춘 것뿐이었다. 계해정변으로 자국의 임금을 내쫓고, 중화사대주의 노론은 결국 나라까지 일본 제국주의에 넘기는 매국 행위를 저지르며 소멸되었다.

일제의 귀족령과 소론 · 남인들의 새로운 길

「조선총독부관보」 등에 따르면 대한제국 강점 두 달이 채 못 된 1910년 10월 12일 조선총독부는 노론 당수 이완용을 비롯한 매국 친일파 76명에게 공·후·백·자·남작의 작위를 수여하고 은사금을 지급했다. 이완용과 데라우치 사이의 각서를 토대로 만든 이른바 '한일병합조약문' 제5조에 "일본국 황제 폐하는 훈공 있는 한국인으로서 특히 표창에 적당하다고 인정된 자에게 영작(榮爵)을 수여하고 은급(恩級)을 부여한다"고 명기한 데 따른 포상이었다.

76명의 수작자(授爵者)들을 분석하면 두 가지 흐름이 발견된다. 하나는 왕실 인사들이다. 가장 고위직인 후작은 이완용을 제외하면 이재완, 이재각, 이해창, 이해승 등 모두 왕실 인사였다. 윤택영은 순종비 윤씨의 친정아버지였고, 박영효는 철종의 사위였다. 또 하나는 사실상 '노론 당인 명단'이라고 해도 과언이 아닐 정도로 집권 노론 일색이었다. 76명 중 소속 당파를 알 수 있는 64명의 당적을 분석하면 남인은 없고 북인 두 명, 소론 여섯 명, 나머지 56명은 모두 노론이다. 이 중에 작위 수여를 거부한 여덟 명의 노론 계열 인사들도 있지만, 노론이 나라를 팔아먹었다고 해도 과언은 아니었다.

이들이 나라까지 팔아먹은 이유는 더 이상 대한제국이 존속할 수 없다고 보았기 때문이다. 노론 벽파 심환지가 순조 때 장용영을 해체한 후 조선의 군사력은 크게 약화되었다. 외교관계는 더 절망적이었다. 일본은 청일전쟁으로 청나라를 꺾은 데 이어 러일전쟁으로 러시아도 축출했다. 영국과는 영일동맹을 맺었고, 미국과는 가쓰라-태프트 비밀협약으로 미국이 필리핀을 차지하는 대신 일본이 한국을 차

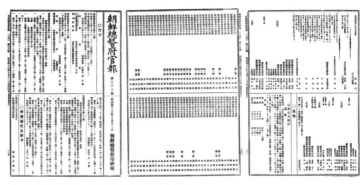

「조선총독부관보」 1910-10-12, 정규호 38
친일파 76명에게 작위 및 은사금을 지급한 기사가 실려 있다.

지하는 것으로 합의했다. 객관적으로 한국이 되살아날 가능성은 희박한 상황이었다.

이때 국내에서는 더 이상 활동 공간을 찾기 힘드니 외국에 나가서 독립전쟁을 수행하자는 독립전쟁론이 등장했다. 소론 계열의 보재(溥齋) 이상설(李相卨)과 우당(友堂) 이회영(李會榮) 등이 주도한 독립전쟁 방략이었다. 이상설은 나라가 망하기 전인 1906년 이미 만주로 망명해 용정촌에 서전서숙(瑞甸書塾)을 건립해 독립전쟁의 기반으로 삼았다.

블라디보스토크에는 강원도 춘천 출신의 유림 의암(毅菴) 유인석(柳麟錫)과 경상도 성주 출신의 이승희(李承熙)가 망명했다. 유인석은 위정척사의 견지에서 의병을 일으켰다가 관군에게 패전하자 만주로 망명했다가 일시 귀국한 후 다시 블라디보스토크로 망명한 유학자였다. 유인석이 성리학에 충실한 유림이었다면 영남 유림의 거두였던 한주(寒洲) 이진상(李震相)의 아들 이승희는 양명학을 수용한 개신유학자였다. 이승희는 1909년 러시아령으로 이주해 이상설과 상의해 황무지를 매입하고, 교포들을 이주시키고 학사(學舍)를 설치하고 민약(民約)을 제정했는데, 마을 이름이 '한인들이 흥하는 마을'이라는 뜻의 한흥동(韓興洞)이었다. 만주의 용정촌에 이어 러시아령에서 개신 유림과 합작으로 국외 독립운동 근거지가 만들어진 것이다.

1910년 일제의 대한제국 강점 후 전국 각지에서 망명에 나섰다. 가장 먼저 망명한 것은 강화도와 충청도 진천에 거주하던 양명학자들이었다. 성리학자들에 의해 이단으로 취급받던 양명학자들이 가장 먼저 망명한 것이었다. 강화학파라고 불리는 이건승(李建昇), 정원하(鄭元夏), 홍승헌(洪承憲) 등 소론 계열의 양명학자들이 만주로 망명해 유하현 횡도촌에 모였다.

서울에서는 이회영 일가 6형제가 전 재산을 처분해 만주 망명길에 올랐다. 이들 역시 1차 목적지는 횡도촌이었다. 강화도의 양명학자들과 우당 이회영 일가는 모두 소론이었다. 조선 후기 내내 야당이었던 소론 계열 인사들이 나라가 망하자 강화도와 서울, 충북 진천 등에서 일제히 망명해 횡도촌에 모인 것이었다.

비슷한 시기 경상도 안동의 석주(石洲) 이상룡(李相龍), 백하(白下) 김대락(金大洛), 황호(黃濩) 등도 일가와 함께 만주 망명길에 올랐다. 아들 이준형(李濬衡)이 쓴 이상룡의 연보 『선부군유사(先父君遺事)』는 이상룡이 망명하기 전 "노비 문서를 다 불태워서 각각 흩어져 돌아가서 양민이 되게 했다"고 전하고 있다. 안동 유림들은 당색으로는 남인이었지만 노론 일당독재 시절에는 정계에서 소외된 재야였다. 이상룡은 망명일기 『서사록(西徙錄)』에서 "아직 결행하지 못한 것은 다만 한 번의 죽음일 뿐이다"라고 말했을 정도로 독립전쟁에 몸을 바쳤다. 이상룡은 학계 일각에서 『단군세기(檀君世紀)』의 저자라

우당 이회영, 우당기념관
일가 6형제와 함께 가산을 처분하고 만주로 망명해 신흥무관학교를 설립, 독립군 양성과 군자금 모금 활동을 했다. 노론은 매국 행위를 저질렀지만 소론 계열인 우당 이회영 일가는 전 재산을 처분해 독립운동에 투신했다.

고 보는 고려 말의 문신 행촌(杏村) 이암(李嵒)의 종손이다. 그래서 그는 주자학자들과는 다른 역사관을 망명일기 『서사록』에 남겼다.

> 만주는 우리 단군 성조(聖祖)의 옛터이며, 항도천(恒道川: 횡도촌)은 고구려의 국내성에서 가까운 땅임에랴. 요동은 또한 기씨(箕氏: 기자)가 봉해진 땅으로서 한사군(漢四郡)과 이부(二府: 평주도독부, 동부도위부)의 역사가 분명하다. (……) 어찌 이역(異域)으로 여길 수 있겠는가?

만주가 우리 땅이고, 기자조선과 한사군, 이부가 모두 만주에 있었다는 역사 인식이다. 조선총독부 직속의 조선사편수회에서 한사군이 대동강을 중심으로 북한 지역에 있었다고 왜곡하리라는 사실을 미리 안 것처럼 만주에 있었다고 갈파한 것이다. 지식인의 예언자적 사명이었다. 그런 사명을 실천하기 위해서 이상룡은 목숨을 걸었다.

1911년 1월 27일 발거(跋車: 썰매수레)를 타고 압록강을 건너던 이상룡은 이런 결의를 시로 남긴다.

> 칼날보다 날카로운 삭풍이[朔風利於劍]
>
> 차갑게 내 살을 도려내네[慄慄削我肌削我肌] (……)
>
> 이 머리는 차라리 자를 수 있지만[此頭寧可斫]
>
> 이 무릎을 꿇어 종이 될 수는 없도다[此膝不可奴] (……)
>
> 누구를 위해 머뭇거릴 것인가[爲誰欲遲留]
>
> 호연히 나는 가리라[浩然我去矣].

그러나 이상룡을 비롯한 전국 각지의 망명객들이 비장한 결의로 압록강을 건넌 것은 망한 왕조를 재건하기 위해서가 아니었다. 횡도촌에 모인 망명객들은 1911년 4월 무렵 만주의 삼원보 근처 추가가 뒤 대고산에서 노천군중대회를 열고 민간 자치조직인 경학사(經學社)를 결성하고 이상룡을 사장으로 추대했다. 그리고 경학사에서 신흥무관학교를 만들었다. 사실상 망명 한인들의 정부 조직이었던 경학사의 후신이 부민단(扶民團)인데, 이상룡은 「만주기사(滿洲紀事)」라는 시에서 부민단 설립에 대해 이렇게 설명했다.

> 정부의 규모는 자치를 명분 삼았고, 삼권분립은 문명국을 따른 것이네[政府規模自治名 三權分立倣文明].

이미 망한 왕국을 되살리는 것이 아니라 삼권분립에 의한 민주공화국을 수립하는 것이 독립전쟁의 목표였다. 전국 각지에서 모인 양반 사대부들은 더 이상 사대부가 백성을 지배하는 계급 사회를 꿈꾸지 않았다. 임금이 천명을 받아 만기(萬機)를 친람(親覽)하는 신분제 사회를 지향하지도 않았다. 이들은 그런 성리학적 사회를 망한 나라와 함께 보내버리고 새로운 사회를 꿈꾸었다. 모든 백성이 평등한 사회, 개인의 절대적 자유가 보장받는 사회, 서로가 서로를 위해 상부상조하는 새로운 공화국을 꿈꾸었다. 그 길은 지금까지 조선의 사대부들이 걸었던 길과는 전혀 다른, 새로운 길이었다.

나가는 글

세계 정치학계는 근대 정당의 시작을 영국의 토리(Tory)당과 휘그(Whig)당에서 찾는다. 1679년(숙종 5) 왕제(王弟) 요크공(제임스 2세)의 왕위계승권을 둘러싸고 문제가 발생했는데, 그의 왕위계승을 인정하는 의원들을 '토리'라고 부른 데서 '휘그당'과 '토리당'의 분기가 시작되었다. 토리당은 자본가와 지주를 대표하는 보수당으로, 휘그당은 소시민들을 대표하는 자유당으로 발전했다가 이후 보수당과 노동당의 양당체제가 된 것이 영국의 정당사다.

우리 역사에서 정당의 시작은 선조 8년(1575)의 을해당론이니 영국보다 100여 년이 빠르다. 그 이전의 사림을 당으로 본다면 그 시기는 100여 년 이상 더 올라갈 수 있다. 그런데도 세계 정당의 시작을 영국에서 찾는 것은 서양우월주의라고 볼 수 있을 것이다. 그러나 영국의 정당은 근대 정당으로 이어졌는데 조선의 정당들은 그렇지 못했다는 한계도 분명히 존재한다.

조선 정당들의 뿌리는 사림이다. 사림은 4대사화로 불리는 지난한 대결 끝에 훈구파를 꺾고 정권을 장악했다. 그러나 사림의 정권 장악은 곧바로 동서 분당으로 이어졌다. 분당이 나쁠 것은 없지만, 이는 두 당이 이념이나 정체성, 또는 대변하는 계급이 달랐을 경우다. 분당 직후 이이의 조제론이 나온 것처럼 두 당은 연령의 많고 적음을 떠나면 그리 큰 차이가 없었다.

그러나 차차 정책의 차이가 드러나기 시작하는데, 대표적인 것이 대동법으로 대표되는 경제정책과 북벌로 대표되는 외교정책의 차이였다. 여기에 또한 양반, 상민으로 표현되는 신분제의 강화 또는 완화에 대한 차이도 중요한 정책 차이였다.

서로 다른 정책을 가진 정당들의 존재는 나라와 백성들을 위해서 바람직한 것이었다. 또한 왕조국가의 정당들은 국왕의 왕위계승을 헌법상의 절차로 받아들이는 전제에서 존재할 수 있었다. 그러나 서인들은 외교정책을 빌미로 광해군을 내쫓는 계해정변을 일으켰고, 이후 왕권은 극도로 위축되었다.

이런 와중에 숙종이 왕비 문제까지 왕권 강화의 수단으로 악용하면서 정당 사이의 공존의 틀을 무너뜨렸다. 그 과정에서 수많은 살육이 자행되면서 제도권 내 정당들은 서로를 적당(敵黨)으로 여겼다. 이념이나 정책의 차이가 아니라 정권의 획득과 상실 여부가 당의 운명을 좌우하는 비정상적인 상황으로 흘러갔다.

양반 사대부들과 지주들의 이해를 대변하는 수구정당인 노론은 당론으로 임금을 선택하는 택군(擇君)까지 나아갔다. 이는 왕위계승까지 정쟁의 결과물로 전락하는 것을 의미했고, 왕조국가의 정상적인 정치질서의 붕괴를 뜻했다. 노론은 경종을 독살하고 연잉군(영조)을 즉위시켰는데, 영조가 노론 당인의 선봉장 역할을 마다하지 않으면서 수많은 비극이 발생했다. 경종을 옹호하던 소론과 남인들은 존재 자체를 부정당하는 정치보복을 당했다. 영조와 노론이 노론 이외의 모든 당을 조정에서 축출하면서 정당정치는 파탄 났다.

노론은 차기 왕위계승자였던 사도세자를 죽일 정도로 막강한 일당독재체제를 구축했다. 사도세자의 아들인 정조가 즉위해 정권에서 소외되었던 남인을 등용하는 것으로 정치 지형의 변화를 꾀했지만, 노론 일당독재의 정치 구조를 근본적으로 바꾸지는 못했다.

정조 사후 노론 일당독재에서 노론 내 몇몇 가문이 정권을 독차지하는 세도정치가 자행되었고, 국왕은 형식적인 존재로 전락했다. 고종 때 대원군이 개혁정책을 시도했지만, 성리학적 사회 복원이라는 과거지향적 정치를 추구하다가 더욱 과거지향적인 세력에게 축출되고 말았다.

조선 정당사의 가장 큰 비극은 1623년의 계해정변 이후 1910년까지 300여 년 가까이 집권당이었던 서인(노론)이 결국 나라까지 팔아먹었다는 사실에 있다. 노론의 마지막 당수 이완용을 필두로 을사오적, 정미칠적이 대부분 노론이었는데, 이들은 망국 이후 정치권력은 잃었지만 사회·경제 권력을 그대로 유지하고 식민지 사회를 지배했다.

해방 후 친일 청산에 실패하면서 노론 후예들은 아직도 우리 사회에 짙은 그늘을 드리우고 있다. 특히 역사학계를 비롯한 학계를 노론·친일 후예들이 계속 지배하는 반역사적 현상이 계속되고 있다. 조선 정당사의 가장 그릇된 집단이 아직도 영향력을 행사하는 이런 현실을 어떻게 바로잡을 것인가에 우리 사회의 미래가 달려 있다.

부록

부록1 이 책의 배경이 된 주요 정치 일지

시기		주요 사실
태조	7년(1398)	제1차 왕자의 난. 이방원이 세자 방석과 정도전, 남은 등을 제거하고 정권을 장악함. 이방원 등 29인 정사공신에 책봉됨.
단종	1년(1453)	수양대군, 김종서와 황보인을 제거함(계유정난). 한명회 등 43명 정난(靖難)공신에 책봉됨.
세조	1년(1455)	단종을 폐하고 세조 즉위. 한명회, 신숙주, 정인지, 정창순 등 44명 좌익(佐翼)공신에 책봉됨.
	13년(1467)	이시애의 난 발생. 평정 후 적개공신 45인 책봉.
	14년(1468)	남이와 강순, 반역죄로 처형됨. 신숙주, 한명회 등 익대공신 40인 책봉.
성종	2년(1471)	성종 옹립에 공이 있는 한명회, 신숙주, 정인지 등 좌리(佐理)공신 73인 책봉.
연산군	4년(1498)	무오사화 발생. 김종직의 「조의제문」을 문제 삼아 사림파 김일손 등 사형당함.
	10년(1504)	갑자사화 발생. 폐비 윤씨 사건으로 윤필상, 이극균 등 처형.
중종	즉위년(1506)	중종반정. 박원종, 성희안, 유자광 등 정국(靖國)공신 107인 책봉.
	14년(1519)	기묘사화 발생. 조광조, 김정 등 사림파 처형.
명종	즉위년(1545)	을사사화 발생. 대윤 윤임과 계림군 등 처형. 이들을 몰아낸 공로로 정순붕, 홍언필 등 28인 위사(衛社)공신 책봉.
	15년(1560)	이황, 도산서원 세움.
	19년(1564)	이이, 어머니 신사임당의 죽음에 회의를 느끼고 3년 여묘살이 한 후 금강산에 입산, 승려가 됨.
	20년(1565)	척신 윤원형과 승려 보우를 비호하던 문정왕후 사망. 윤원형 자살. 보우 피살. 사림파가 정국의 주도 세력으로 급부상.
선조	3년(1570)	이황 사망.
	7년(1574)	김효원의 이조정랑 천거 문제로 사림파가 서인(심의겸, 박순)과 동인(김효원, 허엽)으로 분열. 김효원 이조정랑에 취임.
	10년(1577)	전국에 흉년에 의한 대기근 발생.
	16년(1583)	여진족 이탕개 침입. 이이 십만양병설 주장.
	17년(1584)	동인과 서인의 중재에 힘쓰던 이이 사망. 동인 대거 진출.
	21년(1589)	서인에서 동인으로 당적을 옮긴 정여립 모반 사건 발생. 동인 실각.

시기	주요 사실
22년(1590)	서인 황윤길과 동인 김성일, 통신사로 일본에 다녀와 각각 상반되는 보고를 함. 동인 김성일, 이이의 십만양병설 저지 위해 일본 침입 없을 것이라 보고.
23년(1591)	서인 영수 정철, 광해군을 세자로 책봉할 것을 건의하다 파직, 진주로 유배됨.
	정철 치죄 문제로 동인이 강경파(북인)와 온건파(남인)로 분열.
24년(1592)	임진왜란 발생. 백성들이 임금의 어가를 가로막고 정철 석방 요구.
	잠시 서인이 정권 장악했다가 의병장이 다수 배출된 북인 집권 시작.
	광해군이 평양에서 세자로 책봉되고 분조를 이끌며 근왕병 모집.
	이순신 한산대첩 승리로 제해권 장악.
26년(1594)	군비 강화 위해 훈련도감 설치.
34년(1601)	전란 복구 위한 전국적인 토지 측량사업 실시.
41년(1608)	선조 광해군에게 선위.
(광해군 즉위년)	소북 유영경, 선위교서 감추고 영창대군 옹립하려다 대북 정인홍에 의해 발각.
	광해군이 즉위하자 대북 정권 장악. 유영경 사사.
	경기도에 대동법 실시.
광해군 5년(1613)	인목대비의 아버지 김제남, 영창대군 추대하려 했다는 혐의로 사사됨.
6년(1614)	영창대군 교살.
10년(1618)	대북 정권, 인목대비 유폐함.
11년(1619)	광해군의 밀지 받은 강홍립, 금나라 군사에게 투항.
14년(1623)	계해정변. 선조의 5남 정원군의 아들인 능양군 즉위.
(인조 즉위년)	서인 집권. 남인 이원익을 영상에 추대하여 서·남인 연합 정권 출범.
	서인들, 이이와 성혼의 문묘종운동 시작하나 남인이 반대.
인조 2년(1624)	이괄의 난 발생. 서울 함락.
	서인 정권 수감된 정치범 49명 전격 처형하고 도주.
5년(1627)	후금 침입(정묘호란). 인조 강화도로 피난했다가 강화조약 체결.
	후금을 형의 나라로 섬김.
10년(1632)	후금, 형제관계를 군신관계로 고칠 것과 세폐의 대폭 증액 요구.
	인조와 서인 정권 분노.
14년(1636)	인조, 청의 사신 인견을 거부하고 전국에 선전 교서 반포.
	청태종 10만 대군 이끌고 침입. 인조 남한산성에서 농성.
15년(1637)	인조, 삼전도로 나와 청에게 항복.
	소현세자와 봉림대군 인질로 잡혀감.
18년(1640)	소현세자, 천주상과 서양 서적 등을 가지고 일시 귀국.
23년(1645)	소현세자, 영구 귀국 2달 만에 인조와 친명사대주의자들에 의해 독살.
	소현세자의 장남인 석철 대신 봉림대군이 세자에 책봉됨.

시기	주요 사실
24년(1646)	소현세자의 부인 강빈, 인조에 의해 사사.
25년(1647)	소현세자의 세 아들, 제주도에 유배.
27년(1649) (효종 즉위년)	효종 즉위.
효종 2년(1651)	충청도에 대동법 실시.
	김자점, 송시열이 저술한 「장릉지문」에 청나라 연호를 쓰지 않았다고 청나라에 밀고, 청이 진상 조사단 보냄.
5년(1654)	청나라의 요청에 의해 러시아 정벌.
	북벌 위한 군비 강화의 계기로 삼음.
9년(1658)	전라도에 대동법 실시.
10년(1659) (현종 즉위년)	북벌의 꿈을 안은 채 효종 사망. 현종 즉위.
현종 1년(1660)	제1차 예송논쟁 발생. 서인 송시열이 자의대비의 복제를 1년으로 해야 한다고 주장하자 남인 윤휴, 허목, 윤선도 등이 3년복으로 반박.
	윤선도는 송시열이 효종의 종통을 부인했다고 공격. 서인이 승리하여 윤선도는 유배됨.
7년(1666)	함경도에 대동법 실시.
15년(1674) (숙종 즉위년)	제2차 예송논쟁 발생. 서인의 9개월설과 남인의 1년설이 대립하다 남인 승리.
	남인 허적이 영상이 되어 정권 장악함(갑인환국).
	남인, 송시열 처벌 문제를 둘러싸고 강경파(청남)와 온건파(탁남)로 분열.
숙종 3년(1677)	경상도에 대동법 실시.
6년(1680)	영상 허적의 기름천막 유용 사건으로 남인 정권 붕괴. 서인 집권(경신환국).
	허견의 옥사 발생. 허적, 윤휴 등 남인의 주요 인사들 대거 살육당함.
7년(1681)	이이와 성혼, 문묘에 배향.
8년(1682)	척신 김석주와 김익훈의 사주를 받은 김환, 남인 허새 등이 역모 일으켰다고 무고. 허새 사형당함.
9년(1683)	송시열, 무고자 김익훈을 처벌하라는 신진사류들의 열망을 무시하고 김익훈 옹호. 서인이 노론과 소론으로 분열되는 계기가 됨.
	윤증, 박세채에게 정치 참여 위한 3대 명분론 제시.
15년(1689)	숙종, 장희빈 소생의 아들을 원자로 정호. 서인 송시열이 반발.
	숙종 정권을 남인에게 넘겨주고(기사환국) 송시열과 김수항을 사사함.
	집권 남인, 서인에 대한 대량 살육 자행.
	이이와 성혼, 문묘에서 쫓겨남.
	인현왕후 민씨 폐출되고 장희빈이 왕비로 책봉됨.

시기	주요 사실
20년(1694)	숙종, 김인의 고변을 계기로 남인 실각시키고 서인 집권시킴(갑술환국).
	서인 민암, 이의징을 비롯한 남인에 대한 대량 살육 자행.
	집권 서인, 노론과 소론으로 갈림.
	장희빈 쫓겨나고 인현왕후 민씨 복위.
22년(1696)	장희빈의 부친인 장형의 묘소가 파헤쳐진 사건 발생. 장희재의 자작극으로 밝혀짐.
27년(1701)	인현왕후 민씨 병사. 숙종, 장희빈을 사사함.
34년(1708)	전염병으로 수만 명 사망.
	황해도에 대동법 실시.
35년(1709)	숙종, 노론과 소론의 당쟁의 폐단을 통탄함.
36년(1710)	전라도에서 농민 봉기 발생.
43년(1717)	숙종, 노론 거두 이이명과 정유독대. 연잉군과 연령군의 훗날 부탁. 세자 대리청정.
46년(1720) (경종 즉위년)	경종 즉위. 노론, 자신들이 지지하는 연잉군을 왕세제로 책봉하는 데 성공.
	노론, 세제 대리청정 주장했다가 소론의 공격 받고 실각.
	소론, 정권 장악(신축환국).
경종 1년(1721)	목호룡의 고변에 의한 임인옥사 발생.
	노론 4대신(김창집, 이이명, 조태채, 이건명) 사형.
4년(1724) (영조 즉위년)	영조 즉위. 각지에 경종이 독살되었다는 벽서가 붙음.
	목호룡과 김일경 사형.
영조 1년(1725)	영조, 붕당의 폐해를 하교하며 그 해결책으로 탕평책 제시.
2년(1726)	영조, 붕당, 사치, 음주의 3조를 금하는 계서 반포.
	전국 호수 161만여 호, 인구 700여만 명.
3년(1727)	영조, 소론 치죄를 주장하던 노론을 내몰고 소론에게 정권 이양(정미환국).
4년(1728)	소론 이인좌, 경종의 복수를 다짐하며 반란을 일으킴.
5년(1729)	경종 때 사형된 노론 4대신 중 이건명, 조태채 신원(기유처분).
9년(1733)	영조, 화해를 거부하는 노론 영수 민진원과 소론 영수 이광좌를 모두 면직함.
12년(1736)	원자를 왕세자(사도세자)로 책봉함. 나이 2세에 천지(天地), 부모 등 63자를 해석함.
16년(1740)	노론 4대신 중 남은 김창집, 이이명 신원(경신처분).
17년(1741)	경종 때의 세제 대리청정 주장을 정당화하고 목호룡의 고변에 의한 「임인옥안」을 불사름.
18년(1742)	탕평비를 반수교(泮水橋)에 세움.
19년(1743)	왕세자의 관례(冠禮)를 행함(9세). 영조가 왕세자에게 당론의 대책을 묻자 "모두 함께 쓰면 되옵니다[一視倂用]"라고 답변.

시기	주요 사실
20년(1744)	혜경궁 홍씨를 왕세자빈으로 책봉.
26년(1750)	영조, 홍화문(弘化門)에 친히 나가 백성들의 여론 직접 들음.
	민의에 따라 호전법을 실시하려 했으나 양반 지주들의 반대 때문에 실패하고 균역법으로 후퇴.
29년(1753)	영조, 직접 농사를 짓는 친경례(親耕禮)를 행함.
31년(1755)	나주 괘서 사건 발생. 범인 윤지 등을 주살하고, 이미 죽은 김일경, 유봉휘, 조태구, 이광좌 등 소론 영수들에게 역률을 가죄(加罪).
32년(1756)	사치를 막기 위해 사족(士族) 부녀에게 가발을 금하고 족두리를 쓰게 함.
35년(1759)	66세의 영조가 계비로 맞아들인 15세의 정순왕후, 아버지 김한구의 사주를 받아 사도세자를 모함함.
38년(1762)	왕세손(훗날의 정조) 가례(嘉禮).
	나경언, 사도세자를 모함함.
	영조, 왕세자를 폐하여 서인(庶人)으로 한 후 뒤주 속에 가둬 죽임.
40년(1764)	왕세손을 이미 죽은 영조의 맏아들 효장세자의 아들로 함.
41년(1765)	혼인에 당색을 띠지 말도록 지시함.
51년(1775)	홍인한 등 노론 벽파, 왕세손은 정사(政事)를 알 필요가 없다고 망언함.
	영조, 왕세손에게 대리청정 시킴.
52년(1776) (정조 즉위년)	정조 즉위, 사도세자를 장헌세자(莊獻世子)로 함.
	홍인한과 정후겸 사사.
	규장각 준공.
정조 1년(1777)	홍계희 집안에서 정조를 암살하려 함(3대 모역 사건).
2년(1778)	정조, 홍봉한 등 자신의 외가 치죄.
4년(1780)	세도가 홍국영을 전리(田里)로 방출.
7년(1783)	사신을 따라 연경(燕京)에 간 이승훈, 포르투갈 선교사에게 세례 받음.
11년(1787)	『송자대전』 간행.
12년(1788)	남인 채제공, 우의정이 됨.
15년(1791)	부모의 신주 불태운 천주교도 윤지충과 권상연 처형.
	서양 서적 소지 금지.
	채제공, 시전 상인들의 특권 폐지하고 자유 상거래를 허가하는 신해통공(辛亥通共) 공포.
21년(1797)	정약용, 서학 신봉했음을 시인.
22년(1798)	전국 호수 171만여 호, 인구 760여만 명.
23년(1799)	전국에 전염병 유행해 사망자 다수 발생.
	정조, 사치를 금함. 정조, 안경을 착용함.
24년(1800) (순조 즉위년)	정조 공노비 해방.
	정조 사망. 순조 즉위.

시기		주요 사실
순조	1년(1801)	대왕대비 김씨(정순왕후)와 노론 중심의 공서파, 이승훈 등 남인 중심의 신서파(信西派)를 공격함(신유박해).
	2년(1802)	노론 4대신 중 한 명인 김창집의 4대손 김조순, 딸을 왕비로 책정하여 세도정치의 기반을 마련함.

부록2 시대별 정당 분포도

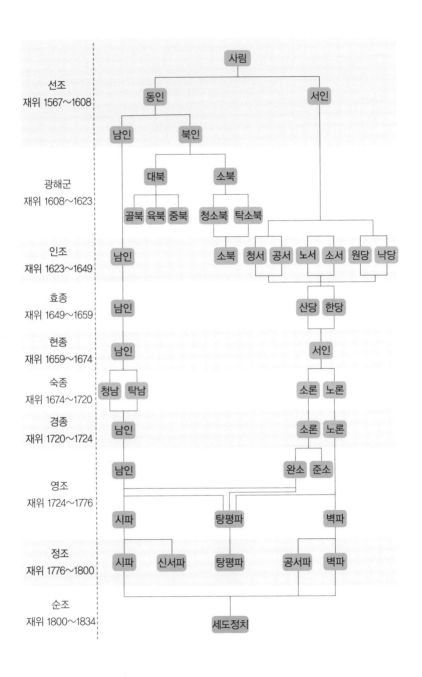

부록3 조선 각 시대 정당과 주요 당인들

정당	주요 당인	비고
선조 때		
동인 (東人)	김효원(金孝元), 김우옹(金宇顒), 류성룡(柳成龍), 허엽(許曄), 이산해(李山海), 정유길(鄭惟吉), 정지연(鄭芝衍), 우성전(禹性傳), 이발(李潑), 김응남(金應南), 송응개(宋應漑), 송응형(宋應河), 허봉(許篈), 박근원(朴謹元), 정대년(鄭大年), 윤승훈(尹承勳), 이기(李墍), 김귀영(金貴榮), 홍적(洪迪), 노수신(盧守愼), 성극례(鄭克禮), 백유양(白惟讓), 노식(盧植), 노직(盧稷), 송언신(宋彦愼), 이호민(李好閔), 홍여순(洪汝諄), 남이공(南以恭), 이원익(李元翼), 이홍로(李弘老), 정온(鄭蘊), 정개청(鄭介淸), 기자헌(奇自獻), 유영경(柳永慶)	
서인 (西人)	이이(李珥), 성혼(成渾), 심의겸(沈義謙), 박순(朴淳), 김계휘(金繼輝), 정철(鄭澈), 윤두수(尹斗壽), 윤근수(尹根壽), 구사맹(具思孟), 홍성민(洪聖民), 신응시(辛應時), 백유함(白惟咸), 박점(朴漸), 이해수(李海壽), 구봉령(具鳳齡), 조헌(趙憲), 구성(具宬), 조흡(趙洽), 송익필(宋翼弼), 이귀(李貴)	
남인 (南人)	류성룡, 이원익, 이덕형(李德馨), 이수광(李晬光), 윤승훈, 이광정(李光庭), 한백겸(韓浚謙), 김우옹, 정경세(鄭經世), 김응남	대서인 온건파
북인 (北人)	이산해, 유영경, 기자헌, 박승종(朴承綜), 유몽인(柳夢寅), 박홍구(朴弘耉), 홍여순, 임국로(任國老), 이이첨(李爾瞻), 정인홍(鄭仁弘), 남이공, 김개국(金蓋國), 이기, 문홍도(文弘道), 채겸길(蔡謙吉), 정영국(鄭榮國), 이경전(李慶全)	대서인 강경파
광해군 때		
대북 (大北)	이산해, 정인홍, 이이첨, 박건(朴楗), 기자헌, 이경전, 유효립(柳孝立), 허균, 홍여순	광해군 즉위 지지
소북 (小北)	유영경, 김개국, 유몽인, 남이공, 남이신(南以信), 박승종	영창대군 즉위 지지
골북 (骨北)	이산해	
육북 (肉北)	홍여순, 이이첨	
중북 (中北)	정온, 정창연(鄭昌衍), 이명(李溟), 유몽인	인목대비 폐위 반대
탁소북 (濁小北)	유영경	
청소북 (淸小北)	남이공	

정당	주요 당인	비고
	인조 때	
서인	이귀, 김류(金瑬), 김자점(金自點), 신흠(申欽), 이경석(李景奭), 김상용(金尚容), 김상헌(金尚憲), 홍서봉(洪瑞鳳), 구굉(具宏), 이괄(李适), 이경홍(李敬興), 이안눌(李安訥), 오윤겸(吳允謙), 조익(趙翼), 윤방(尹昉), 심지원(沈之源), 조석윤(趙錫胤)	반정 주도 집권당
남인	이원익, 정경세, 이성구(李聖求), 목성선(睦性善), 조경(趙絅), 이준(李埈)	연립 정권에 참여
소북	남이공, 남이웅(南以雄)	
공서 (攻西)	이귀, 김류	대남인, 소북 강경파
청서 (淸西)	김상헌, 신흠	대남인, 소북 온건파
노서 (老西)	김류, 김상용, 김상헌, 신흠, 오윤겸	서·남인 연합 정권 주장
소서 (少西)	이귀, 나만갑(羅萬甲), 유백증(兪伯曾), 권도(權濤), 정홍명(鄭弘溟), 강석기(姜碩期), 최명길(崔鳴吉), 장유(張維)	서인 단독 정권 주장
원당 (原黨)	원두표(元斗杓), 이행진(李行進), 민광훈(閔光勳)	
낙당 (洛黨)	김자점, 변사기(邊士紀)	
	효종 때	
서인	김육(金堉), 송시열(宋時烈), 이경석, 최명길, 장유, 이시백(李時白), 심지원, 이유태(李惟泰), 송준길(宋浚吉), 윤원거(尹元擧), 윤선거(尹宣擧), 조석윤, 이상진(李尚眞), 이상일(李尚逸), 조복양(趙復陽), 이서상(李瑞爽), 조익, 민정중(閔鼎重), 김수항(金壽恒), 김만(金萬), 정두경(鄭斗卿), 박장원(朴長遠)	집권당
남인	조경, 목성선, 허목(許穆), 윤휴(尹鑴), 권시(權諰), 민점(閔點), 심대부(沈大孚)	연합 정권 내 소수파
한당 (漢黨)	김육, 조익, 이시백, 신면(申冕)	대동법 실시 주장
산당 (山黨)	김집(金集), 송준길, 송시열, 이유태, 김익희(金益熙)	대동법 실시 반대

정당	주요 당인	비고
현종 때		
서인	송시열, 송준길, 정태화(鄭太和), 이경석, 심지원, 이유태, 유계(兪棨), 윤증(尹拯), 박세채(朴世采), 원두표, 김수항, 김수흥(金壽興), 이경억(李慶億), 민정중, 김만중(金萬重), 박세당(朴世堂), 김좌명(金佐明), 김석주(金錫胄), 이은상(李殷相), 이시백	
남인	허목, 허적(許積), 윤휴, 윤선도(尹善道), 권시, 조경, 홍우원(洪宇遠), 권대운(權大運), 도신징(都愼徵), 이옥(李鈺), 이원정(李元禎)	
숙종 때		
서인	송시열, 김수항, 민유중(閔維重), 민정중, 이단하(李端夏), 송준길, 남구만(南九萬), 김석주, 이상진, 신여철(申汝哲), 김익훈, 이사명(李師命), 박세당, 박세채, 박태보(朴泰輔), 권상하(權尙夏), 김춘택(金春澤), 여성제(呂聖齊)	
남인	허목, 허적, 윤휴, 목성선, 유혁연(柳赫然), 허새(許璽), 허영(許瑛), 이원정, 유명견(柳命堅), 이현일(李玄逸), 권대운, 민암(閔黯), 남하정(南夏正), 정시한(丁時翰), 이관징(李觀徵)	
청남(淸南)	허목, 윤휴, 권대재(權大載), 이원정, 권대운, 오정위(吳挺緯), 홍우원, 이중환(李重煥), 권중경(權重經), 권대운, 오정창(吳挺昌), 조사기(趙嗣基), 이무(李堥), 이수경(李壽經), 남천한(南天漢), 남천택(南天澤), 권해(權瑎), 이봉징(李鳳徵)	대서인 강경파
탁남(濁南)	허적, 민희(閔熙), 민암, 유명견, 김휘(金徽), 목래선(睦來善), 심재(沈梓), 민종도(閔宗道), 유명천(柳命天)	대서인 온건파
노론(老論)	송시열, 김수항, 민정중, 송준길, 김석주, 이이명(李頤命), 이관명(李觀命), 김익훈(金益勳), 이단하, 이유태, 이상(李翔), 권상하, 김창협(金昌協), 김춘택, 한중혁(韓重爀), 김창집(金昌集), 김만중, 여성제	대남인 강경파
소론(少論)	윤증, 박세채, 남구만, 최석항(崔錫恒), 나량좌(羅良佐), 조지겸(趙持謙), 박태유(朴泰維), 박태보, 오도일(吳道一), 윤지완(尹趾完), 권상운(權尙運), 조태억(趙泰億)	대남인 온건파
경종 때		
노론	이이명, 김창집, 조태채(趙泰采), 이건명(李健命), 민진후(閔鎭厚), 김용택(金龍澤), 이천기(李天紀), 이희지(李喜之), 조성복(趙聖復), 민진원(閔鎭遠)	연잉군 (영조) 지지
소론	최석항(崔錫恒), 유봉휘(柳鳳輝), 이광좌(李光佐), 조태구(趙泰耉), 조태억, 김일경(金一鏡)	경종 지지
남인	이중환, 심단(沈檀), 오광운(吳光運)	

정당	주요 당인	비고
영조 때		
노론	민진원, 홍인한(洪麟漢), 이의연(李義淵), 조관빈(趙觀彬), 정호(鄭澔), 김상로(金尙魯), 김귀주(金龜柱), 홍치중(洪致中), 이관명	
소론	이광좌, 조태억, 유봉휘, 조현명(趙顯命), 오명항(吳命恒), 최석항, 이종성(李宗城), 박문수(朴文秀), 최규서(崔奎瑞), 송인명(宋寅明), 조문명(趙文命), 이광사(李匡師), 서명선(徐命善), 박필현(朴弼顯)	
남인	채제공(蔡濟恭), 이가환(李家煥), 이승훈(李承薰), 이중환, 이현일	
준소 (峻少)	김일경, 목호룡(睦虎龍), 유봉휘, 이인좌(李麟佐), 박필현, 정세윤(鄭世胤), 이유익(李有翼), 정희량(鄭希亮)	영조 즉위 부인
완소 (緩少)	이광좌, 조태억, 조문명, 송인명	영조 즉위 인정
시파 (時派)	최석항, 홍봉한(洪鳳漢), 홍국영(洪國榮), 서명선, 서지수(徐志修), 조진도(趙進道)	사도세자 죽음 동정
벽파 (僻派)	김상로, 홍인한, 정후겸(鄭厚謙), 김귀주, 김한록(金漢祿), 홍상범	세도세자 죽음 당연시
탕평파 (蕩平派)	조문명, 송인명, 조현명, 정석오(鄭錫五), 이주진(李周鎭), 이광덕(李匡德), 박사수(朴師洙), 홍치중, 김재로(金在魯), 채제공	노·소· 남인 병용 주장
정조 때		
벽파	김상로, 김한구(金漢耈), 홍계희(洪啓禧), 심환지(沈煥之), 김종수(金鐘秀), 김귀주, 김한록, 홍상범, 홍계능(洪啓能), 김관주(金觀柱)	
시파	홍국영, 홍봉한, 윤행임(尹行恁), 유언호(兪彦鎬), 정민시(鄭民始)	
남인	채제공, 김치인(金致仁), 이가환, 정약용(丁若鏞), 이승훈	
신서파 (信西派)	이승훈, 정약종, 윤지충(尹持忠), 권철신(權哲身), 정약용, 윤행임, 황사영(黃嗣永)	서학 신봉
공서파 (攻西派)	홍의호(洪義浩), 이기경(李基慶), 목만중(睦萬中), 홍낙안(洪樂安)	서학 공격
탕평파	채제공, 김종수, 이기양(李基讓), 정약용, 이익운(李益運)	

참고문헌

『조선왕조실록』

이건창,『당의통략』.

강주진,『이조당쟁사연구』, 서울대학교 출판부, 1971.

고성훈,「영조말~정조초의 정국과 삼대모역사건」, 한국사학논총, 1992.

김윤곤,『재정개혁론』.

설석규,「규장각 연구」, 대구사학, 1986.

성낙훈,「한국당쟁사」,『한국문화사대계』, 고려대학교 민족문화연구소, 1970.

안확,『조선문명사』, 회동서관, 1923.

이병도,『한국유학사』, 아세아문화사, 1987.

이수건,「정조조의 영남만인소」,『교남사학』창간호, 1985.

이은순,『조선 후기 당쟁사 연구』, 일조각, 1988.

이태진,『조선시대 정치사의 재조명』, 법조사, 1986.

이희환,『조선 후기 당쟁사 연구』, 국학자료원, 1995.

지두환,「조선 후기 예송 연구」,『동양학』24, 단국대학교 동양학연구원, 1994.

차장섭,『조선 후기 벌열 연구』, 일조각, 1997.

허권수,『조선 후기 남인과 서인의 학문적 대립』, 법인문화사, 1993.

현상윤,『조선유학사』, 민중서관, 1949.

당쟁으로 읽는 조선 역사

당쟁은 조선 역사를 어떻게 바꾸었는가

초판 1쇄 펴낸 날 2024. 6. 14.

지은이   이덕일
발행인   양진호
책임편집   김진희
디자인   김민정
발행처   도서출판 인문서원

등 록   2013년 5월 21일(제2014-000039호)
주 소   (07207) 서울시 영등포구 양평로21가길 19, 우림라이온스밸리
            B동 512호
전 화   (02) 338-5951~2
팩 스   (02) 338-5953
이메일   inmunbook@hanmail.net

ISBN   979-11-86542-67-5 (03910)

ⓒ 이덕일, 2024

이 책은 저작권법에 따라 보호받는 저작물이므로 무단전재와 무단복제를
금하며, 이 책 내용의 전부 또는 일부를 이용하려면 반드시 저작권자와
도서출판 인문서원의 서면 동의를 받아야 합니다.

값은 뒤표지에 있습니다.
잘못 만들어진 책은 구입하신 서점에서 바꾸어 드립니다.